FRANCHISE
LAW & BUSINESS

★ 쉽게 풀어쓴 ★

프랜차이즈 법령과 실무

맹수석 · 정영교

가맹사업법령
해설과 Q&A

pnc
publishing and culture
피앤씨미디어

머리말

매일 수많은 상품과 정보가 홍수처럼 쏟아져 나오는 현대사회에서 소비자는 신뢰할 수 있는 표준화된 상품과 정확한 정보를 찾아 소비하는 성향이 있다. 프랜차이즈산업은 표준화되고 규격화된 제품을 생산·판매하는 유통전략으로 소비자의 수요를 충족시킬 뿐만 아니라 경영생산성을 증가시키므로 미국 등을 중심으로 크게 발전하였다. 우리나라의 경우에도 '가맹사업'이라 일컫는 프랜차이즈산업은 2019년 말 기준으로 사업자 수가 약 26만 개에 이를 정도로 급성장을 거듭하고 있다. 이러한 성장 배경에는 무엇보다 가맹본부의 다양한 영업적 노하우 제공 등의 요인으로 창업 및 영업이 용이하다는 점을 들 수 있다.

그럼에도 불구하고 가맹사업의 형태 가운데 압도적인 비중을 차지하고 있는 외식업종의 경우 평균 존속기간이 6년 정도에 그치고 있고, 가맹사업에 뛰어든 가맹점사업자가 적자를 비롯한 다양한 이유로 중도에 폐업하는 경우가 빈번하다. 특히 가맹점사업자와 대등한 지위에서 신의성실의 원칙에 입각하여 거래해야 하는 가맹본부가 우월적 지위를 남용하여 가맹점사업자에게 피해를 입히는 것도 중도 폐업의 원인으로 작용한다. 가맹점사업자가 가맹본부로부터 제공받은 정보공개서 등을 믿고 창업했으나 허위·과장된 정보제공으로 인해 투입한 자금 대비 수익의 실현은커녕 큰 손해를 입고 조기 폐업하거나, 가맹본부가 거래상 지위를 남용함으로써 야기되는 당사자 사이의 분쟁처리비용은 개인은 물론 사회적·국가적으로 커다란 비용의 손실로 이어진다.

이러한 문제의 근본적인 원인은 가맹사업 종사자가 가맹거래 관계의 기본적 이론은 물론 가맹사업법의 핵심적 내용에 대한 이해 부족과 간과에 있다고 본다. 특히 가맹본부의 의무 및 금지 사항과 같은 주요 내용을 명확하게 숙지하지 못하고 가맹본부를 운영하거나, 가맹사업 운영에 필수적인 실무지식을 충실히 습득하지 못한 상태에서 과거 자신이 알고 있는 단순한 경험과 일반적 상식을 토대로 사업을 경영하기 때문이라고 볼 수 있다.

이 책은 앞에서 제기한 가맹사업의 운영상 문제점에 대한 구체적 해결 방안을 제시하여 원활한 가맹사업의 영위에 도움이 되는 것을 목적으로 한다. 즉, 프랜차이즈 현업 담당자들이 업무를 수행하면서 필연적으로 부딪히게 되는 다양한 문제들을 적시에 해결할 수 있도록 관련 법령과 운영에 관한 실무지식을 연계하여 그 해법을 제시하는 데 주안점을 두면서, 다음과 같은 점을 고려하였다.

첫째, 가맹사업당사자가 창업 및 사업을 운영할 때 가맹사업법령을 쉽게 찾아볼 수 있도록 관련 내용을 실제 가맹사업 진행 순으로 구성함으로써 학습효과를 높이고자 하였다.

둘째, 가맹사업당사자가 알아야 할 가맹사업법령과 관련 행정규칙을 연계하여 기술함으로써 프랜차이즈 현업 담당자들이 규제 내용을 쉽게 확인·숙지할 수 있도록 하였고, 특히 판례나 심결례 등을 참조하여 실제 가맹거래 관계에서 생길 수 있는 궁금한 사항을 쉽게 이해할 수 있도록 [Q&A] 코너를 신설하였다.

셋째, 프랜차이즈 창업을 염두에 두고 있는 가맹희망자나 현업에 종사하는 가맹사업당사자들을 위해 운영실무에 관한 기초 내용을 서술함으로써 성공적인 사업경영은 물론 지식경영에 도움이 될 수 있도록 하였다.

넷째, 가맹사업당사자들이 장수기업으로 성장하는 데 필요한 지식을 습득할 수 있도록 관련 법규는 물론 경영상의 실무지식을 포함하였다. 아울러 공정한 계약문화의 정립, 합리적인 자체 분쟁해결절차의 구비, 고객 중심의 매뉴얼 작성, 컨설팅을 통한 전략 도출, 상생협력을 도모하기 위한 가맹본부와 가맹점사업자 사이의 자율적 협약체결 절차 및 기준 등에 관한 내용을 기술하였다.

이 책이 출간될 수 있도록 물심양면으로 도와주신 피앤씨미디어의 박노일·김중용 대표이사님과 편집부 관계자 여러분께 진심으로 감사드리고, [Q&A] 코너의 법적 쟁점을 꼼꼼히 검토해준 채경준 변호사님에게도 고마움을 전한다. 끝으로 이 책을 통해 가맹사업 분야에 종사하는 모든 관계자가 가맹사업 관련 전문지식의 이해도를 높이고, 법령의 준수는 물론 궁극적으로 상생(相生)하는 가맹거래 관계를 정립하여 유능하고 건전한 가맹사업가로 성장하는 데 도움이 되기를 기대한다.

2021. 2. 28.
저자 씀

차 례

제 1 편　가맹사업법 체계와 가맹사업의 특성

제 1 장　가맹사업법의 이해

제 2 장　가맹사업의 특성

제 2 편　가맹사업의 창업 및 운영 규제

제 1 장　가맹사업 창업단계에서의 실무지식

제 4 편 가맹사업의 운영과정상 실무지식

제 5 편 가맹사업의 경영과 마케팅 실무지식

표 차례

기관 및 법률 명칭에 대한 약어

정식 명칭	약칭
공정거래위원회	공정위
한국공정거래조정원	조정원
가맹사업거래분쟁조정협의회	조정협의회
가맹점사업자피해보상보험계약	피해보험계약
「가맹사업거래의 공정화에 관한 법률」	가맹사업법 또는 법
「가맹사업거래의 공정화에 관한 법률」 시행령	법 시행령 또는 시행령
「가맹사업거래 정보공개서 표준양식에 관한 고시」	정보공개서양식고시
「가맹사업법 위반사업자에 대한 과징금 부과기준에 관한 고시」	가맹사업법 과징금고시
「가맹사업법상 허위·과장 정보제공행위 등의 유형 지정 고시」	허위·과장 유형고시
「공정거래위원회 회의 운영 및 사건절차 등에 관한 규칙」	사건절차규칙
「예상매출액 산정서의 표준양식에 관한 규정」	예상매출액 양식규정
「가맹본부·가맹점사업자간 공정거래 및 상생협력 협약 절차·지원 등에 관한 기준」	협약절차기준
「가맹사업에 있어서의 불공정거래행위의 유형 및 기준지정 고시」	가맹고시
「개인정보 보호법」	개인정보법
「부정경쟁방지 및 영업비밀보호에 관한 법률」	부정경쟁방지법
「부가가치세법」	부가세법
「약관의 규제에 관한 법률」	약관규제법
「독점규제 및 공정거래에 관한 법률」	공정거래법
「가맹사업 진흥에 관한 법률」	가맹사업진흥법
「표시·광고의 공정화에 관한 법률」	표시광고법
「정보통신망 이용촉진 및 정보보호 등에 관한 법률」	정보통신망법
「질서위반행위 규제법」	질서규제법

◦ 이 책에서는 기관명칭이나 법률명을 정식 명칭과 약칭을 혼용하여 사용한다.

◦ 법률정보는 법제처 국가법령정보센터, 대법원 대한민국 법원 종합법률정보, 국회 법률정보시스템에서 직접 검색이 가능하므로, 이 책에서는 관련 법률을 부록으로 첨부하지 않는다.

[Q&A]에 대한 설명

◦ 이 책에 기술한 [Q&A] 코너는 프랜차이즈 현업 담당자들이 법령 실무에 참고할 수 있도록 국민신문고의 내용 등을 정리한 것일 뿐, 최종 법령해석이 아님을 알려둔다.

제1편
가맹사업법 체계와 가맹사업의 특성

제 1 장 가맹사업법의 이해

1. 가맹사업의 정의

가. 가맹사업의 의의

가맹사업(franchise: franchising)이라 함은 가맹본부(franchisor)가 자신의 상품·서비스를 보다 효과적으로 판매하기 위하여 가맹점사업자(franchisee)에게 일정한 지원·교육 등을 수행하고 그에 대한 대가를 받는 거래관계를 의미한다. 즉, 가맹사업이란 가맹본부가 가맹점사업자에게 자기의 상표와 같은 영업표지(營業標識)를 사용하여 정해진 영업방식에 따라 상품이나 용역을 판매하게 하면서 그 과정에서 경영 및 영업활동 등에 대한 지원·교육과 통제를 하고, 가맹점사업자는 영업표지의 사용 등에 대한 대가로 가맹본부에 일정한 가맹금을 지급하는 관계를 말한다.

그런데 이러한 가맹사업거래에 있어서 가맹본부와 가맹희망자 또는 가맹점사업자간 정보의 불균형 등으로 인한 피해가 속출하는 등 부작용이 심각해지자, 이에 대한 합리적 규율의 필요성이 제기되었다. 이에 정부는 2002. 5. 13. 「가맹사업거래의 공정화에 관한 법률」(이하 "가맹사업법" 또는 "법"이라 한다)을 제정하여 같은 해 11. 1.부터 시행해 오고 있다.[1] 가맹사업거래에 대해서는 가맹사업법 이외에 상법 및 「가맹사업 진흥에 관한 법률」(이하 "가맹사업진흥법"이라 한다)[2]이 적용되는데, 각 법률상 가맹사업에 대한 용

---

1) 가맹사업법은 가맹사업의 공정한 거래질서를 확립하고 가맹본부와 가맹점사업자가 대등한 지위에서 상호보완적으로 균형있게 발전하도록 함으로써 소비자 복지의 증진과 국민경제의 건전한 발전에 이바지함을 목적으로 제정되었다(법 제1조).

2) 이 법은 가맹사업의 진흥에 필요한 사항을 정하여 가맹사업 발전의 기반을 조성하고 가맹사업의 경쟁력을 강화함으로써 국민경제의 건전한 발전에 이바지함을 목적으로 2007. 12. 21. 제정되었다

어의 정의는 유사하다.

가맹사업법상 "가맹사업"이라 함은 가맹본부가 가맹점사업자로 하여금 자기의 상표·서비스표·상호·간판 그 밖의 영업표지를 사용하여 일정한 품질기준이나 영업방식에 따라 상품[3] 또는 용역을 판매하도록 하면서, 아울러 이에 따른 경영 및 영업활동 등에 대한 지원·교육과 통제를 하고, 가맹점사업자는 영업표지의 사용과 경영 및 영업활동 등에 대한 지원·교육의 대가로 가맹본부에게 가맹금을 지급하는 계속적인 거래관계를 말한다(법 제2조 제1호).

그리고 상법은 상행위의 일종으로 가맹업에 대한 규정을 두고 있는데, 상법상 가맹업이란 자신의 상호·상표 등(이하 "상호등"이라 한다)을 제공하는 것을 영업으로 하는 자(이하 "가맹업자"라 한다)로부터 그의 상호등을 사용할 것을 허락받아 가맹업자(加盟業者)가 지정하는 품질기준이나 영업방식에 따라 영업을 하는 것을 말하고, 이러한 업을 영업으로 하는 자를 가맹상(加盟商)이라 한다(상법 제168조의6).[4] 또한 가맹사업진흥법에서는 "가맹사업"을 가맹본부가 가맹점사업자로 하여금 자기의 상표, 서비스표, 상호, 휘장(徽章) 또는 그 밖의 영업표지를 사용하여 일정한 품질기준이나 영업방식에 따라 상품 또는 용역을 판매하도록 하면서 이에 따른 경영 및 영업활동 등에 대한 지원·교육과 통제를 하고, 가맹점사업자는 이에 대한 대가로 가맹본부에 금전을 지급하는 계속적인 거래관계를 말한다고 정의하고 있다(동법 제2조 제1호).

나. 가맹사업의 성립요건

사업자 간 거래가 가맹사업에 해당하려면 정의 규정에서 정하고 있는 성립요건을 모두 충족하여야 한다. 따라서 성립요건 가운데 어느 하나라도 구비하지 못하면 해당 거래는 가맹본부와 가맹점사업자[5] 간의 가맹사업거래로 볼 수 없게 되므로, 그러한 경

(동법 제1조).

3) 원재료 및 부재료를 포함한다.

4) 가맹업자는 가맹상의 영업을 위하여 필요한 지원을 하여야 하고, 다른 약정이 없으면 가맹상의 영업지역 내에서 동일 또는 유사한 업종의 영업을 하거나 가맹계약을 체결할 수 없다(상법 제168조의7). 가맹상은 가맹업자의 영업에 관한 권리가 침해되지 아니하도록 하여야 하며, 계약이 종료한 후에도 가맹계약과 관련하여 알게 된 가맹업자의 영업상의 비밀을 준수하여야 한다(상법 제168조의8).

5) 가맹사업법의 적용 대상이 되는 가맹계약은 각각 독립된 상인인 가맹본부와 가맹점사업자 사이의 가맹점운영과 관련된 계속적 거래관계에 관한 계약으로 볼 수 있고(대법원 1996. 2. 23. 선고 95도2608 판결 참조), 가맹점사업자는 기본적으로 가맹본부의 지원 및 경영지도 등에 기초하여 가맹

우에는 가맹사업법의 적용 대상에서 제외된다.

1) 영업표지 사용의 허락

가맹계약이 성립하기 위해서는 가맹점사업자의 영업이 가맹본부의 영업표지와 실질적인 관련성이 있어야 한다.[6] 또한 가맹사업거래의 기본적 구성요소인 영업표지는 가맹사업의 상징을 이루므로, 가맹본부는 그에 대한 소유권이나 적어도 가맹사업이 전개되는 지역에서 독점적 사용권을 가지고 있어야 한다. 가맹점사업자의 영업이 가맹본부의 영업표지와 실질적으로 관련이 있기 위해서는 그 영업표지가 일반 고객에게 전달되어야 한다. 여기서의 전달이란 그 영업표지가 상징하는 의미가 고객의 뇌리에 각인되는 것을 말하며, 따라서 재화나 용역의 공급자가 영업표지를 자신의 송장(送狀)이나 가맹점에 대한 광고에만 사용할 뿐 가맹점사업자가 고객과의 거래에서 사용하는 것을 금지한다면 실질적인 연관성이 부정된다.[7]

영업표지가 일단 고객에게 전달된 이후에는 하나의 동일한 영업이라는 외관이 확립되기 때문에 그 영업표지에 대한 광고를 누가 시작하였는지 또는 누구의 부담으로 하는지의 문제는 중요하지 않다.[8] 그러므로 사업자가 자신의 상호만을 사용하는 경우이거나 외관상 가맹본부의 상호(영업표지)를 사용하지 아니하고 가맹본부가 공급한 상품 또는 용역에서만 간접적으로 사용하는 경우에는 1)의 요건을 충족한다고 볼 수 없다.

2) 일정한 품질기준과 영업방식에 따른 상품 등의 판매

가맹본부는 상품 또는 용역의 품질관리와 판매기법의 개발을 위한 노력을 통해 가맹점사업자에게 합리적 가격과 비용에 따른 점포설비의 설치, 상품 또는 용역을 공급하고, 가맹점사업자는 상품 또는 용역에 대하여 가맹본부가 제시하는 적절한 품질기준을 준수하여야 한다. 그러므로 가맹본부가 사업자의 주된 사업과 무관한 상품 또는 용역 등만 공급하는 경우[9]에는 2)의 요건을 충족한다고 볼 수 없다.

점을 독자적인 책임과 비용으로 경영하여야 한다(대법원 2018. 7. 20. 선고 2015두59679 판결).

6) 최영홍, "가맹상계약의 법률문제에 관한 연구－미국프랜차이즈계약을 중심으로", 고려대학교 대학원 박사학위 논문(고려대학교, 1991), 35면.

7) 강병렬, "가맹사업거래에 관한 법적 연구－가맹점사업자의 보호제도를 중심으로", 충남대학교 대학원 박사학위 논문(충남대학교, 2004), 32면.

8) 최영홍, 「가맹계약론」, 프랜차이즈시스템연구소, 2003, 57면.

3) 경영 및 영업활동 등에 대한 지원, 교육, 통제

가맹본부는 가맹점사업자와 그 직원에 대해 교육·훈련, 경영 및 영업활동에 대한 지속적인 조언과 지원 및 통제[10]를 하여야 하고, 특히 가맹본부는 영업지원이나 조력 등의 방식으로 가맹점사업자를 상당한 정도 통제하는 특성을 지니고 있어야 한다.[11] 그러므로 가맹본부가 물품공급계약을 체결한 사업자의 영업방침 위반에 대해 제재를 가하는 규정이 없어 제재하지 아니하는 경우, 일정한 영업방식을 준수하도록 하지 않고 단순히 상품만 제공하는 경우,[12] 판매사업자가 가맹본부의 경쟁사를 포함한 다른 사업자의 물품을 모두 취급하는 경우에는 3)의 요건을 충족한다고 볼 수 없다.

4) 가맹금의 지급

가맹점사업자는 가맹본부의 영업표지의 사용, 영업활동에 대한 지원 교육 등의 대가로 가맹본부에게 가맹금을 지급하여야 한다. 가맹금은 가맹본부가 제공하는 여러 가지 서비스와 영업표지의 사용 허락에 대한 대가적 의미이며, 가맹점사업자가 가맹금 지급의무를 짐으로써 가맹계약은 유상·쌍무계약이 된다.[13] 아울러 가맹본부가 가맹점사업자에게 도매가격 이상으로 물품을 공급하는 경우도 가맹금 지급에 해당한다. 그러므로 가맹본부가 사업자로부터 다른 대가관계 없이 보증금만 받는 경우에는 4)의 요건을 충족한다고 볼 수 없다.

---

9) 예컨대 편의점을 운영하는 가맹점에서 신용카드결제서비스만을 제공하는 경우 등이다.

10) 서울고등법원 2010. 12. 21. 선고 2010나62798 판결(어떤 사업이 가맹사업으로 인정되기 위해서는 가맹본부의 가맹점사업자의 경영 및 영업활동에 대한 지원·교육과 통제가 있어야 하는바, 이때 특히 영업활동에 대한 통제란 가맹영업체계의 통일성이나 고유성을 유지하기 위한 점포의 디자인이나 외관에 대한 요구, 영업시간, 점포의 입지나 영업지역에 대한 상당한 정도의 제한 등을 의미하는 것으로 해석된다).

11) 헌법재판소 2015. 9. 24. 선고 2015헌마149 결정(가맹사업법상 가맹사업에 해당하기 위해서는 가맹사업의 동일성과 가맹본부의 명성 유지를 위하여 가맹본부가 가맹점사업자에게 가맹본부의 영업전략과 기업문화에 맞는 일정한 통제를 하고, 가맹점사업자의 이익이 극대화될 수 있도록 영업활동을 도와주는 내용의 합의가 있어야 한다. 이때 가맹본부의 통제는 가맹점사업자 영업의 주된 부분에 관련된 것이어야 하고, 통제의 정도는 단순한 제의나 암시보다는 강하고, 강압적 요구보다는 약한, 상당한 수준의 지시 및 통제를 의미한다).

12) 예컨대 학원에 교재만 공급하고 교습에 필요한 기준 등은 개별 학원이 마음대로 결정할 수 있는 경우 등을 말한다.

13) 이한무, 「가맹사업법 해설(개정판)」, 법률정보센터, 2014, 21면.

5) 계속적인 계약관계 및 지위의 독립성

가맹사업은 일회적 이행으로 종료되는 것이 아니라 일정 기간 동안 계약의 존속을 전제로 하는 계속적 계약관계이다. 따라서 1회에 한하여 자신이 가진 기술을 전수해 주고, 전수 대가를 지급받는 전수계약형태는 가맹사업법에서 예상하고 있는 가맹사업이 아니다.[14] 그러므로 사업자의 개업에 필요한 서비스를 제공하고 향후의 영업에 대해서는 별도의 지원이나 통제를 하지 않는 경우처럼 일회성의 지원만 할 때에는 5)의 요건을 충족한다고 볼 수 없다.

한편 '가맹계약'의 기본적인 성격은 각각 독립된 상인으로서의 본사 및 가맹점사업자 간의 계약기간 동안의 계속적인 물품공급계약이라 할 것이다. 따라서 가맹계약에 있어서 본사의 경우 실제로는 가맹점의 영업활동에 관여함이 없이 경영·기술지도나 상품대여의 대가 등과 같이 결과적으로 매출액의 일정비율을 보장받는 것에 지나지 아니하여 본사와 가맹점이 독립하여 공동경영하고 그 사이에서 손익분배가 공동으로 이루어진다고 할 수 없으므로, 가맹점 계약을 동업계약 관계로는 볼 수 없다.[15]

다. 가맹사업의 특수성

가맹사업은 경제적 측면에서 볼 때 가맹본부와 가맹점사업자 모두에게 이점을 주는 사업방식이다. 가맹본부는 다수의 가맹점사업자를 모아 적은 자본으로 전국적인 유통망을 확보할 수 있을 뿐만 아니라, 가맹점사업자가 인건비, 재고비용, 가맹점 운영비 등을 부담하기 때문에 유통망 유지비용이 절감되는 이점을 누릴 수 있다. 한편 가맹점사업자는 사업 운영 경험이 없어도 가맹본부의 기술력, 노하우와 명성, 경영 전반에 대한 지도와 지원을 통해 소자본으로 사업을 개시할 수 있고, 가맹본부를 통해 효과적인 홍보는 물론 대량의 공동구매, 공동물류 등으로 운영경비를 절감할 수 있기 때문에 단시일 내에 투자효과를 거둘 수 있는 장점을 향유할 수 있다.

일반적인 계약관계는 서로 이해관계가 대립하는 자를 쌍방 당사자로 하는 형태이지만, 가맹사업은 기본적으로 상대방을 통하여 자신의 단점을 보완하고 장점을 살려나

14) 이한무, 앞의 책, 24면.

15) 따라서 가맹점사업자가 판매하여 보관 중인 물품판매 대금은 가맹점사업자의 소유가 되므로, 그 대금을 가맹점사업자가 임의로 소비한 행위는 프랜차이즈 계약상의 채무불이행에 해당할 수는 있어도, 횡령죄가 되는 것은 아니다(대법원 1996. 2. 23. 선고 95도2608 판결).

가는 상호의존적인 면이 강한 사업방식으로 알려져 있다. 이와 같이 가맹사업은 가맹본부와 다수의 가맹점사업자가 일종의 가맹사업조직을 형성하여 가맹사업의 유지·발전이라는 공동의 이해관계를 도모하는 사업이라는 특수성을 갖고 있다.[16] 그럼에도 불구하고 가맹사업은 가맹본부가 경영전반에 대한 정보를 독점한 채 자신의 노하우를 가맹점사업자에게 전수하는 방식 등으로 영업이 이루어지는 특성으로 인해 가맹사업당사자 간에 여러 형태의 법률 분쟁이 지속적으로 증가하는 측면도 있다.[17]

라. 가맹사업의 정의 관련 Q&A

[Q 1] A가맹본부가 기존 가맹점과 다른 형태로 매장을 운영하면서, 거래상대방 B에게 상표사용권, 원·부자재 공급, 영업표준모델(레시피 등)을 제공하고, B는 영업표준모델을 준수할 의무 및 상표사용료를 부담의무를 지게 되는 경우 A와 B의 거래를 가맹사업으로 볼 수 있나?

[A 1] A가 B에게 자신의 상품만을 판매하게 하는 등의 상당한 통제를 하는 경우 가맹사업에 해당한다고 볼 수 있다. 가맹본부가 다른 사업자와의 새로운 형태의 거래를 가맹사업으로 볼 것인지 여부는 해당 매장이 기존 가맹점과 다른 형태인지와 무관하게, 해당 거래가 가맹사업법 제2조 제1호에서는 가맹사업의 요건에 부합하는지에 따라 결정된다. 법 제2조 제1호에서는 가맹사업을 가맹본부가 가맹점사업자로 하여금 자기의 상표, 서비스표, 상호, 간판 그 밖의 영업표지를 사용하여, 일정한 품질기준이나 영업방식에 따라 상품 또는 용역을 판매하도록 하면서 이에 따른 경영 및 영업활동 등에 대한 지원, 교육과 통제를 하고, 가맹점사업자는 영업표지의 사용과 경영 및 영업활동 등에 대한 지원, 교육의 대가로 가맹본부에 가맹금을 지급하는 계속적인 거래관계를 말한다고 정의하고 있다.

따라서 다른 형태의 매장과의 거래가 가맹사업에 해당하는지는 앞에서 살펴본 5가지 요건을 모두 충족하는지를 기준으로 판단하여야 하는데, 기재된 내용만으로는 해당 거래가 가맹사업인지 여부를 확정적으로 판단하기가 어렵다. 그러나 가맹본부가 다른 형태의 매장 사업자에게 영업표준모델을 준수하도록 하는 등 상당한 통제를 하고, 경쟁가맹본부의 상품을 취급하지 못하도록 통제하면서 자신의 상품만을 취급하도록 한다면 가맹사업에 해당될 가능성이 크다고 볼 수 있다.

---

16) 서울고등법원 2001. 12. 4. 선고 2000누2183 판결 참조.

17) 맹수석·정영교, "가맹사업의 법적 분쟁과 효율적 규제 방안", 「경제법연구」 제16권 제1호(한국경제법학회, 2017), 236면.

[Q 2] 사업자가 영업표지의 종류와 범위를 규정하지 않고 물품을 공급하는 방식으로 사업운영을 할 때 가맹사업법상 자동갱신 조항을 적용받을 수 있나?

[A 2] 예시의 경우는 가맹계약에 해당한다고 보기 어렵기 때문에, 법상 자동갱신을 받기 어렵다. 왜냐하면 가맹사업법을 적용받기 위해서는 가맹사업의 정의 요건을 구비하여야 하는데, 그 요건을 충족하지 못하고 있기 때문이다. 가맹사업법상 가맹사업에 해당하기 위해서는 ① 가맹점사업자에 대한 영업표지의 사용권 부여, ② 일정한 품질기준, 영업방식에 따른 상품 또는 용역의 판매, ③ 가맹점사업자에 대한 가맹본부의 경영 및 영업활동 등에 대한 지원·교육과 통제, ④ 영업표지의 사용이나 영업지원 등의 대가인 가맹금 지급, ⑤ 계속적 거래관계라는 5가지 요건을 모두 충족하여야 한다(법 제2조 제1호).

이에 더하여 법문언상 명시적으로 규정하고 있지는 않으나, 가맹계약의 기본적 성격은 각각 독립된 상인으로서의 가맹본부와 가맹점사업자 간의 계약기간 동안 계속적인 물품공급계약으로 보아야 하고, 가맹점사업자는 기본적으로 가맹본부의 지원 및 경영지도 등에 기초하여 가맹점을 독자적인 책임과 비용으로 경영할 것을 요한다(대법원 2018. 7. 20. 선고 2015두59679 판결).

예시의 경우 물품공급 사업자가 계약 상대방에게 사용을 허락하거나 제공하는 영업표지의 종류와 범위 및 사업상 지원·교육과 통제 내용 등 가맹계약의 중요 내용에 관하여 정하고 있지 않은 점 등에 비추어 볼 때, 이 계약은 가맹계약에 해당한다고 보기 어렵다. 그러므로 가맹사업 정의 요건을 충족하지 못하고 있기 때문에, 법 제13조에 따른 10년 범위의 가맹계약갱신요구권이 적용되기 어렵다고 본다.

[Q 3] 프랜차이즈 창업과 기술전수 창업은 분쟁해결에 어떤 차이가 있나?

[A 3] 단순 기술전수 창업은 가맹사업법을 적용할 수 없다. 프랜차이즈 창업은 가맹사업법 제2조 제1호에 따라 '가맹사업'에 대한 5가지의 성립요건을 충족하는 것을 말하고, 이에 해당하는 경우 가맹사업법이 적용된다. 이에 비하여 기술전수 창업이 프랜차이즈 창업이 되려면 ①~⑤의 요건을 모두 구비하여야 하지만, 단순히 기술만 전해주는 창업방식은 가맹사업법의 적용을 받지 않는다. 따라서 이러한 단순 기술전수 방식의 창업의 경우 계약체결 이후 양당사자 간의 생기는 법적 분쟁은 가맹사업법의 적용 대상에서 제외되고, 민법 등에 따른 민사적인 방법으로 해결하여야 한다.

[Q 4] 가구대리점 형태의 갑을(甲乙) 관계 계약을 체결한 경우 이를 가맹사업으로 볼 수 있나?

[A 4] 가구대리점 乙이 본사 甲으로부터 어떠한 통제도 받지 않고 독립적 지위에서 가구를 판매한다면 가맹사업으로 보기 어렵다. 가맹사업에 해당하려면 가맹사업법 제2조 제1호에서 정의하는 성립요건에 모두 충족하여야 한다. 가맹사업 해당 여부는 가맹점사업자에게 'ㅇㅇㅇㅇ'라는 영업표지의 사용권을 부여하는지, 영업표지 사용의 대가로 최초 가맹금을 수취하는지, 교육을 통해 가맹점사업자에게 일정한 판매가이드를 설정하는지, 계속적 거래관계에 있는지 등을 기초로 판단해야 한다. 고객이 가구 구매 시 을의 사업자가 갑의 시스템을 통해 물건을 발주하는 계속적 거래관계를 하는 점은 가맹사업 5가지 요건 중 일부를 충족하는 것으로 판단된다.

다만 가맹본부가 사업자의 영업활동에 대해 자신이 요구하는 서비스 수준을 계약서에 명시하고 미달 시 영업중지·계약해지 등 상당한 통제를 하는지, 사업자가 가맹본부의 물품 판매 업무를 대행하는 것에 불과할 뿐 가맹본부로부터 부여받은 가맹점운영권에 기초하여 독자적인 판매활동 수행에 상당한 통제 요건이 결여하였는지 등에 기해 판단해야 하는데, 만일 이러한 요소 없이 단순 대리점 형태의 거래인 경우에는 가맹사업에 해당한다고 보기 어려울 것이다.

[Q 5] 가맹본부로서 피부관리 교육과 개점지원 사업을 시작하려고 하는데, 가맹사업법상 가맹사업 창업 절차와 그 요건은?

[A 5] 가맹사업법은 가맹본부와 가맹점사업자 간의 관계를 규율하고 있는 법으로서, 가맹본부가 지켜야 할 사항들에 대해 규정하고 있는데, 사업자가 영위하는 사업이 가맹사업 요건에 해당할 때에는 가맹사업법을 준수하여야 한다. 가맹사업이란 법 제2조 제1호의 5가지 성립요건에 모두 충족하여야 한다.

한편 가맹점사업자가 가맹금의 최초 지급일부터 6개월까지의 기간 동안 가맹본부에게 지급한 가맹금의 총액이 100만 원 이하이거나 가맹본부의 연간매출액이 5천만 원 미만(1년 이상 직영점 운영 시 직영점 매출을 합하여 2억 원 미만)인 소규모 가맹본부에 해당하면 일부 규정의 적용이 배제된다. 다만 이러한 소규모 가맹본부라 하더라도 계약을 맺은 가맹점사업자의 수가 5개 이상이면 법 적용을 받게 된다.

가맹사업법은 가맹사업 인허가 조건에 관한 규정을 두고 있지는 않지만, 법 제6조의2에 따라 가맹본부는 정보공개서를 공정거래위원회에 등록(한국공정거래조정원 등의 등록기관)한 후, 등록된 정보공개서와 가맹계약서를 가맹희망자에게 제공하고, 법정기일(14일)이 경과한 후에 가맹계약을 체결하거나 가맹금을 수령하여야 한다. 그리고 정보공개서는 가맹본부의 일반 현황, 가맹점사업자의 부담, 영업활동에 대한 조건 및 제한 등 해당 가맹사업에 대한 전반적인 정보를 담고 있는 문서인데, 현재 정보공개서 신규 등록 및 변경등록 업무는 가맹본부가 소재한 지역이 서울특별시, 부산광역시, 인천광역시, 경기도인 경우에는 해당 시·도에 신청하고, 그 외의 지역의 경우 한국공정거래조정원(이하 "조정원"이라 한다)에 등록 신청하여야 한다. 참고로 정보공개서 등록 등에 관해서는 해당 기관에 문의하면 된다.

[Q 6] 가맹사업 요건 5가지 중 사업자 A는 경영 및 영업활동 등에 대한 지원·교육과 통제만 단독으로 하고, 사업자 B는 나머지 4가지 요건의 업무를 수행하는 방식으로 2인이 공동으로 운영한다면 가맹사업법상 가맹본부를 누구로 보아야 하나?

[A 6] 예시의 경우와 같이 독립의 사업자 A, B는 각각으로 볼 때 가맹사업 요건을 충족한다고 볼 수 없기 때문에 가맹본부로 볼 수 없다. 다만 어느 한 사업자가 다른 사업자에게 '가맹지역본부'로 위탁계약을 체결한 상태에서 가맹사업 요건이 충족된 경우에는 위탁한 사업자를 가맹본부로 볼 수 있다. 가맹사업법 제2조 제1호에 따라 "가맹사업"의 성립요건을 정의하고 있는데, 가맹본부는 가맹사업법상의 가맹사업의 5가지 요건을 갖추고 모두 운영하는 주체이어야 하며, 그 요건 중 일부를 다른 사업자에게 운영하도록 할 경우에는 가맹본부라고 할 수 없다.

참고로 법 제2조 제7호에 따라 가맹본부와의 계약에 의하여 일정한 지역 안에서 가맹점사업자의 모집, 상품 또는 영역의 품질유지, 가맹점사업자에 대한 경영 및 영업활동의 지원·교육·통제 등 가맹본부의 업무의 전부 또는 일부를 대행하는 가맹지역본부(예컨대 중부지역본부 등)의 형태는 가능하다.

A, B 두 사업자의 영업형태가 가맹지역본부와 같이 가맹사업과 관련된 업무를 계약에 따라 분담하기로 약정한 경우이면서, 가맹사업의 5가지 성립요건이 모두 충족한다면 두 사업자의 영업은 가맹사업에 해당한다. 따라서 가맹본부의 주체는 정보공개서 등록하고 가맹지역본부에게 가맹본부의 업무의 전부 또는 일부를 위탁한 사업자로 보는 것이 타당하다.

[Q 7] 가맹본부 Y가 X백화점 특수매장에 입점한 Z매장(팝업매장)에 자신의 브랜드상품을 판매할 수 있도록 한 경우에도 Y는 정보공개서 제공 등 가맹사업법상 규정을 지켜야 하나?

[A 7] Y가 가맹사업의 요건을 충족한다면 팝업매장인 Z에 대해서도 가맹사업법을 준수해야 한

다. 가맹사업법 제2조 제1호에 따라 "가맹사업"의 성립요건을 5가지로 정의하고 있으므로 이를 모두 충족하여야 가맹사업에 해당한다. 팝업매장의 운영자가 사업자등록증을 발급받는 것만으로 가맹사업 여부를 판단할 수 있는 것은 아니며, 법 규정 및 판례, 가맹본부와 팝업매장의 사업자와 구체적인 거래관계 등 실질적인 내용을 살펴보고 판단하여야 하지만, 상기 가맹사업의 5가지 성립요건을 모두 충족하는 경우라면 팝업매장이라도 법 적용대상에 해당하므로 정보공개서 등을 사전에 제공할 의무를 부담한다.

[Q 8] 가맹본부 Y가 사업형태를 일부 변경하여 '핫도그 조리기기'를 X에게 유상으로 대여하고, X로부터 기기 설치비, 철수비 및 교육비 등의 일회성 비용을 수취하는 경우 가맹사업에 해당하나?

[A 8] Y의 상호 등 영업표지의 이용을 허락하지 않았다면 가맹사업 관계로 보기 어렵다. 가맹사업법 적용대상이 되는 가맹사업에 해당하기 위해서는 법 제2조 제1호에 명시된 요건을 모두 충족하여야 한다. 그러나 질의와 같은 사업형태는 ① 동일한 영업표지 사용, ② 경영 및 영업활동에 대한 통제 등의 요건을 충족하는 경우로 보기가 어려워 가맹사업에 해당한다고 보기가 어려울 것으로 판단된다. 가맹본부가 기기 대여비, 설치비, 철수비 및 교육비를 수취한다고 하여 위 ① 영업표지 및 ② 통제 측면에서 사업형태가 달라지는 것은 아니므로, 여전히 가맹사업에 해당할 가능성은 낮다고 판단할 수 있다.

다만, 표준 레시피 준수를 권하면서 영업표지를 사용하도록 하고, 서비스 등 영업방식, 복장이나 영업시간을 통제하는 경우 가맹사업에 해당할 수 있으므로 유의하여야 한다. 아울러 기존의 가맹점사업자와의 가맹계약 조건 변경 등에 따른 분쟁소지도 감안해야 한다.

[Q 9] "죽" 제품을 제조하는 사업자가 해당 제품을 배달음식 사업자에게 납품하면서 ① 점주가 원하면 상표를 사용할 수 있도록 하되 별도의 로열티는 받지 않고, ② 제품 공급에 대해 보증금을 수령하며, ③ 교육 외에 점포의 운영이나 경영에 대해 일절 관여하지 않는 경우 가맹사업에 해당하나?

[A 9] 가맹사업에 해당하지 않는다고 보아야 할 것이다. 가맹사업법 제2조 제1호에 따라 "가맹사업"에 대하여 5가지의 성립요건을 정의하고, 이에 모두 충족하는 경우 가맹사업에 해당한다. 사업자가 운영하는 사업의 경우 영업표지의 사용을 허락하되 그 사용이 의무적이지 않고, 점주의 운영이나 경영에 일절 관여하지 않는다면 상당한 통제가 이루어지지 아니한다는 측면

에서, 가맹사업 요건을 충족하지 못하고 있다고 판단하는 것이 타당할 것이다.

다만, 사업자가 거래상대방에게 영업표지 사용을 강제하고, 유니폼 착용 및 영업시간 준수 등 영업에 관한 사항을 지시하며, 이를 이행하지 않을 경우 물품공급을 제한하거나 계약을 해지할 수 있는 등 상당한 통제를 한다면 가맹사업에 해당한다고 보아야 할 것이다.

[Q 10] 사업자가 도·소매업과 가맹사업을 동시에 영위하고 있어 비가맹점에게 도·소매업과 관련하여 물품을 공급하는 것은 가맹사업에 해당하나?

[A 10] 사업자가 도·소매업자들에게 자신의 물품을 공급하는 것만으로는 가맹사업에 해당하는 것으로 보기는 어렵다고 본다. 가맹사업법은 가맹본부가 가맹사업 외에 다른 사업을 영위하는 것을 금지하고 있지 아니하다. 따라서 사업자가 가맹사업 외에 영위하고 있는 도·소매업의 사업내용에 따라 가맹계약을 체결하지 않은 사업자에게 물품 등을 공급하는 것이 문제의 소지가 있다고 보기는 어렵다.

다만, 사업자가 비가맹점에 대하여 도·소매물품을 공급하는 거래가 법 제2조 제1호에 따른 가맹사업에 해당하는 경우에는 가맹본부로서의 법적의무 및 금지행위에 대한 규제대상이 된다. 아울러 가맹계약 체결 시 가맹희망자에게 제공한 정보공개서의 내용과 가맹계약서에 도·소매업자에게 물품을 공급한다는 내용이 없다면 가맹점사업자와의 사이에 불이익제공 관련 분쟁이 발생할 수 있고, 이러한 경우 불공정거래행위에 해당할 수 있으므로 유의하여야 할 것이다.

[Q 11] A는 B(가맹본부)에게 투자비 1억 9,000만 원을 지급하고, B는 점포를 운영하면서 A에게 매출액에서 비용, 로열티 명목 등 일정 금원을 공제한 나머지를 수익금으로 지급하기로 하는 등의 내용의 계약을 체결하였다. 개점 후 1년 뒤 A가 희망하는 경우에는 B가 A에게 식음료판매 점포에 관한 가맹점운영권을 부여할 예정임을 전제로, 사용가능한 영업표지의 종류와 범위 등 가맹사업의 구체적 내용·범위 등에 관하여 추가 협의를 거치기로 하였는데, 이 경우 A가 지급한 돈을 가맹금으로 볼 수 있는가?

[A 11] 가맹으로 보기 어렵다. 왜냐하면 가맹희망자가 지급한 금원이 가맹금이 되기 위해서는 그 돈이 ‘가맹점운영권을 취득하거나 유지하기 위하여 지급된 것’이어야 하지만, A가 B에게 지급한 금원은 이에 해당하지 않기 때문이다. ① 가맹희망자 A가 B에게 지급한 돈은 직영점 운영에 대한 투자 형식을 취한 계약에 따른 투자금에 해당하는 점, ② A가 계약에 따라 개점 후 2년 차 때 반드시 해당 점포에 관하여 가맹계약을 체결할 의무를 부담하는 것은 아닌 점,

③ 이 사건 계약에는 가맹계약의 요소에 관한 기본적 내용조차 확정되어 있지 않은 점 등에 비추어 볼 때 향후 이 사건 점포가 가맹점으로 전환될 예정이라는 사정만으로는 A가 B에게 지급한 돈을 가맹점운영권을 취득하기 위하여 지급한 것으로서 가맹금에 해당한다고 보기는 어렵다.[18]

2. 가맹사업법의 입법 취지

최초로 프랜차이즈 영업형태가 발생한 미국의 경우에는 1950년대를 전후하여 괄목할 만한 성장을 이룩하였지만, 불공정하고 기만적인 방법으로 가맹계약의 체결을 유도한 후 부당하게 이득을 챙기는 악덕 가맹본부가 많이 생겨났다. 이에 미국 캘리포니아 주정부는 가맹본부에 의한 정보공개 및 등록에 관한 내용을 포함하는 프랜차이즈투자법(Franchise Investment Law)을 제정하여 1971년부터 시행함으로써 가맹사업을 직접 규율하는 최초의 주가 되었다. 이는 프랜차이즈 성장에 따라 동시에 발생하는 문제점을 국가적 규제를 통해 해결하여야 한다는 취지에서 제정된 법률이다.

우리나라의 경우에는 가맹사업이 1979년 최초로 도입[19]된 이후 1990년대 말 국제통화기금(IMF)의 구제금융을 받은 외환위기를 겪으면서 조기퇴직자의 창업 붐에 따라 급격히 성장하였다. 그런데 미국 초기 사례와 같이 일부 가맹본부가 허위·과장 광고 등 기만적인 방법으로 가맹점을 모집한 후 가맹금만 챙기고 도주하거나, 가맹금 반환을 거부하는 등의 불공정거래행위로 인해 예비가맹점주인 일반 서민들이 가맹사업을 꺼리게 되었고, 이러한 부정적 요소가 우량한 가맹본부의 사업 확장이나 좋은 기술과 아이디어를 가진 사업자들이 가맹사업의 창업을 못하는 원인이 되기도 하였다.

이와 같이 가맹사업당사자 간 법적 분쟁으로 나타나는 사회적 문제와 피해가 발생함에 따라 공정거래위원회는 1997. 2. 1. 「독점규제 및 공정거래에 관한 법률」(이하 "공정거래법"이라 한다) 제23조 제1항에서 금지하고 있는 불공정거래행위 규정을 가맹사업에

---

18) 대법원 2018. 7. 20. 선고 2015두59679 판결 참조.

19) 1979년 10월 선진화된 가맹사업 유통방식인 햄버거전문점 '롯데리아'를 창업한 기업형 가맹사업 유통방식을 말한다. 그런데 가맹사업의 시초를 1977년에 개점한 '림스치킨'으로 보는 견해와 1979년 커피전문점으로 개점한 '난다랑'으로 보는 견해도 있다.

도 적용하여 불공정거래 여부를 판단하기 위한 목적에서 「가맹사업에 있어서의 불공정거래행위의 유형 및 기준지정 고시」를 제정·운용하였다. 그러나 이 가맹고시는 가맹사업의 핵심적 내용인 정보공개의무에 관한 규정이 없었기 때문에 적지 않은 문제점을 내포하고 있었다.[20] 이러한 배경 속에서 가맹사업의 공정한 거래질서를 확립하고 가맹본부와 가맹점사업자가 대등한 지위에서 상호보완적인 균형 발전을 도모하기 위한 목적으로 2002. 5. 13. 법률 제6704호로 「가맹사업거래의 공정화에 관한 법률」을 제정하여 2002. 11. 1.부터 시행하였다. 이하에서는 가맹사업법의 제·개정에 대한 입법취지와 그 주요내용을 살펴본다.

가. 제정(2002. 5. 13.) 취지

가맹사업은 소자본과 경영의 경험 없이도 창업이 가능하기 때문에 1997년 말부터 시작된 IMF 과정을 거치면서 실·퇴직자 등에게 일자리를 마련해주고, 아울러 노동시장의 유연성을 제고하는 대안으로 대두되었다. 그러나 일부 가맹본부의 기만적인 가맹점 모집행위로 인해 가맹희망자가 큰 피해를 입었을 뿐만 아니라, 가맹본부가 우월적인 지위를 남용하여 불공정거래행위가 자행하는 등의 부작용이 여러 조사에서 나타났다.

이로 인하여 국민들에게 가맹사업에 대한 불신감을 가져오게 하였고, 우량한 가맹본부의 사업 확장이나 기술력 있고 좋은 아이디어를 가지고 있는 예비 가맹본부의 창업에 장애요인으로도 작용하였다. 이에 가맹사업거래의 전 과정에 걸친 투명성을 제고하여 공정한 거래질서를 정착시키고, 아울러 가맹사업당사자들의 건실한 거래관계 유지를 위해 가맹사업거래 당사자의 자율적인 분쟁의 해결을 도모할 수 있는 제도적인 근거를 마련함으로써 가맹사업의 건전한 발전과 이를 통한 국민경제의 발전을 이룩해 나가려는 취지에서 가맹사업법이 제정되었다.

나. 개정 경과 및 주요 개정 내용

가맹사업법은 제정 이후에도 운용과정에서 나타나는 문제와 가맹사업의 급속한 성장 과정에서 발생하는 가맹본부의 새로운 형태의 불공정거래행위 등을 효율적으로 규율하기 위해 빈번한 개정 과정을 거쳤다. 이러한 개정 절차는 주로 가맹희망자 또는 가

---

20) 최영홍·유진희·염규석, "가맹사업법의 운영성과 및 개정방향에 관한 연구", 공정거래위원회 용역보고서(공정거래위원회, 2005), 2면 참조.

맹점사업자의 피해예방과 구제를 통해 그 권익을 증진하기 위한 차원에서 이루어졌다.

1) 2004년 제1차 개정(2004. 1. 20.)

가맹사업거래상담사의 자격요건을 명확히 하고, 가맹사업거래상담사 자격시험 및 실무수습의 시행·관리 업무의 민간에 위탁할 수 있는 근거를 마련하였다(법 제27조). 가맹사업거래상담사 제도는 가맹사업거래 관련 피해의 예방 및 구제를 위하여 변호사, 회계사 등에 의한 조력이 필요하나, 소자본 창업자인 가맹점사업자들의 경우 이들 전문가들에 대한 접근 가능성이 낮아 가맹사업 분야에 특화된 전문성이 있으면서도 저렴한 비용으로 접근 가능한 상담사제도의 도입 필요성이 제기되어 신설된 제도이다.

2) 2007년 제2차 개정(2007. 8. 3.)

가맹사업거래에 있어서 가맹본부와 가맹희망자 또는 가맹점사업자 간 정보의 불균형으로 인하여 발생할 수 있는 부작용을 예방하고, 상대적으로 불리한 지위에 있는 가맹희망자와 가맹점사업자의 권익을 보호하기 위하여 정보공개서 등록제, 가맹금 예치제 및 가맹계약 갱신 요구 제도 등을 도입하는 한편, 가맹본부의 사업자단체에 설치되어 있던 가맹사업거래분쟁조정협의회를 공정거래법에 따라 설립되는 한국공정거래조정원으로 이관하는 등 제도의 운영상 나타난 일부 미비점을 개선·보완하였다.

① 가맹희망자의 범위를 정보공개서의 제공 신청 여부와 관계없이 가맹계약을 체결하기 위하여 가맹본부나 가맹지역본부와 상담하거나 협의하는 자로 규정하여 가맹희망자의 범위 확대 및 권리보호를 강화하였다(법 제2조 제4호).

② 가맹본부가 가맹점사업자를 모집하기 위하여 가맹희망자에게 정보공개서를 제공하는 경우에는 반드시 공정거래위원회에 등록된 정보공개서를 제공하도록 정보공개서 등록제도를 도입하였다(법 제6조의2 내지 제6조의4 신설 및 제7조).

③ 가맹희망자 또는 가맹점사업자가 계약체결일부터 2월 이내에 가맹본부에 지급하는 가맹금을 제3의 기관에 예치하도록 한 후, 가맹희망자나 가맹점사업자가 정상적으로 영업을 개시하거나 가맹계약체결일부터 2월이 경과한 후에 예치한 가맹금을 가맹본부에 지급하되, 가맹본부가 가맹점사업자피해보상보험계약, 공제계약 등을 체결하여 가맹점사업자피해보상이 가능한 경우에는 가맹금 예치제 적용을 배제하도록 하는 가맹금 예치제도를 도입하였다(법 제6조의5, 제15조의2 및 제15조의3 신설).

④ 가맹희망자나 가맹점사업자가 가맹본부로부터 가맹금의 최초 지급일 또는 가맹

계약 체결일 중 빠른 날부터 14일 전(변호사 등의 자문을 받은 경우에는 7일 전)까지 공정거래위원회에 등록된 정보공개서를 제공받지 아니한 경우에도 가맹금의 반환을 요구할 수 있도록 가맹금 반환 요구 요건을 확대하였다(법 제10조 제1항).

⑤ 가맹본부나 계열회사가 계약기간 중에 가맹점사업자의 영업지역에서 가맹점사업자와 동일한 업종의 직영점이나 타 가맹점을 설치하는 행위를 금지하여 가맹점사업자의 영업구역을 보호하였다(법 제12조 제1항 제4호).

⑥ 가맹본부는 가맹점사업자가 가맹계약상의 가맹금 등의 지급의무를 지키지 아니하거나 가맹사업의 유지를 위하여 필요한 가맹본부의 중요한 영업방침을 지키지 아니한 경우 등을 제외하고는 가맹점사업자의 갱신 요구를 거절하지 못하도록 가맹점사업자의 가맹계약 갱신 요구 제도를 도입하였다(법 제13조).

⑦ 가맹본부사업자단체에 설치된 가맹사업거래분쟁조정협의회가 가맹사업 관련 분쟁의 조정업무를 수행함에 따라 그 분쟁조정결과에 대한 신뢰성과 관련하여 논란이 제기될 소지가 있어, 가맹사업거래분쟁조정협의회를 공정거래법에 따라 설립되는 한국공정거래조정원에 이관하여 설치하도록 하였다(법 제16조).

⑧ 가맹사업당사자에 대한 전문적인 서비스 제공을 위하여 가맹사업거래상담사 제도가 도입되었으나, 그 업무 범위가 지나치게 제한되어 있어 동 제도를 활성화하는데 어려움이 있어, 가맹사업거래상담사의 명칭을 가맹거래사로 변경하고, 그 업무범위에 가맹사업 관련 분쟁조정 신청과 정보공개서 등록 신청의 대행 업무를 추가하였다(법 제27조 및 제28조).

3) 2010년 제3차 개정(2010. 3. 22.)

양벌(兩罰) 규정에서 법인 또는 영업주가 종업원 등에 대한 관리·감독상 주의의무를 다한 경우에는 처벌을 면하도록 명확히 함으로써 양벌 규정에 책임주의 원칙이 관철되도록 하였다. 한편 「질서위반행위 규제법」의 제정(법률 제8725호, 2007. 12. 21. 공포, 2008. 6. 22. 시행)으로 불필요해진 과태료의 부과·징수 절차 등에 관한 내용을 정비하였다(법 제42조).

4) 2012년 제4차 개정(2012. 2. 17.)

이 법의 적용배제 범위를 가맹점사업자가 가맹금의 최초 지급일부터 6개월까지의 기간 동안 가맹본부에게 지급한 가맹금의 총액이 100만 원 이내의 범위에서 대통령령으로 정하는 금액을 초과하지 아니하는 경우 또는 가맹본부의 연간 매출액이 2억 원 이내의 범위에서 대통령령으로 정하는 일정규모 미만인 경우로 하고(법 제3조 제1호 및 제2호), 가맹거래사의 등록취소 시 청문 실시의 근거 규정을 신설(법 제31조 제3항)하였으며, 법상 정보공개서 등록 관련 업무 위탁 근거(법 제39조 제1항)를 마련하였다.

5) 2013년 제5차 개정(2013. 8. 13.)

퇴직인구의 증가와 취업난, 창업의 수월성으로 인해 가맹점사업자가 급속히 증가하는 추세이나, 가맹본부의 허위·과장 정보제공, 부당한 영업시간 강요, 가맹계약 중도해지 시 과도한 위약금 요구, 잦은 매장 환경개선 요구, 가맹본부의 우월한 거래상의 지위를 이용한 불공정거래행위 등으로 인해 가맹점사업자의 피해가 확산되고 있어, 가맹희망자에게 정확하고 충분한 정보가 제공되도록 하고, 새롭게 제기되는 불공정거래행위를 예방할 수 있는 제도적 장치를 마련할 필요성이 요구되었다.

이에 따라, 허위·과장정보 제공행위의 유형을 구체화할 수 있는 위임규정을 마련하고 허위·과장 정보 제공행위에 대한 벌금을 상향조정하는 한편, 점포환경개선 시 가맹본부도 일부 비용을 부담하도록 하고, 가맹본부가 계약의 목적과 내용, 발생할 손해 등 대통령령으로 정하는 기준에 비해 과중한 위약금을 부과하지 못하도록 하며, 대통령령으로 정하는 심야 영업시간대의 매출이 그 영업에 소요되는 비용에 비하여 저조하여 대통령령으로 정하는 일정기간 동안 영업 손실이 발생함에 따라 가맹점사업자가 영업시간 단축을 요구함에도 이를 허용하지 않는 행위, 가맹점사업자가 질병의 발병과 치료 등 불가피한 사유로 인하여 최소한의 범위에서 영업시간의 단축을 요구함에도 이를 허용하지 않는 행위를 부당한 영업시간 구속으로 규정하고 이를 금지하였다. 또한 가맹점사업자 단체 구성의 법적 근거를 마련하고, 동일한 영업표지를 사용하는 가맹점사업자들의 단체에게 협의권을 부여하여 대등한 지위에서 가맹본부와 거래조건 변경 등을 협의할 수 있도록 한편, 가맹본부의 중복 출점에 따른 가맹점사업자의 피해를 방지하기 위하여 영업지역 보호를 강화하였으며, 그 개정사항은 다음과 같다.

① 가맹본부가 「약관의 규제에 관한 법률」(이하 "약관규제법"이라 한다)을 위반한 사실 및 가맹점사업자의 영업활동 등에 대하여 지원해 주는 내용 등을 정보공개서에 기재하도록 하였다(법 제2조 제10호).

② 가맹희망자의 피해예방을 위해 등록취소된 사업자의 명단을 공정거래위원회가

공개할 수 있도록 하는 한편, 정보공개서 등록 취소사유에 가맹본부가 폐업하거나 가맹본부가 등록 취소를 요청하는 경우를 추가하였다(법 제6조의4).

③ 가맹본부가 가맹희망자나 가맹점사업자에게 허위·과장의 정보제공행위와 기만적인 정보제공 행위를 하지 못하도록 하고, 각각의 행위유형을 대통령령으로 정하도록 위임규정을 신설하였다(법 제9조 제1항 및 제2항).

④ 가맹금 반환청구기간을 2개월에서 4개월로 연장하여 사업초기에 있는 가맹점사업자에 대한 최소한의 금전적 안전장치를 확보하였다(법 제10조 제1항).

⑤ 가맹본부가 계약의 목적과 내용, 발생할 손해 등 대통령령(계약의 목적과 내용, 발생할 손해액의 크기, 당사자 간 귀책사유 유무 및 정도, 해당 업종의 정상적인 거래관행)으로 정하는 기준에 비해 과중한 위약금을 부과하는 등 가맹점사업자에게 부당하게 손해배상 의무를 부담시키는 행위를 불공정거래행위에 추가하였다(법 제12조 제1항).

⑥ 가맹본부가 대통령령(인테리어 노후 객관적 인정, 위생 또는 안전에 현저한 지장초래)으로 정하는 정당한 사유 없이 점포 이전·확장이나 환경개선을 강요하지 못하도록 하는 한편, 가맹본부의 요구로 인해 점포 환경개선을 하는 경우에는 가맹본부가 환경개선에 소요된 비용의 100분의 40 이내에서 대통령령으로 정하는 금액을 부담하도록 하였다(법 제12조의2 신설).

⑦ 대통령령(오전 0시부터 오전 6시 또는 오전 1시부터 오전 6시)으로 정하는 심야 영업시간대의 매출이 그 영업에 소요되는 비용에 비하여 저조하여 대통령령(영업시간 단축을 요구한 날이 속한 달의 직전 3개월)으로 정하는 일정기간 동안 영업 손실이 발생함에 따라 가맹점사업자가 영업시간 단축을 요구함에도 이를 허용하지 않는 행위, 가맹점사업자가 질병의 발병과 치료 등 불가피한 사유로 인하여 최소한의 범위에서 영업시간의 단축을 요구함에도 이를 허용하지 않는 행위를 부당한 영업시간 구속으로 규정하고 이를 금지하였다(법 제12조의3 신설).

⑧ 가맹본부가 가맹계약 체결 시 가맹점사업자의 영업지역을 설정하여 가맹계약서에 기재하도록 하고, 영업지역 안에서 가맹점사업자와 동일한 업종의 자기 또는 계열회사의 직영점이나 가맹점을 설치하는 행위를 금지하였다(법 제12조의4 신설).

⑨ 가맹점사업자들이 가맹점사업자단체를 구성할 수 있도록 하는 한편, 동일영업표지를 사용하는 가맹점사업자단체는 가맹본부와 거래조건의 변경에 대하여 협의할 수 있도록 하되, 복수의 가맹점사업자단체가 협의를 요청할 경우 가맹본부는 다수의 가맹

점사업자로 구성된 단체와 우선적으로 협의하도록 하였다(법 제14조의2 신설).

⑩ 가맹본부와 가맹점사업자 간의 협약 체결을 권장하고, 협약 이행에 관한 평가를 실시하여 인센티브를 제공할 수 있도록 하는 한편, 가맹본부와 가맹점사업자 간 거래에 관한 서면실태조사를 실시할 수 있도록 하였다(법 제15조의4 및 제32조의2 신설).

⑪ 공정거래위원회가 제44조 제2항에 따른 고발 대상에 해당하지 않는다고 결정하더라도 감사원장, 중소기업청장이 사회적 파급효과, 가맹희망자나 가맹점사업자에 미친 영향 등 다른 사정을 이유로 공정거래위원회에 고발을 요청할 수 있도록 하였다(법 제44조).

⑫ 가맹본부의 매출액이 없거나 매출액 산정이 곤란한 경우에는 5억 원 이내의 범위에서 그 위반정도에 따라 금액을 정하여 과징금을 부과하도록 하였다(법 제35조).

6) 2016년 제6차 개정(2016. 3. 29.)

가맹사업거래의 조정결과에 재판상의 화해 효력을 부여하여 분쟁당사자가 조정결정 내용대로 이행하지 않을 경우 신속하게 강제집행을 할 수 있도록 함으로써 상대적 약자인 가맹점사업자에 대한 피해구제를 효율적으로 이루어지게 하고, 가맹본부와 가맹점사업자 간의 기존 영업지역 변경방식을 '협의'에서 '합의'로 변경하는 한편, 가맹본부는 가맹점사업자가 비용의 전부 또는 일부를 부담하는 광고나 판촉행사를 한 경우 그 집행내역을 가맹점사업자에게 통보하고, 가맹점사업자의 요구가 있는 경우 이를 열람할 수 있도록 하여 가맹점사업자의 권익을 보호하는 장치 등을 마련하였다. 구체적인 개정사항은 다음과 같다.

① 현행법은 상권의 급격한 변화 등의 사유가 발생하는 경우에 가맹계약의 갱신과정에서 기존 영업지역 변경을 가맹본부와 가맹점사업자가 협의를 거칠 수 있도록 하고 있는데, 개정안은 '합의'를 통하여만 할 수 있도록 하여 영업지역 변경의 방식을 엄격하게 하도록 하였다(법 제12조의4).

② 가맹본부는 가맹점사업자가 비용의 전부 또는 일부를 부담하는 광고나 판촉행사를 실시한 경우 그 집행내역을 가맹점사업자에게 통보하고, 가맹점사업자의 요구가 있는 경우 이를 열람할 수 있도록 하며, 이를 위반 시 공정거래위원회가 시정조치 및 과징금을 부과할 수 있도록 하였다(법 제12조의6, 제33조 제1항 및 제35조 제1항).

③ 가맹거래분쟁조정협의회가 조정신청 및 조정의뢰를 받는 경우 지체 없이 분쟁

조정 절차를 개시할 의무를 신설하였다(법 제23조 제1항).

④ 가맹거래분쟁조정협의회가 작성한 조정조서에 재판상 화해의 효력을 부여하고, 분쟁당사자가 분쟁조정절차 개시 전에 조정사항을 스스로 조정하고 조정조서의 작성을 요구하는 경우 조정조서의 작성을 의무화하도록 하였다(법 제24조 제1항 및 제2항).

⑤ 가맹거래사 시험의 부정응시자 응시제한기간 규정을 시행령에서 법률로 상향하여 규정하고, 제한기간도 3년에서 5년으로 연장하였다(안 제27조 제3항).

⑥ 경미한 위반행위 등에 대하여는 공정거래법상의 손해배상 책임 관련 조항 등을 준용하지 아니하도록 규정하는 것은 가맹사업거래에서 사업자의 손해배상책임 등을 부당하게 축소할 우려가 있으므로, 이 단서조항을 삭제하였다(법 제37조 제3항).

7) 2016년 제7차 개정(2016. 12. 20.)

① 정보공개서의 공개를 의무화하여 가맹사업을 하려는 자가 합리적으로 판단할 수 있도록 하고, 현행법에 따른 정보공개서 등록과 취소업무를 내실화하기 위하여 현행법 위반 가맹사업의 정보공개서 등록을 거부하거나 등록 취소할 수 있도록 하였다(법 제6조의2 제3항 신설, 제6조의3 제1항 및 제6조의4 제1항).

② 공정거래위원회가 가맹사업거래에서의 공정한 거래질서 확립을 위하여 수행하고 있는 가맹본부와 가맹점사업자 등 사이의 거래에 관한 서면실태조사 실시 및 공표를 의무화하였다(법 제32조의2 제1항).

③ 가맹점사업자의 권익을 보호하기 위해서 이 법 위반행위를 공정거래위원회에 신고할 경우 민법상 최고의 효력을 부여하는 조항을 신설하였다(법 제32조의3 신설).

8) 2017년 제8차 개정(2017. 4. 18.)

① 가맹본부는 계약 체결이나 가맹금 지급일로부터 14일 전에 가맹희망자에게 가맹계약서를 제공하도록 하였다(법 제11조 제1항).

② 분쟁당사자가 분쟁조정의 신청 시에 시효중단의 효력을 부여하되, 신청이 취하되거나 각하된 때에는 그러하지 아니하며, 이 경우 6개월 내에 재판상의 청구, 파산절차참가, 압류 또는 가압류, 가처분을 한 때에는 중단된 것으로 하였다(법 제22조 제5항 내지 제6항 신설).

③ 가맹거래사의 업무범위에 분쟁조정과정에서 의견진술 등을 추가하였다(법 제28조).

④ 가맹사업거래에 있어 법 제9조 제1항 및 제12조 제1항 제1호를 위반함으로써

손해를 입힌 경우에는 가맹점사업자에게 발생한 손해의 3배 한도의 징벌적 손해배상제도를 도입하였다(법 제37조의2 신설).

9) 2018년 제9차 개정(2018. 1. 16.)

정보공개서 등록 등의 업무를 지방자치단체로 이양하고, 가맹점사업자의 분쟁조정신청, 서면실태조사 협조 등을 이유로 한 가맹본부의 보복조치를 금지하며, 가맹본부의 가맹점사업자에 대한 일방적인 영업지역 변경을 금지하고, 이 법 위반사항에 대한 신고포상금 제도를 도입하며, 징벌적 손해배상제도를 보복조치 금지 위반행위까지 확대·적용하였다. 구체적인 개정사항은 다음과 같다.

① 정보공개서 등록 등의 업무를 지방자치단체로 이양하였다(법 제6조의2, 제6조의3 및 제6조의4).

② 가맹본부의 가맹점사업자에 대한 일방적인 영업지역 변경을 금지하였다(법 제12조의4).

③ 가맹점사업자의 분쟁조정신청, 서면실태조사 협조, 법 위반사실 신고 또는 공정거래위원회의 조사에 협조한 것을 이유로 가맹본부가 가맹점사업자에게 행하는 보복조치를 금지하였다(법 제12조의5 신설).

④ 이 법 위반사항에 대한 신고포상금 제도를 도입하였다(법 제15조의5 신설).

⑤ 징벌적 손해배상제도의 적용범위를 보복조치 금지 위반행위까지 확대·적용하였다(법 제37조의2).

10) 2018년 제10차 개정(2018. 3. 27.)

종래 가맹사업거래 분쟁조정협의회를 서울에 소재한 “한국공정거래조정원”에만 두도록 규정하고 있었는데, 개정안은 광역지방자치단체에도 가맹사업거래 분쟁조정협의회를 설치할 수 있도록 하여 지방 소재 가맹점사업자와 가맹본부 간 분쟁의 신속한 해결을 촉진하기 위한 것이다(법 제16조, 제17조 등).

11) 2018년 제11차 개정(2018. 4. 17.)

가맹본부가 가맹점사업자의 서면실태조사 관련 자료제출을 방해하는 경우에도 5천만 원 이하의 과태료를 부과하도록 하여 서면실태조사의 실효성을 확보하고, 현행법상 “기명날인”해야 하는 사항을 “기명날인하거나 서명”이 가능하도록 하여 행정의 효율성과 이용자의 편의성을 제고하는 한편, 가맹점사업자에 대한 과태료 부과 규정을 삭제하였다. 구체적인 개정사항은 다음과 같다.

① 조정조서의 작성방법에 서명을 추가하였다(법 제24조 제1항).

② 가맹본부가 가맹점사업자의 서면실태조사 관련 자료제출을 방해하는 것을 금지하고, 이를 위반하는 경우 5천만 원 이하(임직원 등의 경우 1천만 원 이하)의 과태료를 부과하도록 하였다(법 제32조의2 제4항 및 제43조 제1항 제1호의2, 제3항 및 제4항).

③ 가맹점사업자에 대한 과태료 부과 규정을 삭제하였다(법 제43조).

12) 2018년 제12차 개정(2018. 10. 16.)

가맹본부 또는 가맹본부 임직원의 책임있는 사유로 가맹사업의 명성이나 신용을 훼손하여 가맹점사업자에게 발생한 손해에 대한 배상의무에 관한 사항을 가맹계약서의 필수적 기재사항으로 하였다(법 제11조 제2항 제11호 신설).

13) 2018년 제13차 개정(2018. 12. 31.)

조정이 성립된 후에는 분쟁당사자가 조정에서 합의된 사항을 이행하지 아니하더라도 공정거래위원회의 시정조치 등이 불가능한 문제점을 개선하기 위하여 시정조치 등의 면제요건을 정비하고, 당사자 간 다툼이 있음에도 불구하고 공정거래위원회의 조사개시대상이 되지 아니하는 경우를 방지하기 위하여 조정이 신청된 가맹사업거래를 조사개시가 제한되는 대상의 예외로 인정하며, 장기간의 조사로 조사대상이 된 가맹본부를 불안정한 지위에 두는 것을 막기 위하여 일정한 기간 내에 위반행위에 대한 시정조치 또는 과징금 처분을 하도록 하는 규정을 신설하는 등 현행 제도의 운영상 나타난 일부 미비점을 개선·보완하기 위한 것이다. 그 개정사항은 다음과 같다.

① 제23조 제3항 각 호 외의 부분 중 "조정을 거부하거나 중지할 수 있다"를 "조정신청을 각하하여야 한다"로 하였다(법 제23조 제3항, 제4항 제3호, 제5항 제7항 단서).

② 분쟁당사자가 조정에서 합의된 사항을 이행한 경우에만 시정조치 등을 면제받을 수 있도록 하여 분쟁당사자가 합의사항을 적극적으로 이행하도록 시정조치 등의 면제요건을 정비하였다(법 제24조 제3항 및 제4항 신설, 현행 제33조 제2항 삭제).

③ 거래가 종료된 날부터 3년 이내에 조정이 신청된 가맹사업거래의 경우에는 공정거래위원회가 조사를 개시할 수 있도록 하여 조정이 성립되지 아니하더라도 가맹점사업자가 공정거래위원회의 조사를 통한 보호를 받을 수 있도록 조사개시대상 제한의

예외를 확대하였다(법 제32조 제1항 단서).

④ 공정거래위원회가 신고를 받고 조사를 개시한 경우에는 신고일부터 3년, 직권으로 조사를 개시한 경우에는 조사개시일부터 3년이 경과하면 가맹본부에 대하여 시정조치를 명하거나 과징금을 부과할 수 없도록 하여 조사의 장기화에 따른 가맹본부의 부담을 완화하기 위해 시정조치·과징금 처분에 대한 시간적 제한을 마련하였다(법 제32조 제2항 신설).

다. 가맹사업법 입법 취지 관련 Q&A

[Q 1] 가맹사업법의 개정 절차는 어떻게 되나?

[A 1] 일반적으로 법률 개정은 정부나 국회의원 10인 이상 또는 국회 상임위원회의 발의로 시작되며, 상임위원회에서는 안건을 심의하여 본회의에 상정하는데, 상임위원회에서 통과되지 않은 안건이라도 재상정할 수 있다. 상정된 법률안은 심의를 거쳐 국회 재적 의원 과반수 출석과 출석 의원 과반수 찬성으로 의결된다. 국회에서 의결된 법률안은 정부로 이송되어 15일 이내에 대통령이 공포함으로써 확정된다. 한편 정부 주도로 법률을 개정하는 경우에는 그 절차 중에 최소 10일 이상 입법예고를 하게 되는데, 이때 개정안에 의견을 제시할 수 있고, 규제심사를 통해 신설 또는 강화된 규제의 타당성 및 영향 심사 절차를 거치게 된다.

[Q 2] 가맹사업법 시행령 개정절차는?

[A 2] 법률의 시행령을 대통령령이라고 하는데, 가맹사업법 시행령은 공정거래위원회가 개정안을 마련하여 관계부처 협의, 입법예고, 규제심사 및 법제처 심사를 거친 후 국무회의에 상정한다. 국무회의 심의로 확정되면 대통령이 서명·공포하여 발효된다.

[Q 3] 가맹사업법 관련 고시 등 규칙 개정절차는?

[A 3] 관련 고시 등 규칙 개정은 개정안을 작성하여 관계부처 협의, 입법예고, 규제심사 및 법제처 심사를 거쳐 공정거래위원회 심의를 통해 확정되면 공정거래위원장이 이를 서명·공포한다.

3. 가맹사업법령의 체계

가. 가맹사업법의 제정 배경

공정거래위원회는 가맹사업당사자 간 법적 분쟁으로 나타나는 사회적 문제와 피해가 발생됨에 따라 1997년 2월 1일 공정거래법 제23조 제1항에서 금지하고 있는 불공정거래행위를 가맹사업에 적용하여 불공정거래 여부를 판단하기 위한 목적으로 가맹고시를 제정하여 운영하였다.

가맹고시 제정 이후에도 가맹본부의 허위·과장된 정보제공행위와 거래상 지위남용에 따른 불공정거래행위로 인하여 가맹사업 전체에 대한 불신이 증가하여 예비 가맹점창업자들이 가맹점 사업을 꺼리게 되는 원인으로 작용하게 되었다. 이러한 사회적 문제 해결하기 위하여 2002년 5월 13일 가맹사업의 공정한 거래질서를 확립하고 가맹본부와 가맹점사업자가 대등한 지위에서 상호보완적으로 균형 발전을 도모하기 위한 목적으로 가맹사업법이 제정되었다.

나. 가맹사업법령의 체계

1) 가맹사업 관련 법령

가맹사업법령에는 국회에서 제·개정하는 가맹사업법, 국무회의 의결을 거쳐 제·개정하는 대통령령인 시행령, 공정거래위원회 의결로 제·개정하는 행정규칙인 고시, 규정 또는 지침으로 구성되어 있다. 가맹사업법령을 집행하기 위한 관련 행정규칙으로는 「가맹거래사 자격제도의 운영에 관한 규정」, 「가맹본부·가맹점사업자간 공정거래 및 상생협력 협약 절차 지원 등에 관한 기준」, 「가맹사업거래상 허위·과장정보제공행위 등의 유형 지정고시」, 「가맹사업거래 정보공개서 표준양식에 관한 고시」, 「가맹사업법 위반사업자에 대한 과징금 부과기준에 관한 고시」, 「예상매출액 산정서의 표준양식에 관한 규정」, 「공정거래법 등 위반행위 신고자에 대한 포상금 지급에 관한 규정」, 「공정거래법 등의 위반행위의 고발에 관한 공정거래위원회의 지침」, 「공정거래위원회 회의 운영 및 사건절차 등에 관한 규칙」, 「사건처리 수칙」, 「공정거래위원회 시정조치 운영지침」, 「정보공개서 등록기관 지정 고시」, 「정보공개서 등록, 등록거부 및 공개 등에 관한 업무의 위탁기관 지정」, 「공정거래위원회로부터 시정명령을 받은 사실의 공표에 관한 운영지침」, 「가맹희망자에 대한 정보 제공 가이드라인」 등이 있다.

2) 가맹사업법 체계

가맹사업법은 제1장 총칙, 제2장 가맹사업거래의 기본원칙, 제3장 가맹사업거래의 공정화, 제4장 분쟁의 조정 등, 제5장 공정거래위원회의 사건처리 절차 등, 제6장 벌칙 등 총 제44조의 규정 및 부칙 체계로 되어 있다. 가맹본부에 대한 직접적인 규제 내용은 다음과 같다.

① 가맹사업거래의 공정화에 관한 제3장은 ⓐ 가맹본부가 가맹계약 체결을 준비하는 과정상 의무규정인 정보공개서 작성 및 등록, 사전제공, 가맹금의 예치, 가맹금 반환과 금지규정인 허위·과장된 정보제공행위 금지 내용, ⓑ 가맹계약의 체결 및 사업유지 과정상 의무규정인 가맹계약서 기재사항, 사전제공 및 계약체결, 예치가맹금의 지급 및 반환, 예상수익상황 정보제공과 금지규정인 허위·과장된 정보제공 금지, 불공정거래행위 금지, 가맹점사업자단체에 대한 불이익 금지 내용, ⓒ 가맹계약의 갱신 및 해지 과정상 의무 및 금지 규정으로 구성되어 있다.

② 분쟁의 조정 등에 관한 제4장은 ⓐ 가맹사업거래분쟁조정협의회에 관한 규정으로 구성, 회의, 조정의 신청, 조정의 효력 내용, ⓑ 가맹거래사에 관한 규정으로 업무, 등록, 책임, 등록취소 내용, ⓒ 가맹사업거래에 대한 교육 등에 관한 내용으로 구성되어 있다.

③ 공정거래위원회의 사건처리절차 등에 관한 제5장은 ⓐ 법 위반 가맹본부에 대한 조사에 관한 규정인 조사개시대상의 제한, 서면실태조사, 위반행위 신고 내용, ⓑ 행정제재에 관한 규정인 시정조치, 시정권고, 과징금 내용, ⓒ 공정거래법의 준용 및 관계, 손해배상책임에 관한 규정 내용으로 되어 있다.

④ 벌칙에 관한 제6장은 ⓐ 벌칙에 관한 내용, ⓑ 양벌 규정에 관한 내용, ⓒ 과태료에 관한 내용, ⓓ 전속고발 및 관련기관의 고발요청에 관한 내용으로 구성되어 있다.

3) 가맹사업법 시행령의 구성 체계

가맹사업법 시행령은 가맹사업법에서 위임한 사항과 그 시행에 관하여 필요한 사항을 총 제37개조의 규정 및 부칙으로 구성되어 있다. 시행령에는 본문으로 기재하기 어렵지만 법령의 내용으로 필요한 사항을 별표 또는 서식 형태로 되어 있다.

① 별표로는 [별표 1] 정보공개서의 기재사항(제4조 제1항 관련), [별표 1의2] 정보공

개서의 변경 사항 및 변경 기한(제5조의3 제1항 관련), [별표 1의3] 직전 사업연도 매출환산액의 계산방법(제9조 제4항 관련), [별표 2] 불공정거래행위의 유형 및 기준(제13조 제1항 관련), [별표 3] 가맹거래사 시험과목(제28조 제5항 관련), [별표 4] 교육기관 등의 지정기준(제32조의2 관련), [별표 4의2] 과징금의 부과기준(제34조 제4항 관련), [별표 5] 과태료의 부과기준(제37조 관련)에 관한 것이다.

② 서식으로는 [별지 제1호서식] 정보공개서 신규등록 신청서, [별지 제2호서식] 정보공개서 등록증, [별지 제3호서식] 삭제, [별지 제4호서식] 정보공개서(변경등록 신청서, 변경신고서), [별지 제5호서식] 가맹금예치신청서, [별지 제6호서식] 가맹금 예치증서, [별지 제7호서식] 예치가맹금(지급 요청서, 반환 요청서), [별지 제8호서식] 예치가맹금 지급보류 요청서에 관한 것이다.

다. 가맹사업법 체계 관련 Q&A

[Q 1] 가맹사업법령의 적용 순위는?

[A 1] 법 적용의 원칙은 상위법 우선의 원칙, 신법 우선의 원칙, 특별법 우선의 원칙 등이 있다. 그러므로 가맹사업법령의 경우에는 가맹사업법, 시행령, 고시, 행정규칙 순으로 적용되며, 하위법령은 상위법의 내용을 벗어나지 않은 한도에서만 효력이 인정된다.

[Q 2] 가맹사업법령 관련 고시, 규정, 지침, 기준 등의 행정규칙의 법적 효력은 어떻게 되나?

[A 2] 법령 등에 별도로 "행정규칙"에 대해 규정된 것은 없으나, 「훈령·예규 등의 관리에 관한 규정」(대통령훈령) 제2조 제1항에서는 그 명칭에 관계없이 법령의 시행 또는 행정사무처리 등과 관련하여 발령하는 훈령·예규·고시·규정·규칙·지침 등을 "훈령·예규 등"으로 약칭하고 있고, 이를 실무상 또는 강학상 행정규칙이라고 한다.

행정규칙의 법적 성질에 대하여 학계에서는 행정조직 내부에만 일면적·편면적 구속력을 가질 뿐 직접 국민에 대하여는 효력을 미치지 못한다는 비법규설과 행정규칙 중 재량준칙은 헌법상의 평등원칙을 매개로 하여 국민에 대하여도 간접적으로 법적 효력을 미치게 된다는 준법규설 및 행정권은 그 권한의 범위에서는 자주적인 법 형식을 위한 규범 정립 의사나 독립적인 규율권을 가지며 그것에 의하여 대외적 효력을 가진다는 법규설 등이 있다.

한편 행정규칙의 법적 성질은 행정규칙의 유형에 따라 달라질 수 있으나, 행정규칙을 유형별로 나누어 그 법적 성질에 대해 설명하기도 한다. 행정규칙 중 중요한 유형으로, 상위법령의 위임에 따라 법령의 내용을 보충하는 법령보충규칙(법령보충적 행정규칙)이 있다. 이러한 법령보충규칙에 대해서는 법적 효력이 인정된다.[21)]

4. 가맹사업법의 적용배제

가. 적용배제 요건

가맹사업법은 가맹본부가 가맹희망자[22)] 또는 가맹점사업자 등과의 거래에서 발생하는 가맹본부의 정보공개서 사전제공의무 및 불공정거래행위 등을 규제하기 위한 사법적·공법적 성격을 지닌 강행법규이다. 그러므로 "가맹사업" 정의에 규정된 가맹사업의 성립요건에 충족되는 가맹본부는 가맹사업법의 적용대상에 해당한다. 즉, 가맹사업법은 가맹계약의 요건을 구비한 모든 사업거래에 적용된다.[23)]

다만 가맹사업법은 다음 요건의 어느 하나에 해당하는 가맹본부의 경우에는 원칙적으로 가맹사업법이 적용되지 않는다(법 제3조 제1항, 제2항). 즉, ① 가맹점사업자가 가맹금의 최초 지급일부터 6월까지의 기간 동안 가맹본부에게 지급한 가맹금의 총액이

---

21) 판례에 의하면, 훈령이란 행정조직 내부에 있어서 그 권한의 행사를 지도·감독하기 위하여 발하는 행정명령으로서 훈령, 예규, 통첩, 지시, 고시 등 그 사용명칭 여하에 불구하고 공법상의 법률관계 내부에서 준거할 준칙 등을 정하는데 그치고 대외적으로는 아무런 구속력도 가지는 것이 아니라고 판시(대법원 1983. 6. 14. 선고 83누54 판결)하여, 원칙적으로는 법규성이 없다고 보고 있다. 그러나 법령의 규정이 특정 행정기관에게 그 법령 내용의 구체적 사항을 정할 수 있는 권한을 부여하면서 그 권한 행사의 절차나 방법을 특정하고 있지 않은 관계로 수임행정 기관이 행정규칙의 형식으로 그 법령의 내용이 될 사항을 구체적으로 정하고 있다면, 그와 같은 행정규칙, 규정은 행정규칙이 갖는 일반적 효력으로서가 아니라 행정기관에 법령의 구체적 내용을 보충하는 기능을 갖게 된다 할 것이므로, 이와 같은 행정규칙, 규정은 해당 법령의 수임한계를 벗어나지 않는 범위에서는 그것들과 결합하여 대외적인 구속력이 있는 법규명령으로서의 효력을 갖게 된다고 판시(대법원 1989. 11. 14. 선고 89누5676 판결)하여 예외적으로 행정규칙의 법규성을 인정하고 있다.

22) 가맹본부와 체결한 계약의 기본적 성격이 가맹본부가 운영하는 직영점에 대한 투자계약이나 해당 점포를 향후 가맹점으로 전환하는 내용이 포함된 경우, 그 계약을 체결하기 위하여 가맹본부와 상담을 한 상대방은 가맹희망자가 된다. 즉, 이 가맹본부와 체결한 계약의 기본적 성격이 가맹본부가 운영하는 직영점에 대한 투자계약이라고 하더라도, 그 계약 내용에 해당 점포를 향후 가맹점으로 전환하는 내용이 포함되어 있다고 한다면, 그 계약을 체결하기 위하여 가맹본부와 상담을 한 상대방은 특별한 사정이 없는 한 가맹사업법 제2조 제4호에서 규정하고 있는 '가맹희망자', 즉 '가맹계약을 체결하기 위하여 가맹본부나 가맹지역본부와 상담하거나 협의하는 자'에 해당된다고 보는 것이 타당하다(대법원 2018. 7. 20. 선고 2015두59679 판결).

23) 최영홍, "온주 가맹사업거래의공정화에관한법률 제3조", 로앤비(2020. 12. 11), §2.

100만 원을 초과하지 아니하는 경우이어야 한다(법 시행령 제5조 제1항 제1호). ② 가맹본부의 매출액이 연간 5천만 원 미만인 경우이어야 한다. 다만 가맹본부가 가맹사업을 시작하기 전에 직영점을 개설하여 운영한 기간이 1년 이상인 경우에는 2억 원(직영점의 매출액을 포함하여 2억 원)으로 한다(법 시행령 제5조 제2항). 그러나 가맹본부와 계약을 맺은 가맹점사업자의 수가 5개 이상인 경우에는 적용된다(법 제3조 제1항 제2호 단서). 그렇지만 이러한 소액, 소규모의 가맹사업의 경우라 하더라도 허위·과장된 정보제공행위와 관련한 제9조 및 가맹금 반환과 관련한 제10조의 규정은 적용이 배제되지 않는다(법 제3조 제2항).

나. 적용배제 취지

가맹본부는 자신의 영업노하우와 영업표지를 가맹점사업자에게 제공하고 가맹금을 수령하는 영업방식으로 가맹사업을 영위한다. 일부 가맹본부의 경우 가맹사업 창업초기에는 가맹점사업자로부터 수령하는 가맹금이 적을 뿐만 아니라 연간 매출액과 가맹계약을 맺은 가맹점사업자의 수가 적은 영세 가맹본부도 있게 마련이다.

이러한 영세 가맹본부의 경우에는 인력 부족 등의 이유로 가맹사업법에서 규제하는 모든 사항을 준수하기 어려운 불가피한 사정으로 인하여 규제내용을 알지 못한 상태에서 법 위반 사업자가 될 수 있게 된다. 이에 영세한 가맹본부에 대해서는 가맹금 수령액과 연간 매출액 등이 일정규모에 도달할 때까지 일부 규정을 제외하고 법 적용을 배제함으로써 해당 가맹본부들에 대한 가맹사업법령 규제부담을 완화시키기 위한 것이다. 아울러 법 적용배제 대상 가맹본부의 경우에는 거래상 지위를 남용한 불공정거래행위에 따른 피해를 줄 가능성이 거의 없으므로, 공법 규제보다는 사적계약에서 발생하는 문제를 해결하는 민법 등 사법으로 처리하는 것이 합리적일 수 있기 때문이다.

다. 가맹사업법 적용배제 관련 Q&A

[Q 1] 가맹사업법이 적용되지 않는 대상은?

[A 1] 가맹사업법 제3조 제1항 제2호는 가맹본부의 연간 매출액이 2억 원 이내의 범위에서 대통령령으로 정하는 일정 규모(시행령에서 5천만 원으로 규정) 미만인 경우를 말한다. 다만 이에 해당한다 하더라도, 가맹본부와 계약을 맺은 가맹점사업자의 수가 5개 이상인 경우는 가맹

사업법의 적용을 받게 된다(법 제3조 제1항 제2호 단서). 여기서 말하는 '5개 이상인 경우'는 가맹점사업자가 가맹본부와 계약을 체결한 가맹점사업자의 매장만을 말한다.

위 적용배제 내용을 살펴보면, 가맹본부의 연간 매출액이 우선되는 조건이기 때문에, 가맹본부의 연간 매출액이 5천만 원(해당 가맹본부가 가맹사업 시작 전 직영점을 개설하여 1년 이상 운영하고 있는 경우 직영점 매출액을 포함하여 2억 원)이 넘는 경우에는 단서 조항과는 관계없이 법 적용대상에 해당하게 된다. 즉 직영점을 운영하지 않는 가맹본부의 연간 매출액이 5천만 원 이상일 경우 가맹본부와 계약을 체결한 가맹점사업자 수와 관계없이 법 적용대상이고, 직영점을 운영하지 않은 가맹본부의 연간 매출액이 5천만 원 미만이라 하더라도 가맹본부와 계약을 체결한 가맹점사업자 수가 5개 이상이라면 적용대상에 해당한다.

[Q 2] 가맹사업법 제3조 및 시행령 제5조에서의 매출액 산정 기준 ① 개인사업자가 여러 개의 사업자등록을 하고 있는 경우, ② 개인사업자가 별개의 사업자등록을 하여 직영점을 운영하고 있는 경우, ③ 개인사업자가 별개의 사업자등록을 하여 가맹점사업자의 음식 제조법에 관한 강의를 하고 수강료 수입을 받는 경우에 가맹사업법의 적용대상에 해당하나?

[A 2] ① 손익계산서와 부가가치세확정신고서는 하나의 사업자등록번호를 기준으로 작성되므로 가맹본부 영업을 위한 사업자등록의 매출액만을 가지고 산정해야 할 것으로 보인다.

② 법 시행령 제5조 제2항에서 "해당 가맹본부가 가맹사업을 시작하기 전에 해당 가맹사업과 같은 품질기준이나 영업방식에 따라 상품이나 용역을 판매하는 직영점을 개설하여 1년 이상 운영하고 있는 경우에는 2억 원으로 한다"라고 규정하고 있다. 따라서 가맹본부가 별도의 사업자등록을 하였더라도 해당 매장을 가맹본부의 영업표지를 사용하여 직영점으로 운영하는 것이라면 가맹본부와 실질적으로 동일성이 인정되므로 법 적용대상의 판단 시 가맹본부의 매출로 볼 여지가 있다. 다만 이는 구체적인 사실관계에 따라 달라질 수도 있다.

③ 강의수강자가 가맹점사업자이고, 개인사업자가 가맹본부의 지위에서 교육하는 경우라면 수강료를 가맹금(교육비)으로 볼 수도 있다. 가맹본부가 별도의 사업자등록을 하였다 하더라도 동일한 개인사업자가 가맹사업의 내용으로 가맹점사업자에 대한 교육을 실시하는 것이라면 이는 가맹본부의 매출이라고 보는 것이 타당할 것이다.

[Q 3] ① 가맹점사업자가 6개월 기간 동안 가맹본부에게 지급한 가맹금 총액 100만 원은 개별 가맹점사업자 별로 산정하는지? 및 ② 가맹점사업자의 수가 5개 이상에서 가맹계약이 종료

된 경우도 포함하나?

[A 3] ① 가맹본부가 가맹점사업자로부터 수령하는 가맹금의 총액은 개별 가맹점사업자별로 산정하지 않고 실제 가맹본부가 6개월 기간 동안 모든 가맹점사업자로부터 수령한 가맹금 총액으로 산정한다. 여기서 가맹금 100만 원은 가맹본부가 가맹금이라는 명목으로 수령하지 아니한 금액을 모두 포함한다.

② 가맹점사업자의 수는 가맹본부가 가맹계약을 체결한 가맹점을 대상으로 하기 때문에 현재 가맹계약이 종료되었다고 하더라도 해당 가맹점은 가맹점사업자의 수에 포함된다. 이때 "계약"이란 가맹본부와 가맹희망자 간에 가맹사업의 구체적인 내용과 조건 등에 관하여 체결하는 가맹계약을 의미하고, 계약을 "맺은"이란 그러한 가맹계약을 체결한 사실이 있음을 의미한다.

[Q 4] 가맹본부의 매출액 5천만 원과 계약체결 중인 가맹점사업자의 수는 언제를 기준으로 하나?

[A 4] 5개가 될 때이다. 가맹본부의 매출액 산정은 바로 전 사업연도의 손익계산서상의 매출액이나 부가가치세법에 따른 전 2개 과세기간의 부가가치세확정신고서로 한다. 가맹점사업자의 수는 가맹계약을 맺은 건수가 5개일 때를 기준으로 한다.

[Q 5] 가맹본부가 기존에 4개 가맹점사업자와 가맹계약을 체결한 경우 및 신규 가맹희망자와 가맹계약을 체결한 경우 가맹사업법 적용대상인가?

[A 5] 신규로 가맹계약을 체결하면 가맹점사업자의 수가 5개이므로 가맹사업법 적용대상에 해당한다. 가맹사업법 제3조 제1항 제2호 및 시행령 제5조 제2항에 따라 가맹본부의 연간 매출액은 5천만 원 미만(다만 가맹본부가 가맹사업을 시작하기 전에 동일한 사업을 1년 이상 운영한 경우에는 2억 원)이며, 같은 항 제2호 단서에 따른 가맹본부와 가맹계약을 체결한 가맹점사업자의 수는 시행령 제5조 제5항에서 5개를 말한다고 규정하고 있다. 그러므로 가맹본부가 기존에 4개의 가맹점사업자와 가맹계약을 체결하였고, 이후 신규 가맹희망자와 가맹계약을 체결할 경우라면 가맹본부가 가맹계약을 체결한 가맹점사업자의 수가 5개 이상에 해당하면 적용배제 범위를 벗어나므로, 가맹사업법 적용대상이 된다.

[Q 6] 가맹본부가 새로운 브랜드를 론칭하는 경우 신규 브랜드에 대해서는 가맹사업법 제3조의 적용배제 규정이 적용되는가?

[A 6] 가맹본부의 가맹점사업자의 수는 브랜드별로 계수하지 아니한다. 가맹사업법 제3조 제1

항 제2호의 규정은 브랜드(영업표지)가 아닌 가맹본부를 기준으로 규정되어 있다. 따라서 가맹본부가 기존에 가맹사업을 하고 있었으며, 연간매출액이 5천만 원 이상이거나 5개 이상의 가맹점사업자와 가맹계약을 체결한 경우 새로운 브랜드의 출시와 관계없이 적용배제 규정이 적용되지 아니한다. 그러므로 가맹본부는 새로운 영업표지에 대한 정보공개서를 등록하여야 하고, 가맹희망자와 가맹계약을 체결하기 위해서는 등록된 정보공개서를 가맹계약 체결 또는 가맹금 수령 14일 전에 제공하여야 한다. 다만 해당 가맹본부가 새로운 브랜드를 출시하기 전에도 직전년도 연간 매출액이 5천만 원 미만이거나 5개 미만의 가맹점사업자와 가맹계약을 맺은 경우에 해당한다면 법 제3조의 적용배제 규정이 적용된다.

[Q 7] 가맹사업법 적용배제와 관련하여 가맹사업의 시작일의 의미는?

[A 7] 실제 가맹계약 체결시점을 기준으로 한다. 가맹사업법 시행령 제5조 제2항 단서에서 "해당 가맹본부가 가맹사업을 시작하기 전"과 관련하여 가맹사업을 시작하는 시점은 가맹사업을 할 의사로 가맹점사업자와 가맹계약을 체결할 때를 의미한다. 따라서 가맹사업을 시작하였는지 여부를 판단함에 있어서는 실제 가맹계약 체결시점을 기준으로 하는 것이지, 법인등기부나 사업자등록증에 "가맹사업"이라는 업태를 표시한 시점을 의미하는 것은 아니다.

[Q 8] 종전에 법 적용배제 사유에 해당하던 가맹본부가 적용배제 사유에 해당하지 않게 되는 경우 기존의 자점매입 금지조항이 규정된 가맹계약을 갱신할 때에 법 적용을 받게 되나?

[A 8] 가맹사업법 제3조는 적용배제 요건을 규정하고 있는데 그 요건은 가맹본부가 수령하는 가맹금 또는 가맹본부의 매출액 등 객관적인 자료들로 구성되어 있다. 따라서 가맹본부의 규모가 확대되어 적용배제 요건에 해당하지 않게 된 경우 그 시점부터 법이 적용되기 때문에, 기존에 체결하였던 가맹계약의 내용 중에 자점매입 금지조항이 법 시행령 제13조 제1항 [별표 2] 2. 나목의 거래상대방구속 유형의 금지행위에 대한 예외 사유에 해당하지 아니할 경우 법 위반에 해당할 소지가 있게 된다.

5. 가맹사업과 다른 규제 법률의 적용

가. 창업 준비 단계

가맹본부가 창업 준비 단계에서 영업표지에 대한 상표 출원, 영업비밀 보호, 사무소 개설, 사업자등록과 법인설립,[24] 정보공개서 작성 및 등록, 가맹계약서 작성 등을 하여야 한다. 이와 관련된 가맹사업법 이외의 법률을 살펴보면 ① 상표 출원 및 영업비밀 보호에 관한 사항은 상표나 서비스표, 특허권 등록을 규율하는 상표법, 특허법, 부정경쟁방지법이 있고, ② 사무소 개설에 관한 사항은 부동산등기법, 공인중개사법, 임대차보호법 등이 있으며, ③ 사업자등록과 법인설립에 관한 사항은 부가가치세법, 상법이 있고, ④ 정보공개서 작성에 관한 사항은 공정거래법, 부가가치세법, 소득세법이 있으며, ⑤ 가맹계약서 작성에 관한 사항은 약관규제법, 민법, 상법 등이 있다. 아울러 특별한 업종에 해당하는 경우에는 의료법, 약사법 등의 개별 법률에서 요구하는 허가, 등록, 신고 등의 절차를 준수하여야 한다.

나. 가맹점 모집 단계

가맹본부는 가맹점을 모집할 때에 허위·과장된 광고를 제공하는 행위와 관련하여 「표시·광고의 공정화에 관한 법률」의 규제 내용을 준수하여야 한다.

다. 가맹사업 운영 단계

가맹본부가 가맹사업을 영위하기 위해서는 원·부자재 구입 및 공급, 임직원관리, 세무관리, 노무관리, 민원관리, 물류관리, 가맹점 영업관리, 안전관리 등의 업무를 수행하여야 한다. 이에 관련된 규제 법률을 살펴보면 민법, 상법, 국가 또는 지방자치단체를 당사자로 하는 계약에 관한 법률, 부가가치세법, 소득세법, 법인세법, 제조물책임법, 노동법, 고용보험법, 근로기준법, 국민건강보험법, 국민연금법 등이 있고, 사업내용에 따라 식품안전기본법, 주세법, 약사법, 의료법 등 다양한 법률이 있다.

라. 가맹사업 종료 단계

가맹본부가 가맹사업을 종료하려면 임직원 임금 및 퇴직금 정리, 거래당사자와의 채권채무 정리, 각종 계약관계 종결, 영업양수도 및 폐업처리 등의 업무를 수행하여야 한다. 이에 관련된 규제 법률을 살펴보면 근로기준법, 민법, 상법, 부가가치세법, 소득세법, 법인세법, 채무자회생법 등의 적용을 받게 된다.

---

24) 법인사업자만 해당한다.

마. 가맹사업과 다른 규제법률 관련 Q&A

[Q 1] 화물자동차 운수사업법 제34조는 "운송가맹사업자와 운송가맹점 간의 정보의 제공, 가맹금의 반환, 가맹계약 등에 관해서는 가맹사업법 제7조, 제9조부터 제11조까지, 제13조 및 제14조를 준용한다"라고 규정하고 있는데, ① 화물자동차 운송가맹사업자(2019. 3. 31. 기준 18개)의 정보공개서가 등록되어 있지 않은 경우 및 ② 화물자동차 운송가맹사업자가 가맹금을 받지 않은 경우에 가맹사업법 제3조에 따라 운수사업법 제34조를 적용하지 않아도 되는가?

[A 1] 화물자동차 운송가맹사업자는 가맹사업법상 가맹사업으로 볼 수 없기 때문에 운수사업법 제34조를 준수해야 한다. 가맹사업법상 가맹본부의 정보공개서 등록의무는 법 제6조의2에서 규정하고 있는데, 운수사업법 제34조는 운송가맹사업자의 정보공개서 등록의무에 대해 가맹사업법을 준용하고 있지 않고, 또한 가맹사업법 제3조 적용배제 규정도 준용하고 있지 않다. 따라서 운수사업법에 따른 운송가맹사업자의 경우 운수사업법 제34조에 명시되어 있지 않은 가맹사업법 규정을 준수하여야 할 의무는 없으며, 해당 의무를 이행하지 않는다 하더라도 가맹사업법을 위반하였다고 볼 수 없다.

다만 화물자동차 운송사업자라 하더라도 가맹사업 요건을 모두 충족하면 개별적으로 가맹사업법 규제대상에 해당한다. 즉, 가맹사업법에서 제2조 제1호는 '가맹사업'의 정의 규정을 두고 있는데 ① 가맹본부가 가맹점사업자에게 간판 등 영업표지 사용 허락, ② 가맹점사업자는 일정한 품질기준이나 영업방식에 따라 상품 또는 용역 판매, ③ 가맹본부는 경영 및 영업활동 등에 대한 지원, 교육, 통제 수행, ④ 영업표지 사용 및 경영·영업활동 등에 대한 지원·교육의 대가인 가맹금 지급, ⑤ 계속적 거래관계 등 해당 요건이 모두 충족되는 경우를 의미한다.

한편 운수사업법 제2조 제5호에서 '화물자동차 운송가맹사업'에 대해 "다른 사람의 요구에 응하여 자기 화물자동차를 사용하여 유상으로 화물을 운송하거나 소속 화물자동차 운송가맹점에 의뢰하여 화물을 운송하게 하는 사업"이라고 규정하고 있고, 같은 조 제6호에서 '화물자동차 운송가맹사업자'에 대해 "제26조 제1항에 따라 화물자동차 운송가맹사업의 허가를 받은 자"라고 규정하고 있다. 아울러 같은 법 시행규칙 제41조의7 [별표 5]에서는 화물자동차 운송가맹사업의 허가기준을 명시하고 있으므로, 가맹사업법과 구분하여 적용하여야 한다.

[Q 2] 편의점 내 법인 소유이거나 편의점 경영주가 직접 운영하지 않고 제3자에 의해 '로또판매점'이 운영되고 있는 등 편의점 내에 명의가 다른 두 개의 사업자가 '로또판매점'을 운영하

는 것이 법적으로 허용되나?

[A 2] 편의점 내에 다른 사업자가 '로또판매점'을 운영하는 것에 대한 규제사항은 없다. 가맹사업법은 건물주와 별도의 계약을 체결하여 편의점 내 숍인숍(shop in shop) 형태로 두 개의 사업자가 각각 사업을 운영하는 것에 대해서는 규율하고 있는 사항이 없다. 그러므로 편의점 내 다른 방식으로 운영되고 있는 사업형태가 로또판매점이라 하더라도 달리 규율하고 있는 사항은 없으므로, 이는 기획재정부 소관 복권법에 따른 판매허용기준 위반 여부를 검토할 사안이다.

[Q 3] 가맹점사업자가 가맹본부로부터 원재료 등을 구입할 때 가맹본부가 카드결제를 거부하는 것이 가맹사업법 위반에 해당하나?

[A 3] 가맹사업법은 제12조 제1항 제3호 따라 가맹본부는 거래상의 지위를 이용하여 부당하게 가맹점사업자에게 불이익을 주는 행위를 하여서는 아니 된다고 규정하고 있다. 따라서 가맹본부의 행위가 가맹점사업자에게 부당하게 불이익을 주었다면 법 위반 소지가 있으나, 본 내용만으로는 가맹사업당사자 간 계약내용, 물품 등 거래행태, 가맹점 운영방식 등 구체적인 사실관계를 확인할 수 없어 가맹본부의 해당 행위가 부당한지 여부를 판단하기 어렵다.

한편 여신전문금융업법상 일반적인 신용카드가맹점은 신용카드로 거래한다는 이유로 신용카드 결제를 거절하거나 신용카드회원을 불리하게 대우하지 못하도록 규정하고 있다. 그러므로 해당 사항은 여신전문금융법을 운용하는 금융위원회 또는 금융감독원에 문의하여 해결할 사안이다.

[Q 4] 가맹사업법상 영업지역 침해금지 규정과 관련하여 ① 동일업종의 판단 기준은? ② 출점이 금지되는 가맹점의 의미와 관련하여 '유통산업발전법상 임의가맹점' 형태가 제외되는가?

[A 4] ① 가맹사업법 제12조의4는 가맹본부는 가맹계약 체결 시 가맹점사업자의 영업지역을 설정하여 가맹계약서에 이를 기재하여야 함과 동시에, 정당한 사유 없이 가맹계약기간 중 가맹점사업자의 영업지역 안에서 가맹점사업자와 동일한 업종의 직영점이나 가맹점을 설치하는 행위를 금지하고 있다. 이 경우 동일업종의 판단 시에는 수요층의 지역적·인적 범위, 취급품목, 영업형태 및 방식 등을 고려하도록 규정하고 있다. 즉 동일업종 여부는 제반 사정을 종합적으로 고려하여 사안별로 판단될 문제이므로 이를 일률적으로 답변하기가 어렵다. 물론 한국표준산업분류상의 업종 구분이나 다른 법률의 규제방식도 고려대상이 될 수는 있겠으나, 이는

고려사항의 한 가지 요소일 뿐이고, 가맹사업법상 동일업종 판단 시 해당 기준에 구속되는 것은 아니다.

② 출점이 금지되는 '가맹점'의 의미는 해당 점포가 영위하는 사업이 가맹사업법 제2조 제1호의 "가맹사업"에 해당하는지 여부로 판단된다. 그러므로 유통산업발전법이나 다른 법률의 규정에 따라 가맹점 여부가 달라지는 것이 아니다.

[Q 5] ① 정보공개서 데이터의 상업적 활용 가능성 및 데이터 출처 여부, ② 정보공개서를 API 형태로 제공할 계획이 있는가?, ③ 공개용 정보공개서 제공 시 가맹사업법상 정보공개서 제공 의무를 다한 것으로 볼 수 있는가?, ④ 가맹사업법 시행령 제6조 제1항 제3호의 정보통신망을 이용하여 정보공개서를 제공하는 경우에 대한 법령 해석은?

[A 5] ① 「공공데이터의 제공 및 이용 활성화에 관한 법률」 제3조 제4항에 따라 공공기관은 원칙적으로 공공데이터의 영리적 이용을 금지·제한할 수 없다. 따라서 정보공개서 데이터를 활용하여 상업적 용도로 활용이 가능하고, 이 경우 데이터 출처를 공정거래위원회 '가맹사업정보제공시스템'으로 표시하면 된다.

② 공정거래위원회가 정보공개서 데이터를 API 형태로 제공하기 위해서는 관련 예산 확보 및 고도화 계획 수립이 선행되어야 하는데, 이에 대해서는 구체적인 답변이 곤란하다.

③ 가맹본부가 공개용 정보공개서를 가맹희망자에게 제공하는 것은 가맹사업법상 정보공개서 제공의무를 충족한 것으로 볼 수 없다. 왜냐하면 '공개용 정보공개서'에는 개인정보와 영업상 비밀 등이 제외되어 있어 정보공개서의 내용을 온전히 포함하고 있다고 볼 수 없기 때문이다.

④ 가맹사업법 시행령 제6조 제1항 제3호는 제3자가 아닌 가맹본부 스스로가 정보통신망을 이용하여 정보공개서를 제공하는 경우 가맹본부 및 가맹희망자가 정보공개서의 내용을 읽어 본 시간을 확인할 수 있어야 한다고 규정하고 있다.

한편 가맹본부가 구축하고자 하는 정보공개서 비교·분석 시스템의 경우에는 가맹희망자들이 가맹본부를 선정하기 전에 정보공개서를 단순 열람하는 것에 불과할 수도 있다. 따라서 회원가입 후 정보공개서를 열람하도록 하고 열람 및 다운로드 시간을 확인할 수 있다 하더라도 가맹본부가 정보공개서 제공 의무를 다한 것으로 보기 어렵다고 판단된다.

가맹사업법상 정보공개서 사전제공 요건을 충족하기 위해서는 가맹희망자와 가맹본부 양측 모두 공인전자서명 또는 본인의 신원을 확인할 수 있는 자료를 입력하도록 하여 정보공개서 제공·수취에 동의하는 것을 확인하는 별도 절차가 필요한 것으로 보인다.

[Q 6] 가맹본부가 ① 해외에 가맹점을 개설할 때는? ② 평택 미군기지 내에 가맹점을 설치할 때에도 가맹사업법 적용대상에 해당하나?

[A 6] ① 가맹사업법은 가맹본부와 가맹점사업자 간 균형 있는 발전을 목적으로 하는 행정법규에 해당한다. 행정법규는 원칙적으로 제정기관의 관할 내에 효력을 갖는다는 점으로 볼 때, 대한민국 내에서 가맹사업을 영위하는 경우에만 적용된다고 볼 수 있다.

물론 행정법규가 해외에 거주하는 내국인에게도 적용되는 경우도 있으나, 가맹사업법은 국내 가맹본부가 해외에서 가맹사업을 영위하는 것에 대하여 사실상 적용하기가 불가능하다는 점에서 해외에서 국내 가맹본부의 가맹점 개설 시 적용되지 않는 것으로 볼 수 있다.

② 해외에 가맹점을 개설하는 경우와는 달리 평택 미군기지 내에 가맹점을 개설하는 경우에는 행정법규인 가맹사업법이 당연히 적용된다. 왜냐하면 평택 미군기지는 헌법상 대한민국 영토 내에 위치하고 있기 때문이다. 물론 대한민국과 미국(USA) 간의 상호방위조약 및 그 특별협정에 따라 국내법 적용이 일부 제한되는 경우가 있을 수 있으나, 가맹사업법 적용이 제한될 수 있는 근거규정은 확인되지 않고 있다.

제 2 장 가맹사업의 특성

1. 가맹사업의 어원과 현황

가. 가맹사업의 어원

우리나라는 가맹사업법을 제정하면서 프랜차이즈 시스템을 '가맹사업'이라고 명명하여 사용하고 있다. 그런데 원래 프랜차이즈란 단어는 '특허권을 주다' 또는 '영업권을 주다'의 의미를 갖고 있고, 이 단어의 어원은 프랑스어에서 유래하였다. 프랜차이즈(franchise)라는 단어는 'free from servitude'라는 뜻으로서 노예상태로부터 해방이라는 의미를 갖기도 한다. 이는 중세기 가톨릭교회가 세금수세관에게 일정지분을 자신의 소득으로 돌리고 나머지만을 교황에게 납부할 수 있는 특권을 부여한 데에서 유래한 것으로 역사학자들은 추정하기도 한다.[1] 즉 프랜차이즈는 16세기부터 국왕이나 국가의 명시적 허락이 있어야만 행사할 수 있는 특권이나 면책을 의미했는데,[2] 점차 상법적으로 전환되어 사용되고 있는 것이다.[3]

영국에서 확립된 프랜차이즈의 관념은 특히 19세기 후반 미국에서 개척시대를 맞이하여 연방정부나 주정부, 각 도시 등이 사기업(私企業)에게 철도 등 각종 공공사업의 인가를 해주는 과정에서 종종 프랜차이즈를 부여한다는 표현을 사용하게 되었다. 이러한 과정을 거쳐 유통산업에 있어서 프랜차이즈라는 표현이 일반화되기에 이르렀다.[4]

---

1) 산업자원부, 「프랜차이즈경영원론」(프랜차이즈경영가이드 연구총서 제1권), 한국프랜차이즈협회, 2004, 11면.

2) 최영홍, 앞의 책, 22면.

3) 이한무, 앞의 책, 9면.

나. 정보공개서 등록 현황

우리나라에 가맹사업이 최초로 도입된 것으로 보이는 1979년 이후 가맹사업은 그 이점과 IMF관리 체제를 맞아 베이비붐 세대의 조기 명예퇴직자의 창업 등의 이유로 급속히 성장하였다. 또한 대기업에서도 편의점, 식음료점, 제과점 및 서비스업 등의 가맹사업에 가세하면서 그 성장속도가 가속화되었다.[5] 구체적인 가맹본부의 정보공개서 등록현황은 <표 1>과 같다.[6]

〈표 1〉 가맹본부 정보공개서 등록 현황[7]

(단위: 개, %)

구 분	2014년	2015년	2016년	2017년	2018년	2019년	
						현황	증감
가맹본부수	3,482	3,910	4,268	4,631	4,882	5,175	6.0%
브랜드수	4,288	4,844	5,273	5,741	6,052	6,353	4.9%
가맹점수	194,199	208,104	218,997	230,955	243,454	254,040	4.3%
직영점수	12,869	15,459	16,854	17,135	17,315	16,114	−6.9%

다. 가맹사업의 영업 형태별 현황

가맹사업은 경제적 측면에서 다양한 이점이 있기 때문에 그 영업 형태별 업종도 다양하다. 프랜차이즈는 미국에서 1895년 아이작 싱어(Isaac Merrit Singer)가 만든 '싱어 미싱' 재봉틀 판매를 전국 딜러들에게 맡기면서 최초로 시작되었다. 이후 1932년 매사추세츠에서 외식 가맹사업이 등장하였고, 지금은 교육서비스, 도·소매, 주류, 화장품, 패스트푸드, 건강식품, 편의점, 자동차관련, 이미용, 컴퓨터게임, 유지관리서비스, 스포츠, 의류/패션, 유아관련, 배달서비스, 농수산제품 등 모든 업종으로 확산되고 있다.[8] 가맹사업의 업종별 가맹본부 현황은 <표 2>와 같다.

---

4) 강병렬, 앞의 논문, 12~13면.

5) 정영교, "가맹사업법상 불공정거래행위 규제체계의 개선방안", 충남대학교 대학원 박사학위 논문(충남대학교, 2018), 30면.

6) 가맹점수, 직영점수는 해당 연도 등록된 가맹본부의 전년도 가맹점수 및 직영점 수이다. 예컨대 2019년도 가맹점수 254,040개는 2019년 12월 현재 가맹본부 5,175개 소속기준 가맹점수이다.

7) 공정거래위원회 홈페이지 가맹정보제공시스템(https://franchise.ftc.go.kr/main/subIndex/22.do) 참조.

8) 정영교, 앞의 논문, 31면.

〈표 2〉 업종별 가맹본부·브랜드·가맹점·직영점수 현황[9] (단위: 개)

구 분		2014년	2015년	2016년	2017년	2018년	2019년
가맹본부수	외식업	2,521	2,865	3,219	3,457	3,617	3,861
	서비스업	648	691	769	884	964	1,029
	도·소매업	313	354	280	290	301	285
	전체	3,482	3,910	4,268	4,631	4,882	5,175
브랜드수	외식업	3,142	3,587	4,017	4,341	4,567	4,792
	서비스업	793	862	944	1,076	1,158	1,249
	도·소매업	353	395	312	324	327	312
	전체	4,288	4,844	5,273	5,741	6,052	6,353
가맹점수	외식업	88,953	99,544	106,890	112,719	117,202	122,574
	서비스업	61,374	62,134	67,200	68,762	71,230	75,046
	도·소매업	43,872	46,426	44,907	49,474	55,022	56,420
	전체	194,199	208,104	218,997	230,955	243,454	254,040
직영점수	외식업	4,432	5,131	5,506	6,061	6,000	6,377
	서비스업	2,534	3,194	4,181	3,209	3,154	2,355
	도·소매업	5,903	7,134	7,167	7,865	8,161	7,382
	전체	12,869	15,459	16,854	17,135	17,315	16,114

라. 가맹사업의 매출액 및 고용현황

산업통상자원부는 가맹사업진흥법 제7조에 따라 가맹사업진흥 기본계획과 시행계획을 효율적으로 수립·추진하기 위하여 가맹사업 실태조사를 3년 주기로 실시한다. 이에 따라 산업통상자원부는 공정거래위원회 정보공개서 전수조사와 가맹본부 및 가맹점사업자를 대상 표본조사를 병행하여 「2018년 프랜차이즈산업 실태조사」를 실시하고 그 결과를 다음과 같이 발표하였다.[10]

① 2017년 가맹사업의 매출액은 2016년 대비 2.7% 증가한 119,7조 원으로 우리나라 명목 GDP 1,730조 원의 6.9%를 차지하였고, 이는 가맹본부가 52.3조 원(44%), 가맹

9) 공정거래위원회 홈페이지 가맹정보제공시스템 참조.
10) 산업통상자원부, 2019. 4. 9. 보도자료 참조.

점사업자가 67.4조 원(56%)이며, 사업자별로 연평균 매출액을 환산하면 가맹본부는 144억 원, 가맹점사업자는 2.8억 원으로 나타났다.

② 2017년 가맹사업의 고용 현황은 2016년 대비 11%가 증가한 125.6만 명으로 우리나라 경제활동인구 2,775만 명의 4.5%를 차지하였고, 이를 사업자별로 구분하면 가맹본부는 18.2만 명(14%)이고, 가맹점사업자는 107.4만 명(86%)이며, 개별 사업자별 평균 고용인원은 가맹본부가 49명, 가맹점사업자가 4명으로 나타났다. 가맹사업의 매출액 및 고용 현황은 <표 3>과 같다.

〈표 3〉 가맹사업 매출액 및 고용 현황[11] (단위: 억 원, 만 명)

구 분	2002년	2005년	2006년	2010년	2017년
매출액	41조6,000	61조3,000	77조3,000	84조9,000	119조7,000
고용인원	56.6	83.2	100.1	112	126

2. 가맹사업의 장점과 단점

가. 가맹사업의 장점

1) 가맹본부

① 가맹점사업자를 통한 무상 자금조달

사업자가 기업 경영활동을 하기 위한 필요 요소로는 제품·서비스, 자금, 인력, 정보 등이 있다. 여기서 자금에 해당하는 재무활동은 현금의 차입 및 상환, 신주발행이나 배당금의 지급 등과 같이 부채 및 자본계정에 영향을 미치는 거래를 말한다.[12] 가맹본부는 상품 또는 서비스를 판매하기 위하여 지점이나 판매점을 설립하는데 필요한 자금을 차입을 통한 부채로 조달하는 대신에 가맹점사업자로부터 일정 금액의 가맹금을 받고, 그들에게 자신의 상품 또는 서비스를 판매하는 방식으로 경영할 수 있다. 이와 같이 가맹사업은 가맹본부가 적은 자본으로도 다수의 가맹점사업자를 모아 전국적인 유통망을 만들 수 있는 특수성을 지닌 사업 방식이다.

---

11) 공정거래위원회 홈페이지 가맹정보제공시스템 참조.

12) 김귀곤·김솔·이주헌·조남신, 「경영학으로의 초대(제6판)」, 박영사, 2020, 257면.

② 공동 마케팅을 통한 브랜드 가치 상승

마케팅이란 제품을 생산자로부터 소비자에게 원활하게 이전하기 위한 기획활동으로 시장조사, 상품화계획, 선전, 판매촉진하는 것을 말한다. 마케팅은 사람들이 원래는 사지 않았을 물건을 사게 만들고, 고려하지 않았던 후보에게 투표하게 만들며, 알지 못했던 단체를 후원하게 만들 수 있다.[13] 이러한 마케팅의 효과는 사업자가 자기상품을 경쟁업체의 것과 구별하기 위하여 사용하는 영업표지인 브랜드의 가치를 상승하는 것으로 나타난다.[14]

③ 가맹점사업자에 비례한 매출액 증가

우리나라의 대부분의 가맹본부는 가맹점사업자가 판매하는 상품 또는 용역에 필요한 원·부자재를 공급하고, 그 대가로서 차액가맹금 등을 통해 매출액과 영업이익을 올리는 방식으로 경영한다. 이러한 기업경영 방식은 가맹본부가 가맹점사업자에게 원·부자재 등을 많이 판매할수록 자신의 매출액과 영업이익을 증대시킬 수 있기 때문에, 가맹본부는 가능한 가맹점사업자 수를 늘리는 가맹점 확장 정책을 편다.[15]

2) 가맹점사업자

① 전문성이 부족한 경우에도 용이한 창업

가맹사업은 가맹점사업자가 가맹본부의 영업표지를 사용하여 일정한 품질기준이나 영업방식에 따라 상품 또는 용역을 판매할 수 있을 뿐만 아니라, 가맹본부로부터 경영 및 영업활동 등에 대한 지원과 교육을 받으면서 사업을 할 수 있는 특성을 지니고 있다. 그러므로 다른 사업 분야에 비하여 가맹희망자는 사전에 해당 업종의 전문적인 사업경험이 다소 부족하여도 쉽게 창업을 할 수 있고, 창업 후에도 가맹점 운영을 가맹본부에서 지원해 주는 운영 매뉴얼 교육과 슈퍼바이저의 도움을 받으면서 용이하게 할 수 있다.

---

13) 세스 고딘(Seth Godin) 지음/김태훈 옮김, 「THIS IS MARKETING(마케팅이다)」, 쌤앤파커스, 2019, 354면.

14) 가맹사업의 경우에는 대부분의 가맹본부가 광고·판촉행사 등의 마케팅을 실시할 때에 그 비용을 가맹점사업자와 공동으로 부담하고 있지만, 이로 인한 브랜드 가치상승에 따른 수혜는 대부분 가맹본부만 이익을 취하는 문제가 있다.

15) 그러므로 가맹본부는 가맹점사업자의 영업이익을 고려하여 가맹점을 개설하여야 하는데도, 자신의 총매출액을 높이기 위해 동일 상권에 동종 경쟁 가맹본부의 가맹점이 영업하고 있는 경우에도 가맹계약을 체결하는 사례도 있다.

② 고객이 인지하고 있는 상품 또는 용역의 판매

가맹사업은 가맹본부가 가맹점사업자를 엄격하게 통제하는 것이 가능하기 때문에 동일한 영업표지를 사용하는 브랜드의 경우 전국 어디에서나 동일한 상품 또는 용역을 소비자에게 제공할 수 있는 특성을 가지고 있다. 그러므로 가맹점사업자가 전국 어느 장소에서나 처음 가맹점을 개업한 경우라도 소비자가 해당 브랜드와 영업표지를 미리 인지하고 찾아오기 때문에, 가맹점사업자는 개업과 동시에 소비자에게 아무런 거부감을 주지 아니하고 친근하게 바로 상품 또는 용역 판매를 할 수 있다.

③ 공통 광고 또는 판촉행사 마케팅에 따른 시너지 효과

개인사업자의 경우에는 전국방송을 통한 광고를 하는 것이 불가능하다. 또한 판촉행사를 하더라도 소량 주문을 할 경우 판촉물의 단가가 올라가기 때문에 마케팅을 진행하기가 어려울 뿐만 아니라, 판촉행사에 따른 매출액 상승 시너지효과가 크지 않을 수 있다. 이에 비해 가맹점사업자의 경우에는 가맹본부가 전문가의 도움을 받아 마케팅 계획을 수립하여 전국적인 광고 및 판촉행사를 할 수 있고, 판촉물도 대량 주문을 통해 낮은 단가로 구입할 수 있어 경제적이다. 또한 가맹본부가 전국적으로 광범위하게 행사할 경우 많은 고객들이 이를 알 수 있기 때문에 상대적으로 매출액 증대효과가 크게 나타날 수 있다.

3) 소비자

① 가맹본부 간 경쟁촉진으로 인한 소비효용 증대

자본주의사회에서는 자유롭게 기업을 설립할 수 있고 영업방식 또한 원하는 대로 선택하는 것이 가능하다. 가맹사업은 기존의 유통방식보다 큰 장점이 있기 때문에 참여하는 가맹점사업자의 수가 급격히 증가하여 가맹점이 많아짐에 따라 소비자들이 현대화된 매장에서 필요한 물품을 구입할 수 있는 시장환경이 조성되어 소비자의 편익 증진에 일조하고 있다. 또한 가맹사업은 각 업종마다 대부분 가맹본부 간 완전경쟁체제가 구축됨에 따라 소비자는 양질의 상품 또는 용역을 상대적으로 저렴한 가격으로 구입할 수 있게 됨에 따라 소비효용가치를 높이고 있다.

② 청결하고 신뢰할 수 있는 상품 또는 용역 구입

가맹본부는 가맹점사업자에게 동일한 상품 또는 서비스를 제공하도록 할 뿐만 아니라, 판매가격도 대부분 동일한 가격으로 하도록 권장할 수 있다. 또한 가맹본부는 자신의 영업표지를 사용하는 가맹점사업자에게 청결을 유지하도록 하기 위하여 슈퍼바이저나 영업담당자가 주기적으로 가맹점을 점검한다. 그러므로 소비자는 보다 청결한 가맹점에서 제품의 품질과 가격에 대한 정보를 신뢰하고 상품 또는 용역을 구입할 수 있는 등 소비자 만족도를 높일 수 있다.

나. 가맹사업의 단점

1) 가맹본부

① 가맹사업법 적용에 따른 규제비용 증가

가맹본부는 가맹사업법상 정보공개서를 등록한 후 가맹희망자에게 가맹계약을 체결하거나 가맹금 수령 14일 전에 정보공개서를 제공하여야 하는 등의 여러 가지 의무뿐만 아니라, 가맹점사업자와의 관계에서 일정한 금지의무를 부담하는 등 가맹사업법의 규제를 받으며 사업을 영위하게 된다. 이러한 법규 적용에 따라 가맹본부는 일반 유통사업자에 비해 사업조직 운영 등에 따른 인건비가 증가하고, 거래기간 중에 가맹점사업자와의 법적 분쟁이 발생하는 경우 이를 해결하기 위한 법률 비용 등이 많이 소요되는 단점이 있다.

② 소비자의 트렌드 변화와 신상품 개발 부담

가맹본부는 고객의 요구를 반영하여 우수한 상품 또는 용역을 개발한 후 가맹점사업자의 영업활동을 지원하는 등의 의무를 부담한다. 그런데 최근 인터넷 및 모바일을 통한 소셜 네트워크 서비스(SNS) 발달로 인하여 정보가 빠르게 전파됨에 따라 소비자의 트렌드가 급격하게 변화하는 경향이 있다. 이에 가맹본부는 소비자의 소비패턴 변화를 빠르게 인지하여 상품 또는 용역의 신메뉴를 개발하여 출시하여야만 시장의 경쟁에서 살아남을 수 있는데, 그에 대한 부담도 만만치 않다. 만약 가맹본부가 이러한 변화에 부응하지 못하는 경우에는 급격한 매출감소의 원인으로 작용할 수 있고, 더 나아가면 시장에서 퇴출되는 시발점이 될 수도 있다.

③ 소규모 가맹본부의 가맹점모집 및 원·부자재 공급업체와 계약 곤란

모든 사업은 규모의 경제원리가 적용되기 때문에 그 규모가 작은 기업은 큰 기업에 비하여 여러 가지 시너지 효과를 내기가 어려운 것이 사실이다. 일반사업자가 가맹사업으로 전환한 신생가맹본부는 가맹점을 모집하거나 관련 협력업체로부터 물품 등을 공급받는 과정에서 대기업에 비해 불리한 상황에 놓이게 된다. 왜냐하면 가맹점을 희망하는 예비창업자의 입장에서는 검증된 가맹본부와 계약하기를 원하고, 물품공급 협력업체도 대량 계약 건에 비하여 소량 계약 건은 관심이 떨어지기 때문이다. 이러한 문제는 가맹사업뿐만 아니라 다른 사업에서도 동일하게 나타나는 현상이지만, 신생가맹본부는 사업 규모가 어느 정도 성장할 때까지 거래관계에 있는 상대방 사업자와의 신뢰형성 등을 통해 타개해 나가야 할 문제이기도 하다.

2) 가맹점사업자

① 초기 창업비용의 과다

가맹점을 창업하려는 가맹희망자는 일반사업을 개업하는 사업자보다 초기 창업비용이 많이 소요된다. 왜냐하면 가맹점사업자는 가맹본부의 영업표지 사용 및 교육 등에 따른 초기 가맹금, 일정규모 이상의 매장을 확보하여야 하는 건물임차 비용, 가맹본부가 요구하는 인테리어 공사 및 설비시설 비용, 채무액이나 손해배상의 지급을 담보하기 위한 보증금 등이 일반사업을 개업할 때보다 상대적으로 많이 소요되기 때문이다.

② 가맹점사업자의 영업지역상의 한계

가맹사업법은 가맹본부에게 가맹점사업자의 영업지역을 설정하여 가맹계약서에 이를 기재하도록 하고 있다. 가맹점사업자는 법에서 정한 일부 사항을 제외하고 가맹계약서에 설정된 영업지역에서 영업하는 것을 일반적인 원칙으로 하고 있다. 가맹점사업자가 이러한 계약 내용을 위반하고 다른 가맹점사업자의 영업지역을 침해하는 경우에는 인근 가맹점사업자와 법적 분쟁의 원인으로 작용할 뿐만 아니라, 경우에 따라서는 가맹계약 위반사유에 해당하여 계약해지를 당할 위험에 처할 수도 있게 된다.

③ 가맹본부의 신제품개발 및 영업지원 미흡

가맹점사업자는 가맹본부가 공급해 주는 원·부자재를 가공하여 상품 또는 용역을 소비자에게 판매하는 특성을 지니고 있다. 만약 가맹점사업자가 이를 준수하지 않고 원·부자재를 개별구입하거나 가맹계약 내용에 없는 다른 제품을 판매하는 경우에는 계약내용 위반으로 계약해지를 당할 수 있다. 그러므로 가맹본부가 신제품 메뉴개발을 정기적으로 해주지 아니하거나 가맹점 운영에 필요한 영업지원을 제대로 해주지 아니하여 매출액이 떨어져도 자신만의 노력으로 이를 해결하는 것이 곤란할 수 있는데, 이로 인하여 매출액이 크게 떨어질 수 있는 위험이 있다.

3) 소비자

가맹사업의 성장으로 가맹점의 수가 점점 늘어남에 따라 그동안 골목상권과 전통시장에서 자영업을 하던 일반 소상공인의 수도 반비례하여 감소하는 현상이 뚜렷하게 나타나고 있다. 이에 따라 소비자의 입장에서는 가맹점에 비하여 일반 소상공인 자영업자가 판매하는 차별화된 가격과 특화된 품목의 상품 또는 용역을 구입할 수 있는 매장이 사라져 차별화된 가격과 특화된 품목의 제품을 구입하는 데 어려움이 있게 되었다.

다. 소비자 트렌드 및 가맹사업의 전망

가맹본부는 소비자가 원하는 소비성향을 파악하여 시장에 선제적으로 대응하여야 한다. 즉, 가맹본부는 자신이 축적한 경험상 데이터나 전문가의 발표내용 등을 통해 새로운 상품의 개발과 브랜드 가치를 높이고, 경쟁 가맹본부 및 일반 사업자와 차별화된 상품 출시 및 영업방식을 도입하여 소비자의 취향에 맞는 제품을 용이하게 구매할 수 있도록 노력하여야 한다. 2020년 관찰된 소비자 트렌드 변화의 세 축은 '세분화', '양면성', '성장'이라고 한다. ① 세분화되는 소비자이다. 오늘 날 소비자는 과거와 달리 항상 일관된 구매자가 아니다. 즉, 소비자는 그들이 처한 상황과 맥락에 따라 취향과 선호를 바꾸는 다면적인 존재가 될 수 있다는 특성을 갖고 있다. ② 소비자는 양면적이다. 오래 즐기면서 하고 싶은 일이 있고, 빨리 끝내고 싶은 일이 있다. 그렇다면 선택은 하나다. 소비자는 귀찮은 일에 비용을 더 지불하더라도 소중한 자신의 경험을 위해 시간과 비용을 투자하고자 하는 특성을 갖고 있다. ③ 성장과 관련한 욕망이다. 평균수명이 길어진 인생을 스스로 관리하며 성장시키고 싶어 하는 사람들이 대폭 늘었다. 특히 밀레니얼 세대(millennials)가 주축이 되어 만들어가는 환경은 단순한 성공 그 자체가 아니라, 자기계발형 성장을 추구하는 사람들이 주축이 되어 거대 시장을 만들어 가고 있다.[16)]

가맹사업은 장점이 많은 새로운 방식의 유통산업에 해당하기 때문에, 우리나라에 처음 도입된 이후 지금까지 양적으로나 질적으로 크게 성장하여 왔다. 이러한 과정에서 많은 가맹본부가 가맹점의 수를 늘리는 것이 대형 브랜드로 성장하는 지름길이라고 믿

---

16) 최지혜, "2020년 소비 트렌트 키워드 … '세분화', '양면성', '성장'", 「나라경제」, (KDI 경제정보센터, 2019), 30면 참조.

어왔지만, 앞으로는 가맹점의 수만 많다고 해서 가맹본부가 반드시 질적 성장까지도 보장된다고 장담할 수 없게 되었다. 왜냐하면 고객의 취향이 다양화되는 등 소비자 트렌드가 빠르게 변화하고 있기 때문이다. 따라서 가맹점 수의 증대를 통한 양적 성장보다는 소비자가 원하는 취향을 빠르게 반영한 상품이나 서비스를 출시하여 매출액을 증대시키는 등의 질적 성장을 추구하는 가맹본부만이 유사업종 간 경쟁에서 승자가 되는 시대가 되었다.

3. 가맹사업의 형태적 분류

가맹사업 정의에 부합하는 사업 분야는 점점 확장되어 가고 있는 실정이다. 가맹사업의 운영방식은 여러 가지 형태로 계약이 이루어지기 때문에 창업하기 위해서는 사전에 어떤 형태의 가맹사업으로 운영할 것인지 사전에 충분히 검토할 필요가 있다.

가. 상품형 가맹사업

상품형 가맹사업(product format franchise)은 가맹본부로부터 가맹점사업자가 가맹본부의 상표가 부착된 상품을 판매할 권리를 부여받고, 가맹본부가 생산하거나 공급하는 상품을 판매하는 형태의 말한다. 이는 경제가 발전하여 대량생산 체제가 등장하자, 상품의 유통을 효율적으로 도모하기 위하여 도입된 1세대 가맹사업의 전형적인 모습으로, 가맹본부는 음료수 제조회사나 석유회사 또는 자동차회사와 같은 경제력이 풍부한 상품 제조회사가 되고, 가맹점사업자는 점포 하나에 의존하여 지극히 한정적인 수입밖에 기대할 수 없는 경제력이 약한 상품 소매업자가 되는 형태이다. 따라서 가맹점사업자가 가맹본부의 영업표지가 붙은 상품을 판매하는데, 보통은 가맹본부의 느슨한 통제를 받는 방법으로 판매한다는 데에 있다.[17]

나. 사업형 가맹사업

사업형 가맹사업(business format franchise)은 우리나라에서 급속하게 발전해가고 있는 유형으로, 가맹본부의 영업표지를 사용하고 가맹본부의 영업방식에 관한 일정한 지

17) 신구용, "가맹사업 불공정거래의 개선방안에 관한 연구", 단국대학교 대학원 박사학위 논문(단국대학교, 2019), 22면.

시에 따라 독자적인 가맹점사업을 운영하는 방식을 말한다. 소위 '프랜차이즈 패키지'라고 하는 통합적인 영업방식을 이전받는 형태의 가맹사업이다. 사업형태(영업방식) 자체를 판매한다는 점에서 사업형태(영업형) 가맹사업이라고 하며, 제2세대 가맹사업이라고도 한다.[18]

가맹본부는 가맹점을 경영하는 데 필요한 구조를 설계하고, 이를 구체화한 운영방식을 교부하고, 연수와 훈련을 시행하여 가맹점의 운영에 관한 기술을 익히게 하고, 가맹본부의 숙달된 전문가를 파견하여 현장지도를 시행하고, 상품구매에서 판매와 운영 등의 업무 전반에 걸친 지도 및 관리를 실시한다.[19] 그리고 가맹점사업자는 프랜차이즈를 구입함에 있어서 상품의 표준화와 경영에 관하여 정형적으로 규정된 방식에 따라야 하고, 상품을 제조할 때에는 재료의 취급방식, 점포선정, 설비의 디자인, 영업시간, 종업원의 자격 등에 대하여 통제에 따라야 한다.[20]

다. 영업형 가맹사업

영업형 가맹사업은 비교적 새롭게 등장한 가맹사업의 형태로서, 가맹본부의 상품, 서비스 및 상호를 사용할 뿐만 아니라, 마케팅계획이나 운영방식과 같이 사업 자체를 행할 수 있는 운영시스템을 아울러 제공한다. 편의점 가맹사업과 같이 가맹본부가 독자적으로 개발한 사업운영방식을 가맹점사업자에게 제공하고, 가맹점사업자는 가맹본부가 정하는 방식에 따라 자기사업을 운영하는 방식이다.[21]

영업형 가맹사업은 여러 다양한 방식으로 운영될 수 있어, 다양한 업종과 업태에서 가능한 사업방식이라고 할 수 있다. 영업형 가맹사업의 경우에는 상품형 가맹사업과는 다르게 가맹본부가 가맹점사업자에게 상품이나 서비스를 반드시 직접 공급할 필요는 없다. 이와 같은 사업유형에 따라 가맹본부의 가맹점사업자에 대한 통제 및 제3자에 대한 책임부담 가능성 등에서 차이가 있을 수 있다.[22]

---

18) 김정호, 「상법총칙·상행위편(제2판)」, 법문사, 2014, 458면.
19) 김진섭·김해영, 「프랜차이즈 시스템의 이해」, 대왕사, 2002, 36면.
20) 김영균, "프랜차이즈구입비의 법적구조", 「상사판례연구」 제13권(한국상사판례학회, 2002), 544면.
21) 이혁, "가맹계약의 영업지역 관한 연구", 고려대학교 대학원 박사학위 논문(고려대학교, 2014), 19면.
22) 이혁, 앞의 논문, 20면. 참조

라. 체인방식 가맹사업

체인방식은 직영점과 가맹점을 병행하는 방식을 말하는데, 이는 직영점과 가맹점 각각의 장점을 활용할 수 있는 장점이 있다. 우선 직영점은 본사에서의 모든 통제가 가능하기 때문에, 가맹본부가 원하는 방향대로 브랜드를 관리하여 표준화할 수 있다. 그러나 직영점 형태만으로는 사업 확장에 한계가 있다. 예컨대 직영점 형태의 경우 자본의 부족, 지역 현지 시장 적응 곤란, 직영점 관리비용의 증가 등의 문제가 있다면 가맹점 모집 성장방식이 더 효율적일 수 있다. 사실 직영점에서는 본사의 통제에 따라 운영되기 때문에 개별 체인점에서 신 메뉴의 출시 등과 같은 혁신이 일어나기 어려운 구조이다. 그런데 가맹점 방식의 경우에 있어서 가맹점사업자가 자기 사업 운영에 대한 마인드와 지역 현지 시장 상황을 잘 파악하고 있는 등 혁신하기에 적당한 요소를 갖고 있기 때문에 시스템에 긍정적인 영향을 줄 수 있다. 이러한 측면에서 직영점과 가맹점을 병행하는 체인구축형 방식이 우리나라에서도 많이 활용되고 있다. 다만, 이러한 성장방식은 브랜드 표준화가 중요한 업종에는 많은 장점이 있지만, 고객의 이동성이 적고 지역의존적인 사업의 경우에는 적합도가 떨어질 수 있다.

프랜차이즈 시스템에 있어서 체인본부와 각 가맹점은 모두 독립 자본에 의한 사업자이지만, 운영주체는 체인본부이고, 가맹점사업자는 체인경영의 의사 결정에 적극적으로 참여하지 않는다. 일반 개인사업자인 가맹희망자들이 보유하기 어려운 사업에 관한 각종 정보 및 경영상 노하우를 가맹본부가 먼저 구축·제공해 줌으로써, 가맹점사업자는 편리성과 안정성을 확보한 상태에서 사업할 수 있고, 소비자는 동일한 브랜드 이미지로 다점포 체인망에서 양질의 상품을 구매할 수 있다. 외국 대형 햄버거기업 방식의 가맹(체인)본부의 경우[23] 가맹비, 로열티, 기타 상품에 대한 도매이익 등을 수입으로 양자간 지속적인 사업을 영위해 가는 시스템인데, 이러한 관계는 가맹본부와 가맹점사업자 간의 수직적 관계가 중시된다. 가맹점을 모집하는 가맹본부인 프랜차이저(franchisor)는 가맹점사업자인 프랜차이지(franchisee)에게 가맹점 영업권을 주게 되는데, 가맹본부는 영업 관련 노하우와 음식의 경우 제조비법 등을 전수해 주고 가맹점 매출의 일정비율을 수수료로 받는 경우가 많다.

---

23) "치킨프랜차이즈 1000개 중 7개만 직영점...왜 문제일까?", 비즈니스워치 뉴스, 2019. 10. 18(http://news.bizwatch.co.kr/article/policy/2019/10/16/0022).

마. 턴키방식 가맹사업

턴키(turnkey) 방식은 생산자가 제품을 인도할 때 구매자가 바로 사용할 수 있도록 완비하여 인도하는 방식으로, 가맹본부가 가맹점사업자에게 완전한 운영시스템을 제공하는 형태이다. 이 방식은 철저하게 가맹점의 성장에 집중하여 최고의 효율을 만들어 내는 시스템으로 인식되고 있다. 가맹본부가 초기에는 직영점을 만들어 운영하다가 어느 정도 사업모델이 완성되면 프랜차이즈 모집을 시작하는 방식이다. 이러한 성장 방식은 각 지역의 가맹점사업자 간 차이가 브랜드에 미치는 영향이 적을 경우 유효하다. 예컨대 배달이나 세탁 업종과 같은 시장에서는 고객들이 그 지역에서 주로 이용하기 때문에, 어떤 지역의 가맹점에서의 브랜드 만족도 저하 영향이 다른 지역의 가맹점에 그리 크게 미치지 않는다. 그렇기 때문에 체인방식과 달리 턴키방식은 가맹점과의 소통 및 신뢰구축에 투자하기 보다는 프랜차이즈 운영 모델 판매 및 가맹점 모집 활동에 더 많은 노력을 기울인다. 빠른 가맹점 모집활동이 가맹점 모니터링 및 신뢰구축보다 프랜차이즈 시스템 성공에 가져다주는 효과가 더 크기 때문이다.

우리나라의 많은 프랜차이즈 가맹본부들이 이 방식을 택하고 있지만, 어떤 방식이 절대적으로 우월한 방식이라고 말할 수는 없다. 보다 중요한 것은 직영점과 가맹점을 개설하여 성장하는 이유를 알고, 프랜차이즈 창업가들이 성장목표에 맞는 전략과 사업방법을 택하여 결과적으로 프랜차이즈 시스템을 성공시킴으로써 가맹본부와 가맹점사업자는 물론 직원, 협력업체, 고객 모두에게 이로움을 주도록 하는 것이다.[24)]

바. 생산형 가맹사업

생산형 가맹사업은 가맹점사업자가 가맹본부가 개발한 독특한 제조방법을 이용하고, 가맹본부의 지시에 따라 스스로 상품을 제조하거나 가맹본부로부터 공급받은 원료를 가공하여 생산한 상품을 가맹본부의 상표를 부착하여 판매하는 방식이다. 이러한 유형은 제조업뿐만 아니라 수공업, 주택의 건축, 농업 등 다양한 영역에서 활용될 수 있다.[25)]

---

24) "프랜차이즈 성장전략", 프랜스타, 2019. 7. 30(https://www.franstar.co.kr/2019/07/30).

25) 신구용, 앞의 논문, 77면.

사. 가맹사업의 형태 관련 Q&A

[Q 1] ① 가맹본부 명의로 임대차 계약을 하면서 위탁받은 사람이 운영 전반을 책임지고, 매출은 가맹본부에 귀속되나 수익은 투자 비율대로 지급하는 경우, ② 업무협약서에 가맹본부와 투자자가 5:5로 투자한 후 투자수익금을 투자자에게 배분하는 것으로 정한 경우 해당 매장이 '직영점'인지 '가맹점'인지 여부는?

[A 1] ① 임대차 계약을 가맹본부 명의로 수행하였다 하더라도 수탁자가 운영을 책임진다면 해당 매장은 가맹점으로 볼 수 있을 것이다.

② 해당 업무협약서에 따르면 "갑"(가맹본부)은 원재료 구입 및 재고관리 등 사업의 전반적인 사항을 관리 감독하고, 매장의 관리 및 운영은 "을"(가맹점사업자)의 책임이므로 해당 매장은 가맹점 형태인 것으로 볼 수도 있다. 이러한 경우에는 점포 운영 주체와 관련하여 사업자등록이 누구의 명의로 이루어지는지, 직원의 채용 및 관리주체는 누구인지, 인테리어 공사 등 점포 관련 계약의 당사자가 누구인지 등 여러 가지의 계약내용과 실제 책임주체 등에 따라 개별적으로 판단하여야 할 사안에 해당한다.

[Q 2] 직영점과 가맹점은 어떻게 구분하나?

[A 2] 가맹점은 가맹사업과 관련하여 가맹본부로부터 가맹점운영권(가맹점사업자가 가맹본부의 가맹사업과 관련하여 가맹점을 운영할 수 있는 계약상의 권리)을 부여받아 운영하는 점포를 말하며, 직영점은 가맹본부가 직접 운영하는 점포를 말한다. 이에 대한 구분은 단지 사업자등록만으로 판단하는 것이 아니고, 매장 매출이 가맹본부에 귀속되더라도 위탁가맹형태로 운영되는 경우에는 가맹점에 해당되기 때문에 당해 사업자의 실질적인 의사 등을 종합적으로 고려하여 구분하여야 한다.

[Q 3] 최초에는 '전대가맹' 계약을 체결하되 일정 시점 이후에 '완전가맹' 계약으로 전환하기로 합의하였는데, 계약전환 시점에서 가맹점사업자가 이를 거부할 경우 가맹본부가 가맹점사업자에게 위약금을 부과하는 조건을 두었다면 이는 가맹사업법 위반에 해당하나?

[A 3] '전대가맹' 형태의 계약도 가맹사업법상 가맹사업의 정의 요건을 충족하는 경우에는 계약 명칭과 무관하게 '가맹사업계약'에 해당하므로, 가맹사업당사자는 가맹사업법이 정한 의무를 모두 준수하여야 한다.

만약 '전대가맹' 형태의 계약이 법 적용대상이 아니라고 하더라도, 해당 계약에 추후 가맹계약으로 전환한다는 내용이 포함되어 있고, 일방 당사자가 이를 어기면 상대방에게 손해를 배상하여야 한다는 점을 고려했을 때, 해당 계약을 체결할 때부터 가맹본부에게 부과하고 있는 가맹사업법상 의무를 모두 이행하여야 할 것으로 판단된다. 즉 계약체결 전에 정보공개서, 가맹계약서, 인근가맹점 현황문서 및 예상매출액 산정서(가맹본부가 법 제9조 제5항의 조건에 해당하는 경우) 등을 제공함으로써 추후 가맹점사업자가 경영하게 될 가맹사업의 내용과 계약조건을 미리 알려 주어야 한다.

또한 추후 가맹계약으로 전환하기로 한 시점에 상황이 변하여 위 서류에 기재된 가맹본부의 지원 사항을 이행하기 곤란해지거나 예상되는 가맹점 매출액 수준이 현저히 떨어진 경우, 가맹점사업자가 이를 이유로 가맹계약 전환을 거부한다면 이에 대한 위약금을 부과할 때 이러한 사정을 충분히 고려하여야 할 것으로 판단된다. 만약 이를 고려하지 않고 과중한 위약금을 부과할 경우 법 불공정거래행위(제12조 제1항 제5호: 과도한 손해배상의무 부과 행위)에 해당할 수 있다.

4. 가맹사업 영업 및 거래형태의 특성

가. 가맹본부와 가맹점사업자 간의 수직적 관계

가맹점사업자는 가맹본부와는 독립적인 관계에 있어야 한다. 가맹점사업자가 독립적 상인이라는 것은 그 영업의 결과가 직접 자기에게 귀속된다는 것을 의미한다. 따라서 가맹점사업자가 본부의 대리인이나 피용자이어서는 안 되며 이 경우에는 가맹점사업자의 독립성이 없어 가맹계약으로 인정되지 않는다.[26] 이는 상법이나 민법상 가맹사업당사자 간의 법적 책임 소재를 규정할 때 적용하는 이론으로 당연하다고 볼 수 있다.

실제 가맹사업 유통방식은 가맹점사업자가 가맹본부의 영업표지를 사용하여야 하고, 대부분 동일한 인테리어, 복장 및 표준화된 상품을 판매하며, 가맹본부의 주기적인 교육과 슈퍼바이저의 가맹점 매장 점검 등의 통제에 따른 영업방침을 준수해야 하므로, 독자적인 자율성을 가지고 영업을 영위할 수 없는 것이 사실이다. 즉 법과 이론은 가맹

26) 이한무, 앞의 책, 25면.

본부와 가맹점사업자는 독립된 사업자로서 대등한 수평적 관계라고 볼 수 있으나, 사실상 수직적 관계로 가맹사업을 영위하는 특성을 지니고 있다.[27)]

나. 가맹점사업자 간의 수평적 경쟁 관계

2019년도 말 기준 우리나라의 가맹점이 270,154개(가맹점사업자 254,040개, 직영점 16,114개)로 편의점의 경우에는 동일 상권에서 몇 개의 가맹점이 서로 영업을 하고 있기 때문에 치열한 경쟁구조를 지니고 있다. 특히 가맹본부는 가맹점의 수가 많을수록 매출액 및 영업이익이 증가하기 때문에 가능한 신규 가맹점을 유치하려는 가맹점 확장정책을 추진한다. 그러나 기존의 가맹점은 동일 상권에 추가로 여타의 가맹점이 설치되면 매출액이 일정금액 줄어들게 된다.

가맹사업법은 가맹본부가 동일 상권에 가맹점을 중복하여 유치하지 못하도록 가맹본부에게 가맹계약 체결 시 가맹점사업자의 영업지역을 설정하여 가맹계약서에 기재할 것과 가맹본부와 계열회사의 직영점이나 가맹점을 설치하는 것을 금지하고 있다.[28)] 이는 동일 상권에 동일 가맹본부의 가맹점이 중복하여 개설되는 경우에는 경쟁촉진 효과는 있지만, 가맹점사업자의 매출액은 동일 업종의 가맹점 증가로 인하여 줄어드는 문제가 발생할 수 있으므로, 이를 해결하기 위하여 규제를 하고 있는 것이다.

한편 가맹사업법은 불공정거래행위의 금지 유형으로 "가맹본부는 부당하게 가맹점사업자에게 영업지역을 준수하도록 조건을 붙이거나 이를 강제하는 행위를 하여서는 아니 된다"고 규정[29)]하고 있다. 이는 가맹본부가 상권의 영업지역을 할당하도록 하면서도 가맹점사업자 간에는 수평적 경쟁행위를 허용하는 형태로 규율하고 있다.

다. 규격·통일된 상품 판매에 따른 종속성

가맹사업은 가맹본부가 제공하는 일정한 품질기준이나 영업방식에 따라 상품 또는 용역을 판매하는 특징을 지닌 유통방식이다. 이는 가맹점사업자가 가맹사업을 영위하면서 가맹본부가 제공하는 상품이나 용역만을 취급하여야 하는 것은 아니지만, 가맹본부와 가맹계약을 체결과정에서 가맹본부의 통제를 따라야 한다는 계약내용이 있기 때

27) 정영교, 앞의 논문, 19면 참조.
28) 가맹사업법 제12조의4(부당한 영업지역 침해금지) 제1항 및 제3항 참조.
29) 가맹사업법 시행령 [별표 2] 2. 구속조건부 거래. 라. 영업지역의 준수강제.

문이다. 그러므로 대부분의 가맹점사업자는 가맹본부가 제공하는 동일한 규격과 통일된 상품 및 용역을 판매하게 된다. 이로 인하여 가맹점사업자는 가맹본부에게 종속될 수밖에 없으며, 다른 사업으로 전환하려면 최초 가맹점을 창업하기 위해 투자한 초기 가맹금, 인테리어 비용, 가맹점 개점을 위해 지급한 권리금, 임차료 등의 기회비용이 매몰되기 때문에 '갑을' 관계로 종속되게 된다.[30]

라. 영업구역 설정에 따른 브랜드 내 경쟁제한

가맹사업법상 영업구역이 설정된 지역에서 가맹점사업자가 다른 영업구역에서 영업을 하려면 가맹본부는 ① 가맹점사업자가 자기의 영업지역에서의 판매책임을 다한 경우에 영업지역 외의 다른 지역에서 판매할 수 있도록 하는 행위를 하거나, ② 가맹점사업자가 자기의 영업지역 외의 다른 지역에서 판매하고자 하는 경우 그 지역의 가맹점사업자에게 광고선전비 등 판촉비용에 상당하는 일정한 보상금을 지불하도록 하는 행위를 하여야 한다.[31] 그러나 자기의 영업지역에서의 판매책임을 다한 것인지에 대한 객관적인 입증이 어려울 뿐만 아니라, 일정한 보상금을 산정하는 과정에서 이웃하는 가맹점사업자 간 대립할 수 있기 때문에 이러한 조건이 성립되기는 매우 어렵다. 그러므로 가맹사업에서 일정한 영업구역이 설정되는 경우에는 동일 가맹본부의 가맹점사업자 간 경쟁이 제한되는 특성을 지닌다.

마. 계약기간의 단기화

국내 가맹사업의 계약기간은 대체적으로 짧다. 가맹사업법에서는 가맹사업의 갱신을 요구할 수 있는 기간은 최초 가맹계약기간을 포함하여 10년으로 하고 있을 뿐(법 제13조 제2항),[32] 가맹계약기간에 대하여는 별도의 규정이 없다. 일반적으로 사람들은 장

---

30) 정영교, 앞의 논문, 20면.

31) 가맹사업법 시행령 [별표 2] 2. 구속조건부 거래. 라. 영업지역의 준수강제 (2), (3).

32) 대법원 2020. 7. 23. 선고 2019다289495 판결(계속적 계약관계에 해당하는 가맹사업(프랜차이즈) 계약관계에서 가맹사업법상의 계약갱신요구권 행사기간이 경과하였고, 가맹계약에 계약의 갱신 또는 존속기간의 연장에 관하여 별도의 약정이 없거나 그 계약에 따라 약정된 가맹점사업자의 계약갱신요구권 행사기간마저 경과한 경우에는, 당사자가 새로이 계약의 갱신 등에 관하여 합의하여야 한다. 그 경우 가맹본부는 가맹점사업자의 갱신요청을 받아들여 갱신 등에 합의할 것인지 여부를 스스로 판단·결정할 자유를 가진다. 다만 가맹본부의 갱신거절이 당해 가맹계약의 체결 경위·목적이나 내용, 계약관계의 전개 양상, 당사자의 이익 상황 및 가맹계약 일반의 고유한 특성 등에 비추어 신의칙에 반하여 허용되지 아니하는 특별한 사정이 있는 경우에는 그러하지 아니하다).

래에 대한 중장기적인 비전을 가지고 생활을 설계하며 예측가능성과 신뢰성을 중요시 한다. 가맹점사업자들 역시 가맹점 사업을 시작할 때에는 중장기적인 수익전망과 회수할 수 있는 기간을 감안하여 가맹사업을 시작하게 된다. 그러나 계약기간이 짧기 때문에 가맹사업을 계속할 것인가의 여부가 가맹본부의 가맹계약 갱신 허용 여부에 달려있어 안정적인 가맹점 운영을 기대할 수 없다. 대부분의 영세한 가맹본부는 한두 가지의 아이디어를 가지고 가맹사업을 시작하며 후속적인 상품의 개발에 자신이 없어 단기간의 프랜차이즈를 판매하고 수익을 낸다는 생각으로 가맹사업을 시작한다. 또한 일단 출시한 프랜차이즈 상품이라도 잘 팔리게 되면 기존 가맹점과 계약을 해지하고 더 좋은 조건으로 새로운 가맹계약을 체결하려고 하는 경향이 있다. 이 경우에 가맹계약기간을 장기간으로 하게 되면 기존 가맹점과의 계약을 해지하는데 어려움이 있으므로 이를 회피할 목적으로 가맹계약기간을 단기간으로 하려고 할 수 있다.[33]

바. 재판매가격유지행위의 권고 가능

공정거래법상 사업자가 다른 사업자에게 최저가격이나 최고가격을 정해 놓고 이를 지키도록 강제하는 경우에는 법 위반행위에 해당되어 제재를 받게 된다. 그런데 가맹사업거래에 관하여 가맹사업법을 적용을 받은 사항에 대하여는 공정거래법 제29조 제1항의 재판매가격 유지행위 규정을 적용하지 않게 된다(법 제38조). 이와 같이 가맹사업법상 가맹본부가 가맹점사업자에게 상품가격을 유지할 것을 권고하는 행위를 인정하는 것은 가맹사업만의 고유한 특성을 반영하기 위해서이다.

이는 가맹사업이 아닌 일반사업자 간 거래에서의 재판매가격유지행위에 대하여 공정거래법을 엄격히 적용하여 규제하는 것과는 다르다. 그러므로 동일한 재판매가격유지행위라도 두 사업자 간의 거래가 가맹사업에 해당되는지 여부에 따라 법 위반행위에 대한 위법성 판단요건을 달리 적용하게 되는 것이다.[34]

---

33) 김영균, "가맹사업에 있어서 대·중소기업의 상생협력", 「경제법연구」 제14권 제2호(한국경제법연구회, 2015), 161면.

34) 정영교, 앞의 논문, 22면.

사. 가맹사업의 영업 형태 관련 Q&A

[Q 1] 가맹점사업자가 현재 가맹본부의 영업표지를 이용한 영업시간 외의 시간에 동일 사업장에서 다른 영업표지를 사용하여 영업할 경우 가맹사업법 위반인가?

[A 1] 가맹사업당사자가 가맹계약을 어떻게 하였느냐에 따라 다를 수 있다. 가맹사업법은 가맹점사업자가 단수의 영업표지를 이용하도록 규정하거나 복수의 영업표지를 사용하는 영업방식을 금지하고 있지 아니하다. 다만 가맹본부와 가맹점사업자 사이에 체결한 가맹계약의 세부내용에 따라 영업활동에 일부 제한이 있을 수 있다. 가맹점사업자가 가맹계약을 체결한 가맹본부에게 다른 영업표지를 사용한 영업행위를 하지 않겠다는 서류를 제출한 사실이 있다면, 다른 영업표지를 사용한 영업을 하기 위해서는 가맹본부와의 사전 협의가 필요하다.

참고로 법 제12조 및 시행령 제13조 제1항 [별표 2]에 따라 가맹본부는 가맹점사업자에게 지정된 상품 또는 용역만을 판매하도록 제한하는 행위를 하여서는 안 되며, 예외적으로 가맹본부의 상표권을 보호하고 상품 또는 용역의 동일성을 유지하기 어렵다는 사실이 객관적으로 인정되는 경우로서 해당 사실에 관하여 가맹본부가 미리 정보공개서를 통하여 가맹점사업자에게 알리고 가맹점사업자와 계약을 체결하는 경우에는 허용된다.

제2편
가맹사업의 창업 및 운영 규제

제 1 장 가맹사업 창업단계에서의 실무지식

1. 영업 노하우 및 영업표지에 대한 권리

가. 영업 노하우 및 영업표지에 대한 권리의 확보

가맹사업은 가맹점사업자가 가맹본부의 영업표지에 대한 사용권(license)을 부여받아 사용하는 관계이다. 즉, 가맹사업은 가맹본부가 가맹점사업자로 하여금 자기의 상표·서비스표·상호·간판 기타 영업표지를 사용하여 일정한 품질기준이나 영업방식인 영업 권리에 따라 상품 또는 용역을 판매하도록 하고, 가맹점사업자는 이와 같은 영업표지 또는 영업 노하우 등의 이용 대가로 가맹금을 지급하는 거래관계이다. 결국 가맹사업의 영위에 있어서 중요한 요소는 영업 노하우와 영업표지에 대한 권리의 존부라 할 것이다.

가맹사업에서의 "영업 노하우"란 가맹본부가 자신만의 좋은 상품을 개발하여 동종 다른 사업자보다 합리적이고 경쟁력 있는 가격으로 판매하여 소비자의 구매 만족도를 높임으로써 매출액과 영업이익을 증대할 수 있는 영업기술이나 영업비밀의 보유 역량을 말한다. 영업 노하우는 가맹본부의 영업기술이나 영업비밀에 관한 중요 사항에 해당하므로, 가맹거래관계에서 가맹본부는 가맹점사업자가 이를 누설하지 못하도록 구체적으로 가맹계약서에 명시하여 약정하고 있다.

가맹사업에서의 "영업표지"는 가맹본부의 브랜드를 고객들이 내·외부에서 인식이 가능하도록 나타내는 표지를 말하는데, 가맹본부가 이를 가맹점사업자에게 사용할 수 있도록 권한을 부여하기 위해서는 반드시 그 이전에 사용권을 확보하고 있어야 한다.

대부분의 영업표지는 특허청 소관 법령[1]에 따른 지식재산권에 해당하므로, 가맹본부는 자신이 보유한 것이라면 적법한 출원 절차에 따라 등록할 필요가 있고, 타인이 보유한 것이라면 정당한 출원자와 사용계약체결을 통해 유효기간을 정하여 그 사용할 수 있는 권리를 확보하여야 한다.

나. 영업 노하우 및 영업표지 권리 관련 Q&A

[Q 1] A낙농업체가 상표권만 보유하고 B커피공급업체와의 위·수탁계약을 체결한 후 커피공급업체가 실제 가맹사업을 영위하는 경우, C가맹점사업자가 계약 기간 중에 피해를 입었다면 낙농업체와 커피공급업체 중 누구에게 손해배상책임이 있나?

[A 1] A낙농업체가 단지 자신의 상표를 사용하게 하였으나, B커피공급업체가 C에게 가맹본부의 지위에서 가맹점 운영권을 부여했다면 B가 책임을 져야 할 것이다. 다만 A는 상법상 명의대여자의 책임이 인정될 수 있다. 가맹사업법은 가맹사업의 당사자인 가맹본부와 가맹점사업자의 관계를 규율하고 있다. 다만 해당 법을 적용하기 위해서는 '가맹본부'에 해당하여야 하므로, 낙농업체와 커피공급업체 중 어느 업체가 법상 가맹본부에 해당하는지를 확인하여야 한다. 법 제2조 제2호에 따르면 '가맹본부'라 함은 가맹사업과 관련하여 가맹점사업자에게 '가맹점운영권을 부여'하는 사업자를 의미하는 것으로 규정하고 있다. 따라서 어느 업체가 가맹본부인지는 ① 가맹계약상 어느 업체가 가맹점운영권을 부여하는 사업자인지, ② 정보공개서 등록 주체가 누구인지, ③ 낙농업체와 커피공급업체 간 위·수탁계약의 내용 등에 따라 결정될 수 있을 것이다. 즉 가맹점사업자의 피해에 대한 책임은 가맹계약을 체결한 가맹본부가 져야 할 것이다.

[Q 2] 가맹본부가 사용하는 상표·상호를 특허청에 등록하지 않은 경우에도 영업표지로 사용할 수 있는가?

[A 2] 특허청에 등록하지 않은 영업표지라도 사용하는 것은 가능할 수 있다. 가맹사업법상 영업표지란 상표·서비스표·상호·간판 등을 포함하며 이러한 영업표지를 정보공개서에 기재하도록 한 취지는 가맹점사업자로 하여금 가맹계약기간 동안 사용할 수 있는 영업표지 등에 대하여 가맹점사업자가 앞으로 가맹사업의 내용 등을 미리 알 수 있도록 하는 데 있다. 영업표지는 제3자의 입장에서 해당 가맹본부의 영업표지임을 구별할 수 있는 표지이어야 하고, 상표법

1) 특허법, 실용신안법, 디자인보호법, 상표법, 부정경쟁방지법 등을 말한다.

에 따라 특허청에 등록한 상표가 아니더라도 사용할 수 있다.

다만 등록되지 않은 상표 등을 사용 시 특허법, 상표법 등 관련법에 저촉되지 않도록 주의해야 하다. 현재 정보공개서는 가맹본부의 일반현황에 가맹희망자가 앞으로 경영할 가맹사업의 내용 및 가맹본부가 사용을 허용하는 지식재산권 등을 기재하도록 되어 있다. 가맹본부가 소유하지 아니한 특허·상표·서비스표 등을 기재한 경우 이는 가맹사업법상 허위·과장정보제공행위에 해당하며, 지식재산권과 관련한 중요사항을 누락한 경우 기만적 정보제공행위로 법위반에 해당되므로 유의하여야 한다.

2. 정보공개서의 작성 및 등록

가. 정보공개서의 개념

정보공개서란 가맹희망자가 가맹본부와 가맹계약을 체결함에 있어서 해당 가맹점을 개설·운영할 것인가를 합리적으로 판단할 수 있도록 가맹본부와 관련되는 중요한 정보를 기재한 문서를 말한다. 즉 정보공개서라 함은 가맹본부가 가맹희망자 또는 가맹점사업자에게 제공하여야 하는 가맹본부의 일반현황, 가맹본부의 가맹사업 현황,[2] 가맹본부와 그 임원이 공정거래법 등을 위반한 사실, 가맹점사업자의 부담, 영업활동에 관한 조건과 제한, 가맹사업의 영업 개시에 관한 상세한 절차와 소요기간, 가맹본부의 경영 및 영업활동 등에 대한 지원과 교육·훈련에 대한 설명에 관하여 수록한 문서를 말한다(법 제2조 제10호).

나. 정보공개제도

가맹계약에서 가맹본부와 가맹희망자 또는 가맹점사업자 간에는 정보수집능력 및 교섭능력에 큰 격차가 존재한다.[3] 이러한 능력 등이 상대적으로 뒤떨어지는 가맹점사업자가 가맹본부로부터 충분한 정보를 얻지 못하게 된다면 커다란 손해가 발생하게 될 것이다.[4] 이에 따라 우리나라는 가맹사업법에 따라 정보공개 등록제도를 취하고 있는

2) 가맹점사업자의 매출에 관한 사항을 포함한다.
3) 대법원 2018. 6. 15. 선고 2017다248803, 248810 판결.
4) 맹수석, "온주 가맹사업거래의공정화에관한법률 제6조의2", 로앤비(2020. 12. 11), §2.

데,[5] 정보공개 등록제도란 가맹본부에 관한 정보를 국가의 행정기관이나 기타 제3의 공정한 기관에 등록하도록 한 후, 이를 가맹희망자에게 제공하거나 열람 등을 할 수 있도록 하는 제도이다(법 제6조의2).

가맹본부[6]는 법 제3조 제1항의 적용배제 대상에 해당하지 아니하는 한 반드시 등록기관에 등록 또는 변경등록한 정보공개서를 내용증명우편 등 제공시점을 객관적으로 확인할 수 있는 방법에 따라 제공하여야 하고, 제공한 날부터 14일[7]이 경과한 이후에 가맹희망자로부터 가맹금을 수령하거나 가맹희망자와 가맹계약을 체결할 수 있다.

다. 정보공개서 기재사항

정보공개서의 기재사항은 가맹사업법 시행령 [별표 1]에 규정하고 있으며, 이는 그 표지·목차 및 정보공개사항으로 구성하되, 그 내용이 명확하고 구체적이고 가맹희망자가 이해하기 쉽도록 영업표지별로 별도의 문서로 작성되어야 한다. 가맹본부는 정보공개서의 내용에 [별표 1]에서 규정한 사항을 포함하여야 하고, 가맹사업의 경영에 필요한 사항에 대해서는 추가하여 정보공개서에 기재할 수 있다(법 시행령 제4조).

라. 불공정거래행위 유형 중 예외 적용 사항의 기재

가맹본부는 가맹점사업자에게 가맹사업의 공정한 거래를 저해할 우려가 있는 행위를 하거나 다른 사업자로 하여금 이를 행하도록 하여서는 아니 된다(법 제12조 제1항). 다만 가맹본부의 불공정거래행위의 일부 유형의 경우에는 미리 정보공개서에 아래와 같은 예외 사유를 모두 기재한 후, 해당 사실을 가맹점사업자에게 알리고 가맹점사업자와 가맹계약을 체결하면 불공정거래행위에 해당하지 아니한다는 예외 요건을 규정하고 있다(법 시행령 제13조 제1항에 따른 [별표 2]). 따라서 이러한 예외 요건을 적용받으려면 정보공개서에 해당 사실을 반드시 기재하여야 한다.

1) 구속조건부거래 유형 중 "거래상대방의 구속"

① 부동산·용역·설비·상품·원재료 또는 부재료가 가맹사업을 경영하는 데에 필수적이라고 객관적으로 인정된다는 사실

5) 맹수석·정영교, 앞의 논문, 245면.
6) 가맹지역본부 또는 가맹중개인이 가맹점사업자를 모집하는 경우를 포함한다.
7) 가맹희망자가 정보공개서에 대하여 변호사 또는 가맹거래사의 자문을 받은 경우에는 7일이다.

② 특정한 거래상대방과 거래하지 아니하는 경우에는 가맹본부의 상표권을 보호하고 상품 또는 용역의 동일성을 유지하기 어렵다는 사실이 객관적으로 인정된다는 사실

2) 구속조건부거래 유형 중 "가맹점사업자의 상품 또는 용역의 판매제한"

가맹점사업자의 상품 또는 용역의 판매를 제한하지 아니하는 경우에는 가맹본부의 상표권을 보호하고 상품 또는 용역의 동일성을 유지하기 어렵다는 사실이 객관적으로 인정된다는 사실

3) 구속조건부거래 유형 중 "그 밖에 가맹점사업자의 영업활동의 제한"

가맹점사업자의 영업활동을 제한하지 아니하는 경우에는 가맹본부의 상표권을 보호하고 상품 또는 용역의 동일성을 유지하기 어렵다는 사실이 객관적으로 인정된다는 사실

4) 거래상 지위의 남용 유형 중 "① 구입강제, ② 부당한 강요, ③ 부당한 계약조항의 설정 또는 변경, ④ 경영의 간섭, ⑤ 판매목표 강제, ⑥ 불이익 제공"

상기 ①~⑥ 어느 하나에 해당하는 행위를 허용하지 아니하는 경우 가맹본부의 상표권을 보호하고 상품 또는 용역의 동일성을 유지하기 어렵다는 사실이 객관적으로 인정된다는 사실

마. 정보공개서의 작성 원칙

가맹본부가 가맹사업을 영위함에 있어서 정보공개서에 자신의 기업정보를 기재하여야 하는데, 법 시행령 제4조 제1항 [별표 1]의 기재사항을 정확히 기술하여야 한다. 특히 향후 가맹본부와 가맹사업계약을 체결할 것인지에 대해 영향을 미치기 때문에, 가맹희망자 등이 용이하게 알 수 있도록 작성하여야 하고, 중요사항에 대해 명확히 기술하여야 한다.[8] 공정거래위원회는 정보공개서 작성 시 가맹본부의 업무편의를 높이기 위하여 「가맹사업거래 정보공개서 표준양식에 관한 고시」[9]를 제정하여 사용을 권장하고 있고, 그 작성원칙은 <표 4>와 같다.

---

8) 맹수석, "온주 가맹사업거래의공정화에관한법률 제6조의2", 로앤비(2020. 12. 11), §3.

9) 표준 정보공개서 양식은 '공정거래위원회 가맹사업거래홈페이지'(franchise.ftc.go.kr) [알림마당→법령 및 서식자료] 메뉴에서 내려 받을 수 있다.

〈표 4〉 정보공개서 작성 원칙[10)]

① 정보공개서는 가맹희망자나 가맹점사업자의 입장에서 알기 쉽도록 명확하면서도 구체적으로 작성하여야 한다.
② 정보공개서는 읽는 사람의 이해를 쉽게 하기 위하여 표, 그림, 그래프 등 시각적 효과를 높이는 도구를 가능한 많이 사용하고 중요한 내용은 별도의 색상, 글꼴 크기 등으로 작성하여야 한다.
③ 정보공개서의 내용 중 사실과 가맹본부의 의견(전망, 예상, 추정 등을 포함한다)은 분리하여 작성하여야 한다.
④ 정보공개서는 가맹사업법 시행령 [별표 1]에 따른 기재사항 순서대로 작성하여야 한다.
⑤ 표준양식 고시에서 "주요품목"이라 함은 구입요구품목 중 전체 가맹점사업자가 전년도에 구매한 금액의 합을 기준으로 상위 50%에 해당하는 품목을 말한다.
⑥ 정보공개서는 영업표지(브랜드)별로 작성·등록하여야 하며, 객관적인 사실에 근거하지 않거나 계약의 관련 내용과 다른 사항이 정보공개서에 기재될 경우 관련법에 따라 처벌될 수 있다.

바. 정보공개서의 등록의무 및 절차

1) 정보공개서 등록기관

가맹본부는 가맹희망자에게 제공할 정보공개서를 가맹본부의 주된 사무소의 소재지별로 정하는 바에 따라 공정거래위원회 또는 특별시장·광역시장·특별자치시장·도지사·특별자치도지사(이하 "등록기관"이라 한다)[11)]에게 등록하여야 한다(법 제6조의2 제1항). 가맹본부가 정보공개서를 등록하려는 경우에는 법 시행령 [별지 제1호서식]의 '정보공개서 신규 등록 신청서'를 작성하여 등록기관에 제출하여야 한다.

2) 정보공개서 등록신청의 첨부물 및 등록소요 기간

가맹본부는 정보공개서를 등록하려는 경우에는 신규 등록신청서에 별도 첨부물로서 ① 정보공개서,[12)] ② 바로 전 3개 사업연도의 재무상태표 및 손익계산서,[13)] ③ 바로

10) 공정거래위원회 가맹사업거래 정보공개서 표준양식에 관한 고시 참조.

11) 2020년 3월 현재 정보공개서 등록기관은 공정거래위원회(「정보공개서 등록, 등록 거부 및 공개 등에 관한 업무의 위탁기관 지정」고시에 따라 "한국공정거래조정원"에서 대행하고 있다), 서울특별시, 부산광역시, 인천광역시, 경기도에서 담당하고 있고, 앞의 4개 광역자치단체 소재 가맹본부는 해당 광역자치단체에 등록하여야 하며, 그 이외 가맹본부는 조정원에 등록하여야 한다.

12) 문서 형태의 정보공개서와 함께 「정보통신망 이용촉진 및 정보보호 등에 관한 법률」 제2조 제1항 제1호에 따른 정보통신망(이하 "정보통신망"이라 한다)을 이용하여 전자적 파일을 제출하여야 한다.

13) 가맹본부가 재무제표를 작성하지 아니하는 경우에는 바로 전 3개 사업연도의 매출액을 확인할 수

전 사업연도 말 현재 운영 중인 직영점 및 가맹점 목록,[14] ④ 가맹계약서 사본, ⑤ 바로 전 사업연도 말 현재 근무 중인 임직원 수를 확인할 수 있는 서류, ⑥ 기타 등록기관에서 요구하는 정보공개서 내용과 관련 있는 서류도 함께 등록기관에 직접 또는 가맹정보시스템을 통하여 제출하여야 한다(법 시행령 제5조의2 제2항).

등록기관은 이때에 가맹본부가 동의하는 경우 행정정보 공동이용을 통하여 ① 가맹본부의 법인 등기사항증명서(법인인 경우로 한정), ② 해당 법인의 설립등기 전에 등록 신청하는 경우 발기인의 주민등록표 초본, ③ 사업자등록증을 확인하여야 한다. 다만 신청인이 ②와 ③의 확인에 동의하지 아니하는 때에는 그 서류(③의 경우에는 사본)를 제출하도록 하여야 한다(법 시행령 제5조의2 제3항).

등록기관은 가맹본부의 정보공개서 등록신청이 있으면 등록 신청일로부터 30일(등록 취소된 가맹본부가 재등록 신청의 경우 2개월) 이내에 가맹본부에 [별지 제2호서식]의 정보공개서 등록증을 교부하여야 하며, 가맹사업정보제공시스템에 등록에 관한 사항을 관리하여야 한다(법 시행령 제5조의2 제4항).

사. 정보공개서 등록 시 유의사항

1) 등록기관의 등록거부 및 변경 요구

정보공개서 등록기관은 가맹본부가 정보공개서 등록을 신청한 건에 대하여 ① 정보공개서나 그 밖의 신청서류에 거짓이 있거나 필요한 내용을 적지 아니한 경우, ② 정보공개서에 기재된 가맹사업의 내용에 다른 법률에서 금지하고 있는 사항이 포함되어 있는 경우 등록을 거부하거나 그 내용의 변경을 요구할 수 있고, 정보공개서의 등록을 하였을 때에는 가맹본부에게 등록증을 내주어야 한다(법 제6조의3 제1항 및 제2항).

2) 등록기관의 등록 취소

정보공개서 등록기관은 정보공개서가 ① 거짓이나 그 밖의 부정한 방법으로 정보공개서가 등록된 경우 및 ② 가맹사업의 내용에 다른 법률에서 금지하고 있는 사항이 포함되어 있는 경우에는 등록을 취소하여야 한다. 그리고 ③ 정보공개서 기재사항 중 "중요사항"[15]이 누락된 경우, ④ 가맹본부가 폐업 신고를 한 경우, ⑤ 가맹본부가 정보

있는 서류이다.

14) 대표자, 소재지, 가맹계약 체결일 및 전화번호를 기재하여야 한다.

15) 가맹사업법 시행령 제5조의5 제2항에서 규정하고 있는 사항<[별표 1] 제1호, 제2호 가목, 나목

공개서 등록취소를 요청하는 경우에는 그 등록을 취소할 수 있다(법 제6조의4 제1항).

3) 정보공개서 기재사항 중 중요사항

가맹본부가 가맹희망자에게 <표 5>의 "중요사항"을 적지 않고 누락한 경우[16] 정보공개서를 제공하는 경우, 이는 계약의 체결·유지에 중대한 영향을 미치는 사실을 은폐하거나 축소하는 방법으로 기만적인 정보제공행위로써 가맹사업법 제9조 제1항 위반에 해당한다.

〈표 5〉 가맹사업법 시행령 [별표 1] 정보공개서 기재사항 중 "중요사항"[17]

<table>
<tr><th colspan="2">기재사항</th><th>중요사항 해당 여부</th><th>기재사항</th><th>중요사항 해당 여부</th></tr>
<tr><td colspan="2">제1호 (정보공개서의 표지)</td><td>해당</td><td rowspan="2">제4호(가맹본부와 그 임원의 법 위반 사실 등: 가맹사업 관련 공정위 시정조치, 민사소송 패소화해 및 형의 신고 사실)</td><td rowspan="2">해당</td></tr>
<tr><td rowspan="2">제2호 (가맹본부의 일반현항)</td><td>가목, 나목 (설립일, 특수관계인 등)</td><td>해당 (나목은 가맹본부와 관련사항만)</td></tr>
<tr><td>다목~바목 (가맹본부 연혁, 재무사항 등)</td><td>해당</td><td>제5호(가맹점사업자의 부담: 계약금 인테리어 비용 등 초기 부담, 로열티, 광고판촉비 등 영업 중 부담)</td><td>해당</td></tr>
</table>

(가맹본부와 관련된 사항만 해당한다), 다목부터 바목까지, 사목(대표자와 관련된 사항만 해당한다), 아목부터 차목까지, 제3호 나목부터 타목까지, 제4호부터 제6호까지, 제8호 및 제9호>

16) 중요사항을 누락한 경우라 함은 가맹계약의 체결과 유지 등 가맹희망자의 의사결정에 중대한 영향을 줄 수 있는 사실 또는 가맹희망자가 일정한 사정에 관하여 고지를 받았더라면 가맹계약을 체결하지 않았을 것임이 경험칙상 명백한 경우 그와 같은 사정 등을 가맹계약을 체결하기 위하여 상담하거나 협의하는 단계에서 가맹희망자에게 고지하지 아니한 경우를 의미한다(대법원 2015. 4. 9. 선고 2014다84824,84831 판결). 그리고 가맹본부가 이러한 행위를 하면 가맹사업법 제9조 제1항에 따른 정보제공의무 내지 고지의무를 위반하게 되어, 가맹본부는 가맹희망자에 대하여 가맹사업법 제37조 제3항으로 준용되는 독점규제 및 공정거래에 관한 법률 제56조 제1항에 의한 손해배상책임을 부담하고, 법률상 제한 내지 장애로 말미암아 가맹희망자가 가맹점을 개설·운영할 수 없는 사정이 존재하는 경우, 이 사정은 가맹희망자의 의사결정에 중대한 영향을 미치는 사실에 해당한다(대법원 2020. 11. 26 선고 2019다211324 판결).

17) 가맹사업법 시행령 제5조의5 제2항 [별표 1] 정보공개서의 기재사항을 요약하여 정리하였다.

제2호 (가맹본부의 일반현황)	사목 (가맹본부 임원 및 사업경험)	해당 (대표자 관련 사항만)	제6호(영업활동에 대한 조건 및 제한: 가맹본부가 구입을 요구하는 품목, 가맹계약 및 갱신기간, 광고판촉비 분담 등)	해당
	아목~차목 (지식재산권 보유 현황 등)	해당	제7호(가맹사업의 영업 개시에 관한 상세한 절차와 소요기간: 계약체결일부터 영업개시까지의 기간절차)	비해당
제3호 (가맹본부의 가맹사업 현황)	가목 (가맹사업 시작일)	비해당	제8호(가맹본부의 경영 및 영업활동 등에 대한 지원: 판촉 지원·경영 자문, 신용제공 등)	해당
	나목~타목 (가맹점 수, 평균매출액 등)	해당	제9호(교육·훈련에 대한 설명: 교육훈련의 주요내용, 소요시간, 비용 등)	해당

아. 정보공개서 작성 및 등록 관련 Q&A

[Q 1] '가맹점 평균매출액' 산정에 있어서 상품할인이 실시된 경우 할인 전 권장소비자가격과 할인 후 가격(실제 결제된 금액) 중 어느 것을 기준으로 산정하여야 하나?

[A 1] 정보공개서에 기재하는 '가맹점 평균매출액'은 할인 후 가격으로 산정해야 한다. 정보공개서에 가맹점 평균매출액을 기재하는 취지는 가맹희망자에게 가맹점운영 시 발생할 매출액을 대략적으로 예상하도록 하기 위한 것이다. 따라서 할인이 적용된 판매 건에 대해서는 권장소비자 가격이 아닌 할인 후 가격을 기준으로 매출액을 산정함으로써 실제로 결제된 금액(발생한 매출)이 반영되도록 하는 것이 취지에 부합한다.

[Q 2] 가맹본부의 정보공개서 기재사항에 대한 구체적인 내용은?

[A 2] 정보공개서 기재사항의 각각 사례에 대한 가맹점의 수 정리 방법은 다음과 같다.

① 직계가족에게 양도, 양수하는 경우에는 명의 변경에 해당하므로, 명의 변경 수에 포함시키면 된다.

② 잔여 계약기간으로 양도·양수하는 경우에는 기존 가맹계약의 잔여 계약기간에 대해서만 가맹점운영권을 부여받기 때문에, 별도의 가입비를 지불하지 않는 등 단순히 기존 계약을 양수하였다고 볼 수 있으므로 명의변경에 해당한다고 볼 수 있다.

③ 영업 양도·양수 시 신규 계약으로 하는 경우에는 신규 가맹계약과 동일한 계약기간을 새로이 설정 받고, 별도의 가입비를 지불하기 때문에 신규에 해당한다고 볼 수 있다.

④ 동일한 가맹점사업자가 장소이전을 하는 경우에는 변경사항이 이루어지지 않았다고 볼 수 있다.

⑤ 동일한 가맹점사업자가 장소이전을 하고 신규 계약기간으로 가맹계약을 체결하는 경우에는 가맹계약의 성격이 단순 장소 변경 및 기간 변경인지 신규 가맹계약인지 종합적으로 검토할 필요가 있다. 이때 전자일 경우 변경사항이 없다고 볼 수 있으나, 후자의 경우에는 신규에 해당할 수 있다.

⑥ 가맹사업법 시행령 [별표 1]에서 2.와 6.에 규정된 특수관계인의 범위가 다른 이유가 있는 경우에는 정보공개서 내 특수관계인을 규정할 때 해당 규정의 목적이 각각 다르므로, 그 범위도 상이하게 규정되어 있다. 즉, 2. 가맹본부의 일반현황에서 규정하는 특수관계인의 경우에는 특수관계인이 가맹사업을 경영하는지 여부를 가맹희망자에게 알리기 위한 목적인 반면, 6. 영업활동에 대한 조건에서 규정된 특수관계인의 경우에는 해당 거래에서 이익을 취하는 특수관계인이 누구인지를 가맹희망자에게 알리는 목적으로 규정되어 있다.

⑦ 가맹희망자에게 가맹사업에 대한 정보를 원활히 제공한다는 법률의 취지를 고려할 때, 특수관계인 회사에게 경제적 이익 자료를 제공해 줄 요청하였으나 거절하는 경우에도 가맹본부는 정보공개서에 경제적 이익에 대한 자료를 획득하여 기록하여야 한다. 이를 기재하지 않는 경우 해당 정보공개서는 등록이 거부될 수 있다. 다만 이 경우 특수관계인의 회사에 대해서는 명시적인 처벌 규정이 없다.

[Q 3] 정보공개서에 가맹본부와 그 임원(공정거래법 제2조 제5호에 따른 임원)의 법 위반 사실에 대한 공정거래위원회의 시정조치 내역, 민사소송 패소 확정판결 및 민사상 화해사실, 횡령, 배임 등 형의 선고를 받은 사실에 대해 기재하도록 하는 것과 관련하여 가맹본부의 직원까지 포함하도록 해야 하나?

[A 3] 가맹본부 직원의 법 위반 사실은 원칙적으로 포함되지 않는다. 가맹사업법에 따른 정보공개서 기재사항에서 가맹본부의 임원으로 규정하고 있는 취지는 가맹본부의 행위에 대한 대표성을 가지고 의사결정을 할 수 있는 자로서 최소한 이들의 법 위반 사항에 대해서는 가맹계약을 체결하려는 가맹희망자에게 고지되어야 하기 때문이다. 가맹본부가 이를 악용하여 임원의 잘못을 직원의 책임으로 전가하는 것은 잘못된 행태로 보여질 수 있으나, 가맹본부의 모든

직원에게까지 확장하여 기재대상으로 포함하고 있지 아니하다.

[Q 4] 정보공개서상의 차액가맹금은 어떻게 산정하여야 하나?

[A 4] 정보공개서상의 차액가맹금은 가맹본부의 적정한 도매가격(가맹본부의 구매가격)과 가맹점사업자가 지급하는 가격의 차이를 말한다. 예컨대 공장(100원)-가맹본부-가맹점(120원)의 구조인 경우 차액가맹금은 20원이다. 이 과정에서 발생하는 인건비, 연구비, 창고 보관비 등은 비용으로 포함되어 차액가맹금 산정에 포함되지 않는다. 예시에서 10원의 인건비가 발생한 경우에도 차액가맹금은 여전히 20원이 된다. 다만 차액가맹금 관련 기재사항 아래 별도의 주석으로 인건비, 연구비, 보관비용 등 각종 비용이 포함되어 있다는 점을 설명할 수 있다.

[Q 5] 정보공개서 표준양식을 사용하지 않아도 정보공개서를 등록할 수 있나?

[A 5] 정보공개서 표준양식에 기재되어 있는 법령의 필수기재사항을 삭제하지 않은 경우에는 수정하여 사용할 수 있다. 공정거래위원회는 가맹사업법 제7조 제4항에 따라 정보공개서의 표준양식을 정하여 가맹본부 또는 가맹본부로 구성된 사업자단체에게 그 사용을 권장할 수 있다. 아울러 「가맹사업거래 정보공개서 표준양식에 관한 고시」 제4조 제2항에 따라 정보공개서는 시행령 제4조 제1항의 정보공개사항을 임의로 삭제하여서는 안 된다. 그러므로 가맹본부는 정보공개서 작성 시 자신의 가맹사업의 내용에 맞게 표준양식을 일부 수정하여 사용할 수는 있으나, 구체적인 상품·용역명·가격 등 정보를 기재하지 않고, "가맹본부 제공 상품 일체(홈페이지 및 POS 참고)"와 같이 작성하는 것은 정보공개서를 가맹희망자나 가맹점사업자의 입장에서 읽기 쉽도록 명확하면서도 구체적으로 작성하도록 규정한 작성원칙에 배치될 수 있으므로 유의해야 한다.

[Q 6] 외국에 정보공개서를 제출하려고 하는데 공정거래위원회의 직인이 날인된 정보공개서를 받거나 정부기관에서 발급된 서류임을 확인해 주는 절차가 있나?

[A 6] 가맹사업법 제6조의2 제1항에 따라 가맹본부는 가맹희망자에게 제공할 정보공개서를 공정거래위원회 또는 시·도지사에게 등록하여야 하며, 법 제6조의3 제2항은 공정거래위원회 및 시·도지사가 정보공개서의 등록을 하였을 때에는 가맹본부에게 등록증을 내주도록 규정하고 있다.

한편 법 제39조 제2항 및 시행령 제36조 제1항에 따라 공정거래위원회는 정보공개서의 등록, 등록거부 및 공개 등에 관한 업무를 공정거래조정원에 위탁하고 있다. 먼저 정보공개서는 가맹본부의 신청 자료에 대해 공정거래위원회(조정원 위탁 수행) 또는 시·도지사가 그 내용을 인증해 주는 사항이 아니다. 다만 가맹본부가 정보공개서를 등록하였다면 조정원 등 등록기관이 등록 관련 공문과 등록증을 발송하였을 것이므로, 등록기관에 해당 문서의 사본을 요청할 수 있다. 해당 문서의 요청과 관련하여서는 등록증을 교부한 등록기관에 문의하여야 한다.

[Q 7] 현재 A가맹본부가 가맹사업을 영위 중인데, A가맹본부의 前대표가 퇴사하면서 개인이 등록하여 소유하고 있던 상표권을 B가맹본부로 넘겨, B가맹본부 측에서 자신과 계약할 것을 요구하고 있는데 어떻게 대처하여야 하나?

[A 7] 상표권은 가맹사업 영위에 중요한 항목으로서 가맹본부는 상표권 출원, 등록 및 변경사항 등에 대해 정보공개서에 명확히 기재하여야 한다. 다만 상표권 등록주체를 법인으로 한정하는 등 상표권 등록과 관련하여 직접적인 규제사항은 없으며, 정보공개 내용 중 [Ⅰ. 가맹본부의 일반 현황 → 9. 사용을 허용하는 지식재산권]에 상표권 명칭, 권리내용, 등록 및 등록신청 여부, 소유자 등 관련 항목을 기재하여야 한다.

현재 문제가 되고 있는 상표권의 경우 A가맹본부와 B가맹본부 간에 상표권, 등록/취소·무효 진행 확인 중이며, 이는 상표출원이 관청에 등록되었으나, 현재 등록원부에서 제거될 수 있는 심판 또는 소송이 진행 중인 상태를 의미한다. 따라서 상표권(등록번호: 00-0000000-000) 등록/취소 심사기관인 특허청의 심사결과에 따라 향후 A가맹본부와 B가맹본부는 정보공개서 지식재산권 내용을 정확히 변경등록하여야 한다.

공정거래위원회 소관 업무인 '정보공개서 등록, 변경등록 및 취소'는 지식재산권의 등록 및 사용 승인 여부를 결정할 수 있는 업무는 아니고 등록된 상표권 등에 대한 사항을 허위·과장 없이 정확하게 정보공개서에 기재하였는지 여부를 검토하고 있으며, 상표권에 대한 소송 등 진행여부에 따라 정보공개서 내용이 변경될 수 있다.

[Q 8] 정보공개서 기재방법은?

[A 8] ① "구입강제품목"은 가맹본부가 가맹사업의 통일성 유지를 위해 가맹점사업자에게 가맹본부 또는 가맹본부가 지정한 자와 거래할 것을 강제하는 품목을 의미한다. 그 외에 가맹점사업자가 가맹본부 등을 통한 거래 혹은 개인적으로 사입(별도 구입)의 선택이 가능한 품목은 구입권장품목에 해당한다. 이러한 구입강제품목과 구입권장품목을 모두 포괄하여 가맹본부 또는 가맹본부가 지정한 자와 가맹점사업자가 거래하는 모든 품목이 구입요구품목(필수품목)에

해당한다.

② "구입요구 품목 구입을 통한 가맹금 지급" 항목에서 평균 차액가맹금 지급금액의 산정에는 영업 중에 가맹본부에게 구매하는 원·부자재뿐만 아니라 거래되는 모든 품목을 포함한다. 다만 여기에는 영업개시 전 인테리어 시공 및 초도품목은 포함하지 아니한다.

그리고 차액가맹금 산정 대상이 되는 거래품목은 구입강제품목에 한정하는 것이 아니라 가맹본부가 공급하는 모든 품목이 대상이다. 구입권장품목이라 할지라도 가맹본부가 가맹점사업자에게 공급하는 과정에서 차액가맹금을 수령하였다면 이 역시 차액가맹금 산정에 포함해야 한다.

③ "주요 품목별 직전 사업연도 공급가격의 상·하한" 기재와 관련하여 대상품목은 가맹점사업자에게 공급하는 모든 품목(구입요구품목) 중 거래비중이 높은 상위 50% 품목이 대상이 된다. 다만 이 경우 인테리어 시설비용은 가맹점별 면적이 다르고, 가맹사업 개시 전의 부담부분에서 인테리어 비용을 기재하도록 하고 있으므로, 공급가격 상·하한 기재에서는 제외한다.

④ "특수관계인의 경제적 이익" 기재와 관련하여 가맹점을 개점하기 위해 설치하는 설비나 집기도 거래가 강제되고 특수관계인이 이를 통해 경제적 이익이 발생한다면 모두 기재해야 한다. 또한 경제적 이익의 내용은 해당 거래로 인해 발생하는 매출액 등을 기재하는 것으로 영업이익을 의미하는 것은 아니다.

[Q 9] A사업체가 영위하고 있는 미용학원사업은 가맹사업으로 볼 수 있는데, A가 정보공개서를 미등록하였으면 법 위반에 해당하나?

[A 9] 가맹사업법 제3조 제1항에 따른 적용배제 대상에 해당하지 아니하는 가맹본부가 정보공개서를 미등록한 경우에는 법 위반에 해당한다. 가맹사업법 제6조의2에 따라 가맹사업을 영위하는 사업자는 등록기관에 정보공개서를 등록하여야 하여야 한다. 특정 사업자가 영위하는 미용학원이 법 제2조 제1호에 따라 가맹사업의 성립요건을 모두 충족하는 경우 정보공개서 등록 및 제공 등 법상 가맹본부가 지켜야 할 사항들을 준수해야 한다. 그러나 만일 A가 적용배제 대상이 되는 경우 정보공개서 등록대상에서 제외될 수 있다. A가 정보공개서 제공의무 위반 시에는 법 제33조 및 제35조에 따라 시정조치 및 과징금 부과 처분을 받을 수 있다.

[Q 10] 정보공개서 기재방법 중 영업지역 설정과 상표권 계약에 대하여?

[A 10] ① 가맹본부가 가맹점사업자의 영업지역 설정에 있어서 1) '인구 00만 명당 1점포', '점포를 중심으로 반경 00km', '행정구역당 1점포' 등 다양한 기준으로 설정할 수 있고, 2) "가

맹본부가 정한 입지상권 규정에 따라 영업지역을 설정하여 지도상에 표기한다"라고도 기재할 수 있는데, 이 경우 가맹점사업자의 영업지역을 정하는 구체적인 기준을 확인할 수 있도록 가맹본부의 입지상권 규정을 본문 또는 별지에 기재할 필요가 있다. 3) 현행 가맹사업법 시행령 제4조 제1항 [별표 1]은 정보공개서에 영업지역 설정기준을 기재하도록 하고 있으며, 정보공개서양식고시는 영업지역 설정기준의 예시를 제시하는 한편, 구체적인 기준을 기재하도록 하고 있다.

② 가맹본부의 상표권 계약에 있어서 1) 상표권 계약서 사본을 제출하면 되고(상표권 소유자 관련 자료 포함), 2) 상표권계약서에는 상표권 이용 범위·기간 등 제반 내용이 포함되어야 할 것이다.

[Q 11] 가맹본부 대표 배우자 언니의 남편 A가 특수관계인에 해당하는지 및 특수관계인에 해당한다면 정보공개서상 기재해야 할 사항은 무엇인지?

[A 11] A는 특수관계인에 해당하고, 시행령 상의 일정한 사항을 정보공개서에 기재하여야 한다. 가맹사업법 시행령 [별표 1] 제2호 나목에 규정하고 있는 가맹본부의 특수관계인은 가맹본부를 사실상 지배하는 자의 친족(배우자, 6촌 이내 혈족, 4촌 이내 인척)이 포함된다. 가맹본부 대표는 가맹본부를 사실상 지배하는 자이기 때문에 가맹본부 대표 배우자 언니의 남편은 대표의 인척 2촌으로 특수관계인에 해당한다. 한편 정보공개서상 특수관계인과 관련된 기재사항[18]은 아래 각주 해당 항목을 기재하여야 한다.

---

18) ① 가맹본부 및 가맹본부의 특수관계인 중 정보공개서일 현재 최근 3년 동안 가맹사업을 경영한 적이 있거나 경영하고 있는 특수관계인의 명칭, 상호, 영업표지, 주된 사무소의 소재지, 대표자의 이름, 대표전화번호(시행령 [별표 1] 제2호 나목), ② 가맹본부가 외국기업인 경우에는 가맹본부 및 가맹본부의 특수관계인 중 정보공개일 현재 최근 3년 동안 국내에서 가맹사업을 경영한 적이 있거나 경영하고 있는 특수관계인의 명칭, 상호, 영업표지, 국내의 주된 사무소의 소재지, 대표자의 이름, 대표전화번호, 국내에서 영업을 허락받은 기간(가맹본부가 다른 사업자에게 국내에서 가맹사업운영권을 부여한 경우에만 기재한다)(시행령 [별표 1] 제2호 다목), ③ 가맹본부 및 가맹본부의 특수관계인이 정보공개일 현재 최근 3년 동안 가맹사업을 경영하였거나 경영하고 있는 경우 그러한 사실(시행령 [별표 1] 제2호 자목), ④ 해당 가맹사업 외에 가맹본부 및 가맹본부의 특수관계인이 경영하는 가맹사업의 업종, 영업표지 및 사업 시작일과 정보공개 바로 전 3개 사업연도 말 현재 영업 중인 가맹점 및 직영점의 총수(시행령 [별표 1] 제3호 바목), ⑤ 가맹본부가 가맹점사업자에게 가맹본부 또는 가맹본부가 지정한 자로부터 구입하도록 강제한 것과 관련하여 가맹본부의 특수관계인이 경제적 이익을 취하고 있는 경우 해당 특수관계인의 명칭, 가맹본부와 특수관계인 간 관계의 내용, 경제적 이익의 대상이 되는 상품 또는 용역의 명칭, 그 직전 사업연도에 해당 특수관계인에게 귀속된 경제적 이익의 내용(시행령 [별표 1] 제6호 가목 2)), ⑥ 가맹본부가 가맹점사업자에게 가맹본부의 특수관계인과 거래(특수관계인의 상품 또는 용역이 가맹점사업자에게 직접 공급되거나 제3의 업체를 매개로 공급되는 경우를 포함한다)할 것을 강제한 품목과 관련

3. 정보공개서의 공개와 정정 또는 비공개

가. 정보공개서 비공개 요구 절차

등록기관은 가맹본부가 등록·변경등록하거나 신고한 정보공개서를 개인정보법상 개인정보와 부정경쟁방지법상 영업비밀을 제외하고 공개하여야 한다.[19] 등록기관은 가맹본부의 정보공개서를 공개하는 경우 ① 공개 목적과 공개 기간, ② 공개 내용, ③ 공개 방법, ④ 가맹본부의 정정 또는 비공개 요구 방법을 적은 서면을 공개일 10일 전까지 가맹본부에 이를 미리 알려야 한다(법 시행령 제5조의4 제2항).

가맹본부는 등록기관으로부터 정보공개서 공개통지를 받은 경우 공개하는 내용 중 사실과 다른 내용이 있거나 개인정보 또는 영업비밀이 침해되는 내용이 있으면 통지를 받은 날부터 7일 이내에 그 사실을 증명하는 서류를 첨부한 서면으로 등록기관에게 정정 또는 비공개를 요구할 수 있으며, 등록기관은 정당성이 인정되면 공개 내용을 변경하거나 비공개할 수 있다(법 시행령 제5조의4 제3항).

나. 정보공개서 공개 관련 Q&A

[Q 1] 공정거래위원회 가맹사업거래홈페이지에서 정보공개서 열람 시 요약본만 검색되는 것과, 기존 가맹점사업자에게도 제공하도록 하는 것이 적법한가?

[A 1] 공개과정 등에 있는 경우 요약본만 제공될 수 있으며, 기존 가맹점사업자에게는 정보공개서 제공의무가 없다. 가맹사업법 제6조의2 제3항은 공정거래위원회 및 시·도지사로 하여금 등록·변경등록하거나 신고한 정보공개서를 공개하도록 하고 있다. 다만 이 경우 개인정보와 영업비밀을 제외하여야 하며, 해당 가맹본부에 공개하는 내용과 방법을 미리 통지하여야 하고, 사실과 다른 내용을 정정할 수 있는 기회를 주어야 한다.

정보공개서 열람 시 간단한 요약본만 공개된다고 한 부분은 정보공개서 요약내용 아래에 위치한 '정보공개서 보기'를 클릭하지 않았거나, 정보공개서를 공개하기에 앞서 개인정보와 영업비밀을 제외한 공개본에 대해 가맹본부에게 사전고지 및 정정기회를 제공하는 과정에 있어

하여 특수관계인이 직전 사업연도에 납품업체, 용역업체 등으로부터 경제적 이익을 얻는 경우 해당 납품업체, 용역업체 등의 명칭, 그 경제적 이익의 내용(시행령 [별표 1] 제6호 가목 4)).

19) 등록기관은 가맹본부의 정보공개서를 [공정거래위원회 가맹사업거래홈페이지]에서 공개하고 있으며, 정보공개서는 누구나 열람이 가능하다.

공개가 이루어지지 않는 경우에 해당한다(가맹본부에게 고지·정정기회 부여 후 공개). 현재 가맹사업정보제공시스템에서 정보공개서를 상시 공개하고 있고, 열람이 가능한 만큼 가맹본부로 하여금 기존 가맹점사업자에게 정보공개서 제공을 의무화하는 것은 곤란할 것으로 판단된다.

[Q 2] 공정거래위원회 가맹사업거래 홈페이지의 정보공개서 공개에 나와 있는 특정 가맹본부의 가맹점사업자 평균매출액 자료는 비공개 자료인가?

[A 2] 평균매출액 자료는 공개 자료로 보아야 한다. 가맹사업법 제6조의2 제1항 및 제2항에 따라 가맹사업을 운영하는 가맹본부는 정보공개서를 등록·변경등록을 하여야 한다. 또한 같은 조 제3항에 따라 개인정보보호법 제2조 제1호에 따른 '개인정보'와 부정경쟁방지법 제2조 제2호에 따른 '영업비밀'을 제외한 정보를 공개하여야 한다.

직전년도 가맹점사업자 평균매출액과 면적당 평균매출액은 공개가 가능한 정보이며, 가맹사업법 제6조의2 제4항에 따라 가맹본부에 정보공개서 공개 내용을 미리 통지하고 사실과 다른 내용을 정정할 수 있는 기회를 부여한 후 최종적으로 가맹사업거래 홈페이지에 정보공개서 공개본이 등록된다.

4. 가맹계약서의 작성

가. 가맹계약서의 의미

가맹계약서란 가맹계약의 당사자인 가맹본부와 가맹점사업자 사이의 계약의 내용이 포함된 문서를 말한다. 즉 "가맹계약서"라 함은 가맹사업의 구체적 내용과 조건 등에 있어 가맹본부 또는 가맹점사업자(이하 "가맹사업당사자"라 한다)의 권리와 의무에 관한 사항[20]을 기재한 문서를 말한다(법 제2조 제9호).

계약사항에는 특수한 거래조건이나 유의사항이 포함되는데, 가맹본부가 가맹점사업자의 영업방법 등에 관한 지시사항을 기재한 운영교범(operating manuals)과는 차이가 있다. 그러나 가맹계약에서 해당 운영교범의 구체적 조항이 계약사항으로 편입된다는 점을 명시한 경우에는 운영교범에 적시된 사항도 가맹계약의 내용으로서 구속력이 발생한다.[21]

20) 특수한 거래조건이나 유의사항이 있는 경우에는 이를 포함한다.

21) 최영홍, "온주 가맹사업거래의공정화에관한법률 제2조", 로앤비(2020. 12. 11), §46.

나. 가맹계약서의 필수적 기재사항

가맹사업에서 사용하는 가맹계약서는 가맹본부가 다수의 가맹희망자 또는 가맹점사업자와 계약체결을 위하여 미리 작성하기 때문에 약관[22]에 해당한다.[23] 가맹사업법은 가맹본부가 거래상 지위를 이용하여 불공정한 약관을 작성하지 못하도록 하고, 가맹사업에서의 불공정거래행위 요소를 사전에 방지하여 가맹점사업자와의 대등한 지위에서 거래하도록 하기 위하여 다음 사항을 반드시 가맹계약서에 포함하도록 규정하고 있다.

1) 가맹사업법의 필수기재 사항(법 제11조 제2항 각 호)

가맹계약서에는 ① 영업표지의 사용권 부여에 관한 사항, ② 가맹점사업자의 영업활동 조건에 관한 사항, ③ 가맹점사업자에 대한 교육·훈련, 경영지도에 관한 사항, ④ 가맹금 등의 지급에 관한 사항, ⑤ 영업지역의 설정에 관한 사항, ⑥ 계약기간에 관한 사항, ⑦ 영업의 양도에 관한 사항, ⑧ 계약해지의 사유에 관한 사항, ⑨ 가맹희망자 또는 가맹점사업자가 가맹계약을 체결한 날부터 2개월[24]까지의 기간 동안 예치가맹금을 예치기관에 예치하여야 한다는 사항,[25] ⑩ 가맹희망자가 정보공개서에 대하여 변호사 또는 가맹거래사의 자문을 받은 경우 이에 관한 사항, ⑪ 가맹본부 또는 가맹본부의 임원의 위법행위 또는 가맹사업의 명성이나 신용을 훼손하는 등 사회상규에 반하는 행위로 인하여 가맹점사업자에게 발생한 손해에 대한 배상의무에 관한 사항이 포함되어야 한다.

---

22) 약관규제법 제2조(정의) 이 법에서 사용하는 용어의 정의는 다음과 같다.
  1. “약관”이란 그 명칭이나 형태 또는 범위에 상관없이 계약의 한쪽 당사자가 여러 명의 상대방과 계약을 체결하기 위하여 일정한 형식으로 미리 마련한 계약의 내용을 말한다.
  2. “사업자”란 계약의 한쪽 당사자로서 상대 당사자에게 약관을 계약의 내용으로 할 것을 제안하는 자를 말한다.
  3. “고객”이란 계약의 한쪽 당사자로서 사업자로부터 약관을 계약의 내용으로 할 것을 제안받은 자를 말한다.

23) 따라서 약관규제법 및 작성자 불이익원칙(contra proferentem)이 적용되기 때문에, 가맹본부는 기본적 사항에 관하여 충분히 검토하고 이를 계약서 초안에 반영하여야 할 것이다(최영홍, “온주 가맹사업거래의공정화에관한법률 제11조”, 로앤비(2020. 12. 11), §1).

24) 가맹점사업자가 2개월 이전에 가맹사업을 개시하는 경우에는 가맹사업개시일이다.

25) 다만 가맹본부가 법 제15조의2에 따른 가맹점사업자피해보상보험계약 등을 체결한 경우에는 그에 관한 사항으로 한다.

2) 가맹사업당사자의 권리·의무에 관한 필수기재 사항(법 시행령 제12조 각 호)

가맹계약서에는 ① 가맹금 등 금전의 반환조건에 관한 사항, ② 가맹점사업자의 영업설비·집기 등의 설치와 유지·보수 및 그 비용의 부담에 관한 사항, ③ 가맹계약의 종료 및 해지에 따른 조치사항, ④ 가맹본부가 가맹계약의 갱신을 거절할 수 있는 정당한 사유에 관한 사항, ⑤ 가맹본부의 영업비밀에 관한 사항, ⑥ 가맹계약 위반으로 인한 손해배상에 관한 사항, ⑦ 가맹본부와 가맹점사업자 간의 분쟁해결 절차에 관한 사항, ⑧ 가맹본부가 다른 사업자에게 가맹사업을 양도하는 경우에는 종전 가맹점사업자와의 계약에 관한 사항, ⑨ 가맹본부의 지식재산권 유효기간 만료 시 조치에 관한 사항이 포함되어야 한다.

다. 가맹계약서의 작성 시 검토사항

1) 전반적인 검토사항

공정거래위원회는 가맹본부에게 건전한 가맹사업거래질서를 확립하고 불공정한 내용의 가맹계약이 통용되는 것을 방지하기 위하여 일정한 가맹사업거래에서 표준이 되는 가맹계약서의 작성 및 사용을 권장할 수 있다(법 제11조 제4항). 그러므로 가맹본부는 향후 불공정거래행위 요소를 차단하기 위하여 공정거래위원회에서 작성하여 권장하는 표준계약서를 그대로 사용하는 것이 바람직하나, 가맹본부에 따라서는 자신의 업종과 제공하는 상품 또는 용역에 맞도록 표준계약서의 일부 내용을 수정하거나 추가하여 사용하는 경우도 있다.

공정거래위원회에서 제정·보급한 「프랜차이즈(외식업)표준계약서」를 토대로 가맹본부가 가맹계약서 작성 시 수정하거나 추가할 사항에 대하여 살펴본다. 가맹계약서는 가맹사업당사자의 권리와 의무에 관한 사항을 기재한 문서이므로, 그 내용 전반에서 ① 가맹사업법령의 필수기재사항이 포함되었는지 여부, ② 민법·상법 등에서 규율하고 있는 사항과 배치되는 내용은 없는지 여부, ③ 계약서의 내용이 약관규제법 등에 위반하여 무효로 될 가능성은 없는지 여부, ④ 계약서의 내용으로 인하여 향후 당사자가 세금 등과 같은 금액을 더 부담해야 하는 사항이 없는지 여부 등에 대하여 꼼꼼히 검토해야 한다.[26)]

26) 박수영, "계약서 검토·작성 및 체결 방법"(제13기 가맹거래사 실무 교육자료, 2015), 2면 참조.

2) 용어의 정의 등 기본사항 부분

법령이나 계약서에는 일반적으로 "용어의 정의" 조항을 두고 있다. 이는 계약내용에서 자주 사용하는 용어나 개념에 대하여 계약서에 미리 그 뜻을 정하여 규정하는 것을 말한다. 정의 규정은 계약서 문안을 모두 완성한 후 개념을 정리하여 두면 편리하게 사용할 수 있다. 표준계약서상의 용어의 정의는 대부분 법상 정의와 동일하므로 그대로 사용하는 것이 타당하며, 업종의 특성에 따라 필요한 용어가 있는 경우 추가로 정의하여 작성하면 계약서가 간결해지는 장점이 있다.[27]

계약당사자의 지위에 대해 명확히 규정하여야 향후 분쟁이나 권리관계를 주장할 때 다툼의 소지를 줄일 수 있다. 표준계약서에는 가맹사업당사자 간에는 독립된 사업자라는 관계를 명확히 규정하고 있는 것은 가맹사업 정의와도 부합되며, 이에 기해 향후 민법상 사용자책임 등에서 면책이 가능하므로 반드시 준용해야 한다. 그 외에도 계약체결일자, 장소, 당사자의 주소, 계약의 목적, 주된 계약의 내용, 신의성실의 원칙 등을 명확하게 규정하여 작성하여야 한다,

3) 계약의 기간, 종료, 해제(해지), 갱신 부분

표준계약서는 계약기간, 계약의 갱신[28]과 거절, 종료, 해제, 해지에 대하여 법에서 규정하고 있는 내용을 대부분 포함하고 있다. 그러므로 계약서는 이 내용을 준용하여 작성하는 것이 타당하다. 만일 기타 업종 특성에 따라 수정하거나 추가할 사항이 있는 경우에는 당사자 간에 공정한 계약조건에 따라 균등한 권리와 의무를 부담하도록 작성하여야 향후 약관규제법에 따른 약관심사를 받더라도 유효한 결과를 도출할 수 있게 된다.

아울러 계약 해제조건과 약정 해제권의 발생 원인에 대하여는 계약종료 조항에 그 내용을 명시하고, 장래 발생 가능성에 따라 계약을 종료할 필요한 사유가 있는 경우 등에 대해 구체적으로 작성한다. 당사자 일방의 계약 위반 시 해제(지), 일정 기한의 도과에 따른 해제(지)의 경우에는 손해배상책임을 부담하는 해제(지) 조항으로, 당사자들 간

27) 박수영, 앞의 교육자료 2면 참조.

28) 계약갱신 조항은 계약기간에 관한 조항과 같은 위치에 규정할 수 있고, 계약만료일로부터 일정 기간 전에 어느 일방의 갱신거절의 의사표시가 없는 한 자동으로 현재의 계약기간과 같은 기간 동안 갱신되는 것으로 규정할 수도 있다(최영홍, "온주 가맹사업거래의공정화에관한법률 제11조", 로앤비(2020. 12. 11), §22).

의 합의에 의한 해제(지), 당사자 일방의 파산, 회생절차, 해산 등의 사유 발생에 따른 해제(지), 불가항력에 의해 계약의 목적을 달성하기 어려운 경우 손해배상책임을 면제하는 조항 등으로 작성한다.[29)]

4) 비밀유지, 경업금지, 불가항력의 손해배상, 위약금, 지연이자 부분

가맹본부는 가맹점사업자에 대한 영업비밀 유지, 경업금지 규정을 명확히 하여 자신의 상표권과 브랜드 이미지가 손상되는 일이 없도록 하여야 한다. 그러나 가맹점사업자의 권리가 지나치게 침해되는 경우에는 약관규제법상 무효약관이 되지 않도록 유의해야 한다.

당사자의 책임으로 돌릴 수 없는 불가항력에 따라 그 계약조건과 내용을 그대로 인정할 수 없는 경우를 대비하여 계약체결 시 미리 예시된 불가항력의 사유가 발생한 경우에 계약상의 면책조항을 둘 필요가 있다. 손해배상은 민법 제393조 제1항의 채무불이행과 같은 동조 제2항의 특별한 사정으로 인한 손해를 구분하여 작성한다.[30)]

가맹본부의 과다한 위약금 부과행위는 불공정거래행위로 법 위반에 해당한다. 이러한 법령 위반 문제를 줄이기 위해서는 미리 채무불이행이 있을 경우 서로 예정된 금액에 대해서만 손해배상을 청구하기로 계약서에 약정할 필요가 있다. 다만 실제 손해액이 위약금을 초과할 경우에 "당사자는 약정된 위약금보다 손해액이 초과하는 경우 그 초과액을 입증하여 상대방에게 청구할 수 있다"라는 문구를 삽입할 필요가 있다. 일체의 금전지급의무를 지체하는 경우에 미지급액에 대하여 지연이자 조항을 마련할 필요가 있다. 한편 손해배상액을 특정하여 공급계약 등에 대한 금전지급의무를 지체하는 경우에는 지체상금으로 규정[31)]할 필요가 있다.[32)]

5) 일부무효, 계약임의변경금지, 부속협약서 편입 부분

계약의 일부조항이 중재 또는 법원판결에 의해 실효가 되었더라도 기타 조항의 계속적인 유효성은 유지된다는 법리에 따라, 계약 조항 중 일부가 무효가 되어도 다른 조항은 그대로 유효하다는 조항을 둘 필요가 있다. 이는 민법 제137조에 따라 "법률행위

29) 박수영, 앞의 교육자료 4면 참조.
30) 박수영, 앞의 교육자료 3면 참조.
31) 예컨대 보통 1일당 계약금액의 1/1,000~2/1,000 내 등의 형식으로 기재한다.
32) 박수영, 앞의 교육자료 4면 참조.

의 일부분이 무효인 때에는 그 전부를 무효로 한다. 그러나 그 무효부분이 없더라도 법률행위를 하였을 것이라고 인정될 때에는 나머지 부분은 무효가 되지 아니 한다"고 규정하고 있기 때문이다.

통상 계약서 내용과 다르게 이행되더라도 당사자 간의 계약내용은 변경되지 않고, 어느 계약조건의 이행 청구를 하지 않더라도 이로 인하여 그 후의 동 조항 또는 조건의 이행청구권의 포기로 간주하여 이를 박탈할 수 없다는 조항과, 계약서 내용의 수정, 변경에 관하여는 그 방법과 절차를 미리 약정해 둘 필요가 있다.[33]

부속합의서는 명칭과 상관없이 당사자 간의 계약서로서 당사자 상호 간에 법적 구속력이 있으므로, 이를 명확하게 하기 위하여 부속합의서가 기본계약에 편입된다는 점을 명시하고 양자 간 우선순위를 정하는 조항을 마련할 필요가 있다. 기본계약서에는 당사자 간의 기본적인 법률관계를 설정한 후 부속합의서를 통해 세부적인 사항을 규정할 수 있기 때문이다.[34]

라. 가맹계약서 작성 관련 Q&A

[Q 1] 가맹본부가 가맹계약서에 "로열티 미납 시 계약서 위반이므로 시정명령 2회 이후 물류가 중단되어 POS 접근이 차단된다"는 조항을 두는 것이 적법한가?

[A 1] 가맹계약서에 먼저 계약위반 사항을 명시하고, 이를 위반하는 경우 제한 사항을 미리 규정하는 것은 적법하다. 가맹사업법 제12조 제1항 제1호는 가맹본부가 정보공개서 또는 가맹계약서에서 제공하기로 되어 있는 경영 및 영업활동에 관한 지원 등을 중단 또는 거절하거나 그 지원하는 물량 또는 내용을 현저히 제한하는 행위를 거래거절행위로 규정하고 있다.

다만 법 시행령 [별표 2]에 따라 가맹점사업자의 계약위반 등 귀책사유로 인해 가맹사업거래 관계를 지속하기 어려운 경우에는 부당한 거래거절행위에 해당하지 아니한다. 로열티 미납 등은 계약위반에 해당하여 가맹본부가 계약내용에 따라 시정요구를 하였음에도 정당한 사유 없이 이에 응하지 아니한 경우라면 가맹점사업자의 귀책사유가 인정될 수 있다.

[Q 2] 가맹점사업자가 가맹점을 영위하다가 해당 점을 양도한 후 근처에서 동일한 가맹점을 운영하게 될 경우 해당 지역이 기존 영업지역이 아니라면 가맹점 운영이 가능한가?

---

33) 박수영, 앞의 교육자료 5면 참조.
34) 박수영, 앞의 교육자료 5면 참조.

[A 2] 기존 가맹계약서에 계약종료 이후 경업금지 조항 포함 유무에 따라 달라질 수 있으며, 통상 영업지역이 아니라면 가능하다고 볼 수 있다. 가맹사업법 제6조 제10호는 가맹점사업자가 가맹계약기간 중 가맹본부와 동일한 업종을 영위하는 행위를 금지하고 있으나, 가맹계약이 종료된 이후에 동일한 업종을 영위할 수 있는가에 관해서는 따로 규정하고 있지 아니하다.

다만 일반적으로 가맹사업은 그 특성상 가맹계약이 종료된 이후에도 가맹본부만이 가지고 있는 영업 노하우나 영업비밀 등을 보호할 필요성이 인정되기 때문에, 가맹본부는 이를 위해 가맹계약서에 가맹계약 종료 후 일정기간 동안 가맹점사업자에 대하여 경업금지 조항을 두고 있는 경우가 많으므로, 기존 가맹본부와 체결한 계약내용에 계약 종료 이후 경업금지 조항이 포함되어 있는지 살펴보고, 그 계약서 내용대로 보아야 할 것이다.

[Q 3] 가맹사업거래에서 ① 가맹계약의 재계약에 관한 사항, ② 가맹본부가 공급하는 원재료 가격의 과도한 상승에 대한 제한 여부, ③ 차액가맹금 및 로열티의 처리 방법은?

[A 3] ① 가맹사업법 제13조에 따른 가맹점사업자의 계약갱신요구권은 최초 가맹계약 기간을 포함한 전체 가맹계약 기간이 10년을 초과하지 아니하는 범위에서 행사할 수 있다. 따라서 10년의 범위에서 동일내용 계약의 자동갱신이 가능하다. 다만 가맹본부와 가맹점사업자 간의 합의가 있다면 합리적인 범위에서의 계약조항 변경도 가능하다. 또한 법 제12조 제1항 제3호 및 시행령 제13조 제1항은 가맹점사업자가 이행하기 곤란하거나 가맹점사업자에게 불리한 계약조항을 설정 또는 변경하거나 계약갱신 과정에서 종전의 거래조건 또는 다른 가맹점사업자의 거래조건보다 뚜렷하게 불리한 조건으로 계약조건을 설정 또는 변경하는 행위를 금지하고 있다. 따라서 가맹본부가 가맹계약 갱신 시 부당한 계약조항을 설정 또는 변경할 경우 위법의 소지가 있을 수 있다.

② 가맹사업법은 가맹본부가 공급하는 원재료 가격의 상한선을 직접 규율하는 조항은 없다. 다만 가맹본부가 원가상승 요인이 없음에도 불구하고 계약기간 중 부당하게 식재료 공급가격을 계속 인상하여 가맹점사업자에게 경제적 불이익을 준다면, 구체적인 사실관계에 따라 거래상 지위남용 유형의 불공정거래행위에 해당할 소지가 있을 수 있다.

③ 공정거래위원회는 2018년 4월 법 시행령을 개정하여 가맹본부가 가맹점사업자에게 공급하는 주요 품목에 대하여 공급가격의 상·하한을 정보공개서에 기재하도록 하여 가맹본부의 차액가맹금과 관련한 정보공개서 기재사항을 확대하여 규율하고 있다. 다만 구체적인 주요 품목의 범위는 고시 개정을 통해 확정할 사항으로, 가맹본부가 가맹점사업자에게 필수품목을 공

급하는 과정에서 차액가맹금을 불투명하게 징수하는 관행에 대한 대안으로 가맹본부가 가맹점사업자의 매출액의 일정비율을 로열티로 징수하는 방식으로 전환할 수 있으나, 이를 법으로 강제하는 것은 사적자치에 대한 과도한 침해 소지가 있으므로 가맹사업당사자가 자율적으로 협의할 사항이라고 본다.

[Q 4] 가맹사업당사자가 가맹계약서를 전자문서로 작성·보관이 가능한가?

[A 4] 원칙적으로 가능하다. 가맹사업법은 가맹계약서 체결 전 정보공개서 제공의무 및 가맹계약서에 포함되어야 하는 사항 등을 규정하고 있으나 그 형태를 제한하고 있지는 않다.
한편 전자서명법 제3조(전자서명의 효력) 제1항은 "다른 법령에서 문서 또는 서면에 서명, 서명날인 또는 기명날인을 요하는 경우 전자문서에 공인전자서명이 있는 때에는 이를 충족한 것으로 본다"고 규정하고 있다. 따라서 가맹사업당사자는 가맹계약서 작성과 보관을 전자문서 형태로 할 수 있으며, 이 경우 양측의 공인전자서명이 요구된다.[35]

[Q 5] 가맹본부가 가맹점사업자의 계약이행을 담보하고자 보증보험계약의 체결, 질권 및 근저당설정 등 3가지 방법을 이용하고 있는데, 담보 설정에 드는 비용을 누가 부담하여야 하나?

[A 5] 일반적으로 계약서에서 정한 바에 따르는 것이 타당하다. 가맹사업법은 담보설정 비용을 부담하여야 하는 주체에 관하여 규율하고 있지 아니하다. 따라서 가맹사업 과정에서 발생하는 다른 비용과 마찬가지로 해당 비용은 가맹본부와 가맹점사업자 중 누구나 부담할 수 있는 것으로 판단된다. 다만 가맹점사업자로 하여금 이 비용을 부담하도록 할 경우에는 가맹본부는 계약 체결 전 가맹희망자에게 제공하는 정보공개서 및 가맹계약서 등을 통해 이러한 사실을 명확히 고지하여야 한다. 아울러 담보 설정비용을 부담하지 않던 기존 가맹점사업자에게 이를 새롭게 부담시키는 행위는 그 방법과 의도, 가맹점사업자가 입은 불이익, 비용 분담 비율 결정 과정의 합리성 등을 종합적으로 고려하여 부당성이 인정될 경우 법 제12조 제1항 제3호에 따른 법 위반에 해당할 수도 있다.

[Q 6] ① 가맹본부가 가맹점사업자에게 가맹계약 기간 내 국내 전 지역에서 동일 업종의 영업

---

35) 전자서명법 제2조(정의) 3. "공인전자서명"이라 함은 다음 각 목의 요건을 갖추고 공인인증서에 기초한 전자서명을 말한다.
가. 전자서명생성정보가 가입자에게 유일하게 속할 것
나. 서명 당시 가입자가 전자서명생성정보를 지배·관리하고 있을 것
다. 전자서명이 있은 후에 당해 전자서명에 대한 변경여부를 확인할 수 있을 것
라. 전자서명이 있은 후에 당해 전자문서의 변경여부를 확인할 수 있을 것

을 금지하는 계약내용 및 ② 계약기간 연장 및 해지의 효력은?

[A 6] ① 원칙적으로 동일 업종의 영업을 금지하는 계약내용은 유효하다. 가맹사업법은 가맹계약 기간 내 동일 업종 경업 금지 등에 대해 직접적으로 규율하고 있지 않으므로, 가맹사업당사자 간에 체결한 가맹계약서 또는 기타의 약정서에서 합의로 관련 내용을 정할 사항으로 보인다. 계약기간 내 경업금지에 관한 내용이 계약서에 명시되어 있으며 가맹점사업자가 이에 동의하고 서명함으로써 가맹계약을 체결하였다면 경업금지에 관하여 가맹본부와 가맹점사업자 간에 이와 같은 내용의 합의가 성립된 것으로 볼 수 있다. 따라서 특별히 다른 법 위반 소지가 있지 않은 이상 동 계약 조항에 따라 동일 업종 경업은 어려울 것으로 보인다.

② 가맹계약 기간 갱신 및 해지에 관하여 계약서에 명시된 바가 있을 경우 법 위반 소지가 없는 이상 그에 따라야 할 것으로 판단되며, 계약의 자동연장과 해지의 가능성에 대해서는 각각 계약내용별로 상이하여 일률적으로 판단하기가 곤란하다.

[Q 7] 甲이 치킨 프랜차이즈 가맹본부를 운영하는 乙과 가맹계약을 체결한 후 약 12년간 가맹점을 운영하고 있었는데, 乙이 甲에게 가맹본부의 중요한 영업방침인 조리 매뉴얼을 위반하였다고 시정요구를 하였으나 甲이 이에 불응한다는 등의 이유로 乙이 가맹계약 갱신을 거절한 경우, 甲은 乙을 상대로 손해배상을 청구할 수 있나?

[A 7] 乙의 거래상 지위남용을 이유로 손해배상을 청구할 수 있다. 우리나라 대법원도 최근 甲이 乙과 가맹계약을 체결한 지 10년이 경과하여 가맹사업거래의 공정화에 관한 법률상 계약갱신요구권 내지 가맹계약상 계약갱신요구권이 인정되지 않는 경우라고 하더라도, 乙의 가맹계약 갱신거절에는 신의칙에 반하여 허용될 수 없는 특별한 사정이 있다고 보이므로, 乙이 우월한 거래상 지위를 남용하여 부당하게 가맹계약 갱신을 거절함으로써 甲에게 불이익을 부과하였다고 보아 乙의 손해배상책임을 인정한 바 있다.[36)]

[Q 8] 가맹본부가 가맹점의 매출을 자동적으로 파악할 수 있는 시스템이 없어, 이를 해결하기 위해 가맹점사업자가 고의로 매출을 누락한 것을 확인할 수 있도록 최근 3년간 매출 자료를 보관하도록 하고, 로열티 누락이 확인되면 이를 사유로 지연배상금 24%의 수수료를 부과한

---

36) 이는 치킨 프랜차이즈 가맹본부가 '간장치킨 소스 도포를 붓 대신 스프레이를 사용했다'며 조리 매뉴얼에 대한 추가적인 설명을 하지도 않고 곧바로 한 자리에서 12년간 △△△치킨을 영업한 가맹점사업자가 그 시정요구에 불응했다는 이유로 가맹계약 갱신 거절 통지를 한 사건이다(대법원 2020. 7. 23. 선고 2019다289495 판결).

다는 사항을 미리 제공된 정보공개서나 가맹계약서상에 규정되어 있음에도, 가맹본부는 현행 규정과 달리 로열티 누락을 이유로 최근 3년간 매출 자료 이외에 그 이전 2년간의 매출액에 최근 3년간의 매출 월평균 누락액을 적용하려고 하는 행위는 가맹사업법 위반에 해당하나?

[A 8] 가맹본부가 가맹점사업자에 대하여 계약조건을 불리하게 변경한 경우에는 법 위반으로 볼 수 있다. 가맹본부가 정보공개서나 가맹계약서상의 최근 3년간 매출 자료 상 매출 누락액이 확인되면, 이에 대한 패널티(지연배상금)를 규정하고 있다고 하더라도 이전 기간 2년간의 매출액에 대해 최근 3년간의 매출 월평균 누락액을 적용하는 것은 가맹계약 기간 중에 로열티를 인상하는 것과 동일한 것으로 볼 수 있다. 이는 가맹사업법 제12조 제1항에 따른 가맹본부가 거래상 지위를 이용하여 가맹점사업자에게 불리한 계약조건을 변경하는 행위로 볼 수 있으므로, 법 위반에 해당할 소지가 높다.

[Q 9] 가맹본부의 오너리스크 배상책임과 관련한 가맹사업법 개정에 따라 기존 가맹계약서를 수정하여야 하나?

[A 9] 가맹사업법상 가맹계약서 필수기재사항이 변경된 경우이므로 수정하여야 한다. 가맹사업법 제11조 제2항 개정에 따라 2020년 1월 1일부터 가맹계약서에 "가맹본부 또는 임원의 위법행위 또는 가맹사업의 명성이나 신용 훼손 등으로 인하여 가맹점사업자에게 발생한 손해에 대한 배상의무"를 기재하여야 한다.

최근 가맹본부나 임원의 위법·부도덕한 행위로 인한 브랜드 이미지 실추나 매출 급감 등의 피해로부터 가맹점사업자를 보호할 필요성이 대두되었으며, 법 개정을 통해 임원의 위법행위 등에 대한 가맹본부의 손해배상책임을 명확히 한 것이다. 따라서 현재 가맹계약서에 규정되어 있는 일반적 배상책임과 더불어 아래와 같이 오너리스크 배상책임에 관한 내용은 가맹계약서 필수기재 사항에 해당하므로 별도 조항으로 추가하여 기재하여야 한다.

[개정내용 예시]

제○○조 가맹점사업자는 가맹본부 또는 그 소속 임원의 위법행위 또는 가맹사업의 명성이나 신용을 훼손하는 등 사회상규에 반하는 행위로 인해 손해가 발생한 경우 가맹본부에게 본 계약내용의 구제수단 외에 별도로 손해배상을 청구할 수 있다.

[Q 10] 가맹본부가 가맹점사업자로 하여금 원·부재료를 자신으로부터만 구입하도록 하는 계약 조항(자점매입 금지조항)은 가맹사업법 위반에 해당하나?

[A 10] 자점매입 금지조항에 대한 부당성이 인정되는 경우 위반으로 볼 수 있다. 가맹사업법 시행령 [별표 2] 2. 나목에서는 "부동산, 용역, 설비, 상품, 원·부재료의 구입, 판매 또는 임대차 등과 관련하여 부당하게 가맹점사업자에게 특정한 거래상대방과 거래할 것을 강제하는 행위"를 금지하고 있다. 따라서 자점매입 금지조항을 통해 원·부재료 등의 거래상대방을 구속하는 행위 자체가 법 위반이라고 볼 수는 없으나, 해당 가맹사업의 특성에 비추어 원·부재료 등의 구속이 필수적인지 여부 등 제반 사정에 따라 부당성이 인정되는 경우 법 위반으로 볼 수 있을 것이다.

[Q 11] 가맹본부가 가맹계약을 해지한 후 반품 요청을 받아주지 않아 재고처리에 어려움을 겪고 있는데, 이러한 행위는 유효한가?

[A 11] 계약 내용에 따라 다르다. 가맹사업법은 가맹계약 해지 시 가맹점사업자의 물건 반품 등에 대해 직접적으로 규율하지 않고 있다. 이는 가맹사업당사자가 체결한 가맹계약서 또는 기타의 약정서에서 정한 대로 관련 내용을 해결하여야 한다. 만약 계약해지 시 반품은 수용하지 않는다는 내용이 가맹계약서에 명시되어 있으며, 가맹점사업자가 이에 동의하고 서명하여 가맹계약을 체결하였다면 반품에 관하여 가맹본부와 가맹점사업자 간에 이와 같은 내용의 합의가 성립된 것으로 볼 수 있다. 따라서 특별히 다른 법 위반 소지가 있지 않은 이상 동 계약조항에 따라 반품이 제한될 수 있을 것으로 보인다.

다만 가맹본부가 출시하는 자사 신제품들을 가맹점사업자의 의견을 묻지 않고 공급하였거나, 가맹점사업자들에게 의무적으로 신제품을 발주하도록 하면서 그 반품을 일방적으로 거부하였을 경우에는 구입강제나 판매목표 강제, 불이익제공 등의 법 제12조 제1항의 거래상 지위 남용의 불공정거래행위에 해당할 가능성이 있다.

가맹본부의 이러한 일련의 행위가 거래상 지위 남용으로서 불공정거래행위에 해당하는지 여부를 판단하기 위해서는 신제품 의무 발주의 필요성 및 그 배경, 의무적으로 요구되는 최소한의 발주 규모 및 실제 월 판매량과 재고량, 반품 거부의 구체적인 경위 가맹계약서상 반품 관련 규정의 내용 등 구체적 사실관계를 종합적으로 살펴보고 판단할 사안이다.

[Q 12] 가맹본부가 일괄 공급하여 구입한 무인포스기기의 하자보수 비용은 누가 부담하나?

[A 12] 계약 내용에 따라 다르다. 가맹사업법은 가맹본부로부터 구입한 기기 하자보수 비용에 관해 규율하고 있지 아니하다. 다만 가맹본부로부터 계약 체결 시 제공받은 정보공개서 또는

가맹계약서에 하자보수 비용에 대하여 명시되어 있다면, 이에 따라 비용을 부담해야 함이 합리적이다.

한편 가맹본부로부터 가맹사업의 통일적 이미지 등 확보와 관련 없는 설비 등을 구입 강제하고, 하자 보수비용 등을 가맹점사업자에게 새롭게 부담시키는 행위가 가맹계약서 및 정보공개서 기재사항, 가맹본부와 가맹점사업자 간 비용부담의 적정성, 해당 업종에서의 거래관행 등을 종합적으로 고려하여 부당성이 인정될 경우에는 법 제12조 제1항 제3호 위반으로 불공정거래행위에 해당할 소지도 있을 수 있다.

5. 가맹사업의 운영과 매뉴얼 작성

가. 성공한 가맹본부의 좋은 매뉴얼

매뉴얼은 특정 업무를 수행하는 사람들에게 도움을 제공하기 위한 업무 지침을 구체적이고 명확히 정리한 소통 문서이다. 보통은 특정 업무의 현업 전문가가 작성하지만, 소기업에서는 제품사용설명서와 같은 매뉴얼은 프로그래머, 제품 및 프로젝트 관리자, 기타 기술직원이 작성하는 경우도 있다.

가맹본부의 좋은 매뉴얼은 해당 업무를 가장 잘 아는 사람이 그 업무에 대한 지침을 문서로 자세히 작성하여 가맹점 직원들에게 전달하였을 때, 그 직원들이 오류 없이 업무를 수행하여 통일된 결과값이 나오도록 작성·교육·사용하는 매뉴얼 활용 3박자 방식대로 영업을 한 결과, 가맹점의 고객이 재방문하는 비율이 높아져 매출액 증대로 인해 가맹본부와 가맹점사업자의 사업을 성공적으로 운영하도록 하는 지침서이다.

가맹사업은 가맹본부가 작성한 사업경영방침과 가맹점 운영방침이 가맹점사업자에게 잘 전달되어 모든 가맹점이 가맹본부에서 원하는 만큼의 통일된 품질관리를 한 제품을 고객에게 판매하고 서비스를 친절하게 할 때 성공할 확률이 높아지기 때문에, 가맹본부의 좋은 매뉴얼 작성이 반드시 필요한 유통산업에 해당한다고 볼 수 있다.

가맹본부가 영업비밀이라 할 수 있는 매뉴얼을 작성할 때는 내부의 각 분야 전문가를 정하여 내부회의를 통해 협의하여 안을 마련한 후, 이를 자동차 회사가 신차를 만들어 도로주행을 하면서 점검하듯이 여러 대상자들에게 시험하여 검토와 수정절차를 거친 후 최종 내부회의에서 매뉴얼(안)을 선정하여 최고결재권자가 결정하여야 한다.

이러한 과정을 통해 작성된 매뉴얼은 각 분야의 전문가들이 참여하여 자신의 경험을 바탕으로 단점을 제거하고 장점을 살려서 업무를 표준화하고 체계화함으로써 사용자들이 바로 적용하여 편하게 이용할 수 있도록 한 것이므로 업무의 질과 속도를 개선하여 전체적인 생산성 향상을 통한 경영의 효율성을 높여주는 효과를 얻을 수 있게 한다.

가맹사업은 가맹점이 몇 개 되지 않을 때는 가맹본부가 구두 방식으로도 가맹점을 통제할 수도 있다. 그러나 가맹점이 일정 수 이상으로 많아진 경우에는 가맹본부가 표준화된 매뉴얼을 만들지 않으면 각 가맹점마다 자기방식대로 제품을 만들어서 판매하는 통제 불능의 문제가 발생하게 된다. 이러한 경우 가맹본부의 브랜드 이미지는 점점 떨어져서 고객의 재방문율이 서서히 낮아지게 되고 동시에 매출액도 감소하게 된다.

즉 가맹사업에서 표준화된 좋은 매뉴얼은 가맹본부의 사업을 성공으로 이끌어 주는 필수 요건이라는 것을 입증하고 있으며, 실제 중견기업 수준의 가맹본부는 대부분 이러한 매뉴얼을 계속 업그레이드 하면서 관리하고 있다. 그러므로 가맹본부는 창업과 동시에 표준화된 좋은 매뉴얼을 작성하는 것에 우선순위를 두어야 한다.

나. 가맹점 운영에 필요한 매뉴얼

1) 작성 방법

매뉴얼은 가맹본부가 실제로 사업을 운영하면서 영업에 필요한 사항을 기록한 기업이 가지고 있는 영업비밀에 해당하는 내용을 집약하여 만든 문서이다. 그러므로 영업기간이 길수록 특화된 영업비밀이 많아지기 때문에 매뉴얼의 내용이 늘어나게 되며, 시장상황이 바뀌면 고객이 원하는 특성을 반영하여 항상 수정·보완하여야 한다.

좋은 매뉴얼은 가맹점을 모집할 때에도 많은 도움이 될 수 있다. 왜냐하면 가맹희망자가 가맹본부를 선택하기 전에 가맹점 운영 매뉴얼 등을 처음 보고, 가맹본부의 영업능력을 검증하는 과정에서 '이 가맹본부는 모든 영업시스템이 매뉴얼로 자세히 규정되어 있어 실제 창업을 하더라도 큰 어려움 없이 영업을 할 수 있겠다'는 신뢰감을 가질 수 있게 함으로써 계약체결 여부를 결정하는 데 도움을 받을 수 있기 때문이다.

그러므로 가맹점사업자가 이용할 매뉴얼은 처음 보는 초보자도 쉽게 읽고 보고 이해할 수 있도록 그림, 일러스트를 가능한 많이 사용하여 작성하고, 새로운 메뉴를 시현하는 것은 영상으로 작성하는 것이 효과적일 수 있다. 또한 매뉴얼 목차는 가능한 영업

순서대로 하여 업무를 자연스럽게 익힐 수 있도록 해당 분야의 전문가의 도움을 받아서 구성하고, 해당 업종의 전문용어에 대해서는 각주 등을 통해서 자세히 설명하거나 반대로 쉬운 말로 작성하고 전문용어를 표기하는 방법으로 작성하여 초보자도 시간이 갈수록 해당 분야의 전문가가 되도록 안내서의 역할을 할 수 있도록 해야 한다.

2) 가맹본부 기본 매뉴얼 예시

매뉴얼은 그 기업만의 고유한 영업비밀에 해당할 수 있기 때문에 타사를 벤치마킹하는 것보다는 해당 업종에 적합한 내용으로 특화된 매뉴얼을 작성할 필요가 있다. 가맹본부가 작성하여야 할 가맹점 운영 매뉴얼의 예시로는 영업개시 전 체크 매뉴얼, 원·부재료 주문 매뉴얼, 영업개시 후 행동 매뉴얼, 고객에 대한 인사 및 주문 매뉴얼, 각 메뉴별 제품 제작 매뉴얼, 긴급 상황 발생 시 대응 매뉴얼, 직원 관리 매뉴얼, 일일 마감 및 청소 매뉴얼, 주별 및 월말 마감 매뉴얼 등 이외에도 해당 업종의 특성에 필요한 매뉴얼을 구체적으로 작성하고 추후 변경된 사항을 추록할 수 있도록 책자로 보급하여야 한다.

다. 가맹본부 경영에 필요한 매뉴얼

가맹본부는 가맹점사업자에 대한 관리, 경영·영업활동에 대한 지원, 교육·훈련 및 통제 등의 업무를 수행하여야 하므로 이에 대한 표준화된 내부 업무 소통 문서인 매뉴얼이 반드시 필요하다. 이외에도 모든 기업에서 업무수행지침을 만들어 활용하고 있는 것과 같이 다음과 같은 경영과 관련된 매뉴얼을 작성하여 활용하면 업무 효율성을 높일 수 있게 된다.

가맹본부의 경영과 관련된 매뉴얼 예시로는 경영관리 매뉴얼, 정보시스템 매뉴얼, 배송 시스템 매뉴얼, 계약관리 매뉴얼, 교육훈련 매뉴얼, 설비유지보수 매뉴얼, 사무관리 매뉴얼, 결산처리 매뉴얼, 가맹점 모집 전략 및 영업매뉴얼, 원·부자재 등 협력업체 선정 매뉴얼, 가맹본부 및 가맹점과 공동집행 마케팅 매뉴얼, 조직 및 인사관리 매뉴얼, 가맹점포 관리 매뉴얼, 슈퍼바이저의 업무지침 매뉴얼, 가맹점 인테리어 설치 매뉴얼, 포스관리 매뉴얼 등과 기업에서 별도 요구되는 매뉴얼을 작성할 필요가 있다.

라. 가맹본부의 매뉴얼 작성 원칙

매뉴얼을 작성할 때 가장 먼저 생각하여야 하는 것은 기업의 경영목표와 이념이 무엇인지 파악하고, 이를 실현하는 방법에 대하여 각각의 업무별 행동지침을 글과 그림과 영상 등으로 표현하여 사용자들이 쉽게 이해하고 행동하며 좋은 결과를 내야 한다는 원칙을 세워 다음과 같은 사항을 고려하여 작성하여야 한다.

1) 고객의 생각과 트렌드를 반영하라

기업의 경영목표는 실현하고자 하는 바람직한 상태나 달성하고자 하는 최종성과를 내는 것이다. 대부분의 기업은 제품을 생산하여 소비자에게 판매를 완료하여 매출액과 영업이익을 증대시킨 것을 최종 성과목표를 달성한 것으로 보고 있다. 즉 기업 목표달성의 마지막 단계의 대상은 제품을 구매하는 고객이다. 그러므로 매뉴얼은 고객의 생각과 트렌드를 잘 반영하여 작성하여야 한다. 매뉴얼이 내부직원들끼리는 소통이 잘 되는 반면, 고객은 내부직원의 행동이나 제품의 품질에 대한 호감을 얻지 못한다면 최종 성과목표를 달성하는 데 역효과로 작용하기 때문이다.

2) 업무수행 방법을 구체화하고 연속성을 살려라

기업은 연속성을 가지고 매년 성장을 한다는 목표를 달성시키기 위하여 업무를 추진하는 사람들의 집합소이다. 여러 사람들이 자신이 맡은 업무를 효율적으로 처리하도록 하는 방법은 말보다는 문서로 된 매뉴얼을 활용할 때 업무의 연속성을 살리고 정확성도 높아진다. 매뉴얼은 처음부터 업무순서대로 구체적이고 정확하게 작성하여 모든 사용자가 그대로 적용하였을 때 같은 결과가 나오도록 여러 차례 재검토하여 작성하고, 매뉴얼을 개정할 때는 이전 매뉴얼을 확인할 수 있도록 연혁을 유지하여야 한다.

3) 명확한 행동지침을 제시하라

가맹점의 직원은 오래 근무한 숙련된 사람도 있지만 아르바이트를 처음 시작하여 고객을 응대하거나 제품을 제조하는 데 필요한 역량이 부족한 사람이 매일 생기게 마련이다. 그들은 업무를 수행하는 과정에서 상황에 따라 발생하는 인지능력이 부족하기 때문에, 이에 대한 대처하는 방법도 옳을 수도 있고 반대로 할 수도 있다. 가맹본부는 이러한 문제를 사전에 대처하여야 하며, 그 해결방법은 가맹점 직원의 업무 매뉴얼을 구체적으로 명확하게 작성하여야 한다.

여러 가지 발생할 수 있는 상황을 예시하고, 그 때마다 우선적으로 해여야 할 행동지침을 구체적으로 제시하여야 무의식중에서도 매뉴얼에서 요구하는 행동을 하게 된다. 즉 화재가 발생하면 내부 소방용구로 초기 진압하고 119로 바로 신고하도록 매뉴얼을 작성하였다면, 가맹점 직원은 이러한 긴급 상황 발생 시 다른 생각 없이 매뉴얼에서 요구하는 행동을 하게 된다.

4) 메뉴 매뉴얼은 단가와 퀄리티를 고려하여 작성하라

메뉴에 대한 매뉴얼은 고려하여야 할 요소가 너무 많다. 비싼 재료들로 구성하면 퀄리티는 올라가지만 단가가 올라가고, 싼 재료들로 구성하면 반대 현상이 나타나기 때문이다. 앞의 1)에서도 강조했지만 이때에도 고객의 취향과 특성이 어떠한지 여러 가지 데이터를 분석하여 접점을 찾아야 한다. 이러한 접점은 과거 데이터를 활용하는 것이 도움이 되므로, 가맹본부는 매뉴얼을 작성할 때 항상 고객의 소비패턴에 대한 데이터의 수치를 이용하는 방식의 과학적인 경영을 하여야만 경쟁에서 이길 수 있다.

5) 가맹점 인테리어의 표준을 매뉴얼로 작성하라

가맹사업에서 가맹점의 인테리어는 고객의 소비를 유발하는 중요한 요소이다. 또한 인테리어의 설치는 가맹본부와 가맹점사업자 간의 이해관계가 복잡하게 얽혀 있어 이로 인한 법적 분쟁 발생 빈도도 높은 편이다. 이는 가맹본부가 가맹점 인테리어에 대한 표준 매뉴얼을 명확하게 작성하지 아니하고 해당 업무를 추진하고 있기 때문이다.

가맹본부는 이러한 문제를 해결하기 위하여 인테리어 전문가를 통해 시안을 확정한 후 거래상대방인 가맹점사업자와 시공업체의 의견을 반영하여 서로 양해할 수 있는 수준에서 단가와 자재를 선택하여 직접 시공비를 부담하는 가맹점사업자가 공감할 수 있는 가맹점 인테리어 표준 매뉴얼을 작성함으로써, 인테리어 설치와 관련 법적 분쟁이 발생하지 않도록 함으로써 가맹사업당사자 간의 신뢰를 구축하여야 한다.

6) 경영학 이론을 도입하여 작성하라

기업에서 매뉴얼을 작성하는 이유는 기업경영을 가장 효율적으로 하기 위하여 업무담당자들의 행동지침을 마련해 주는 것이다. 경영학 이론에는 많은 학자들이 기업을 성장시킬 수 있는 여러 가지 방법을 연구하여 제시하고 있으므로, 매뉴얼을 작성할 때 각 업무마다 필요한 경영학 이론을 도입한다면 합리적인 지침이 되어 업무를 개선하는

데 큰 도움이 될 것이다. 예컨대 조직관리 매뉴얼 작성 시 조직의 특성에 따라 업무범위를 정하거나 마케팅 매뉴얼 작성 시 목표시장 선택을 명확히 하는 등 여러 가지 경영학 이론을 도입한다면 기업의 업무를 최적화하는 데 많은 도움을 받을 수 있다.

6. 필수품목의 지정과 브랜드의 동일성 유지

가. 필수품목의 의미

가맹사업은 가맹점에서 가맹본부의 동일한 영업표지를 사용하고 전국 어디나 동일한 품질의 상품 또는 용역을 판매한다는 특성을 가지고 있다. 가맹본부는 이러한 동일성을 유지하기 위하여 가맹점사업자에게 공급하는 부동산·용역·설비·상품·원재료 또는 부재료의 구입·판매 또는 임대차 등과 관련하여 일부나 전부를 자신이나 자신이 지정한 특정한 거래상대방과 거래할 것을 강제하는 방식으로 거래한다. 이는 가맹사업법 제12조 제1항 제2호에 따른 구속조건부 거래에 해당하여 법 위반이 될 수 있다.

그러나 법 시행령 제13조 제1항 [별표 2]의 "불공정거래행위의 유형 또는 기준"에서는 가맹본부의 구속조건부 거래 중 거래상대방의 구속에 대하여 ① 가맹본부가 해당 품목에 대하여 가맹사업을 경영하는 데에 필수적이라고 객관적으로 인정되며, ② 특정한 거래상대방과 거래하지 아니하는 경우에 자신의 상표권을 보호하고 상품 또는 용역의 동일성을 유지하기 어렵다는 사실이 객관적으로 인정되고, ③ 미리 정보공개서를 통하여 가맹점사업자에게 해당 사실을 알리고 가맹점사업자와 가맹계약을 체결하여야 한다는 요건이 모두 충족되는 경우 예외로 인정하고 있는데, 이때에 예외로 인정된 것을 필수품목이라고 할 수 있다.

나. 필수품목 지정 이유

가맹본부가 필수품목을 지정하는 이유는 가맹사업을 경영하는 데에 필요할 뿐만 아니라 상품 또는 용역의 동일성을 유지하기 위한 것이다. 이는 크게 경영적인 측면, 영업적인 측면 및 가맹사업법 규제 측면으로 구분하여 설명할 수 있다.

경영적인 측면은 우리나라 대부분 가맹본부는 자신의 영업표지 사용과 경영 및 영업활동 등에 대한 지원을 받는 가맹점사업자로부터 정기적인 로열티 형태의 가맹금을 받지 아니하고, 제품을 제조하는 데 필요한 원·부자재를 공급하고 그 대가에 포함된 차액가맹금을 수령하는 방식으로 가맹사업을 영위하는 방식으로 경영하기 때문이다. 그리고 영업적인 측면은 가맹사업의 특성상 전국 어디서나 가맹본부의 영업표지를 사용하는 가맹점에서 판매하는 상품 또는 용역이 동일성을 유지하여야 고객으로부터 가맹본부의 브랜드에 대한 신뢰를 얻을 수 있게 되기 때문이다.

가맹사업법 규제 측면은 가맹본부는 가맹점사업자에게 부동산·용역·설비·상품·원재료 또는 부재료의 구입·판매 또는 임대차 등과 관련하여 부당하게 가맹점사업자에게 특정한 거래상대방(가맹본부 포함)과 거래할 것을 강제하는 행위를 하는 경우 구속조건부 거래행위의 법 위반에 해당하지만, 필수품목으로 지정하여 예외 사유에 해당되는 경우 구속조건부 거래에 따른 거래상대방을 구속하여 거래할 수 있기 때문이다.

다. 필수품목 지정 방법

가맹본부가 부동산·용역·설비·상품·원재료 또는 부재료를 필수품목으로 지정하려면 다음과 같은 요건을 모두 충족하면 된다.[37] 즉, ① 부동산·용역·설비·상품·원재료 또는 부재료가 자신의 가맹사업을 경영하는 데에 필수적이라고 객관적으로 인정되어야 한다. ② 가맹본부가 미리 지정한 특정한 거래상대방과 거래하지 아니하는 경우에는 상표권을 보호하고 상품 또는 용역의 동일성을 유지하기 어렵다는 사실이 객관적으로 인정되어야 한다. ③ 가맹본부는 정보공개서에 미리 ①의 필수품목과 ②의 특정한 거래상대방을 지정한 후 그 사실을 가맹점사업자에게 알리고 가맹점사업자와 계약을 체결하여야 한다.

라. 필수품목과 관련된 법적 분쟁과 판단 사례

가맹본부의 불공정거래행위 중에서 가맹본부가 가맹점사업자에게 필수품목이라는 이유로 구입을 강제하는 행위로 인한 법적 분쟁이 많이 발생하고 있다. 왜냐하면 가맹본부 입장에서는 필수품목을 특정한 거래상대방을 통해서 공급해야 자신의 매출액과 영업이익을 증대할 수 있는 반면, 가맹점사업자 입장에서는 시중에서 판매하는 유사한 원·부재료를 훨씬 비싼 가격으로 구입하여야만 하는 불만 때문이다. 이와 같은 법적 분쟁에 대한 공정거래위원회와 대법원의 법 위반 여부 판단 사례를 살펴보면 다음과

---

37) 법 시행령 [별표 2] 「불공정거래행위의 유형 또는 기준」 2. 나. 거래상대방의 구속.

같다.

1) 피자와 치킨을 판매하는 가맹본부는 정보공개서에 자신과 가맹사업을 하기 위한 조건으로 특정 사업자에게 튀김기, 오븐기, 냉장고, 그릇류, 주류를 구입하여 사용하도록 명시한 후, 실제로 52명의 가맹점사업자에게는 해당 물품 모두를 구입하도록 하였고, 18명의 가맹점사업자에게는 주류를 구입하도록 한 바 있다.

공정거래위원회는 가맹본부가 가맹점사업자에게 자신의 가맹사업과 관련이 없는 물품인 튀김기, 오븐기, 냉장고, 그릇류, 주류를 특정 사업자로부터 구입하도록 한 행위는 자신의 상표권을 보호하고 상품 또는 용역의 동일성을 유지하는 정도를 벗어나는 것이므로 거래상대방을 구속하는 불공정거래행위에 해당한다고 판단하고 시정명령을 하였다.[38)]

2) 커피를 판매하는 가맹본부 원고가 미리 정보공개서를 통하여 인테리어 시공 및 설비·기기·용품의 공급을 자신이 지정한 특정 사업자에게 맡기도록 한다는 사실을 가맹점사업자에게 알리고 가맹계약을 체결한 후 실제 인테리어 시공 및 설비·기기·용품의 공급을 자신이 지정한 특정 사업자와 거래를 하도록 한 바 있다.

대법원은 다음과 같은 이유로 원심판결[39)] 중 인테리어 시공 및 설비·기기·용품의 공급과 관련한 시정명령 및 과징금납부명령 취소 부분을 파기한다고 판시하였다.[40)]

① 인테리어 시공 강제성 인정 여부

원심은 인테리어 시공 중 기본공사 부분과 추가공사 부분을 구분한 후 추가공사 부분은 다른 업체를 선택할 권한이 언제부터 있었는지를 밝히는 등 각각 '특정한 거래상대방과 거래할 것을 강제하는 행위'에 해당하는지를 살펴보았어야 한다. 그런데도 원심은 이와 달리, 가맹희망자들이 가맹계약 체결단계에서 정보공개서를 통해 인테리어 시공을 원고 측에만 맡겨야 한다는 사정을 알고 있었고 다른 가맹본부와 비교하여 자신에게 가장 적합한 커피전문점을 선택하고 원고와 계약체결과정에서 자유롭게 이탈할 수 있었다는 점 등을 이유로 들면서, 기본공사와 추가공사도 구분하지 아니한 채 인테리어 시공 전체에 대하여 일률적으로 '특정한 거래상대방과 거래할 것을 강제하는 행

---

38) 공정거래위원회 2008. 5. 22. 의결(약) 제2008-229호 참조.
39) 서울고등법원 2015. 11. 9. 선고 2015누67712 판결.
40) 대법원 2018. 11. 9. 선고 2015두59686 판결.

위'에 해당하지 않는다고 판단하였다. 이러한 원심판결에는 거래상대방 제한행위의 강제성에 관한 법리를 오해하여 필요한 심리를 다하지 않은 잘못이 있다.

② 인테리어 시공 부당성 인정 여부

ⓐ 인테리어 시공은 점포 레이아웃(Lay-Out)의 통일적 이미지의 유지와 관련이 있기는 하나, 원고는 원고 또는 △△디자인만을 시공업체로 지정함으로써 가맹점사업자의 거래상대방 선택의 자유를 박탈하였다. ⓑ 원고 자신도 인테리어를 특정 사업자에게 일괄적으로 시공하도록 하는 조치가 법 위반이 될 수도 있음을 자각하고, 2012. 4.경 이후 인테리어 시공을 전부 선택품목으로 분류하였는데, 이러한 사정에 비추어 보면 그때까지도 원고가 주장하는 '빈티지 스타일' 인테리어를 구현할 업체가 없었다고 단정하기는 어렵다. 오히려 그때를 기준으로 어느 정도 기간 전에는 그러한 업체가 있었다고 보는 것이 상식에 맞다. 나아가 원고가 인테리어 시공 기준을 제시하고 가맹점사업자가 그 기준에 맞추어 다른 시공업체에게 시공을 맡긴다고 하더라도 그 용도나 기능에 지장이 있다고 보이지 않는다. 그런데도 원심은 이와 달리, 원고가 가맹사업 시작 당시인 2009년경 원고와 △△디자인 이외에는 이를 비슷하게 구현할 수 있는 업체가 없었다는 등의 이유를 들어 2008. 11. 17.부터 2012. 4. 3.까지 전체 기간 동안 있었던 인테리어 시공과 관련한 모든 행위의 부당성이 일률적으로 인정되지 않는다고 판단하였다. 이러한 원심판결에는 거래상대방 제한행위의 부당성 등에 관한 법리를 오해하여 필요한 심리를 다하지 않은 잘못이 있다.

③ 설비·기기·용품의 공급에 대한 거래상대방 구속행위 여부

원고가 가맹점사업자에게 설비·기기·용품 일체의 공급을 원고에게만 맡기도록 한 행위는, 다음과 같은 이유로 '부당하게 특정한 거래상대방과 거래할 것을 강제하는 행위'라고 볼 여지가 충분하다. ⓐ 원고가 가맹점사업자들에게 일괄 구매하도록 한 설비·기기·용품에는, 가맹사업에 필수적이지 않거나 거래가 강제되지 않더라도 가맹본부의 상표권 보호와 상품 등의 동일성 유지가 어렵지 않은 설비 등이 포함된 것으로 보인다. 그 경우 원고가 품질기준을 제시하고 가맹점사업자가 자유롭게 거래상대방을 정하여 구매한다고 하더라도, 특별한 사정이 없는 한 그 용도나 기능에 지장이 있다고 보기 어렵다. ⓑ 원고가 2012. 4. 이후 수정한 '견적/약정서'에 의하더라도, 거래상대방 선택이 가능한 품목이 전체의 65% 정도에 이른다. ⓒ 원고의 가맹사업은 가맹점사업자로부터 매출액의 일정 비율에 상당하는 돈을 로열티로 받는 구조임에도, 전체 매출액 중 설비·기기·용품의 공급 등으로 인한 비율이 상대적으로 높았다. (기타 이유 중략) 그런데도 원심은 이와 달리, 설비·기기·용품이 가맹점 개점 시기에 맞추어 적기에 공급될 필요성이 있다는 등의 이유를 들어 가맹사업에 필수적인 경우와 그렇지 않은 경우, 또는 특정한 거래상대방과 거래하지 않고서는 가맹본부의 상표권 보호와 상품 등의 동일성 유지가 어려운 경우와 그렇지 않은 경우의 구체적 범위를 확정하지 않은 채, 설비·기기·용품 전부에 대하여 '부당하게 가맹점사업자에게 특정한 거래상대방과 거래할 것을 강제하는 행위'에 해당하지 않는다고 판단하였다. 이러한 원심판결에는 거래상대방 제한 행위의 부당성 등에 관한 법리를 오해하여 필요한 심리를 다하지 않은 잘못이 있다.

7. 가맹금예치제도

가. 예치가맹금의 의의

가맹금이란 명칭이나 지급형태가 어떻든 간에 영업표지의 사용 등에 따라 가맹점사업자가 가맹본부에 대해 지급하는 대가를 말한다(법 제2조 제6호). "예치가맹금"이란 가맹사업법 제2조 제6호 가목 및 나목에 해당하는 대가로서 금전으로 지급하는 경우에 한하며, 가맹계약 체결 전에 가맹금을 지급한 경우에는 그 가맹금을 포함하는 개념이다(법 제6조의5 제1항).

여기서 ① 법 제2조 제6호 가목의 가맹금은 가입비·입회비·가맹비·교육비 또는 계약금 등 가맹점사업자가 영업표지의 사용허락 등 가맹점운영권이나 영업활동에 대한 지원·교육 등을 받기 위하여 가맹본부에 지급하는 대가이며, ② 같은 호 나목의 가맹금은 가맹점사업자가 가맹본부로부터 공급받는 상품의 대금 등에 관한 채무액이나 손해배상액의 지급을 담보하기 위하여 가맹본부에 지급하는 대가를 말한다. 이러한 가맹금은 가맹점사업자가 가맹본부에 대해 대가관계에서 지급하는 비용이므로, 가맹사업거래에 있어서 매우 중요한 요소가 된다.

나. 가맹금예치제도의 취지 및 내용

가맹본부가 가맹점사업자에 대한 영업지원능력이 부족하거나 사기로 가맹희망자를 모집하는 경우 가맹희망자 또는 가맹점사업자로부터 받은 가맹금에 대하여 가맹점을 개설하여 영업을 개시하거나 일정기간까지 안전성을 담보하기가 곤란하게 된다.[41] 이러한 문제를 해결하기 위해 정부는 당사자 간 가맹금의 직접수수가 아니라, 가맹본부가 가맹희망자 및 가맹점사업자로 하여금 예치가맹금을 금융회사 등의 예치기관에 예치하도록 한 후 가맹희망자 및 가맹점사업자가 정상적으로 영업을 개시하거나 가맹계약 체결일부터 2개월이 경과하여야 가맹본부가 예치기관의 장에게 그 예치가맹금의 지급을 요청할 수 있게 된다. 이를 통해 가맹희망자 및 가맹점사업자가 가맹본부와의 가맹계약을 체결하는 과정에서 예치가맹금을 떼이는 손해를 사전에 방지할 수 있게 된다.

따라서 가맹본부는 가맹희망자 또는 가맹점사업자로 하여금 예치가맹금을 예치기관에 예치하도록 하여야 한다. 즉, 예치의무자는 가맹점사업자이고, 예치금의 지급청구자는 가맹본부이다.[42] 다만 가맹본부가 법 제15조의2에 따른 가맹점사업자피해보상보험계약 등을 체결한 경우에는 직접 수령이 가능하다(법 제6조의5 제1항).

다. 가맹금 예치기관

예치가맹금 예치기관은 ①「은행법」 제2조 제1항 제2호 및 같은 법 제5조에 따른 금융회사, ②「우체국 예금·보험에 관한 법률」에 따른 체신관서, ③「보험업법」에 따른 보험회사, ④「자본시장과 금융투자업에 관한 법률」에 따른 신탁회사이다. 즉, 일반 은행, 우체국, 보험회사, 증권회사가 예치기관이 된다. 따라서 이러한 기관 이외에는 가맹금을 예치할 수 없다.

라. 가맹금 예치제도 관련 Q&A

[Q 1] 가맹사업당사자가 가맹계약을 체결하기 전에 발생하는 가맹점의 점포개발비 부담 주체는 누구이며, 해당 금액을 예치가맹금으로 볼 수 있는가?

[A 1] 계약의 형태에 따라 개별적으로 판단할 사안이다. 점포개발의뢰비는 모든 가맹희망자가 지불하여야 하는 금액이 아니라. 창업하고자 하는 점포 소재지를 스스로 알아보지 않고 가맹본부에 이를 위탁하고자 하는 가맹희망자에 한하여 선택적으로 지불하는 금액인데, 이는 가맹점운영권 취득을 위한 대가로 보기 어려우므로 가맹금에 해당하지 않을 가능성이 높다.

41) 맹수석, "온주 가맹사업거래의공정화에관한법률 제6조의5", 로앤비(2020. 12. 11), §2.
42) 맹수석, "온주 가맹사업거래의공정화에관한법률 제6조의5", 로앤비(2020. 12. 11), §7.

한편 가맹본부가 실질적으로 모든 가맹희망자들로 하여금 자신에게 점포개발을 의뢰하도록 하는 등 가맹점운영권 취득을 위해 이 비용을 납부해야 하는 경우에는 가맹금으로 인정될 수 있으므로 개별적으로 판단할 사안이다. 만약 점포개발의뢰비가 가맹금에 해당되는 경우라도 가맹사업법 제2조 제6호 마목(그 밖에 가맹희망자나 가맹점사업자가 가맹점운영권을 취득하거나 유지하기 위하여 가맹본부에 지급하는 모든 대가)의 가맹금에 해당할 가능성이 있으므로, 가맹계약체결하기 전에 받은 것이 아니라면 예치대상 가맹금(가맹사업법 제6조의5 제1항 참조)에는 해당한다고 보기가 어렵다.

제 2 장 가맹점 모집단계에서의 실무지식

1. 가맹희망자의 모집 및 심사

가. 가맹희망자의 모집

가맹사업에서 가맹본부가 예비창업자인 가맹희망자를 모집하는 것도 부익부 빈익빈 현상이 두드러지게 나타난다. 브랜드 가치가 있고 수익성이 있는 가맹본부의 경우에는 가맹희망자가 가맹점을 하겠다고 줄을 서서 대기하고 있는 반면, 가맹사업 창업 초기이거나 사업 정체시기에 있는 대부분의 가맹본부는 가맹점 확산에 영업력을 집중하지만 계약까지 체결되는 건수가 많지 않아서 가맹점을 모집하는 데 어려움에 처해 있다. 이에 가맹본부가 가맹희망자를 모집하는데 고려하여야 할 사항과 효율적인 방법에 대하여 살펴본다.

1) 가맹점 창업 시장 환경

가맹사업이 우리나라의 유통산업의 한 축으로 성장하면서 가맹사업에 종사하는 사업자가 매년 증가추세 현상이 나타나고 있다. 2019년 기준 가맹본부의 수는 5,175개(전년도의 6.0% 증가)이고, 가맹점사업자 수는 254,040개(전년도의 4.3% 증가)로 점점 증가하는 추세를 보이고 있다. 다만 개별 가맹본부의 규모는 2018년도와 동일한 평균 49개의 가맹점사업자를 보유하고 있는 것으로 나타나 정체현상을 보이고 있다.

가맹본부가 평균 49개의 가맹점사업자를 보유하고 있다는 것은 편의점, 제과점, 커피점, 치킨점과 같은 일부 대형 가맹본부를 제외하면 대부분은 전체 평균 이하의 영세한 규모로 가맹사업을 운영하고 있다고 볼 수 있다. 이러한 가맹본부의 경우에는 브랜드 인지도가 낮아 가맹희망자들이 계약하기를 원하지 않기 때문에 가맹점을 확장하기 위한 시장 환경이 좋지 않다고 볼 수 있다. 아울러 가맹희망자의 입장에서 볼 때 가맹점 창업은 일반사업과 달리 인테리어 비용, 가맹비 등의 투입자금이 훨씬 많기 때문에, 이왕이면 영세규모의 가맹본부보다는 인지도 면이나 제시하는 예상수익률이 높은 곳을 선택하기 마련이다.

이와 같이 가맹사업의 창업 시장 환경은 새로운 가맹본부와 가맹점사업자들이 진입을 하여 전체적인 숫자는 증가하는 추세에 있음에도, 그 각각의 가맹본부의 규모는 정체현상을 보이고 있다. 그러므로 창업초기의 가맹본부는 자신의 브랜드 가치 제고를 통해 수익률을 높일 수 있는 영업전략이 있어야 할 것이다. 이에 기해 가맹점 창업을 하고자 하는 가맹희망자들로 하여금 예상수익률을 신뢰하고 가맹계약을 체결하도록 노력할 필요가 있다.

2) 가맹본부의 가맹희망자 모집 유형과 방법

① 가맹본부 소속 영업 사원을 통한 모집

가맹본부의 영업사원은 창업시장을 방문하여 가맹희망자에게 업종 환경 및 시장 전망에 대한 확신을 주고, 경쟁사 대비 자사의 경쟁력을 대하여 가맹희망자에게 브랜드 비전과 성공 및 수익 창출에 대한 그동안의 데이터를 기반으로 투자가치를 제안하고 설명하는 방식으로 상대방의 신뢰를 이끌어 가맹계약을 체결하는 업무를 수행한다. 영업사원이 가맹본부에서 요구하는 영업을 수행할 수 있는 역량을 갖추고 있는가는 가맹본부가 가맹점 확장정책을 성공적으로 추진할 수 있는가를 좌우하는 기준이 된다. 여기서 말하는 영업사원이 갖추어야 할 역량은 자질역량과 업무수행역량이다.

자질역량이란 주로 성격, 감성 등과 관련이 있는 사항으로 영업사원이 되기 이전부터 가지고 태어났거나 혹은 성장과정에서의 가정교육, 학교교육, 사회생활 등을 통해 자연스럽게 형성되는 역량이다. 그리고 업무수행역량이란 주로 행동, 지식, 기술 등과 관련이 있는 사항으로 영업사원이 우수한 성과를 내기 위해 수행해야 하는 활동들에 관한 역량을 말한다. 특히 영업사원의 자질역량에서 성격적 특성인 외향성과 감성역량에서의 주도성, 공감력, 조직인지력, 팀워크 등은 업무수행역량을 발휘하는데 상당한 영향을 미치고 있다는 점에서, 가맹본부가 영업사원을 직원으로 채용할 때 특별히 선발하는 과정에서 고려하여야 할 평가요소이다.[1] 즉 영업사원은 선천적으로 타고난 성격과 자라나는 과정에서 외향성과 감성역량을 지니고 있어야만 업무수행역량을 발휘하는데 상당한 영향을 받는다는 점에서, 영업의 적성은 체질적으로 타고난다고 볼 수도 있다. 그러한 영업사원은 자기만의 영업 관리를 잘하며, 브랜드 경쟁력을 명확히 이해하고 상대방을 설득할 수 있는 할 수 언어적 능력을 가지고 가맹희망자의 상황을 잘 파악하고 객관적인 자료를 통해서 상담업무를 수행하기 때문에 다른 영업사원보다 우수한 실적을 달성한다. 또한 유능한 영업사원은 계약을 체결한 가맹점사업자에게 좋은 인상과 이미지를 심어주어 계속적인 관계를 유지하면서 바이럴 마케팅을 통한 새로운 가맹희망자를 소개받는 방식으로 영업을 하는 장점을 가지고 있다.

영업사원의 급여는 대부분 일정한 기본급에 계약 건수의 요율에 따라 지급하는 성과급제와 계약 건수에 연동하지 않고 지급하는 고정급제로 구분할 수 있다. 이러한 급여제도는 각각 장단점을 지니고 있는데, 먼저 성과급제는 가맹점 확장 정책에 따라 계약 체결 건수를 높이는 데이는 장점으로 작용할 수 있는 반면, 이에 적응하지 못하는 사원의 잦은 이직으로 그동안 쌓아온 능력을 발휘할 수 없게 되고 영업사원이 자주 교체됨에 따라 직원 간의 유대감이 떨어지는 단점이 있을 수 있다. 고정급제는 장기 근속하는 영업사원이 신입사원과의 긴밀한 유대관계를 가지고 영업노하우를 전달하는 방식으로 근무를 함으로써 꾸준한 계약 실적을 유지할 수 있다는 장점이 있는 반면, 일정한 수준의 계약실적을 달성하지 못하는 사원에 대한 괴리현상으로 조직을 운영하는데 단점으로 작용하여 계약실적 건수가 급격히 줄어들 수도 있다.

② 가맹중개인과 위탁계약을 통한 모집

가맹사업법에는 "가맹중개인"을 가맹점을 모집하거나 가맹계약을 준비 또는 체결하는 업무를 위탁받는 자라고 정의하고 있다. 그러나 가맹중개인에 대한 자격요건이나 독립하여 사무소를 개설할 수 있는 근거가 없기 때문에 양성화되지 않은 상태이며, 해당 업무는 대부분 등록 가맹거래사가 겸업하거나 해당 분야 경력자들이 수행하고 있어, 가맹중개인의 가맹점 모집은 장점과 단점이 뚜렷하게 구분되는 특징을 보이고 있다.

장점으로는 부동산 공인중개사와 같이 가맹사업 관련 전문 공인자격사인 등록 가맹거래사가 브랜드 가치 및 영업이익률이 좋은 가맹본부로부터 가맹점 모집을 위탁받아 가맹희망자들에게 가맹계약에 필요한 내용을 제3자의 입장에서 조언함에 따라 객관

---

1) 박찬욱, "영업 역량과 신뢰"(동아비즈니스리뷰 제189호, 2015), 3면 참조.

성이 보장될 수 있기 때문에, 일부 허위·과장된 정보를 제공하여 가맹희망자를 유인하여 발생하는 법적 분쟁을 사전에 예방할 수 있다. 또한 가맹희망자 입장에서도 창업하기 위해 여러 곳의 가맹본부를 직접 방문하지 않고 가맹중개인을 통해 원하는 가맹본부에 대하여 창업 가능성 여부를 간접적으로 알아볼 수 있으며, 가맹본부 입장에서도 상설 영업조직 인원에 대한 고정비를 줄이는 효과를 얻을 수 있게 된다.

단점으로는 일부 자격이 없는 가맹중개인은 가맹본부에 대한 소속감이 없기 때문에 브랜드 가치에 대한 충분한 이해가 부족하고, 영업이익률에 대한 명확한 경험이 부족하여 가맹희망자와의 상담 시 진정성과 신뢰성 결여로 계약 체결률이 낮을 수 있다. 또한 계약실적에 따라 위탁수수료를 받음으로 충분한 설명 없이 실적 위주로 가맹점을 모집하여 계약을 체결하였다면 향후 가맹본부는 악덕 가맹점사업자로 인하여, 가맹점사업자는 가맹본부의 불공정거래행위로 인하여 법적 분쟁이 발생할 수 있게 된다.

결론적으로 가맹중개인을 통한 가맹점 모집은 영업조직이 없거나 영업조직이 있더라도 가맹점 확장을 목표로 사업계획을 수립한 가맹본부의 입장에서 볼 때 장점이 큰 방식이다. 그러므로 가맹본부는 가맹중개인과 가맹점 모집 위탁계약을 체결할 때 앞에서 설명한 장점을 충분히 발휘할 수 있는 조건을 명확하게 한다면 가맹점을 모집함에 있어 비용과 계약실적에서 성과가 얻을 수 있을 것으로 본다.

③ 온라인 홍보를 통한 모집

ⓐ 인터넷 포탈 광고 및 자사 홈페이지 홍보

현대사회는 인터넷과 모바일을 통해 모든 업무를 불편 없이 처리하는 시대가 되었다. 그러므로 비용 대비 효과는 업종마다 다를 수도 있겠지만 온라인 광고가 시간이 갈수록 점점 많아질 것으로 예상된다. 이를 증명이라도 하듯이 현재도 우리나라 대표 포털 사이트에는 가맹점을 모집하는 파워 링크 광고를 많이 찾아볼 수 있다.

가맹희망자가 아무런 비용 없이 손쉽게 가장 빨리 접근할 수 있는 곳이 바로 인터넷상의 온라인 광고를 보는 것이다. 가맹희망자가 이 광고를 찾아본다는 것은 해당 업종에 창업하고 싶은 마음이 있다는 것이므로, 가맹본부는 허위·과장된 정보제공이 아니라면 첫째, 현재 가맹점의 월매출과 이에 대한 간단한 수익분석을 공개하고, 둘째, 대략적인 가맹비 등 창업에 필요한 비용도 영업비밀이 아닌 범위에서 최대한 진실하게 제공한다면, 광고비 지불 대비 가맹계약으로 체결되는 비율이 높아질 것으로 본다.

홈페이지를 통한 가맹점 모집은 가맹희망자가 해당 홈페이지를 찾아올 수 있도록 브랜드와 동일한 명칭을 사용하는 중요하다. 파워 링크 광고를 하는 경우에는 그곳에서 링크될 수 있도록 하면 될 것이나, 해당 광고를 하지 아니하는 경우에는 상품을 판매할 때마다 홈페이지 광고를 지속적으로 실시해야 한다. 홈페이지에서의 가맹점 모집 홍보는 별도의 팝업 창을 만들어서 쉽게 찾아볼 수 있도록 화면을 구성해야 한다.

ⓑ 블로그, 카페 등 SNS 홍보

SNS는 인터넷을 통해 서로의 생각이나 정보를 주고받을 수 있게 해주는 서비스를 말한다. SNS에서는 다양한 사람들과 새로운 관계를 맺을 수 있을 뿐만 아니라, 현대사회에서는 이를 통하여 자신의 상품 또는 용역을 홍보하거나 광고를 통해서 많은 결과물이 산출되는 최고의 관계망이라고 할 수 있다. 현재 이용되는 SNS로는 네이버 카페, 다음카페, 네이버블로그, 카카오스토리, 밴드, 인스타그램, 페이스북, 트위터, 유튜브 등 다 열거하지 못할 만큼 그 수가 많다.

2019년 기준 한국인이 가장 많이 이용한 모바일 앱으로는 카카오톡(3,743만 명), 유튜브(3,439만 명), 네이버(3,084만 명), 네이버 밴드(1,754만 명) 순으로 나타나고 있다.[2] 현대사회에서는 모든 사업에서 SNS를 활용한 홍보 및 광고를 하는 것은 빼놓을 수 없는 필수요건으로 등장하였으므로 가맹희망자 모집에도 이 매체를 활용하는 것을 우선순위에 두고, 이에 대한 적극적인 지원을 검토할 필요가 있다.

④ 사업설명회 및 창업박람회를 통한 모집

가맹본부는 가맹희망자를 대상으로 브랜드 경쟁력과 창업비 및 기업 홍보를 위해 사업설명회를 실시한다. 가맹희망자 역시 가맹점을 창업하고자 할 때 가맹본부를 선정하기 전에 이러한 사업설명회에 많이 참석하여 가맹본부를 선정하는 데 참고하여야 한다. 가맹본부가 실시하는 사업설명회에서는 가맹계약까지 체결되는 경우가 그리 많지 않기 때문에, 가맹본부는 사업설명회를 통해 가맹희망자로 하여금 설명회를 참석한 이후 집에 가서 자신이 제공해 준 설명 자료를 다시 한 번 검토하여 생각을 정리해 보고 전화상담이나 방문상담을 요청하도록 한다는 분명한 목표를 설정하고 사업설명회를 실시하여야 한다. 그러므로 설명회 담당자는 자신의 가맹점 실적 사례 분석을 통한 예상매출액을

---

2) "카카오톡·유튜브·네이버…앱사용자 부동의 1·2·3위", 매일경제, 2020. 1. 14(https://www.mk.co.kr/news/it/view/2020/01/42531/).

산출·제시하여, 가맹희망자로 하여금 객관적으로 투자금액 대비 영업이익에 대한 관심을 가지고 검토하도록 할 뿐만 아니라 고객의 선호도 평가에 따른 장래의 브랜드 성장성 등의 자료를 정확하게 작성하여 참석자들에게 정성을 다하여 발표하여야 한다.

프랜차이즈 창업박람회는 가맹본부가 전시장에 홍보부스를 마련하고 예비창업자들을 대상으로 프랜차이즈 창업에 대한 정보뿐만 아니라 기존에 가게를 운영하고 있는 자영업자나 업종 전환을 희망하는 자들에게 정보를 제공하는 방식으로 진행된다. 그러나 창업박람회를 방문하는 자들은 실제 가맹점을 창업하기보다는 막연하게 외식업종 트렌드가 무엇이고, 잘나가는 아이템과 브랜드가 무엇인지 궁금해서 방문하는 경우가 많기 때문에, 창업박람회에 참석한 사람이 가맹계약을 체결하는 사례는 그리 많지 않다.

그러므로 가맹본부가 창업박람회에 참가 신청할 때는 방문자들에게 자신의 브랜드를 홍보할 것인지 아니면 가맹희망자를 대상으로 신규 계약 체결을 유도할 것인지 여부에 대한 목적을 분명히 설정한 후, 참가 목적에 맞추어 사전 준비를 함으로써 박람회 참가에 따른 투입금액 대비 실적 효과를 극대화하는 것에 중점을 두어야 한다.

⑤ 가맹점사업자 등 지인 소개를 통한 모집

현대사회는 갈수록 매장에서 영업하기 어려운 환경으로 변화하고 있다. 왜냐하면 1인 가족 비율이 점점 늘어가고, 신조어인 워라밸(Work & Life Balance) 등장에 따라 장시간 노동을 줄이고 일과 개인적 삶의 균형을 맞추는 문화의 필요성이 대두하면서 회식문화가 사라지고 배달문화가 급속하게 성장하고 있기 때문이다. 매년 신규 창업으로 전체 가맹본부의 수는 증가하는 추세이지만 이러한 시대적인 시장 환경을 잘 대응하지 못하여, 가맹본부가 오랜 기간 동안 존속하지 못하고 조기 폐업하는 비율이 높다는 통계결과에 따라 가맹사업에 대한 신뢰도가 떨어져 창업 초기 신생 가맹본부의 경우에는 가맹희망자를 모집하기가 매우 어려운 것이 현실이다.

가맹희망자는 가맹점이 잘된다는 입소문이나 직접 가맹점을 운영하는 가맹점사업자의 말을 들을 때에 해당 가맹본부를 더 신뢰하게 된다. 이와 같이 가맹희망자들에게 신뢰를 받기 위해서는 기존 가맹점의 만족도와 충성도를 높여 소문에 의한 가맹본부의 브랜드 자생력을 키워야 하는데, 이는 개별 가맹점의 매출액 증대로 인한 영업이익률이 높게 나올 수 있도록 평소에 가맹점 관리를 잘하여야 한다. 이러한 바이럴 마케팅의 효과는 가맹희망자가 스스로 가맹본부에 창업 문의를 하거나 직접 방문하여 창업상담을 하게 됨에 따라 가맹본부로서는 교섭력 우위에서 자연스럽게 가맹사업에 대한 설명을 할 수 있으므로 가맹계약을 체결할 확률이 높게 된다. 가맹점사업자의 소개를 통한 가맹점 모집은 가맹본부의 브랜드 경쟁력이 있다는 증거이기 때문에 비용 대비 가장 효과가 큰 바람직한 방법이라고 할 수 있다.

나. 가맹희망자의 가맹본부 선택 기준

가맹본부가 가맹희망자를 모집하여 많은 가맹계약을 체결하기 위해서는 가맹희망자의 가맹본부를 선택기준을 명확히 분석하여 영업계획을 수립한 후 실행하여야 한다. 가맹희망자들도 가맹본부를 선택할 때 동일한 사항을 미리 알면 우수한 가맹본부를 선택할 가능성이 크므로, 가맹사업당사자는 이러한 선택기준을 사전에 알아야 한다.

1) 가맹본부의 브랜드 파워와 가맹점의 수

가맹사업은 가맹본부의 영업노하우와 영업표지에 대한 소비자 인지도에 따라 단위 매출액에 커다란 차이를 보이고 있다. 소비자의 가맹점 인지도는 소비자가 가맹점과 거래를 한 후 얼마나 만족하였는지에 대한 결과로 나타난다. 그 인지도가 높아지면 소비자의 가맹점 재방문율이 높아져서 매출액이 증대되어 영업이익률이 커짐에 따라, 가맹계약 체결을 원하는 가맹희망자가 많아지면 자연히 가맹점의 수도 증가하게 된다. 여기서 소비자 인지도가 높다는 것은 가맹본부의 브랜드 파워가 있다는 증거이다. 그러므로 가맹희망자는 가맹본부의 브랜드 파워로 인하여 매출액이 높고, 이에 따른 시너지 효과로 가맹점의 수가 많은 가맹본부를 우선 선택 기준으로 고려하게 된다.

2) 장사가 잘된다는 입소문과 지인의 권유

옛말에 장사가 너무 잘 되는 경우에는 소문이 날까 무섭다는 말이 있었다. 그러나 현대사회에서는 워낙 정보가 빠르게 전파되고, 기존의 가맹점 입장에서도 장사가 잘 되는 것을 과시하거나 자랑하고 싶은 마음이 있을뿐더러, 가맹사업은 영업구역이 구분되어 있기 때문에 동일 가맹점 간 경쟁으로 인한 피해를 볼 우려가 거의 없고, 오히려 가맹점이 많을수록 홍보 효과를 볼 수 있으므로 셀프 홍보를 많이 하기 마련이다. 그러므로 기존 가맹점사업자는 장사가 잘 되면 지인에게 알리고 싶어 하고, 이 말을 들은 지인은 현장에서 실제 장사가 잘 되는 것을 확인할 수 있으므로, 가맹희망자가 지인인 기존 가맹점사업자로부터 소개를 받아 가맹점을 선택하는 경우가 많다.

3) 가맹점 확산정책에 따른 양호한 계약조건

편의점 가맹본부가 서로 경쟁을 할 때 금년도에는 1만호점을 유치한다는 내부 영업계획을 수립하는 경우가 있었던 것과 같이 대부분의 가맹본부는 가맹점 확장 정책을 추진하기 때문에, 이러한 목표를 달성하기 위하여 양호한 계약조건을 제시하는 경우가 있다. 그러나 양호한 계약조건에 매몰되어 가맹본부의 브랜드 가치에 대한 경쟁력을 고려하지 않으면 가맹계약 체결 이후 사업을 운영하는 과정에서 투자금액 대비 영업이익이 저조하여 어려움을 당하는 경우가 있으니 신중하게 고려할 사항이다.

4) 장래 유망 아이템이라는 확신

소비자 트렌드와 시장 환경은 항상 빠르게 변화하기 때문에 현재 호황 업종이라도 향후 침체될 가능성이 있는 반면, 현재는 국내에서 아주 미약한 하지만 다른 나라에서 유행하는 신개념의 아이템인 경우도 있을 수가 있다. 예컨대 게임방의 경우에는 한 때 호황이었으나 지금은 보합 수준이고, 빨래방의 경우에는 1인 가족 등장 및 미니멀라이프(Minimal Life)로 인한 불필요한 물건을 줄이고 최소한의 것으로 살아가는 생활방식으로 이용자의 수요가 많아질 수 있는 장래 유망 아이템의 사례로 볼 수 있다.

5) 자신이 선호하는 아이템

일부 사람들은 향후 소망으로 커피를 파는 카페를 개업하여 여유 있는 삶을 살았으면 좋겠다고 말을 한다. 이와 같이 자신이 좋아하는 것을 하면서 경제생활도 동시에 할 수 있는 것을 찾는 경우가 있는데, 어쩌면 가맹사업이 그 소망을 대신해 줄 수 있는 구조에 가장 특화된 사업이라 할 수 있다. 왜냐하면 가맹본부에서 원·부자재를 공급할 뿐만 아니라 시기별로 신규 메뉴를 출시하여 상품 또는 용역에 대한 변화를 줄 수 있어 소비자의 기호를 만족해 줄 수 있기 때문이다. 이와 같은 점 때문에 가맹점을 창업하려는 사람은 가맹계약을 체결하기 전에 가맹본부에서 영업방식에 대하여 상당한 통제를 한다는 사실도 사전에 반드시 인지하여야 한다.

다. 가맹희망자에 대한 심사

1) 심사의 필요성

가맹사업은 가맹사업법에 따라 가맹본부가 가맹점사업자의 영업지역을 설정해 주고 그 지역에는 동일 업종의 자기 또는 계열회사의 직영점이나 가맹점을 설치할 수 없을 뿐만 아니라 가맹점사업자와 최초 가맹계약기간을 포함한 전체 가맹계약기간의 10년 범위에서 계약갱신요구권이 부여되어 있는 특성을 지니고 있다. 이는 한 번 가맹계약을 체결한 경우에는 해당 가맹점사업자와 최소 10년 동안 계약을 유지하여야 하기 때문에, 가맹점 관리에 성실하지 아니하고 가맹본부의 기본적인 통제에 불만을 제기하는 경우 기업경영에 중요한 요소인 매출액 증대 목표를 달성하는데 커다란 지장을 받을 수 있게 된다.

왜냐하면 가맹사업은 한 가맹점사업자가 차지하는 영업지역에서 다른 가맹점사업자가 와서 영업을 할 수 없는 구조이므로, 해당 가맹점사업자가 매장관리 및 고객 서비스를 불성실하게 함으로써 절대 매출액이 낮아지더라도 다른 사람으로 대체하기가 어렵기 때문이다. 또한 일부 가맹점사업자의 경우에는 고의적으로 가맹본부의 약점을 이용하여 민원을 제기하는 방법으로 금전적인 손해를 끼치거나 거리에 나와 1인 시위를 함으로써 브랜드 가치를 떨어질 수 있으므로, 적정한 사전 심사를 통해 부적합한 사람은 계약대상에서 배제하는 것이 사업운영 전반에 긍정적으로 작용할 것으로 본다. 그러므로 가맹본부는 가맹점을 모집할 때에 직원을 채용한다는 마음으로 가맹희망자에 대한 여러 가지 요소를 회사의 실정에 맞게 고려하여 심사함으로써 향후 상호 동반자로서 상생할 수 있는 융합된 기업문화를 만드는 것이 중요하다.

2) 심사에서 고려할 사항

① 가맹희망자가 입점하려고 대기 중인 경우

가맹본부의 브랜드 가치가 잘 알려져 있고 일정 수준의 매출액과 영업이익이 높다고 입소문이 난 가맹본부는 항상 가맹점 계약을 하겠다는 가맹희망자의 지원 서류가 대기하고 있다. 이때에는 가맹본부가 교섭력 우위에 있는 것은 사실이지만 더욱더 공정한 심사를 통하여 탈락자를 결정한 후 신속하고 정중히 그 사유를 알려 주어 탈락자가 다른 계획을 세울 수 있도록 하는 것이 향후 입점 관련 민원도 줄일 수 있다.

이 경우에는 입점 대상 가맹점과의 접근성, 브랜드에 대한 이해도, 아이템에 대한 경험 여부, 가맹본부의 영업지시 준수성, 사업자로서의 영업 마인드, 종업원과의 융화 및 통솔 리더십, 법규 준수의식, 매장운영의 청결성 등 구체적인 사항을 체크하여 상위에 있는 지원자를 선정한다. 왜냐하면 한정된 매장에 많은 지원자가 있다는 것은 유능한 사업 파트너를 선발할 수 있는 기회이므로 이러한 조건을 적극 활용한다.

② 다각적인 가맹점 확장 영업 중인 경우

현재 가맹본부 입장에서는 입점 대상 매장의 수보다 가맹희망자의 수가 부족한 상태이므로 다각적 방법을 동원하여 가맹점을 모집 중에 있다고 볼 수 있다. 그래도 모든 가맹계약 체결은 가맹본부의 계약팀 등으로 창구를 단일화하여 균형을 맞춰야 한다. 이러한 경우에는 "가맹점 모집 및 계약체결 매뉴얼"을 작성하여 가맹희망자에 대한 사전심사를 한다는 사실을 모든 가맹점을 모집하는 주체들에게 명확하게 공지하여야만 아무런 문제없이 가맹희망자에 대한 사전 심사 절차를 실시할 수 있게 된다.

가맹본부가 가맹점을 확장 중인 경우에는 가맹희망자에게 교섭력이 크다는 점을 감안하여 모집업무를 수행하는 과정에서 브랜드에 장점을 최대한 설명하고, 가맹희망자가 요청하는 내용에 대하여 성실하게 지원해 줌으로써 입점의향을 갖도록 설득하여야 한다. 이 과정에서 모집담당자는 가맹계약을 체결하기 전에 심사절차가 있다는 사실을 가맹희망자에게 알려줌으로써 해당 절차를 통해 적합한 사업파트너를 선택할 수 있다. 이 경우에는 모집담당자들이 어렵게 가맹희망자를 모집하여 왔고 회사 입장에서도 가맹점의 수를 늘리는 정책을 펼치고 있다는 점을 감안하여 가맹점주로서의 영업 마인드, 직접 가맹점 운영 여부, 지시사항 준수 여부 등을 조사하여 부정적인 요인이 없으면 계약대상자로 선정하는 것이 사업목적을 달성하는 데 도움이 될 것이라고 본다.

3) 가맹희망자의 심사 방법

심사라 함은 심사 대상자에 대하여 조사하여 등급이나 당락 따위를 결정하는 것이므로, 조사하는 방법과 등급을 부여하는 방법에 대하여 미리 매뉴얼을 작성해 두어야 객관적이고 합리적으로 당락을 결정할 수 있다.

① 조사 방법

가맹본부가 가맹희망자에게 입점 지원양식에 필요한 자료를 제출하도록 한 후 서면 심사를 하는 방법과 서면심사 내용과 모집담당자가 상담을 통해 확인한 보고서를 토대로 면접을 실시하는 방법 등이 있다. 서면 조사만 하는 경우에는 제출 자료에 대한 진위파악을 하는데 많은 시간이 소요되고, 가맹희망자의 성실성 등을 파악하기 어렵다는 단점이 있다.

모집담당자가 작성한 가맹희망자에 대한 상담보고서는 전문가가 대상자를 평가한 후 입점 여부를 검토하였다는 점에서 많은 장점이 있지만, 1인이 주관적인 입장에서 조사한 경우 오류가 있을 수 있다는 점에서 전적으로 수용할 수 없다는 단점이 있다.

면접 조사의 경우 앞의 두 자료와 가맹희망자를 대면하여 질의/응답 방식으로 진행하게 되므로, 원하는 입점 대상자를 가장 객관적이고 합리적으로 선정할 수 있는 장점이 있는 반면, 가맹희망자가 면접을 꺼리는 경우 계약이 원천적으로 중단되고, 면접자의 주관적 오류가 있는 경우 부적격자를 선정할 수 있으며, 절차 중복으로 비용이 발생한다는 단점이 있을 수 있다. 그래도 심사 방법으로는 면접 조사 방식이 그동안 가장 많이 활용되고 있을 뿐만 아니라 적격자를 선정하는 데 장점이 있다고 본다.

② 등급 부여 방법

심사 대상자에 대한 등급 부여는 반드시 사전에 기준을 작성하는 것이 회사의 입점 기준이 흔들리지 않고 연속성을 유지할 수 있다는 점에서 필요하다. 이러한 심사 등급표가 없으면 기준이 미달한 사람도 합격될 수 있는 오류가 발생할 수 있다. 가맹희망자에 대한 심사 등급표에 대하여 예컨대, ① 가맹점 운영계획, ② 가맹점 운영 전문성, ③ 과거 관련분야 경력, ④ 사업자로서의 성실성, ⑤ 운영자로서의 재정능력, ⑥ 가족 참여 가능성 등 가맹본부의 사업운영 여건에 부합하도록 평가요소를 개발하여 각 항목별 점수 부여(예: 20점 등 합계 100점) 및 개별 항목 점수(10~1점)를 부여한 후 일정 항목에서 4점 이하가 2개 이상이거나 전체 배점이 40점 이하인 경우에는 선발 대상에서 제외하고, 입점 경쟁이 있는 경우에는 서면 점수, 보고서 점수, 면접 점수의 합계가 높은 순으로 대상자를 선발하는 것이 공정하고 합리적이다.

라. 가맹희망자 모집 및 심사 관련 Q&A

[Q 1] 가맹희망자에 대한 면접을 객관적으로 할 수 있는 방법은?

[A 1] 가맹사업법은 가맹희망자에 대한 면접 방법에 대하여 규정하고 있지 아니하다. 그러므로 가맹본부는 가맹희망자를 선정하는 경우 수의계약방식으로 할 수도 있으나 경쟁방식으로 공고를 하였다면 객관적으로 대상자를 선발하여야 한다. 그 선발 방법은 미리 가맹본부에서 기준을 정했으면 그 절차를 준수하여야 할 것이며, 그 과정에서 면접을 보는 경우라면 내부 면접위원과 외부 면접위원을 일정 비율에 맞도록 구성하여 실시하는 것이 가장 타당하다고 할

수 있다. 또한 면접 결과는 미리 작성된 등급표를 활용하여 산출된 점수가 이후에도 확인이 가능할 수 있도록 객관적인 수치로 작성하는 것이 바람직하다.

2. 정보공개서 등의 사전 제공

가. 적용대상 가맹본부

가맹사업법 적용배제 대상에 해당하지 아니하는 가맹본부[3]는 가맹희망자와 가맹계약을 체결하거나 가맹금을 수령하려면 등록기관에 등록한 정보공개서 및 인근가맹점 현황문서(이하 "정보공개서등"이라 한다)를 사전에 가맹희망자에게 제공하여야 한다(법 제7조 제1항).

나. 정보공개서등 제공 시기

가맹본부는 등록기관에 등록한 정보공개서등을 제공한 날부터 14일[4](이하 "숙고기간"이라 한다)이 지난 이후에 ① 가맹희망자와 가맹계약을 체결하거나, ② 가맹희망자로부터 가맹금을 수령하는 행위(이 경우 가맹희망자가 예치기관에 예치가맹금을 예치하는 때에는 최초로 예치한 날 또는 예치하기로 합의한 날)를 하여야 한다(법 제7조 제3항). 예컨대 가맹본부가 1월 1일 가맹희망자에게 정보공개서등을 제공하였다면 초일을 산입하지 않고 14일 제외하면 1월 16일부터 가맹계약을 체결하거나 가맹금을 수령할 수 있다.

다. 정보공개서등 제공 방법

가맹본부는 가맹희망자에게 정보공개서등을 제공할 때는 내용증명우편 등 제공시점을 객관적으로 확인할 수 있는 아래의 방법으로 제공하여야 한다(법 제7조 제1항).

1) 직접 전달

① 정보공개서등을 제공받았다는 사실(제공받은 일시 및 장소), ② 가맹희망자의 성명·주소 및 전화번호, ③ 가맹희망자의 서명 또는 기명날인, ④ 가맹본부의 서명 또는

---

3) 가맹지역본부 또는 가맹중개인이 가맹점사업자를 모집하는 경우를 포함한다.

4) 가맹희망자가 정보공개서에 대하여 변호사 또는 제27조에 따른 가맹거래사의 자문을 받은 경우에는 7일로 한다.

기명날인하여 제공하는 방법으로 하여야 한다. 특히 ①~③의 사항은 가맹희망자가 자필로 작성하여야 한다(법 시행령 제6조 제1항 제1호).

2) 내용증명우편을 통한 제공

가맹희망자에게 정보공개서의 제공시점을 확인할 수 있는 내용증명우편으로 제공할 수 있다(법 시행령 제6조 제1항 제2호).

3) 정보통신망을 이용한 제공

정보통신망을 통하여 정보공개서등의 내용을 게시한 후 게시사실을 가맹희망자에게 알리는 방법으로 제공할 수 있다. 이 경우 가맹본부는 특정 가맹희망자가 정보공개서의 내용을 읽어 본 시간을 그 가맹희망자 및 가맹본부가 확인할 수 있는 시스템을 마련하여야 한다(법 시행령 제6조 제1항 제3호).

4) 가맹희망자의 전자우편을 통한 제공

가맹희망자의 전자우편 주소로 정보공개서등의 내용이 포함된 전자적 파일을 보내는 방법으로 제공할 수 있다. 이 경우 가맹본부는 전자우편의 송·수신 시간의 확인이 가능하여야 한다(법 시행령 제6조 제1항 제4호).

라. 인근가맹점 현황문서 작성 및 제공 방법

가맹본부가 등록기관에 등록된 정보공개서를 제공할 때에는 정보공개서 제공시점에 가맹희망자의 장래 점포예정지가 속한 광역지방자치단체에서 영업 중인 인접한 가맹점 10개[5)]의 상호, 소재지 및 전화번호가 적힌 인근가맹점 현황문서를 숙고기간 내에 제공하여야 한다. 다만 정보공개서를 제공할 때 장래 점포예정지가 확정되지 아니한 경우에는 확정되는 즉시 제공하여야 한다(법 제7조 제2항).

가맹본부는 인근가맹점 현황문서 제공의무를 이행하기 위하여 가맹희망자와 가맹계약을 체결할 때 해당 정보를 다른 가맹희망자에게 제공한다는 내용의 개인정보제공동의서를 받아두어야 향후 개인정보법상 개인정보침해 분쟁을 예방할 수 있다.

5) 정보공개서 제공시점에 가맹희망자의 장래 점포예정지가 속한 광역지방자치단체에서 영업 중인 가맹점의 수가 10개 미만인 경우에는 해당 광역지방자치단체 내의 가맹점 전체이다.

마. 정보공개서등의 제공의무 위반에 대한 제재

1) 시정명령, 과징금, 벌칙 처분 조치

정보공개서 제공의무를 이행하지 않은 경우 공정거래위원회는 일정한 제재를 가할 수 있다. 가맹본부가 숙고기간 이전에 가맹희망자와 가맹계약을 체결하거나 가맹금을 수령한 행위에 대하여 위반행위의 시정에 필요한 조치인 시정명령과 법 위반기간 동안의 관련매출액(가맹점사업자 또는 가맹희망자에게 판매한 상품이나 용역의 매출액)에 100분의 2를 곱한 금액(매출액 산정 등이 곤란한 경우에는 5억 원 이하의 정액)을 초과하지 아니하는 과징금을 부과할 수 있다(법 제33조, 제35조).[6] 또한 정보공개서 사전 미제공한 행위를 한 자는 2년 이하의 징역 또는 5천만 원 이하의 벌금에 처한다(법 제41조 제3항). 이에 대해서는 공정거래위원회의 고발이 있어야 공소를 제기할 수 있다(법 제44조).

2) 가맹금의 반환

가맹본부가 정보공개서 등 제공의무를 위반(법 제7조 제3항)한 경우로서 가맹희망자 또는 가맹점사업자가 가맹계약 체결 전 또는 가맹계약의 체결일부터 4개월 이내에 가맹금의 반환을 요구하는 경우 가맹본부는 1개월 이내에 가맹금을 반환하여야 한다(법 제10조 제1항).

바. 정보공개서등 사전 제공 관련 Q&A

[Q 1] 가맹사업법 제7조 제2항의 인근가맹점의 선정 기준은?

[A 1] 인접성을 기준으로 판단하여야 한다. 가맹사업법 제7조는 가맹본부가 가맹희망자에게 정보공개서를 제공할 때 장래 점포예정지에서 가장 인접한 가맹점 10개의 상호, 소재지 및 전화번호가 적힌 문서를 함께 제공하도록 되어 있으나, 인근가맹점의 구체적인 기준은 규정하고 있지 아니하다. 따라서 가맹본부가 영위하는 가맹사업 특징 등에 따라 장래 점포예정지에 가장 인접한 가맹점을 선정하는 기준은 도보거리, 직선거리 등 조금씩 다를 수 있으므로, 인근가맹점 현황문서를 제공할 때 장래 점포예정지에서 명백히 가까운 인근가맹점이 있음에도 고의적으로 이를 제외하고 더 멀리 위치한 가맹점 현황문서를 제공하면 법 위반에 해당한다.

---

6) 다만, 그 위반행위를 한 가맹본부가 매출액이 없거나 매출액의 산정이 곤란한 경우로서 대통령령으로 정하는 경우에는 5억 원을 초과하지 아니하는 범위에서 과징금을 부과할 수 있다.

[Q 2] 가맹본부가 가맹희망자에게 이메일 주소로 정보공개서 및 인근가맹점 현황문서를 발송하였을 경우 가맹사업법 위반에 해당하나?

[A 2] 전자우편주소로 정보공개서를 발송하는 것은 원칙적으로 법 위반에 해당하지 않는다. 가맹사업법 제7조 제1항에 따라 가맹본부는 가맹희망자에게 등록 정보공개서를 내용증명우편 등 제공시점을 객관적으로 확인할 수 있는 방법에 따라 제공하여야 한다고 규정하고 있다. 법 시행령 제6조 제1항 제1호부터 제4호에 그 제공방법을 규정하고 있는데, 제4호에 따르면 가맹희망자의 전자우편주소로 정보공개서의 내용이 포함된 전자적 파일을 보내는 방법(이 경우 가맹본부는 전자우편의 발송시간과 수신시간의 확인이 가능한 방법으로 하여야 함)도 포함되어 있다. 참고로 인근가맹점 현황문서 제공 방법도 이와 동일한 규정을 적용하고 있다. 따라서 가맹희망자와 대면하지 않더라도 법 시행령 제6조 제1항 제4호에 따라 정보공개서 및 인근가맹점 현황문서를 인쇄 또는 출력이 가능하도록 조치하여 제공하였다면 법 위반에 해당하지 아니한다.

[Q 3] 가맹본부가 가맹계약 전 정보공개서를 가맹희망자 A에게 제공하고 계약을 체결하였으나, A가 사업자의 명의를 B로 변경하고자 할 때, 정보공개서를 B에게 다시 제공한 후 계약을 체결하여야 하는가?

[A 3] 그렇다. 가맹사업법 제7조 제1항에서는 가맹본부는 가맹희망자에게 등록 또는 변경등록한 정보공개서를 내용증명우편 등 제공시점을 객관적으로 확인할 수 있는 방법에 따라 제공하여야 한다고 규정하고 있다. 따라서 정보공개서 제공 당시 가맹희망자가 변경된 경우에는 다른 B가맹희망자에게 정보공개서를 제공하고 법상 규정하고 있는 일정기간 경과 후 가맹계약을 체결하거나 가맹금을 수령하여야 한다.

[Q 4] 가맹본부가 정보공개서 사전 제공의무를 위반하여 가맹계약이 체결된 경우 가맹계약의 법률적 효력는 어떻게 되나?

[A 4] 원칙적으로 유효하다. 가맹본부가 가맹희망자에게 정보공개서를 제공하지 아니한 상태에서 가맹계약을 체결하였다고 하더라도 가맹계약의 효력은 유효하다고 볼 수 있다. 다만 가맹희망자 또는 가맹점사업자가 법 제7조 제3항 위반으로 제10조 제1항에 따라 가맹금 반환을 요구하면서 가맹계약을 취소한 경우에는 가맹계약의 효력은 해지 또는 해제될 수 있다.

[Q 5] 가맹본부의 정보공개서 제공의무는 법률규정의 성격상 효력규정인지 아니면 단속규정에

해당하나?

[A 5] 단속규정에 해당한다. 법률규정의 성격이 효력규정에 해당하면 당사자 간 체결한 계약이 무효가 되지만, 단속규정에 해당하면 계약의 효력은 유효하다는 판례가 있다. 가맹사업법에서 정보공개서 제공의무를 규정하고 있는 취지는 해당 행위를 금지하기 위한 목적이 있는 것이기 때문에, 이는 단속규정에 해당한다고 볼 수 있다.[7)]

[Q 6] 가맹본부가 가맹희망자에게 인근가맹점 현황문서를 제공할 시점은 언제인가?

[A 6] 정보공개서를 제공할 때 함께하여야 하고 점포예정지가 미확정인 경우 확정되면 즉시 제공하여야 한다. 인근가맹점 현황문서 제공시점에 대해서는 가맹사업법 제7조 제2항에서 가맹본부는 정보공개서를 제공할 경우에는 가맹희망자의 장래 점포예지에서 가장 인접한 가맹점 10개의 상호, 소재지 및 전화번호가 적힌 문서를 함께 제공하여야 한다고 규정하고 있다. 다만 정보공개서를 제공할 때 장래 점포예정지가 확정되지 아니한 경우에는 확정되는 즉시 제공하여야 한다. 그러므로 인근가맹점 현황문서의 경우에는 정보공개서 제공시점과 동일하게 정보공개서등을 제공한 날부터 14일이 지나지 아니한 경우 가맹금을 수령하거나 가맹계약을 체결하면 아니 되는 규정이 적용된다.

[Q 7] 가맹사업법에서 정하고 있는 인근가맹점 현황문서 제공의무와 관련하여 해당 문서에 기재하여야 할 인근가맹점의 범위는?

[A 7] 동일한 광역지방자치단체를 기준으로 한다. 가맹사업법 제7조 제2항에 따르면 "가맹희망자의 장래 점포예정지에서 가장 인접한 가맹점 10개[8)]의 상호, 소재지 및 전화번호가 적인 문서(이하 "인근가맹점 현황문서"라 한다)를 함께 제공하여야 한다"고 규정하고 있다. A라는 광역자치단체에 해당 가맹본부의 가맹점이 10곳 미만일 경우 그 전부를 기재하면 되는 것이며, 다른 광역자치단체에 위치한 가맹점까지 포함하여 10곳을 기재하여야 하는 것은 아니다. 그리고 점포예정지가 속한 광역자치단체 내에 가맹점이 없는 경우에는 다른 광역자치단체에 속한 인근가맹점 10곳을 기재하는 것이 아니라 해당 광역자치단체에 가맹점이 없다는 사실을 기재한 인근가맹점 현황문서를 제공하여야 한다.

---

7) 대법원 1998. 12. 11. 선고 97다9970 판결; 대법원 2017. 2. 3. 2016다259677 판결.

8) 정보공개서 제공시점에 가맹희망자의 장래 점표 예정지가 속한 광역지방자치단체에서 영업 중인 가맹점의 수가 10개 미만인 경우에는 해당 광역지방자치단체 내의 가맹점 전체이다.

[Q 9] 가맹본부가 자신이 공급하는 제품에 대하여 가맹점사업자로부터 원가공개요구를 받았 으나 이를 거부하는 경우 가맹사업법 위반에 해당되나?

[A 9] 위반으로 보기 어렵다. 가맹점사업자가 가맹본부의 공급품목에 대한 원가공개를 요구하는 것에 대해서는 가맹사업법에서 직접적으로 공개의무를 부여하는 규정은 없다. 따라서 가맹본부가 가맹점사업자의 원가공개요구를 거절하는 행위를 위법으로 보기는 어렵다.

참고로 공정거래위원회는 2019년부터 정보공개서에 가맹점 1곳당 평균 차액가맹금[9] 지급금액 및 평균매출액 대비 차액가맹금의 비율을 기재하도록 하여 물품공급을 통한 차액가맹금 수령에 대한 정보를 공개하도록 한 바 있다.

[Q 10] 가맹사업당사자가 가맹점 재계약 시 가맹본부에게 정보공개서 및 인근가맹점 현황문서 제공의무가 있는가?

[A 10] 동일한 영업이라면 제공의무를 인정하기 어렵다. 가맹사업법 제7조 제1항에 따라 가맹본부는 가맹희망자에게 정보공개서를 제공하여야 한다고 규정하고 있으며, 제2항에 정보공개서를 제공할 경우 가맹희망자에게 인근가맹점 현황문서를 제공하여야 한다고 규정하고 있다. 법률의 해석상 동일한 가맹점사업자와 가맹본부가 재계약이 이루어지는 경우에는 가맹희망자로 볼 수 없으며, 그에 따라 가맹본부는 가맹점사업자에게 정보공개서등을 제공할 의무가 없다.

[Q 11] 가맹사업법 개정 이전 정보공개서 제공의무가 없던 시기에 가맹계약을 체결한 가맹점사업자와 가맹계약을 갱신할 때 개정된 정보공개서 제공의무에 따라 정보공개서를 제공하여야 하는가?

[A 11] 원칙적으로 제공의무가 없다. 가맹본부의 계약 상대방인 가맹점사업자 및 계약 대상이 되는 가맹사업이 종전과 동일하다면 가맹본부가 체결하려 하는 계약은 최초 가맹계약이 아닌 갱신 계약으로 보아야 할 것이므로 가맹사업법 제7조 제3항에 따른 정보공개서 제공의무는 없다.

[Q 12] 가맹본부가 가맹희망자에게 정보공개서를 제공하지 아니하고 점포인테리어 시공을 하거나 가맹점 운영을 위한 가맹본부의 교육을 받게 하는 경우 가맹사업법 위반에 해당하나?

[A 12] 법 위반에 해당할 수 있다. 가맹사업법 제7조 제3항은 가맹본부가 가맹희망자에게 정보

9) 가맹점사업자가 가맹본부로부터 공급받는 상품, 원재료 등에 대하여 가맹본부에 정기적으로 또는 비정기적으로 지급하는 대가 중 적정한 도매가격을 넘는 대가이다(법 시행령 제3조 제2항 제2호).

공개서를 제공하고 나서 14일이 지나지 않은 경우 가맹희망자로부터 가맹금을 수령하거나 가맹계약을 체결하는 것을 금지하고 있다. 따라서 점포 인테리어를 시공하거나 교육을 이수하는 대가로 가맹희망자가 가맹본부에게 금전을 지급하는 경우 가맹본부가 이를 수령하는 행위는 법 위반에 해당할 수 있다.

이미 임대차 계약을 체결한 경우라면, 점포인테리어나 교육에 대한 대가는 정보공개서를 제공받은 날로부터 14일이 경과한 이후에 가맹본부에 지급하여야 가맹본부의 법 위반이 발생하지 않게 된다.

[Q 13] 가맹사업법 시행령 제6조 제1항 제4호에서 명시하고 있는 정보공개서의 수신시간의 정확한 의미는?

[A 13] 직접 열람한 시간을 말한다고 보아야 할 것이다. 가맹사업법 제7조 제1항에 따라 "가맹본부는 가맹희망자에게 등록 또는 변경등록한 정보공개서를 내용증명우편 등 제공시점을 객관적으로 확인할 수 있는 대통령령으로 정하는 방법에 따라 제공하여야 한다"고 규정하고 있으며, 시행령 제6조 제1항 제1호부터 제4호까지는 정보공개서 제공방법에 대해 구체적으로 규정하고 있다. 이 중 제4호에 따라 "가맹본부는 가맹희망자의 전자우편 주소로 정보공개서의 내용이 포함된 전자적 파일을 보내는 방법"을 이용하여 정보공개서 제공의무를 이행할 수 있는데, 이 경우 전자우편의 발송시간과 수신시간의 확인이 가능한 방법으로 하여야 하며, 이때 '수신시간'은 가맹희망자가 전자우편을 통해 제공받은 정보공개서를 직접 열람한 시간을 의미한다고 볼 수 있다.

[Q 14] 가맹희망자가 가맹본부로부터 정보공개서 제공의무 조항 및 제도 도입취지에 따라 정보공개서를 제공받고 숙고기간이 경과한 이후에 가맹계약을 진행하지 않아 가맹본부에게 불이익이 발생한 경우 어떻게 대체할 수 있는가?

[A 14] 통상 숙고기간까지는 가맹본부에 손해가 생기지 않기 때문에 손해배상청구를 하기 어렵다고 본다. 가맹사업법 제7조 제3항에 따라 가맹본부는 등록된 정보공개서를 가맹희망자에게 제공한 날부터 14일이 지난 이후부터 가맹계약 체결 등을 할 수 있으며, 가맹희망자는 숙고기간 동안 가맹본부의 가맹사업에 대해 검토한 후 그 계약 여부를 결정하면 된다. 정보공개서 제공의무 조항의 제도목적과 관련하여, 정보공개서는 가맹본부의 일반현황 및 가맹사업 현황, 가맹점사업자의 부담, 영업활동에 대한 조건 및 제한 등 가맹희망자가 가맹사업을 시작하기

전 알아야 할 전반적인 정보를 담고 있다.

가맹본부는 자신의 가맹사업에 대한 정보를 많이 보유하고 있는 반면, 가맹희망자는 가맹본부가 제공하는 정보에 의존하는 정보비대칭 현상이 나타나게 된다. 이로 인하여 가맹본부는 자신에게 유리한 정보는 과장하여 알리고 불리한 정보는 숨길 경우 이를 모르는 가맹희망자는 예상하기 어려운 손해를 감수할 수밖에 없는 문제를 해결하기 위하여 정보공개제도를 운용하는 것이다.

가맹희망자는 가맹본부로부터 정보공개서를 제공받고 숙고기간 동안 검토한 후 가맹계약 체결 여부를 결정할 수 있기 때문에 통상적으로는 가맹본부에게 손해가 발생할 수 없다. 다만 경쟁가맹본부 등이 정보공개서를 통해서 다른 이익을 취한 경우가 있다면 이는 민사적인 방법에 따라 손해배상청구를 통해 해결할 사안이다.

3. 가맹계약서의 제공의무

가. 가맹계약서 제공 시기 및 보관 기간

가맹본부는 가맹희망자가 가맹계약의 내용을 미리 이해할 수 있도록 영업표지의 사용권 부여에 관한 사항 등 가맹사업법 제11조 제2항 및 시행령 제12조 각 호의 기재사항이 적힌 가맹계약서를 ① 가맹희망자와 가맹계약을 체결하는 행위를 하거나, ② 가맹희망자로부터 가맹금을 수령하는 행위를 하기 14일 이전에 제공하여야 하며(법 제11조 제1항), 해당 가맹계약서는 가맹사업의 거래가 종료된 날부터 3년간 보관하여야 한다(같은 조 제3항).

나. 가맹계약서 제공의무 위반에 대한 제재

1) 시정명령, 과징금 부과 조치

공정거래위원회는 가맹본부가 가맹계약서의 법상 기재사항을 적지 아니하거나 가맹계약서를 제공한 후 숙고기간 이전에 가맹희망자와 가맹계약을 체결하거나 가맹금을 수령한 행위에 대하여 위반행위의 시정에 필요한 조치인 시정명령과 함께, 가맹본부의 위반기간 동안의 관련매출액(가맹점사업자 또는 가맹희망자에게 판매한 상품이나 용역의 매출액)에 100분의 2를 곱한 금액(매출액의 산정 등이 곤란한 경우에는 5억 원 이하의 정액)을 초과하지 아니하는 범위에서 과징금을 부과할 수 있다.

2) 과태료부과 조치

가맹본부가 가맹계약서를 가맹사업의 거래가 종료된 날부터 3년간 보관하지 아니한 경우에는 1천만 원 이하의 과태료가 부과된다.

다. 가맹계약서 사전 제공 관련 Q&A

[Q 1] 가맹계약서 사전 제공과 관련하여 변호사 또는 가맹거래사의 자문을 받은 경우에도 14일을 경과한 후에 가맹계약을 체결하여야 하나?

[A 1] 그렇다. 가맹계약서 제공 시 가맹희망자가 변호사 또는 가맹거래사의 자문을 받았다고 하더라도 사전 제공기간을 7일로 단축하는 규정이 없으므로, 이와 같은 자문을 받았다는 이유로 예컨대, 7일이 경과한 후에 가맹계약을 체결하면 법 위반에 해당한다.

4. 예상매출액 산정서의 제공의무

가. 적용 대상 가맹본부 및 보관 기간

가맹본부가 ① 중소기업기본법상 중소기업자[10)]가 아니거나, ② 직전 사업연도 말 기준으로 가맹점사업자의 수가 100개 이상[11)]인 경우에는 가맹계약을 체결할 때 가맹희망자에게 예상매출액의 범위 및 그 산출 근거에 대한 서면인 "예상매출액 산정서"를 제공하여야 한다. 가맹본부는 예상매출액 산정서를 계약체결일부터 5년간 보관하여야 한다(법 제9조 제3항, 제5항, 제6항).

---

10) 영리를 목적으로 사업을 하는 기업 중에서 업종별 상시 근로자 수, 자본금 또는 매출액의 규모기준(중소기업기본법 시행령 제3조 제1항 제1호 관련 [별표 1] 참조)을 모두 갖춘 기업을 말한다.

11) 가맹본부가 복수의 영업표지를 보유하고 있는 경우에는 동일 영업표지를 사용하는 가맹점사업자에 한정한다.

나. 예상매출액 산정서 작성 방법

1) 예상매출액 범위

가맹희망자의 점포예정지에서 영업개시일부터 1년간 발생할 것으로 예상되는 매출액의 최저액과 최고액으로 획정된 범위이다. 이 경우 그 매출액의 최고액은 그 매출액의 최저액의 1.7배를 초과해서는 안 된다(법 시행령 제9조 제3항).

2) 예상매출액 산정서 작성원칙 및 양식

「예상매출액 산정서의 표준양식에 관한 규정」 제3조에 따라 가맹본부는 다음 각 호의 원칙에 따라 예상매출액 산정서를 작성하여야 한다.

① 가맹희망자가 이해하기 쉽도록 명확하면서도 구체적으로 예상매출액 산정서를 작성하여야 한다.

② 예상매출액 산정서는 읽는 사람의 이해를 쉽게 하기 위하여 표, 그림 등 시각적 효과를 높이는 도구를 가능한 많이 사용하고, 예상매출액의 범위 등 중요한 내용은 별도의 색상, 글꼴, 글씨 크기 등으로 작성하여야 한다.

③ 예상매출액의 범위는 객관적이고 구체적인 근거를 통해 산출하여야 하며, 산출근거의 항목 및 내용을 명확하게 작성하여야 한다.

예상매출액 양식 규정 제4조에 따라 예상매출액 산정서는 [별지 서식]과 같으며, 가맹본부는 예상매출액 산정서의 내용을 자신이 영위하는 가맹사업에 맞도록 수정하여 사용할 수 있으나, 법 및 시행령에서 규정한 사항을 위반하여서는 안 된다.

3) 예상매출액 산출 획정 방법

가맹희망자의 점포예정지가 속한 해당 광역자치단체에 직전 사업연도의 영업기간이 6개월 이상인 가맹점으로 한정하여 해당 가맹본부의 가맹점이 5개 이상 있는 경우에는 그 점포예정지에서 가장 인접한 가맹점 5개 중 최고·최저액을 제외한 3개 가맹점의 매출액을 다음의 매출환산액에 산식[별표 1의3]에 따라 산출하여 획정된 범위로 법 시행령 제9조 제3항에 따른 범위를 갈음할 수 있다(법 시행령 제9조 제4항).

▎직전 사업연도 매출환산액의 계산방법(법 시행령 제9조 제4항 관련 별표 1의3)

① 직전 사업연도의 영업기간이 1년인 가맹점의 경우

$$\text{직전 사업연도 매출액} = \frac{\text{직전 사업연도에 발생한 매출액(원)}}{\text{매장면적(㎡)}}$$

② 직전 사업연도의 영업기간이 6개월 이상 1년 미만인 가맹점의 경우

$$\text{직전 사업연도 매출액} = \frac{\text{직전 사업연도에 발생한 매출액(원)}}{\text{매장면적(㎡)}} \times \frac{365}{\text{직전 사업연도 영업일수}}$$

4) 직전 사업연도 인근 가맹점 매출환산액의 산출 근거[12)]

① 직전 사업연도 인근 가맹점 매출환산액의 범위는 가맹사업법 제9조 제5항 및 시행령 제9조 제4항에서 정한 바에 따라 산출된 인근 가맹점 매출환산액의 최고액과 최저액을 말한다. 구체적인 산출방식은 다음과 같다.

② 가맹희망자의 점포예정지가 속한 광역자치단체에 소재하면서 점포예정지에서 가장 인접한 가맹본부의 5개 가맹점 중 상기 3)의 계산방법에 따른 직전 사업연도 매출환산액이 가장 적은 가맹점과 가장 많은 가맹점을 제외한 나머지 3개 가맹점을 기준으로 최고액과 최저액을 산출한다. 이해를 돕기 위해 <표 6>과 같이 최고액과 최저액에 해당하는 가맹점에서 직전 사업연도에 발생한 매출액을 함께 기재한다.

〈표 6〉 가장 인접한 5개 가맹점의 직전 사업연도 매출환산액 (단위: ㎡, 천 원)

점포명	점포전용면적	직전 사업연도 매출액	직전 사업연도 매출 환산액	비 고
A점				가장 큼
B점				
C점				
D점				
E점				가장 적음

12) 공정거래위원회 「예상매출액 산정서의 표준양식에 관한 규정」[별지 서식], 3. 예상 매출액에 관한 사항에서 "인근 가맹점 매출액을 활용한 방식"(법 시행령 제9조 제4항의 의한 방식).

③ 직전 사업연도 매출환산액 계산 방법에 기재된 직전 사업연도에 발생한 인근 가맹점의 매출액이란 가맹본부가 직전 사업연도에 해당 가맹점에게 공급한 물품공급액에 가맹본부가 산출한 매출액 추정비율(%)을 곱하여 산출된 금액을 말하며, 가맹본부가 보유한 가맹점사업자 원가분석 자료에 따르면 가맹점사업자의 매출액에서 물품공급액이 차지하는 비율이 (%)이므로, 추정비율이 (%)라고 객관적이고 구체적인 근거에 따라 작성하여 제시하여야 한다.

한편 가맹본부가 가맹점 POS(Point of Sales) 매출을 사용한 경우에는 직전 사업연도 매출환산액 계산 방법에 기재된 직전 사업연도에 발생한 인근 가맹점의 매출액이란 해당 가맹점 POS상의 매출이라는 사실을 제시하여야 한다.

5) 가맹본부 예측 방식에 따른 예상매출액 범위의 산출근거 예시[13)]

[예시 1]

① 가맹본부에서 예상한 가맹희망자의 점포 예정지 매출액의 범위는 아래 ②의 평균매출액에 (±25.9%)를 곱하여 산출한다. 가맹사업법 제9조 제5항 및 시행령 제9조 제3항의 규정에 따르면 예상매출액의 최고액은 최저액의 1.7배를 초과하지 않도록 되어 있으며, 이 규정에 따른 최대 비율이 (±25.9%)이다.

② 평균매출액이란 가맹희망자의 점포 예정지와 점포 및 상권형태가 가장 유사한 가맹본부의 ○○개 가맹점의 직전 사업연도 1년간의 POS상의 평균매출액(VAT 포함 또는 별도)을 말한다.

〈표 7〉 ○○개 가맹점의 직전 사업연도 평균매출액 현황

(단위: ㎡, 천 원, VAT 포함 또는 별도)

구 분	A점	B점	C점	D점	평균
매출액					

[예시 2]

① 가맹본부에서 예상한 가맹희망자의 점포예정지의 매출액의 범위는 아래 ②의 산식에 따라 산출된 매출액에 (±25.9%)를 곱하여 산출한다. 가맹사업법 제9조 제5항

13) 공정거래위원회「예상매출액 산정서의 표준양식에 관한 규정」[별지 서식], 3. 예상 매출액에 관한 사항에서 “가맹본부 예측에 의한 방식”(법 시행령 제9조 제3항의 의한 방식).

및 시행령 제9조 제3항의 규정에 따르면 예상매출액의 최고액은 최저액의 1.7배를 초과하지 않도록 되어 있으며, 이 규정에 따른 최대 비율이 (±25.9%)이다.

② 매출액: 가맹본부가 직전 사업연도 1년간 가맹희망자의 점포 예정지와 점포 및 상권형태가 가장 유사한 ○○개의 가맹점에게 공급하는 평균 물품공급액(○○○천 원, VAT 포함 또는 별도)×추정비율(%)로 산출한다.

〈표 8〉 ○○개 가맹점의 직전 사업연도 물품공급액 현황

(단위: ㎡, 천 원, VAT 포함 또는 별도)

구 분	A점	B점	C점	D점	평균
매출액					

③ 가맹본부가 보유한 가맹점사업자 원가분석 자료에 따르면 가맹점사업자의 매출액에서 물품공급액이 차지하는 비율이 (%)이므로, 추정비율이 (%)가 된다고 제시한다.

[예시 3]

① 가맹본부에서 예상한 가맹희망자의 점포예정지의 매출액의 범위는 아래 ②의 산식에 따라 산출된 매출액에 (±25.9%)를 곱하여 산출한다. 가맹사업법 제9조 제5항 및 시행령 제9조 제3항의 규정에 따르면 예상매출액의 최고액은 최저액의 1.7배를 초과하지 않도록 되어 있으며, 이 규정에 따른 최대 비율이 (±25.9%)이다.

② 매출액: 영업시간(○○시간)×가맹희망자의 점포예정지의 시간당 유동인구(00,000명)×고객 내점률(0.00%)×고객실구매율(00.00%)×고객 1인 1회 구매금액(00,000원)×365일

③ 시간당 유동인구는 소상공인진흥원의 상권분석시스템(지방자치단체의 지능형도시 정보시스템 등)을 통해 산출하고, 고객 내점률, 고객 실구매율 및 고객 1인 1회 구매금액은 직전 사업연도 가맹본부의 가맹점 평균으로 산출하였음을 제시한다.

[예시 4]

① 가맹본부에서 예상한 가맹희망자의 점포예정지의 매출액의 범위는 아래 ②의

산식에 따라 산출된 매출액에 (±25.9%)를 곱하여 산출한다. 가맹사업법 제9조 제5항 및 시행령 제9조 제3항의 규정에 따르면 예상매출액의 최고액은 최저액의 1.7배를 초과하지 않도록 되어 있으며, 이 규정에 따른 최대 비율이 (±25.9%)이다.

② 매출액: 가맹희망자의 점포 예정지와 점포 및 상권형태가 가장 유사한 가맹본부의 ○○개 가맹점의 직전 사업연도 1년간 가맹점 POS상의 평균매출액×입지여건 가중치(%)×경쟁강도 가중치(%)로 산출한다.

〈표 9〉 ◯◯개 가맹점의 직전 사업연도 물품공급액 현황

(단위: ㎡, 천 원, VAT 포함 또는 별도)

구 분	A점	B점	C점	D점	평균
매출액					

③ 가맹본부는 입지여건에 대한 가중치를 다음과 같이 산정한다. 보증금 또는 권리금의 주변 시세 대비 가맹희망자의 점포 예정지의 월임대료를 파악하여 A등급에서 D등급으로 분류하고 ○○%에서 ○○○%의 범위로 등급별 가중치를 설정한다. 그리하여 가맹희망자의 점포 예정지의 입지여건 가중치는 (%)라고 제시한다.

④ 가맹본부는 경쟁강도에 대한 가중치를 다음과 같이 산정한다. 가맹희망자의 점포 예정지 주변 상권 내 경쟁점포 수에 따라 A등급에서 D등급으로 분류하여 00%에서 000%의 범위로 가중치를 설정한다. 그리하여 가맹희망자의 점포 예정지의 경쟁강도는 ( )등급이라고 제시한다.

다. 예상매출액 산정서 교부 방법

가맹본부는 가맹사업법 제9조 제5항에 따라 예상매출액 산정서에 일자를 기재하여 가맹희망자에게 교부하고, 가맹본부와 가맹희망자가 성명, 주소 및 전화번호를 서명 또는 기명날인한 확인서를 작성하는 것이 필요하다. 그리고 산정서의 기재사항은 가맹본부 또는 가맹점사업자의 영업비밀에 해당하므로 동의 없이 다른 용도로 활용할 수 없으며, 이를 위반하여 손해가 발생할 경우 이에 대한 책임을 부담하여야 한다는 유의사항[14]을 고지한다.

---

14) 공정위가 권장하는 「예상매출액 산정서의 표준양식에 관한 규정」 참고하여 작성하여 교부한다.

라. 장래의 예상수익상황에 대한 정보제공 방법

1) 예상수익상황 정보의 서면 제공

가맹본부는 가맹희망자나 가맹점사업자에게 ① 가맹희망자의 예상매출액·수익·매출총이익·순이익 등 장래의 예상수익상황에 관한 정보, ② 가맹점사업자의 매출액·수익·매출총이익·순이익 등 과거의 수익상황이나 장래의 예상수익상황에 관한 정보를 제공할 때는 서면으로 하여야 한다(법 제9조 제3항).

2) 예상수익상황 정보 비치 및 열람

가맹본부는 상기 1)의 정보를 제공하는 경우에는 그 정보의 산출근거가 되는 자료로서 ① 현재수익 또는 예상수익의 산출에 사용된 사실적인 근거와 예측에 관한 자료, ② 현재수익 또는 예상수익의 산출근거가 되는 각각의 자료,[15] ③ 최근의 일정기간 동안에 가맹본부나 가맹중개인이 표시 또는 설명하는 현재수익 또는 예상수익과 같은 수준의 수익을 올리는 가맹점사업자의 수와 그 비율[16] 등의 자료를 가맹본부의 사무소에 비치하여야 한다. 그리고 이러한 자료에 대해 영업시간 중에 가맹희망자나 가맹점사업자의 요구가 있는 경우 언제든지 그 자료를 열람할 수 있도록 하여야 한다(법 제9조 제4항, 시행령 제9조 제1항).

마. 예상매출액 산정서 제공의무 위반에 대한 제재

예상매출액 산정서 제공 등을 위반한 경우에는 1천만 원 이하의 과태료를 부과한다.

즉, 공정거래위원회는 ① 가맹희망자의 예상매출액·수익·매출총이익·순이익 등 장래의 예상수익상황에 관한 정보 및 가맹점사업자의 매출액·수익·매출총이익·순이익 등 과거의 수익상황이나 장래의 수익상황에 관한 정보를 서면으로 제공하지 아니한 자, ② 가맹본부가 상기 1)에 따라 정보를 제공하였음에도 그 근거자료를 비치하지 아니하거나 자료요구에 응하지 아니한 자, ③ 가맹본부가 예상매출액 산정서를 제공하여야 하는 대상자임에도 이를 제공하지 아니한 자, ④ 예상매출액 산정서를 가맹계약체결일부터 5년간 보관하지 아니한 자에 대해 과태료의 처분을 할 수 있다.

---

15) ⓐ 산출근거가 되는 가맹사업의 직영점과 가맹점을 포함한 점포의 수, ⓑ 해당 가맹사업의 전체 점포 수 대비 ⓐ에 따른 점포의 수, ⓒ ⓐ에 따른 각 점포와 점포예정지와의 거리를 말한다.

16) 이 경우 최근의 일정기간에 대하여 시작하는 날짜와 끝나는 날짜를 표시하여야 한다.

바. 예상매출액 산정서 제공 관련 Q&A

[Q 1] 최근 가맹점이 급격하게 증가하여 예상매출액 산정에 있어서 광역자치단체 내 인근가맹점이 5개 미만인 경우 예상매출액을 어떻게 산정하여야 하니?

[A 1] 가맹사업법 시행령 제9조 제3항에 따라 산정된 최저액과 최고액의 범위를 1.7배 이하가 되도록 하여야 한다. 가맹사업법 제9조 제5항은 중소기업자가 아닌 가맹본부, 직전 사업연도 말 기준 가맹점 수가 100개 이상인 가맹본부로 하여금 가맹희망자에게 예상매출액을 제공하도록 의무화하고 있다. 법 시행령은 예상매출액 산정방식을 두 가지로 규정하고 있다. 법 시행령 제9조 제3항은 가맹본부가 객관적 근거에 따라 추정한 예상매출액의 범위로서 최저액과 최고액의 범위를 1.7배 이하로 하도록 규정하고 있다(①). 또한 시행령 제9조 제4항은 광역지방자치단체 내에 직전 사업연도 영업기간이 6개월 이상인 가맹점이 5개 이상인 경우에는 인근 가맹점 중 직전 사업연도 매출환산액 기준으로 2~4위 매출액을 제공함으로써 ①의 방식에 갈음할 수 있다고 규정하고 있다(②). 그러므로 광역자치단체 내 직전 사업연도 영업기간이 6개월 이상인 가맹점이 5개 미만에 해당하는 경우 법 시행령 제9조 제3항에 따라 산정된 1.7배 이내의 예상매출액의 범위(①)를 제공하여야 한다.

[Q 2] 가맹본부가 가맹희망자 또는 가맹점사업자의 예상매출액 산정과 관련하여 점포예정지가 속한 광역자치단체 내에 가맹점수가 5개 미만일 경우 인접한 타 광역자치단체에 속한 가맹점의 수를 포함하여도 되는가?

[A 2] 인접한 타 광역자치단체에 속한 가맹점을 포함할 수 없다. 가맹사업법 및 시행령은 예상매출 산정서에 대하여 다음과 같이 규정하고 있다.

법 제9조(허위·과장된 정보제공 등의 금지)

③ 가맹본부는 가맹희망자나 가맹점사업자에게 다음 각 호의 어느 하나에 해당하는 정보를 제공하는 경우에는 서면으로 하여야 한다.

1. 가맹희망자의 예상매출액·수익·매출총이익·순이익 등 장래의 예상수익상황에 관한 정보
2. 가맹점사업자의 매출액·수익·매출총이익·순이익 등 과거의 수익상황이나 장래의 예상수익상황에 관한 정보

⑤ 제3항에도 불구하고 다음 각 호의 어느 하나에 해당하는 가맹본부는 가맹계약을 체결할

때 가맹희망자에게 대통령령으로 정하는 예상매출액의 범위 및 그 산출근거를 서면(이하 "예상매출액 산정서"라 한다)으로 제공하여야 한다.

1. 중소기업자('중소기업기본법' 제2조 제1항 또는 제3항에 따른 자를 말한다)가 아닌 가맹본부
2. 직전 사업연도 말 기준으로 가맹본부와 계약을 체결·유지하고 있는 가맹점사업자(가맹본부가 복수의 영업표지를 보유하고 있는 경우에는 동일 영업표지를 사용하는 가맹점사업자에 한정한다)의 수가 대통령령으로 정하는 수 이상인 가맹본부

법 시행령 제9조(예상수익상황에 대한 정보제공 등)

③ 법 제9조 제5항 각 호 외의 부분에서 "대통령령으로 정하는 예상매출액의 범위"란 가맹희망자의 점포예정지에서 영업개시일부터 1년간 발생할 것으로 예상되는 매출액의 최저액과 최고액으로 획정된 범위를 말한다. 이 경우 그 매출액의 최고액은 그 매출액의 최저액의 1.7배를 초과해서는 아니 된다.

④ 제3항에도 불구하고 가맹희망자의 점포예정지가 속한 해당 특별시·광역시·특별자치도·도·특별자치도(이하 시·도"라 한다)에 해당 가맹본부의 가맹점(직전 사업연도의 영업기간이 6개월 이상인 가맹점으로 한정한다. 이하 이 항에서 같다)이 5개 이상 있는 경우에는 그 점포예정지에서 가장 인접한 가맹점 5개 중 [별표 1의3]에 따른 직전 사업연도 매출환산액이 가장 적은 가맹점과 가장 큰 가맹점을 제외한 나머지 3개 가맹점의 같은 표에 따른 직전 사업연도 매출환산액 중 최저액과 최고액으로 획정된 범위로 제3항에 따른 범위를 갈음할 수 있다.

⑤ 법 제9조 제5항 제2호에서 "대통령령으로 정하는 수"란 100개를 말한다. 그러므로 가맹희망자 또는 가맹점사업자의 예상매출액 산정은 법 시행령 제9조 제4항에 따라 하여야 한다.

이에 따르면 예상매출액 산정서를 가맹희망자에게 제공하여야 하나 가맹희망자의 점포예정지가 속한 해당 광역시에 가맹본부의 가맹점이 5개 이상 있는 경우에 법 시행령 제4항으로 예상매출액 범위를 갈음할 수 있다. 따라서 점포예정지가 속한 해당 광역지방자치단체 내에 가맹점이 5개 미만인 경우에는 법 시행령 제9조 제4항에 따라 예상매출액 범위를 산정할 수 없고, 법 시행령 제9조 제3항에 따라 예상매출액의 범위를 확정하여야 할 것이며, 예상매출액 산정 방법과 관련하여 표준양식을 참고할 수 있다.

[Q 3] 예상매출액 산정서 제공 시점은?

[A 3] 가맹계약을 체결할 때 제공하여야 한다. 가맹사업법 제9조 제5항에는 예상매출액 산정서

제공시점에 대해 규정하고 있는데, 가맹본부는 가맹계약을 체결할 때 가맹희망자에게 대통령령으로 정하는 예상매출액의 범위 및 그 산출근거를 서면으로 제공하여야 한다. 그러므로 예상매출액 산정서의 경우에는 가맹계약을 체결할 때 제공하여야 한다.

[Q 4] 가맹점이 5개 미만인 경우 가맹사업법 제9조 제4항의 계산방법을 사용할 수 있나?

[A 4] 사용할 수 없다. ① 가맹사업법 시행령 제9조 제4항에서는 '특별시 등 각 시도에 가맹점이 5개 이상 있는 경우, 시행령 제9조 제3항에 따른 범위를 갈음할 수 있다'고 규정되어 있다. 따라서 법률의 해석상 점포예정지가 속한 특별시 등 각 시도에 가맹본부가 5개 미만인 경우에는 시행령 제9조 제4항의 계산방법을 사용할 수 없으며, 시행령 제9조 제3항에서 규정하고 있는 계산방법을 사용하여야 한다. 따라서 ② 법 시행령 제9조 제4항에 따라 '점포예정지가 속한 시·도'에 대해 '가맹희망자의 점포예정지가 속한 해당 특별시·광역시·특별자치시·도·특별자치도'라고 규정하고 있다. 예컨대 가맹희망자의 점포예정지가 서울특별시이면 서울특별시에 있는 가맹점을 의미하며, 점포예정지가 경기도일 경우에는 경기도에 있는 가맹점을 의미한다.

[Q 5] 가맹본부가 가맹계약 체결 시 기존 가맹점의 현재 수익에 관한 자료를 가맹희망자에게 모니터 화면을 통해 보여주고, 구두로 설명하는 행위가 가맹사업법 위반에 해당하나?

[A 5] 법 위반에 해당할 수 있다. 가맹사업법 제9조 제4항에 따라 가맹점사업자의 매출액, 수익, 매출총이익, 순이익 등 과거의 수익상황이나 장래의 예상수익상황에 관한 정보를 제공하는 경우에는 그 정보의 산출근거가 되는 자료로서 대통령령으로 정하는 자료를 가맹본부의 사무소에 비치하여야 하며, 영업시간 중에 언제든지 가맹희망자나 가맹점사업자의 요구가 있는 경우 그 자료를 열람할 수 있도록 하여야 한다.

따라서 컴퓨터 모니터 화면 및 구두 설명만으로 정보를 제공하는 행위는 법 위반 소지가 크므로, 반드시 동일한 정보를 서면으로도 제공하여야 하며, 추후 계약체결 과정에서 예상매출액 산정서를 제공하였다고 해서 이러한 의무가 면제되는 것은 아니다.

5. 허위·과장된 정보제공 금지의무

가. 허위·과장된 정보제공의 유형

가맹본부는 가맹희망자나 가맹점사업자에게 정보를 제공함에 있어서 다음과 같은 유형의 행위를 하여서는 안 된다(법 제9조 제1항, 시행령 제8조 제1항 및 제2항).

1) 사실과 다르게 정보를 제공하거나 사실을 부풀리는 허위·과장의 정보제공행위

① 객관적인 근거 없이 가맹희망자의 예상수익상황을 과장하여 제공하거나 사실과 다르게 가맹본부가 최저수익 등을 보장하는 것처럼 정보를 제공하는 행위

② 가맹희망자의 점포예정지 상권의 분석 등과 관련하여 사실 여부가 확인되지 아니한 정보를 제공하는 행위

③ 가맹본부가 취득하지 아니한 지식재산권을 취득한 것처럼 정보를 제공하는 행위

④ 회사 연혁, 사업실적, 가맹점 현황, 임직원 현황, 재무현황, 자산보유현황 등 가맹본부에 관한 정보를 사실과 다르게 또는 부풀려서 제공하는 행위(허위·과장 유형고시)

⑤ 가맹점사업자에게 공급하는 상품, 용역, 설비, 원·부재료 등에 대한 정보를 사실과 다르게 또는 부풀려서 제공하는 행위(허위·과장 유형고시)

⑥ 가맹본부가 제공하는 경영 및 영업활동 등에 대한 지원 등에 관한 정보를 사실과 다르게 또는 부풀려서 제공하는 행위(허위·과장 유형고시)

⑦ 가맹금 등 가맹사업을 개시 영위하는 동안 가맹점사업자에게 발생하는 경제적 부담을 사실과 다르게 제공하는 행위(허위·과장 유형고시)

2) 계약의 체결·유지에 중대한 영향을 미치는 사실을 은폐하거나 축소하는 방법의 기만적인 정보제공행위

① 중요사항을 적지 아니한 정보공개서를 가맹희망자에게 제공하는 행위

② 가맹본부가 가맹점사업자에게 지원하는 금전, 상품 또는 용역 등이 일정 요건이 충족되는 경우에만 지원됨에도 불구하고, 해당 요건을 제시하지 아니하면서 모든 경우에 지원되는 것처럼 정보를 제공하는 행위

③ 가맹본부에 관한 중요사실을 은폐하거나 축소하는 방법으로 정보를 제공하는 행위(허위·과장 유형고시)

④ 가맹점사업자에게 공급하는 상품, 용역, 설비, 원·부재료 등에 관한 중요 사실

을 은폐하거나 축소하는 방법으로 정보를 제공하는 행위(허위·과장 유형고시)

⑤ 가맹본부가 제공하는 경영 및 영업활동 등에 대한 지원 등에 관한 중요사실을 은폐하거나 축소하는 방법으로 정보를 제공하는 행위(허위·과장 유형고시)

⑥ 가맹금 등 가맹사업을 개시 영위하는 동안 가맹점사업자에게 발생하는 경제적 부담에 관한 중요사실을 은폐하거나 축소하는 방법으로 정보를 제공하는 행위(허위·과장 유형고시)

⑦ 가맹희망자의 예상수익상황 또는 점포예정지 상권과 관련한 중요사실을 은폐하거나 축소하는 방법으로 정보를 제공하는 행위(허위·과장 유형고시)

나. 위법성 판단 기준

가맹본부의 허위·과장된 정보제공행위가 성립하기 위해서는 가맹희망자나 가맹점사업자에게 제공한 정보가 사실과 다르거나 기만적인 정보 제공이어야 한다. 이에 관한 법원 판례를 살펴보면 다음과 같다.

① 대법원은 기만행위에 해당하는 '중요사항을 누락한 경우'라 함은 가맹계약의 체결과 유지 등 가맹희망자의 의사결정에 중대한 영향을 줄 수 있는 사실 또는 가맹희망자가 일정한 사정에 관하여 고지를 받았더라면 가맹계약을 체결하지 않았을 것임이 경험칙상 명백한 경우 그와 같은 사정 등을 가맹계약을 체결하기 위하여 상담하거나 협의하는 단계에서 가맹희망자에게 고지하지 아니하는 것이라고 판시하였다.[17)]

② 가맹본부의 어드민피 사항에 대하여 정보공개서에 이미 공개되어 있고 가맹계약서에는 명시적으로 기재되지 않은 경우 이를 곧바로 묵시적으로 체결된 계약내용으로 인정할 수 있는가 쟁점이 된 사안에서, 대법원은 정보공개서에 '가맹점 서비스 수수료'가 어떤 서비스에 대한 대가인지 명확히 기재되어 있지 않고, 사업설명회나 오리엔테이션 자료에도 어드민피가 구체적으로 어떠한 비용인지 그 방식에 관한 설명이 없으며, 어드민피를 구성하는 비용항목, 요율 산정 근거 등에 관하여 원고를 포함한 가맹점사업자들이 알고 있었다거나 피고(공정거래위원회)가 그에 관해 임의로 결정하는 것을 가맹점사업자들이 용인하였다고 볼 사정이 없는 경우 이러한 것을 곧바로 정보제공으로 보거나 묵시적 계약의 성립으로 볼 수 없다고 판시하였다.[18)]

---

17) 대법원 2015. 4. 9. 선고 2014다84824 판결; 대법원 2020. 11. 26. 선고 2019다211324 판결.
18) 대법원 2018. 6. 15. 선고 2017다248803, 248810 판결.

③ 가맹본부가 가맹희망자에게 제공하는 정보가 "허위·과장정보"에 해당하는지 여부에 관하여 법원은, '거래에 있어서 중요한 사항에 관하여 구체적 사실을 신의성실의 의무에 비추어 비난받을 정도의 방법으로 허위 고지한 경우에는 기망행위가 된다'고 판시하거나[19] 가맹계약에 있어서는 영업지식과 경험이 부족한 가맹점사업자로서는 가맹점 운영에 관한 축적된 경험을 가진 가맹본부가 제공하는 정보를 신뢰하고 그에 기초하여 점포를 선정하고 영업활동을 전개할 수밖에 없어 가맹점주의 영업상의 성패는 계약체결과정에 있어서의 입지선정과 그 이후의 교육훈련, 경영비법의 전수 등 가맹본부가 제공하는 정보에 크게 의존한다고 할 것이므로, 가맹본부는 계약체결 이후에는 물론이고 계약체결과정에 있어서도 계약체결 여부에 대한 객관적인 판단자료가 되는 정확한 정보를 제공할 신의칙상 의무를 진다고 할 것이고, 특히 가맹본부가 가맹점 모집에 즈음하여 시장조사를 실시하고 그 내용을 개시한 경우에는 그 내용은 가맹점에 가입하려는 사람에게는 계약체결의 가부를 판단함에 있어 극히 중요한 자료가 되는 것임에도 그 방면에 대한 경험이 부족하여 전문지식과 축적된 노하우에 의하여 조사된 가맹본부측의 시장조사 결과를 분석하여 비판하는 것이 쉽지 아니한 점을 고려할 때 그 시장조사 내용이 객관성을 결여하여 가맹점 가입계약 체결 여부에 관한 판단을 그르치게 할 우려가 큰 경우에는 그 가맹본부는 신의칙상 보호의무 위반의 책임을 면할 수 없다고 보았다.[20]

다. 허위·과장된 정보제공행위에 대한 제재

1) 시정명령, 과징금, 벌칙 처분

공정거래위원회는 가맹본부가 허위·과장된 정보제공 금지 의무에 위반한 행위에 대하여 위반행위의 시정에 필요한 조치인 시정명령과 가맹본부의 위반기간 동안의 관련매출액(가맹점사업자 또는 가맹희망자에게 판매한 상품이나 용역의 매출액)에 100분의 2를 곱한 금액(매출액의 산정 등이 곤란한 경우에는 5억 원 이하의 정액)을 초과하지 아니하는 과징금을 부과할 수 있다.

또한 가맹사업법 제9조 제1항의 규정에 위반하여 허위·과장된 정보제공행위나 기만적인 정보제공행위를 한 자는 5년 이하의 징역 또는 3억 원 이하의 벌금에 처한다.

---

19) 대법원 1993. 8. 13. 선고 92다52665 판결.
20) 대전지방법원 2002. 8. 14. 선고 2001가합9179 판결.

이는 공정거래위원회의 고발이 있어야 공소를 제기할 수 있다.

2) 가맹금의 반환 대상

가맹본부가 법 제9조 제1항을 위반한 경우로서 가맹희망자가 가맹계약 체결 전에 가맹금 반환을 요구한 경우이거나, 가맹본부가 허위 또는 과장된 정보나 중요사항의 누락된 내용이 계약체결에 중대한 영향을 준 것으로 인정되어 가맹점사업자가 가맹계약의 체결일로부터 4개월 이내에 가맹금의 반환을 요구하는 경우 가맹본부는 1개월 이내에 가맹금을 반환하여야 한다(법 제10조 제1항).

3) 손해배상책임의 부담

가맹사업법 제9조 제1항에서 정한 '중요사항을 누락한 경우' 가맹본부가 가맹희망자에게 가맹사업법 제37조(공정거래법의 준용) 제3항, 공정거래법 제56조(손해배상책임) 제1항에 의한 손해배상책임을 부담하는지 여부에 대하여, 대법원은 가맹희망자에 대하여 가맹본부는 손해배상책임을 부담한다고 판시하였다.[21]

라. 허위·과장된 정보제공 금지 관련 Q&A

[Q 1] 가맹본부가 가맹계약 체결과정에서 예상지출액과 관련하여 허위·과장된 정보를 제공한 것이 가맹사업법 위반에 해당하나?

[A 1] 법 위반에 해당한다. 가맹사업법 제9조 제1항은 가맹본부가 가맹희망자 또는 가맹점사업자에게 사실과 다르게 정보를 제공하거나 사실을 부풀려 정보를 제공하는 행위를 금지하고 있다. 따라서 가맹본부가 가맹점사업자에게 객관적인 근거 없이 예상매출액 및 예상 지출액과 관련하여 허위·과장된 정보를 제공하였다면, 이는 가맹사업법 위반에 해당할 소지가 있다. 또한 가맹본부가 법 제9조 제1항을 위반하여 가맹희망자가 가맹계약 전에 가맹금 반환을 요청하거나 가맹계약 체결에 중대한 영향을 미친 경우에 계약 체결일로부터 4개월 이내에 가맹점사업자가 가맹금 반환을 청구하면 1개월 이내에 반환하여야 한다.

[Q 2] 가맹본부가 가맹희망자에게 요구하는 가맹금과 정보공개서상의 가맹금이 차이가 나는 경우 가맹사업법 위반에 해당하나?

[A 2] 법 위반에 해당할 가능성이 높다. 가맹사업법 제9조는 가맹본부는 가맹희망자나 가맹점사

21) 대법원 2015. 4. 9. 선고 2014다84824 판결.

업자에게 정보를 제공함에 있어서 사실과 다르게 정보를 제공하거나 사실을 부풀려 정보를 제공하는 행위를 하여서는 안 된다고 규정하고 있다. 따라서 가맹본부가 정보공개서에 기재된 가맹비와 다르게 제공한 사실이 있고, 해당 정보의 내용이 사실과 다른 것으로 확인되는 경우라면 법 제9조에 위반될 소지가 있을 수 있으나, 이는 정보공개서의 기재내용, 가맹희망자와 가맹본부 간 계약 내용 등 구체적인 사실관계를 확인하여 판단할 사안이다.

[Q 3] 가맹본부가 가맹점사업자의 ① 점포면적 축소, 점포개점일 변경 등을 통한 초기 안정화 지원금 미지급, ② 예상매출액과 실제매출액의 차이가 발생하는 경우 가맹사업법 위반에 해당하나?

[A 3] 법 위반에 해당할 가능성이 높다. ① 가맹사업법 제9조 제1항은 가맹본부의 허위·과장된 정보제공 또는 기만적 정보제공행위를 금지하고 있고, 시행령 제8조는 그 유형을 구체화하고 있다. 따라서 가맹본부의 행위가 시행령 제8조 각 호에 해당하거나 이에 준하는 행위로서 계약의 체결, 유지에 중대한 영향을 미치는 경우라면 법 위반에 해당하여 시정조치 대상이 될 수 있다.

② 법 제9조 제5항은 일정 규모 이상의 가맹본부는 가맹희망자에게 예상매출액 산정서를 제공하여야 하고, 시행령 제9조 제3항은 예상매출액의 범위를 규정하고 있다. 다만 시행령 제9조 제4항은 점포예정지 인근 가맹점의 매출액을 제공하는 방법으로 제3항에서 규정한 예상매출액의 범위 제공을 갈음할 수 있도록 규정하고 있으며, 이를 위반하면 1천만 원 이하의 과태료를 부과받을 수 있다.

[Q 4] 가맹본부가 가맹계약 체결 당시 제공한 상권분석 정보가 실제로 가맹점 운영과정에서 나타난 것과 다른 것이 가맹사업법 위반 행위에 해당하나?

[A 4] 계약 내용에 따라 다르다. 가맹사업법 제9조 제1항 및 시행령 제8조는 가맹본부가 객관적인 근거 없이 가맹희망자의 예상매출액을 과장하여 제공하거나, 점포예정지 상권의 분석과 관련하여 사실 여부가 확인되지 아니한 정보를 제공하는 행위를 허위·과장의 정보제공행위를 보아 금지하고 있다. 따라서 가맹본부가 제시한 예상매출액 정보나 상권분석 정보에 객관적이고 사실적인 근거가 뒷받침되어 있지 아니한 경우에는 법 위반의 소지가 있을 수 있다. 다만 가맹본부가 객관적이고 사실적인 근거에 기초하여 이러한 정보를 제공하였을 경우 단순히 실제로 나타난 매출액이나 내점 고객 수, 유동인구 등이 가맹본부가 제공한 예상 수치와 다르다

는 사실만으로는 법 위반에 해당하지 아니한다.

[Q 5] 가맹본부가 홈페이지 또는 각종 홍보물에 광고한 내용이 허위 과장으로 제공되었지만, 계약 당시의 자료를 가지고 있지 않은 경우 가맹사업법 위반에 해당하나?

[A 5] 가맹본부가 허위·과장된 정보를 제공한 자료가 있어야 법 위반으로 조치할 수 있다.

가맹사업법 제9조 제1항은 "가맹본부의 허위·과장된 정보제공 또는 기만적 정보제공행위를 금지"하고 있고, 시행령 제8조는 그 유형을 구체화하고 있다. 따라서 가맹본부의 행위가 시행령 제8조 각 호에 해당하거나 이에 준하는 행위로서 계약의 체결, 유지에 중대한 영향을 미치는 경우라면 법 위반에 해당할 수 있다. 다만 법 위반 사실을 입증하기 위해서는 가맹본부가 허위·과장된 정보를 제공한 자료가 있거나 가맹본부가 그 사실을 인정하여야 법 위반으로 조치할 수 있다.

제 3 장 가맹계약 체결단계에서의 실무지식

1. 가맹계약서 작성 전 확인 사항

가맹계약서라 함은 가맹사업의 구체적 내용과 조건 등에 있어 가맹본부 또는 가맹점사업자의 권리와 의무에 관한 사항(특수한 거래조건이나 유의사항이 있는 경우에는 이를 포함한다)[1]을 기재한 문서를 말한다(법 제2조 제9호). 그러므로 가맹사업당사자는 가맹계약을 체결하는 단계에서 계약서의 내용을 다음과 같이 사전에 꼼꼼히 확인함으로써 계약체결 이후 가맹사업을 영위하는 동안이나 종료한 후에도 법적 분쟁요인을 줄이거나 권리관계를 주장하는 근거로 활용할 수 있다.

가. 기본 사항의 확인

가맹계약서는 가맹사업당사자 간의 계약기간 동안은 물론 그 이후까지 권리와 의무에 대한 다툼이 발생할 경우 근거자료로 활용된다. 그러므로 기본 사항을 확인할 때는 ① 상호, 주소, 대표이사 등 가맹사업당사자가 정확히 표현되어 있는가, ② 가맹사업당사자는 신용상태가 양호하며, 법률적으로 하자 없이 설립된 회사인가, ③ 계약서 전체에 영향을 주는 용어의 정의는 명확한가, ④ 표준계약서의 일부를 변경한 경우 불필요한 내용은 없는가, ⑤ 상대방의 일방적 권리행사 또는 당사의 일방적 의무부담 등 독소조항은 없는가, ⑥ 각 계약조항에 오타·오기는 없는가. ⑦ 연계되는 조문이 일치하고 있는지와 첨부파일이 제대로 첨부되어 있는지 등을 유의하여 살펴보아야 한다.[2]

1) 특수한 거래조건이나 유의사항이 있는 경우에는 이를 포함한다.
2) 박수영, 앞의 교육 자료, 1면 참조.

나. 목적·이행사항 및 기간의 확인

가맹계약서에서 계약의 목적, 이행사항 및 계약기간은 계약내용의 중요한 요소에 해당한다. 그러므로 이에 대한 사항을 확인할 때는 ① 계약의 배경 및 목적은 기재되어 있는가, ② 계약의 목적물은 제품, 서비스, 용역 등의 상세내역을 명확히 기재하고 있는가, ③ 가맹사업당사자의 역할과 책임이 채무불이행과 연결되게 명확히 기재되어 있는가, ④ 이행일정과 이행방법은 단계적 이행과정에 따라 명확히 기재되어 있는가, ⑤ 계약기간과 관련하여 시기와 종기 및 자동갱신이 필요한 경우 법령에서 규정하고 있는 사항을 위반한 사실이 없는지 꼼꼼히 살펴보아야 한다.[3)]

다. 대금 및 손해배상 관련 사항의 확인

가맹사업관계에서 가맹금 및 손해배상에 관한 사항도 매우 중요하다. 따라서 가맹계약서에 ① 납품 후 청구일로부터 일정 기일(30일 등) 내로 대금지급기일 및 지급절차를 명시하고 있는가, ② 대금은 계약금, 중도금, 잔금 형태의 분할지급인가 아니면 일시지급인가, ③ 대금은 부가가치세를 포함하고 있는가 등을 확인해야 한다. 아울러 가맹계약체결 이후 일방 당사자의 책임 있는 사유로 인한 손해배상 사항에 대해 ① 계약일정 미준수 시 받게 되는 지체상금의 비율은 적정한가, ② 계약위반 시 받게 되는 금액에 대한 위약금은 적정한가, ③ 손해배상과는 별도로 징구하는 위약벌을 규정할 필요는 없는가, ④ 손해배상책임의 한계가 정해져 있는가와 고의·중과실일 경우로 한정할 필요는 없는가, ⑤ 발생할 수 있는 손해의 유형이 명확히 기재되었는가, ⑥ 가맹사업당사자 이외의 제3자로 인한 손해 발생시 이에 대한 책임소재에 대해 명확히 기재하고 있는가를 사전에 살펴보아야 한다.[4)]

라. 납품검수 및 보증 관련 사항의 확인

가맹사업거래 기간에 원·부자재 납품에 대한 책임관계 등을 확인할 때 ① 납품자의 비용으로 정해진 장소에 납품한다는 등에 대한 납품절차 및 방법은 적절한가, ② 납품 완료 후 ○○일 이내 검수결과를 통보한다는 등에 대한 검수절차 및 방법은 적절한가, ③ 검수결과 합격/불합격에 대한 판단 기준이 있는가, ④ 검수 불합격 시 불합격통

3) 박수영, 앞의 교육자료, 1면 참조.
4) 박수영, 앞의 교육자료, 1면 참조.

지 후 ○○일 이내에 재납품 등에 대한 추후 절차는 합리적인가를 검토해야 한다. 아울러 채무보증과 관련된 사항에 대해서는 ① 통상 계약금의 10%인 계약이행보증금에 대한 규정이 있는가, ② 하자이행보증금에 대한 규정이 있는가, ③ 하자보증 등이 필요한 경우 기한 및 보증방법을 구체적으로 기재했는가 등에 대해서도 살펴보아야 한다.[5)]

마. 계약해지 및 기타 사항의 확인

가맹계약의 해지·해제는 가맹사업 관계를 종료시키는 것이므로, 이에 관한 사항을 세밀하게 확인해야 한다. 계약해지·해제에 관한 사항을 확인할 때에는 ① 일반적인 상거래 및 민법상의 해지, 해제 사유 외에 특히 필요한 해지, 해제 사유는 없는가, ② 해지, 해제 사유 발생 시 어떤 절차를 거치는가, ③ 해지, 해제 시 원상회복 및 정산은 어떤 절차를 거치는가를 검토해야 한다. 아울러 기타 권리·의무에 관한 사항과 관련하여서는 ① 가맹사업당사자의 일방적인 권리의무 양도금지 규정이 존재하는가, ② 계약종료 후에도 비밀유지의무에 관한 규정 유무와 그 기간은 적정한가, ③ 계약기간 중에 발생한 결과물의 소유권 및 지적재산권의 권리는 누구의 소유로 하는가, ④ 결과물이 특허 등 타인의 지적재산권을 침해하면 안 된다는 침해금지 규정은 존재하는가, ⑤ 분쟁처리 방법이 약관규제법 등에 따라 적법하게 기재되어 있는지 등을 확인해야 한다.[6)]

바. 가맹계약체결 전 확인 사항 관련 Q&A

[Q 1] A가맹본부가 가맹계약 체결을 제안하여 일부 금액을 지급하고 기존의 B가맹본부의 가맹점을 폐업하였으나, A가맹본부가 불가피한 사정을 이유로 일방적으로 가맹계약 체결 약속을 파기한 경우 가맹사업법 위반으로 볼 수 있나?

[A 1] 예치가맹금을 직접 수령하였다면 법 위반에 해당할 가능성이 있다. A가맹본부가 이미 수령한 금전이 예치가맹금에 해당하고 해당 가맹금을 수령하기 14일 전에 정보공개서를 제공하지 아니한 사실이 있다면 정보공개서 미제공행위로 법 위반이 될 수 있다.

그런데 가맹본부의 직원이 임의적인 결정에 따라 새로운 가맹계약을 체결하지 못하게 되고 그 과정에서 억울한 사정이 있었다는 점에 대하여 검토한 결과, 해당 건은 A가맹본부의 행위

---

5) 박수영, 앞의 교육자료, 1면 참조.

6) 박수영, 앞의 교육자료, 1면 참조.

가 계약체결 약속을 파기하면서 수령한 금전을 모두 반환한 점, 계약 미체결에 이르게 된 경위가 A가맹본부가 아닌 제3자의 불가피한 결정에 따른 것이라는 점 등을 고려할 때 표면적인 해당 내용만으로는 A가맹본부가 가맹사업법을 위반하였다고 보기가 어려울 수도 있다.

[Q 2] 가맹본부가 전자계약 방식으로 가맹계약을 체결할 수 있나?

[A 2] 전자인증서 등에 의해 신분을 확인하고 전자계약 방식으로 가맹계약을 체결할 수 있다. 가맹사업법 제2조 제9호의 가맹계약서는 가맹사업의 구체적 내용과 조건 등에 있어 가맹본부 또는 가맹점사업자의 권리와 의무에 관한 사항을 기재한 문서를 말한다고 규정하고 있다. 또한 법 제11조에는 각 항에는 가맹계약서의 제공시기, 가맹계약서의 필수기재사항, 보관기간 및 표준가맹계약서 권장 등에 대하여 규정하고 있으나, 계약체결방식에 대해서는 구체적으로 규정하고 있지 아니하다. 그러므로 법상 계약체결 시 반드시 서면의 형태로만 하도록 요구하고 있지 않으며, 계약당사자 신분이 확인되고 당사자 간 협의를 통해 전자적 형태로 가맹계약을 체결한 경우라면 그 효력이 부인되지 아니한다. 다만 전자계약의 경우에도 법 제11조 제1항 및 제2항의 가맹계약서 기재사항 및 가맹계약서 사전 제공의무를 준수하여야 한다.

2. 가맹점 인테리어 공사

가. 가맹점 인테리어 규격의 특성

가맹점의 인테리어는 가맹본부의 브랜드인 영업표지 부착과 내부 콘셉트에 따른 개별 특성을 가지고 있기 때문에 가맹사업을 영위하는데 매우 중요한 요소로 작용하고 있다. 그러므로 가맹점사업자는 가맹본부가 미리 마련한 인테리어 규격대로 공사를 하여야 한다는 통제에 따라야 하며, 가맹본부의 검수에 합격한 이후에 가맹점 개업 및 운영하는 것이 가맹사업에서의 일반적인 특성에 해당한다.

나. 가맹점의 공사 방법

1) 가맹본부가 공사팀을 운영하며 직영하는 방법

가맹사업을 창업하는 가맹점사업자는 자신의 가맹점에 대한 인테리어 공사를 하는 과정에서 가맹본부에 대한 만족도를 처음으로 확인할 수 있게 된다. 이러한 점을 감안하여 규모가 큰 가맹본부의 경우에는 공사팀 조직을 두고 가맹점의 인테리어를 직접 시공함으로써 가맹점사업자에게 가맹본부에 대한 만족도와 신뢰도를 제고한다.

직영 공사팀 운영은 동일한 업무를 계속 수행함에 따라 축적된 경험을 통한 역량 강화로 인해 완공 후 품질이 양호하여 가맹점사업자의 만족도를 높일 수 있을 뿐만 아니라 사후 서비스 시스템이 잘 작동되어 문제를 빨리 해결할 수 있는 장점이 있다.

2) 가맹본부로부터 위임받은 인테리어 업체가 대행하는 방법

대부분의 가맹본부는 자신의 자회사 또는 다른 업체와 인테리어 대행 위임계약을 체결한 후 가맹점의 인테리어 공사를 진행한다. 이러한 업무진행 방식은 인테리어 대행 업체가 가맹점사업자와 체결하고 공사를 실시한다. 인테리어 공사를 완료한 일부 대행 업체는 가맹본부에게 매출액의 일정비율에 따른 수수료를 지급한다.

인테리어 공사는 준공 이후 가맹점사업자가 가맹점을 운영시 발생한 하자를 얼마나 빨리 사후 서비스를 받을 수 있느냐가 중요하다. 그러나 공사 대행업체가 시공하는 경우에는 인테리어 공사현장에서 가맹점사업자의 요구 사항을 잘 처리해 주지만, 공사가 끝나면 다른 현장으로 이동하기 때문에 사후 서비스를 제때에 해주기가 어려운 구조적인 문제로 인해 가맹사업당사자 간 분쟁의 원인으로 작용하기도 한다.

가맹본부는 이러한 문제를 인식하고 인테리어 공사 대행업체와 수시로 협의하여 사후 서비스 시스템 방안 구축과 인테리어 시공의 표준화를 통한 합리적인 공사비를 산정하도록 함으로써 공사 대행으로 인한 분쟁이 발생하지 않도록 노력하여야 한다.

3) 가맹점사업자가 가맹본부의 인테리어 규격대로 공사하는 방법

일부 가맹점사업자는 가맹본부가 인테리어 공사대행업체 지정을 통한 거래상대방을 구속하는 방식으로 가맹점 공사비를 과다하게 책정한다고 불만을 제기하고 있다. 이에 가맹본부는 이러한 문제를 해결하기 위하여 가맹점사업자에게 가맹점 인테리어 디자인의 도면과 규격을 제공한 후, 가맹점사업자로 하여금 인테리어 공사 업체를 직접 선정하여 가맹본부가 제공한 도면대로 인테리어 공사를 실시하도록 하는 경우도 있다.

가맹점사업자가 자체적으로 인테리어 공사를 실시하는 경우 가맹본부는 대부분 면적당 일정금액의 감리비를 받는다. 이와 같이 가맹본부가 인테리어 감리제도를 운영하는 이유는 가맹점사업자들이 인테리어 도면대로 공사를 함으로써 모든 가맹점이 자신의 콘셉트(concept)에 따라 동일한 품질과 규격의 인테리어를 한 상태에서 가맹점이 운영되도록 통제하기 위한 것이다. 그리고 감리비가 객관적으로 고액이 아닌 한 법 위반으로 보기 어려울 것이다.

한편 가맹점사업자가 자체적으로 인테리어 공사를 할 때에는 공사를 진행하는 과정에서 돌발 상황이 많이 발생할 수도 있다. 왜냐하면 가맹점사업자와 직접 계약한 일부 공사 업체는 해당 가맹본부의 가맹점 인테리어 공사를 처음하거나 많은 경험이 없어 시공능력 부족으로 감리에 합격하지 못하거나 가맹본부에서 요구하는 특수한 인테리어 자재를 구입하지 못하여 공사기한 내에 준공하지 못하는 경우도 있기 때문이다.

이러한 돌발 상황을 사전에 예방하기 위해서는 가맹점사업자는 공사비용보다는 능력 있는 인테리어 공사업체와 계약할 필요가 있고, 가맹본부는 특수한 인테리어 자재의 판매처를 공사업체에게 사전에게 알려주어 자재 수급을 원활하게 하도록 서로 협조를 함으로써 가맹점 인테리어 공사가 원만하게 준공되도록 하여야 한다.

다. 가맹점 인테리어 공사 관련 Q&A

[Q 1] 가맹본부가 가맹점의 인테리어 시공 시 거래상대방을 구속할 수 있는가?

[A 1] 거래상대방을 구속하는 행위는 원칙적으로 법 위반에 해당할 수 있으나, 예외적인 요건을 모두 충족하는 경우에는 허용된다. 가맹본부가 가맹점의 인테리어 시공시 거래상대방을 구속할 수 있는지 및 거래상대방을 2개 업체 이상으로 지정하는 경우에도 거래상대방의 구속에 해당하는지를 살펴보면, 가맹사업법 시행령 [별표 2] 제2호 나목에 따르면 부동산 용역, 설비 등과 관련하여 부당하게 가맹점사업자에게 특정한 거래상대방과 거래할 것을 강제하는 행위를 금지하고 있다. 다만 가맹사업을 경영하는 데 필수적이라고 객관적으로 인정되고, 거래상대방을 제한하지 않고서는 가맹본부의 상표권을 보호하고 동일성을 유지하기 어렵다는 사실이 객관적으로 인정되며, 미리 정보공개서를 통하여 해당 사실을 알리고 계약이 이루어져야 한다는 3가지 요건들이 모두 충족되는 경우에 한하여 예외적으로 인정하고 있다. 따라서 인테리어 등 설비에 대해서 거래상대방을 제한하는 행위는 원칙적으로 불공정거래행위 해당되나, 앞의 예외 요건을 모두 충족하는 경우에는 법 위반에 해당하지 아니한다.

[Q 2] 가맹본부가 가맹점의 인테리어 시공 시 가맹점사업자에게 감리비를 받는 것이 가맹사업법 위반에 해당하나?

[A 2] 가맹본부는 합리적인 범위에서 감리비를 수수할 수 있다. 가맹점사업자가 가맹점의 인테리어 시공을 자율적으로 업체를 선정하여 진행하는 경우 가맹본부가 감리비를 받을 수 있는가에 있어서, 가맹사업 운영의 동일성을 위해 감리비 수령을 수령하는 것이 가능하다고 볼 수 있다. 다만 감리비가 합리적 이유 없이 해당 업종의 정상적인 거래관행 등에 비추어 높게 설정될 경우 불공정거래행위에 해당될 수 있다.

그런데 가맹본부의 이러한 일련의 행위가 구속조건부거래 또는 거래상 지위남용으로서 불공정거래행위에 해당하는지 여부를 판단하기 위해서는 가맹본부가 해당 행위를 하기까지 구체적인 배경·의도 및 경위, 불이익제공행위와의 인과관계, 감리비 산정의 구체적인 근거 및 사용용도 등 여러 사실 관계를 종합적으로 살펴보고 판단할 사안이다.

3. 정보공개서 제공 시 필수품목의 사전고지 및 계약체결

가. 필수품목에 대한 규율 내용

가맹본부는 부동산·용역·설비·상품·원재료 또는 부재료의 구입·판매 또는 임대차 등과 관련하여 부당하게 가맹점사업자에게 가맹본부를 포함한 특정한 거래상대방과 거래할 것을 강제하는 행위를 하여서는 안 된다(법 제12조 제1항 제2호). 그러나 필수품목의 경우에는 거래를 강제할 수 있다. 즉, 앞의 부동산 등이 가맹사업을 경영하는 데에 필수적이라고 객관적으로 인정될 뿐만 아니라, 특정한 거래상대방과 거래하지 아니하는 경우에는 가맹본부의 상표권을 보호하고 상품 또는 용역의 동일성을 유지하기 어렵다는 사실이 객관적으로 인정되면 거래를 강제할 수 있다.

다만, 이러한 사실을 가맹본부가 미리 정보공개서를 통하여 가맹점사업자에게 해당 사실을 알리고 가맹점사업자와 계약을 체결하였어야 한다. 이와 같이 필수품목의 사전고지가 있는 경우 가맹본부는 가맹점사업자에게 부동산 등의 필수품목을 자신을 포함하여 특정한 거래상대방과 거래하도록 예외적으로 강제할 수 있다.

나. 위법성 판단 기준

필수품목의 강제와 관련하여 법원은 거래상대방의 구속에 대한 예외 요건 모두를 충족하지 못할 경우 위법성을 인정하고 있다. 예컨대 가맹본부가 가맹점사업자로부터 매출액의 일정비율에 상당하는 금원을 가맹금으로 받는 것이 아니라, 가맹점사업자에게 공급하는 원·부재료의 가격과 가맹본부가 구입하는 원·부재료의 가격의 차액에 해당하는 금원을 가맹금으로 하는 사업구조를 취하고 있으므로, 모든 원·부재료를 가맹점사업자가 개별적으로 직접 구입하도록 한다면 가맹본부의 가맹사업의 존립 자체가 불가능하게 되지만, 1인 의자, 테이블, 빠의자, 금전등록기, 전산장비(PC)에 대하여도 가맹본부로부터만 공급받도록 하는 것은 ① 위 5개의 설비와 용도는 가맹본부의 가맹사업의 통일적 이미지나 주력상품 내지 중심상품인 패스트푸드의 맛과 품질의 동일성과 관련이 없는 점, ② 위 5개의 설비가 가맹본부가 가맹점사업자들에게 공급하는 설비에서 차지하는 비중, 위 5개의 설비에 대해서는 원고가 품질기준을 제시하고 가맹점사업자로 하여금 자유롭게 구매하게 하더라도 위 5개의 설비의 용도나 기능에 지장이 있다고 보이지 아니하는 점 등의 사정에 비추어볼 때 위 5개의 설비를 가맹본부로부터만 구입 또는 설치하도록 하는 것은 가맹사업의 목적달성에 필요한 범위의 통제라고 하기 어렵고, 따라서 거래상의 지위를 이용하여 부당하게 점포설비의 구입 및 설치를 자기 또는 자기가 지정한 자로부터 하도록 강제하는 행위에 해당한다고 보고 있다.[7)]

또한 대법원도 가맹사업에서는 가맹사업의 통일성과 가맹본부의 명성을 유지하기 위하여 합리적으로 필요한 범위 내에서 가맹점사업자가 판매하는 상품 및 용역에 대하여 가맹점사업자로 하여금 가맹본부가 제시하는 품질기준을 준수하도록 요구하고, 그러한 품질기준의 준수를 위하여 필요한 경우 가맹본부가 제공하는 상품 또는 용역을 사용하도록 요구할 수 있다고 봄이 상당하다고 보면서, 가맹사업거래의 특성에 비추어 가맹본부가 가맹점사업자에 대하여 상품이나 용역의 공급 또는 영업의 지원 등을 중단 또는 거절하는 행위가 불공정거래행위로서의 거래거절에 해당하기 위해서는, 가맹점사업자의 계약위반 등 가맹점사업자의 귀책사유로 인하여 가맹사업의 거래관계를 지속하기 어려운 중대한 사정이 없음에도 불구하고 가맹점사업자의 계속적인 거래기회를 박탈하여 그 사업활동을 곤란하게 하거나 가맹점사업자에 대한 부당한 통제 등의 목적달성을 위하여 그 실효성을 확보하기 위한 수단 등으로 부당하게 행하여진 경우라야 한다고 판시하고 있다.[8)]

---

7) 대전고등법원 2003. 4. 10. 선고 2002나6829 판결.

8) 대법원 2005. 6. 9. 선고 2003두7484 판결(예컨대 가맹점사업자가 치킨제품을 판매할 때 양배추샐

다. 정보공개서 제공 시 필수품목 사전고지 관련 Q&A

[Q 1] 가맹본부가 가맹점에서 사용하는 원재료를 자유롭게 구입하도록 하였으나, 제조한 물품을 전자상거래를 통해 판매할 경우 식품위생법상 원산지표시 관련법 위반이 되는 상황에서 ① 식품위생법령 위반을 시정하기 위해 특정 원재료에 대하여 거래상대방을 지정(이하 '필수물품 지정')하는 것이 가맹사업법 위반에 해당하는지, ② 필수물품 지정이 가능하다면 정보공개서나 가맹계약서에 그 내용을 표시하여야 하는지, ③ 필수물품 지정이 불가능하다면 해당 물품을 전자상거래로 구매하는 것이 불가능하게 되고 결과적으로 가맹사업의 동일성 또는 브랜드 유지가 어려워지는 것이 아닌지?

[A 1] 부당성을 기준으로 판단할 문제이다. ① 가맹사업법 제12조 및 시행령 [별표 2] 제2호(구속조건부 거래) 나목(거래상대방의 구속)은 "부당하게 가맹점사업자에게 특정한 거래상대방과 거래할 것을 강제하는 행위"를 금지하고 있다. 따라서 거래상대방을 구속하는 행위 그 자체가 법 위반에 해당하는 것은 아니며, "부당성"이 인정될 경우에만 법 위반에 해당되지만, 부당성을 판단함에 있어서는 다른 법령 위반 여부뿐만 아니라 제반 사정을 종합적으로 고려하여야 한다.

따라서 식품위생법령 준수를 위해 특정 원재료를 필수물품으로 지정하였고, 그 외의 방법을 통해서는 법령을 준수하는 것이 현저히 곤란한 사정이 있으며, 그러한 사정을 정보공개서 및 가맹계약서에 구체적으로 기재하였고, 필수물품 지정을 통해 가맹점사업자가 전자상거래를 통해 제품을 판매할 수 있게 됨으로써 결과적으로는 가맹점사업자에게도 유리한 사정이 인정된다면 해당 물품을 필수물품으로 지정할 수 있다고 할 것이다.

② 만약 특정물품을 필수물품으로 지정하고자 한다면 그 내용을 정보공개서에 구체적으로 기재하여 가맹희망자에게 충분한 정보를 제공하고, 그 내용을 가맹계약서에 기재하는 등 권리의무 관계를 명확히 하여야 한다.

러드와 백깍두기를 선택적으로 제공하는 것을 사실상 방치하면서 신선육을 공급함에 있어서도 양배추샐러드는 가맹점사업자의 신청에 따라 공급하던 영업정책을, 가맹본부의 영업표지의 이미지 제고와 경쟁력 강화를 위하여 치킨제품을 판매할 때 양배추샐러드만을 무료로 제공하도록 하면서 신선육을 공급함에 있어서도 일정한 양의 양배추샐러드를 가맹본부로부터 의무적으로 공급받도록 하는 것으로 변경하였다고 하더라도 이는 가맹사업의 목적달성을 위하여 필요한 범위 내의 통제라고 할 것이고, 그것이 거래상 지위를 이용하여 가맹점사업자로 하여금 가맹사업의 목적달성을 위하여 필요한 범위를 벗어나서 판매상품(원재료 포함)을 가맹본부로부터 구입하도록 강제하는 행위에 해당한다고 볼 수는 없다고 본 것이다).

③ 가맹본부는 가맹사업의 동일성 등을 유지하기 위하여 필수물품을 지정할 수 있으나, 이는 맛 또는 품질의 동일성을 의미하는 것이다. 따라서 가맹점에서 판매하는 제품의 맛 또는 품질을 유지하기 위해 특정 원산지의 원재료를 사용할 필요가 있는 경우에만 동일성을 유지하기 위한 목적이 인정될 수 있고, 가맹본부 및 가맹점 매출에 상당한 영향을 미칠 수 있다는 사정만으로 동일성 유지가 인정되기는 어렵다.

4. 영업지역 및 영업시간의 설정

가. 설정 시기 및 방법

가맹본부는 가맹희망자와 가맹계약을 체결할 때 해당 가맹점사업자가 가맹계약에 따라 상품 또는 용역을 판매하는 영업지역을 설정하여 가맹계약서에 기재하여야 한다(법 제12조의4 제1항). 그러므로 가맹본부는 가맹점 확장을 위해 가맹희망자와 협의할 때부터 기존의 가맹점사업자와 영업지역이 겹치지 아니하도록 주의하여야 한다. 또한 가맹본부가 가맹점사업자의 영업시간을 설정하는 것에 대해서는 가맹사업법상 구체적인 의무규정을 두고 있지 않다. 그러나 많은 가맹본부는 가맹사업의 동일성을 유지하기 위하여 영업시간을 설정하고 있으며, 이와 같이 가맹본부가 가맹점의 영업시간을 설정하려면 이를 정보공개서와 가맹계약서에 이를 명확히 기재하고 설명하여야 한다.

나. 영업지역 및 시간 설정 관련 Q&A

[Q 1] 가맹본부가 소비자들이 더 저렴한 가맹점으로부터 물품을 구입하지 못하도록 하기 위해 가맹점 거래지역을 설정하는 행위를 하는 경우 가맹사업법 위반에 해당하나?

[A 1] 가맹계약서 기재사항 등에 따라 종합적으로 판단할 사안이다. 가맹사업법 제12조 제1항 제2호는 "가맹점사업자가 취급하는 상품 또는 용역의 가격, 거래상대방, 거래지역이나 가맹점사업자의 사업활동을 부당하게 구속하거나 제한하는 행위"를 금지하고 있다. 시행령 [별표 2] 불공정거래행위의 유형 또는 기준 2. 구속조건부 거래 라.에서도 "부당하게 가맹점사업자에게 영업지역을 준수하도록 조건을 붙이거나 이를 강제하는 행위"를 영업지역의 준수강제행위로 금지하고 있다.

다만 가맹본부가 가맹점 영업지역을 설정하더라도 ① 가맹점의 영업거점지역을 정하는 행위, ② 가맹점사업자가 자기의 영업지역에서 판매책임을 다한 경우 영업지역 외의 다른 지역에서 판매할 수 있도록 하는 행위, ③ 가맹점사업자가 자기의 영업지역 외의 다른 지역에서 판매하고자 하는 경우 그 지역 가맹점사업자에게 광고선전비 등 판촉비용에 상당하는 일정한 보상금을 지불하도록 하는 행위는 허용된다.

따라서 가맹본부의 가맹점거래지역 설정행위에 대한 법 위반 여부를 판단하기 위해서는 가맹계약서 및 정보공개서 기재내용, 영업지역 준수를 강제한 사실이 있었는지 여부, 거래지역이 영업거점지역에 불과한지 여부, 가맹점이 자기의 영업지역에서 판매책임을 다하였는지 여부 등을 종합적으로 고려하여 판단할 사안이다.

[Q 2] 가맹사업법 시행령 [별표 2] 2. (구속조건부거래) 라. (영업지역의 준수강제)에서는 부당하게 가맹점사업자에게 영업지역을 준수하도록 조건을 붙이거나 이를 강제하는 행위를 불공정거래행위로 규정하고 있는데, 가맹점사업자가 자기의 영업지역 외의 다른 지역에서 판매하고자 하는 경우 그 지역의 가맹점사업자에게 광고선전비 등 판촉비용에 상당하는 일정한 보상금을 지불하도록 하는 행위에 대해서는 예외사유로 규정하고 있는 것과 관련하여, "일정한 보상금"의 산정기준이 별도로 마련되어 있나?

[A 2] 정해진 것은 없지만, 가맹본부가 합리적인 기준을 설정하여 운영할 수 있다. 가맹사업법 시행령 [별표 2] 2. 라의 (3)에서는 영업지역 준수강제에 대한 예외규정을 두고 있는 것은 사실이나. "일정한 보상금"에 대한 산정기준을 법으로 별도로 규율하고 있지 아니하다. 따라서 가맹본부가 합리적인 기준 등을 마련하여 일관성 있게 적용할 사안이라고 볼 수 있다. 다만 그 기준이 예외사유를 적용할 내용으로 보기 부적절하다고 판단될 경우에는 시행령 [별표 2] 2. 라.의 영업지역 준수강제 행위에 해당될 수도 있다.

[Q 3] 가맹사업법 시행령 [별표 2]에 따른 '영업지역 준수강제 행위' 관련 ① 영업거점지역의 의미가 무엇인지, ② 영업거점지역에서만 영업을 하도록 강제하는 것은 가능한지, ③ 영업의 의미를 홍보, 판매, 배달 등으로 포괄적으로 보아야 하는지?

[A 3] ① 영업활동의 중심이 되는 지역으로 보면 된다. 가맹사업법 시행령 [별표 2] 2. 라.에서는 부당하게 가맹점사업자의 영업지역 준수를 강제하는 행위를 금지하면서, 예외적으로 가맹본부가 가맹점사업자의 영업거점지역을 정하는 행위 등에 대해서는 영업지역 준수강제행위에

해당하지 않는다고 규정하고 있다. 법령에서는 영업거점의 의미에 대하여 별도로 규정하고 있지 않지만, 통상적인 해석에 따라 영업활동의 중심이 되는 지역 정도로 이해할 수 있을 것이다.

② 계약 내용에 따라 달라질 수 있다. 영업거점지역을 가맹점 반경 2km로 정하고, 해당 지역에서만 영업을 할 수 있도록 강제하는 행위는 그 자체로 영업지역 준수강제행위에 해당할 뿐, 예외가 인정되는 영업거점지역을 정하는 행위라고는 볼 수 없을 것이다.

③ 포괄적으로 보아야 할 것이다. 영업지역 준수강제 행위에서 말하는 영업행위란 판매, 배달, 홍보 등이 포함되는 개념에 해당한다고 볼 수 있다.

[Q 4] 가맹본부가 가맹점사업자 간 영업지역을 준수하고 위반시 상대방에게 손해배상을 하도록 하는 합의서 작성을 중재한 사안에 대해 공정거래위원회로부터 '담합'이라는 이유로 경고를 받은 바 있는데, 그렇다면 가맹본부에서 가맹점사업자 간 영업지역 침해 분쟁이 발생하였을 때 조정할 수 있는 방안은 무엇이 있는가?

[A 4] 해당 내용은 담합이 아니고 가맹사업법 제12조 및 시행령 [별표 2]에 따라 영업지역 준수강제 행위로 경고조치 받은 사안이다. 관련 조항은 가맹본부가 부당하게 가맹점사업자에게 영업지역을 준수하도록 조건을 붙이거나 이를 강제하는 행위를 금지하고 있다. 또한 해당 조항은 ① 가맹본부가 가맹점사업자의 영업거점지역을 정하는 행위, ② 가맹점사업자가 자기 영업지역에서 판매책임을 다한 경우에 영업지역 외의 다른 지역에서 판매할 수 있도록 하는 행위, ③ 가맹점사업자가 자기 영업지역 외의 다른 지역에서 판매하고자 하는 경우 그 지역의 가맹점사업자에게 광고선전비 등 판촉비용에 상당하는 일정한 보상금을 지불하도록 하는 행위는 예외적으로 영업지역 준수강제 행위에 해당하지 않는 것으로 규정하고 있다.

따라서 가맹본부가 가맹점사업자 간 영업지역 침해분쟁이 발생하였을 때 수행가능한 조정안이 무엇이 있는지에 대해서는 위 규정에 따라 조치하여야 한다. 위 규정에서 예외사항에 해당하는 3가지의 방식의 조정이 가능할 것이며, 이에 해당하지 않더라도 애초에 가맹점사업자에게 영업지역을 준수하도록 '조건'을 붙이거나 이를 '강제'하는 행위에 이르지 않는 조정 방식은 가능하다고 볼 수 있다.

다만 형식적으로 가맹점사업자 간 합의서 작성을 중재하는 방식으로 조정을 하였다고 하더라도 사실상 가맹본부가 주도하여 합의서를 체결하고, 합의서 내용에 영업지역 미준수 시 불이익을 제공한다는 내용 등이 포함되어 있는 경우 등은 사실상 가맹본부가 영업지역 준수를 '강제'한 것으로 볼 수 있을 수 있으므로 유의하여야 한다.

5. 예치가맹금의 수령 및 지급 절차

가. 예치가맹금의 수령 방법

가맹본부가 가맹희망자 또는 가맹점사업자로부터 예치가맹금을 수령할 때는 반드시 법 시행령 제5조의7에 따른 가맹금의 예치기관에 예치하도록 하여야 한다. 다만 가맹본부가 가맹점사업자피해보상보험계약 등을 체결한 경우에는 직접 예치가맹금을 수령할 수 있다(법 제6조의5 제1항).

나. 예치기관 예치 방법

가맹본부는 가맹희망자 또는 가맹점사업자로부터 예치가맹금을 수령할 때에는 다음과 같은 방법으로 예치기관에 예치하도록 해야 한다(법 시행령 제5조의8 등).

① 가맹본부는 가맹점사업자(가맹희망자를 포함한다)로 하여금 예치가맹금을 예치하도록 할 경우에는 예치기관을 지정하여 가맹금의 예치에 관한 계약을 체결하여야 한다.

② 가맹본부는 가맹점사업자에게 가맹금예치신청서[9]를 제공하여야 하며, 가맹점사업자는 지정된 예치기관에 가맹금예치신청서와 함께 예치가맹금을 예치하여 줄 것을 신청하여야 한다. 이때 가맹본부는 예치가맹금 지급사유가 발생하면 해당 금액이 가맹본부에 귀속된다는 사실을 가맹점사업자에게 알려야 한다.

③ 가맹점사업자가 예치가맹금을 예치한 경우에는 예치기관의 장은 예치일부터 7일 이내에 그 사실을 가맹본부에 통지하여야 한다. 아울러 예치기관의 장은 예치가맹금을 예치기관의 명의로 예치하여야 하고, 이를 다른 금융자산과 분리하여 관리하여야 하며, 가맹본부와 가맹점사업자에게 각각 법 시행령 [별지 제6호서식]의 가맹금 예치증서를 교부하여야 한다.

다. 보험계약 등에 기한 직접 수령 제도

가맹본부는 가맹희망자 또는 가맹점사업자로부터 수령하는 예치가맹금을 예치기관에 예치하지 아니하고 직접 수령할 수 있는 방법도 있다(법 제6조의5 제1항 단서). 즉, 가맹본부가 가맹희망자 또는 가맹점사업자로부터 수령한 가맹금에 대하여 피해를 보상하기 위하여 보험계약 등을 체결하는 경우이다(법 제15조의2 제1항). 가맹본부는 가맹점

9) 가맹사업법 시행령 [별지 제5호서식]을 말한다.

사업피해보상보험계약 등[10]을 체결함에 있어 가맹점사업자의 피해보상에 적절한 수준이 되도록 하여야 하며, 해당 계약체결 사실을 나타내는 표지를 사용할 수 있다(법 제15조의2 제4항, 제5항).

라. 예치가맹금 지급 시기 및 반환

1) 지급 시기 및 거절

가맹본부는 ① 가맹점사업자가 영업을 개시한 경우, ② 가맹계약 체결일부터 2개월이 경과한 경우[11]에는 예치기관의 장에게 예치가맹금 지급 요청서 및 반환요청서[12]를 가맹점사업자가 영업을 시작하였다는 사실을 증명하는 서류 또는 가맹점사업자의 확인서를 첨부(①에 해당하는 경우)하여 제출할 수 있으며, 예치기관의 장은 요청받은 날로부터 10일 이내에 예치가맹금을 가맹본부에게 지급하여야 한다(법 제6조의5 제3항).

2) 예치가맹금의 반환

예치기관의 장은 가맹점사업자가 가맹본부의 동의를 받아 예치가맹금의 반환을 요청하는 경우에는 예치가맹금의 지급을 보류하거나 지급거부 사유 발생 및 분쟁조정 등의 결과나 시정조치 결과를 첨부하여 반환 요청을 한 경우에도 불구하고 10일 이내에 예치가맹금을 가맹점사업자에게 반환하여야 한다(법 제6조의5 제7항).

마. 예치가맹금 지급보류·거부 사유 및 그 기간

1) 지급보류·거부 사유

예치기관의 장은 다음의 ①~③의 어느 하나에 해당하는 경우에는 지급을 보류하고, ④에 해당하는 경우에는 예치가맹금 지급요청을 거부하거나 가맹본부에게 그 내용의 변경을 요구하여야 한다(법 제6조의5 제5항).

---

10) 즉, ① 「보험업법」에 따른 보험계약, ② 가맹점사업자 피해보상금의 지급을 확보하기 위한 「금융위원회의 설치 등에 관한 법률」 제38조에 따른 기관의 채무지급보증계약, ③ 법 제15조의3에 따라 설립된 공제조합과의 공제계약을 말한다.

11) 다만 2개월이 경과하기 전에 가맹점사업자가 ⓐ 가맹점사업자가 예치가맹금을 반환받기 위하여 소를 제기한 경우, ⓑ 가맹점사업자가 예치가맹금을 반환받기 위하여 알선, 조정, 중재 등을 신청한 경우, ⓒ 가맹점사업자가 법 제10조의 위반을 이유로 가맹본부를 공정거래위원회에 신고한 경우 등의 어느 하나의 조치를 취한 사실을 예치기관의 장에게 서면으로 통보한 경우에는 지급할 수 없다.

12) 가맹사업법 시행령 [별지 제7호서식]을 말한다.

① 가맹점사업자가 예치가맹금을 반환받기 위하여 소를 제기한 경우

② 가맹점사업자가 예치가맹금을 반환받기 위하여 알선, 조정, 중재 등을 신청한 경우

③ 가맹점사업자가 법 제10조의 위반을 이유로 가맹본부를 공정거래위원회에 신고한 경우

④ 가맹본부가 법 제6조의5 제4항을 위반하여 거짓이나 그 밖의 부정한 방법으로 예치가맹금의 지급을 요청한 경우

2) 예치가맹금 지급보류 기간

예치기관의 장은 상기 1)의 ①~③에 해당하는 경우에는 법 제24조에 따른 가맹사업거래분쟁조정협의회의 조정이나 그 밖의 분쟁해결의 결과 또는 법 제33조에 따른 공정거래위원회의 시정조치가 확정될 때[13]까지 예치가맹금 지급을 보류하여야 한다(법 제6조의 제5항).

3) 지급보류 예치가맹금에 대한 지급 또는 반환

예치기관의 장은 가맹본부 또는 가맹점사업자가 분쟁조정 등의 결과나 시정조치 결과를 첨부하여 예치가맹금의 지급 또는 반환을 요청하는 경우 요청일부터 30일 이내에 그 결과에 따라 예치가맹금을 가맹본부에게 지급하거나 가맹점사업자에게 반환하여야 한다(법 제6조의5 제6항).

바. 예치가맹금 미예치행위 등에 대한 처분

1) 시정명령, 과징금, 벌칙

공정거래위원회는 가맹본부가 가맹희망자 또는 가맹점사업자로부터 예치가맹금을 직접 수령하였거나 부정한 방법으로 지급을 요청한 경우 위반행위의 시정에 필요한 조치인 시정명령과 가맹본부의 위반기간 동안의 관련매출액[14]에 100분의 2를 곱한 금액[15]을 초과하지 아니하는 과징금을 부과할 수 있다. 또한 가맹금의 예치 의무를 위반하여 가맹점사업자로부터 예치가맹금을 직접 수령한 자는 2년 이하의 징역 또는 5천만

13) 공정거래위원회 시정조치에 대하여 이의신청 시에는 재결이, 시정조치나 재결에 대하여 소가 제기된 경우에는 확정판결이 각각 확정된 때이다.

14) 가맹점사업자 또는 가맹희망자에게 판매한 상품이나 용역의 매출액이다.

15) 매출액의 산정 등이 곤란한 경우에는 5억 원 이하의 정액이다.

원 이하의 벌금에 처한다.16)

2) 예치가맹금의 반환 명령

가맹금예치제도는 가맹사업이 우리나라에 도입된 초기에 일부 가맹본부가 가맹금만 수령하고 도주함에 따라 발생하는 가맹희망자 또는 가맹점사업자의 피해를 사전에 방지하기 위해 도입되었다. 그러나 아직도 일부 가맹본부는 예치가맹금을 직접 수령하여 법 위반행위로 시정조치를 받는 사례가 많이 있지만, 가맹사업법 제10조 제1항에 따른 가맹금 반환 규정에는 해당 법 위반행위를 포함하고 있지 아니하다.

그 이유는 절차규정에 해당하는 가맹금 예치 등의 의무를 위반한 경우에도 실제 가맹본부가 도주 등을 하지 아니하고 정상적으로 영업을 한다면 가맹사업당사자 간 체결한 가맹계약을 이행하는 데 문제가 발생하지 아니하기 때문이다. 오히려 해당 법 위반 시에 예치가맹금에 대한 반환의무 규정을 두는 경우에는 가맹사업당사자 간 가맹계약이 중도에 해지(해제)되는 사유가 발생하여 법적 안정성이 떨어질 수도 있으므로, 현행과 같이 시정조치 등의 제재와 벌칙만으로 규제하는 것이 합리적이기 때문이다.

사. 예치가맹금 수령 및 지급 관련 Q&A

[Q 1] 가맹사업당사자 간에 가맹계약 체결 이후 2개월이 지났다면 가맹본부가 예치가맹금을 직접 수령할 수 있나?

[A 1] 예치가맹금 지급 예외사유가 별도로 규정되어 있기 때문에 가맹계약 체결 이후 2개월이 경과되었다는 이유만으로 일률적으로 직접 수령이 가능하다고 보기가 어렵다. 가맹본부는 가맹사업법 제6조의5 제1항에 따라 가맹점사업자(가맹희망자를 포함한다)로 하여금 가맹금(법 제2조 제6호 가목 및 나목에 해당하는 대가로서 금전으로 지급하는 경우에 한하며, 계약체결 전에 가맹금을 지급한 경우에는 그 가맹금을 포함한다. 이하 "예치가맹금"이라 한다)을 예치기관에 예치하도록 하여야 한다.

가맹사업 제3항에 따라 가맹본부는 다음 각 호의 어느 하나에 해당하는 경우에는 예치기관의 장에게 대통령령으로 정하는 바에 따라 예치가맹금의 지급을 요청할 수 있다. 이 경우 예치기관의 장은 10일 이내에 예치가맹금을 가맹본부에 지급하여야 한다.

16) 이는 공정거래위원회의 고발이 있어야 공소를 제기할 수 있다.

1. 가맹점사업자 영업을 개시한 경우
2. 가맹계약 체결일부터 2개월이 경과한 경우. 다만 2개월이 경과하기 전에 가맹점사업자가 제5항 제1호부터 제3호까지의 규정 중 어느 하나에 해당하는 조치를 취한 사실을 예치기관의 장에게 서면으로 통보한 경우에는 그러하지 아니하다.

따라서 가맹본부는 가맹계약 체결일부터 2개월이 경과한 경우 예치기관의 장에게 예치가맹금의 지급을 요청할 수 있고 늦어도 10일 이후에는 예치가맹금을 수령할 수 있는 점을 감안할 때, 이러한 기간이 경과된 경우 직접 수령할 수 있다고 간주 해석할 수 있다. 그러나 이 경우에도 예치가맹금 지급 예외사유가 별도로 규정되어 있기 때문에 일률적으로 가맹계약을 체결한 이후 2개월이 경과되었다는 사유만으로 예치가맹금을 직접 수령하게 되면 법 위반에 해당할 수 있다. 그러므로 법령의 규정대로 예치가맹금은 예치기관에 예치하도록 한 후 지급사유가 충족된 후에 예치기관으로부터 수령하는 것이 타당하다.

[Q 2] 가맹사업법상 가맹금예치제도의 예외는?

[A 2] 가맹사업법 제6조의5는 예치가맹금을 예치기관에 예치하도록 규정하고 있다. 가맹금 예치제도의 취지는 가맹본부가 가맹금만 받고 영업을 시작하기 전에 가맹점 개설에 필요한 지원을 하지 않는 등의 문제를 방지하기 위한 것이며, 예치가맹금을 미예치함으로써 법 위반이 있는 경우에는 시정명령, 과징금의 행정처분과 형벌 부과될 수도 있다.

가맹금 예치의무는 현금인 경우에만 적용되므로 보증금을 현금이 아니라 담보설정 행태로 지급하는 경우에는 예치대상에 해당하지 않는다. 또한 가맹본부가 가맹점사업자피해보상보험계약에 가입한 경우에는 가맹금예치의무의 예외가 인정된다. 다만 이 경우 가맹금 수령에 앞서 보험계약이 체결되어야 하며 가맹점사업자에게 보험증권이 발급되어야 한다.

제3편

가맹사업법령의 준수와 가맹사업 운영실무

제 1 장 가맹사업당사자 준수사항

가맹사업법은 가맹본부의 준수사항(법 제5조)과 가맹점사업자의 준수사항(법 제6조)을 명문규정으로 두고 있으나, 해당 규정은 가맹사업당사자 간의 신의성실의 원칙의 구체적인 표현인 훈시규정에 해당한다. 이 규정을 위반하여도 별도의 시정조치 등의 제재는 할 수 없으며, 대표적인 가맹사업당사자의 준수사항은 다음과 같다.

1. 가맹본부의 준수사항

가. 상품이나 용역의 품질관리와 판매기업 개발의 지속적인 노력

가맹본부는 고객이 선호하는 상품 또는 용역을 항상 모니터링을 통해 자신의 브랜드를 상징하는 신메뉴를 주기적으로 개발하고 출시하여 가맹점사업자에게 공급하여야 할 뿐만 아니라 지속적인 품질관리와 판매기법을 개발하기 위하여 노력하여야 한다. 이를 위해서는 고객의 취향과 기호, 현장에서 요구하는 내용을 반영하기 위하여 가맹점의 여러 의견을 취합하는 시스템을 만들어 활용하는 것이 효과적이다.

가맹사업의 성공 여부를 결정하는 것은 출시하는 상품 또는 용역의 판매기법을 개발하여 매출액 증대에 따른 영업이익률을 높이는 것이다. 가맹본부는 판매기법을 개발함에 있어 가맹점 중에 우수한 매출실적을 올리는 판매성공 사례를 모아「성공적인 매장 운영 가이드북」등과 같은 자료를 제작하여 모든 가맹점에 보급하는 노력도 필요하다. 또한 가맹본부는 가맹점의 매출액을 주기적으로 평가하여 실적이 우수한 가맹점사업자들을 위한 가칭 "가맹점사업자 모임의 날"의 행사를 개최하여 포상과 사례 발표회를 통해 격려하고, 모든 가맹점들이 이들의 영업노하우를 벤치마킹하여 영업방식을 스스로 개선하고자 하는 마음을 가질 수 있도록 동기 부여 모임을 마련할 필요가 있다.

나. 합리적 가격과 비용에 의한 점포설치 및 상품 또는 용역의 공급

가맹사업의 가장 큰 장점은 대량 공동구매를 통한 합리적인 가격의 원·부자재 공급과 영업노하우에 따른 차별화된 상품 또는 용역 공급이라 할 수 있다. 그러나 일부 가맹본부에서는 가맹점 인테리어 공사와 관련하여 위탁 대행 시공업체로부터 수수료를 과다하게 요구함에 따라 가맹점사업자가 지불하는 가맹점 설치비가 자체적으로 계약하는 공사업체보다 큰 차이가 발생함에 따라 불만과 불신의 원인으로 작용하고 있다.[1)]

이로 인하여 가맹점사업자 입장에서는 점포설치비용 과다로 투자 대비 수익률이 낮아지게 되어 영업의욕이 떨어져서 매출액 증대를 위한 노력을 게을리 하고, 가맹본부 입장에서는 이러한 좋지 않은 소문이 예비창업자들에게도 전달되어 신규 가맹점을 모집하는데 장애요인으로 작용됨에 따라 가맹점의 수가 증가되지 아니하고 더 이상 성장하지 못하고 영업부진에 빠지거나 심지어는 조기에 폐업하는 사례도 나타난다.

그러므로 가맹본부는 합리적인 가격으로 점포 인테리어 비용을 책정하여 가맹점사업자의 영업이익을 증대시키는 데 노력을 하여야 한다. 왜냐하면 가맹본부와 가맹점사업자는 사업형태로 보면 독립된 사업자이지만, 영업방식으로 보면 생산과 판매라는 공동사업자 형태의 협업관계이기 때문이다. 가맹본부는 점포설치 비용을 가맹점사업자가 객관적으로 만족할 수 있도록 책정하여 제시하여야 하고, 상품 또는 용역 역시 고객이 가성비가 좋다고 평가할 수 있는 가격대로 공급하는 노력도 펼쳐야 한다.

다. 교육·훈련 및 경영·영업활동에 대한 지속적인 조언과 지원

가맹사업은 교육의 중요성이 가장 강조되는 사업이라고 할 수 있다. 가맹본부가 가맹점사업자의 매장 운영 능력을 향상시켜 우수가맹점으로 육성시키려면 직원들에 대한 반복된 교육이 절대적으로 필요하다. 교육·훈련은 신규교육과 보수교육을 구분하여 명확히 설정하고, 그 시간과 비용 및 대상자를 구체적으로 사전에 확정하여 이수하도록 함으로써 창업 당시 열정을 잃지 않도록 지속적으로 실시하여야 한다.

---

1) "'광고비·로열티 내라' … 가맹본부 '갑질'에 우는 소상공인", 이데일리, 2020. 9. 14(https://www.edaily.co.kr/news/read?newsId=03109446625900120&mediaCodeNo=257).

아울러 가맹점사업자가 의무적으로 참여할 수 있도록 사전 조치를 해두는 것이 교육의 효과를 높일 수 있다. 그러므로 정보공개서에 "기한 내 교육을 받지 않은 경우에는 가맹계약서 제○○조에 따라 ○○일 내로 교육을 이수하여야 합니다. 그렇지 않은 경우에는 가맹계약이 해지될 수 있습니다"라는 교육·훈련 불참 시 불이익에 대하여 실효성 있는 사항을 명시해 두는 것이 매우 중요하다.2)

가맹사업은 가맹점사업자가 가맹본부의 영업표지의 사용과 경영 및 영업활동 등에 대한 지원·교육의 대가로 가맹본부에 가맹금을 지급하는 계속적인 거래관계이다. 즉 가맹금에는 가맹본부가 가맹점사업자에게 경영 및 교육 등을 지원하고 조언한다는 대가가 포함되어 있다. 그러므로 가맹본부는 브랜드 경쟁력을 높이기 위해 이에 대한 경영계획을 수립하고, 현실성 있는 실천방안을 마련하여 가맹점사업자에게 조언과 지원을 함으로써 가맹금 수령에 대응하는 책임을 다하여야 한다.

라. 가맹본부의 준수사항 관련 Q&A

[Q 1] 가맹점사업자가 가격 설정과 관련하여 고의적인 협의 불응을 이유로 가맹본부가 제재 조치를 취한다면 이를 불공정거래행위라고 할 수 있나?

[A 1] 당사자 간에 체결한 가맹계약서에 따라 결정할 사항이지만, 계약내용에 따른 합리적 사유에 의한 제재를 법 위반으로 보기 어려울 것이다. 가맹사업법 제12조 제1항 및 시행령 [별표 2]에 '가맹본부는 정당한 이유 없이 가맹점사업자가 판매하는 상품 또는 용역의 가격을 구속하는 행위'를 불공정거래행위로 규정하고 있다. 다만 가맹사업의 특수성을 고려하여 가맹점사업자에게 판매가격을 결정하거나 변경하는 경우 그 내용에 대해 협의하도록 하는 행위는 예외로 규정하고 있다.

법률의 해석상 가맹본부가 가맹점사업자와 가격에 대해 사전에 협의하는 행위는 법상 불공정거래행위에 해당하지 아니한다. 다만 협의에 고의적으로 불응하는 경우에 대해 가맹본부가 가맹점사업자를 제재할 수 있는지에 대해서는 법상 별도로 규정하고 있지 않으며, 당사자 간에 체결한 가맹계약서에 따라 결정할 사항이므로 가맹계약서를 참고하여 해당 내용이 존재하는지 여부를 검토하여야 한다.

[Q 2] 가맹본부가 가맹점사업자에게 가맹금 지급을 독촉하면서 지연된 금액이 일정수준 이상

---

2) 정보공개서표준양식고시 별지 Ⅷ. 교육·훈련에 대한 설명 내용 참조.

을 넘는 경우 상품공급을 중단하겠다고 언급하는 것이 가맹사업법 위반에 해당하나?

[A 2] 가맹계약서에 해당 내용을 상품공급 중단 사유로 명확히 명시한 경우에는 가맹점사업자의 귀책사유에 기한 결과로 볼 수 있어, 법 위반에 해당하지 않는다. 가맹사업법 제12조 제1항 및 시행령 [별표 2]에 따라 가맹본부가 정당한 이유 없이 거래기간 중에 가맹사업을 영위하는데 필요한 상품 등의 공급을 중단하는 행위를 금지하고 있다. 다만 가맹점사업자의 계약위반 등 가맹점사업자의 귀책사유로 가맹사업 거래관계를 지속하기 어려운 사정이 발생하는 경우에는 예외에 해당한다.

법률의 해석상 가맹점사업자가 가맹금 지급을 지연하는 경우 가맹본부가 상품공급을 중단하겠다고 단순히 언급하는 행위는 법 위반으로 보기가 어렵다. 다만 가맹점사업자의 계약위반이 없는 등 정당한 사유 없이 가맹본부가 상품공급을 중단하는 경우에는 법 위반에 해당할 소지가 크다.

[Q 3] 가맹점사업자가 가맹본부에게 상품대금을 미리 결제하였음에도 물품을 배송하지 않았다면 이러한 행위는 가맹사업법 위반에 해당되나?

[A 3] 가맹본부의 채무불이행에 해당할 가능성이 높다. 가맹점사업자가 상품대금을 선결제로 지불하였음에도 가맹본부에서 일부 물품에 대해 공급해주지 않는 부분은 민사상 채무불이행이 문제되는 사안이다. 이에 대해서는 우선 가맹본부의 물품공급담당자에게 문의하여 완전한 이행을 촉구하는 것이 필요하다. 그러나 가맹본부가 정당한 이유 없이 거래기간 중에 가맹사업을 영위하는데 필요한 물품 등의 공급을 중단 또는 거절하는 행위는 가맹사업법 제12조 제1항 제1호의 거래거절에 해당하는 불공정거래행위로 볼 수도 있다.

[Q 4] 가맹본부가 가맹점사업자와 가맹계약을 체결한 후 가맹점 운영과 관련하여 카드수수료 추가, 약속한 리뉴얼 작업 미이행, 불필요한 물품의 입고 등을 하였다면 가맹사업법 위반에 해당하나?

[A 4] 법 위반으로 볼 여지가 높다. 가맹사업법 제12조 제1항에 따라 가맹본부는 다음 각 호의 어느 하나에 해당하는 행위로서 가맹사업의 공정한 거래를 저해할 우려가 있는 행위를 하거나 다른 사업자로 하여금 이를 행하도록 하여서는 아니 된다. ① 가맹점사업자에 대하여 상품이나 용역의 공급 또는 영업의 지원 등을 부당하게 중단 또는 거절하거나 그 내용을 현저히 제한하는 행위, ② 가맹점사업자가 취급하는 상품 또는 용역의 가격, 거래상대방, 거래지역이

나 가맹점사업자의 사업 활동을 부당하게 구속하거나 제한하는 행위, ③ 거래상의 지위를 이용하여 부당하게 가맹점사업자에게 불이익을 주는 행위이다. 따라서 해당 질의 내용에 비추어 볼 때 가맹본부의 행위는 법 위반과 관련이 있어 보이지만, 이를 입증하기 위해서는 구체적인 사실관계를 확인하여 판단할 필요가 있다.

2. 가맹점사업자의 준수사항

가. 가맹사업의 통일성 및 가맹본부의 명성유지 노력

가맹사업은 5가지 성립요건이 있는데 그중 하나인 가맹본부의 상당한 통제요건은 일반 유통거래와 매우 다른 부분까지 간여하는 특성을 가지고 있다. 일반 유통거래는 공급자가 상당한 통제를 하지 아니하기 때문에 가맹사업에 해당하지 아니한다. 가맹사업에서 통제의 효과로 나타나는 것은 모든 가맹점의 동일성에 있다. 가맹점사업자는 가맹본부가 가맹사업의 동일성을 유지하기 위하여 지시하는 통제를 따라야 하고, 이를 통해 가맹본부의 브랜드 가치 제고 및 동일성이 유지되도록 노력하여야 한다.

가맹사업에서 가맹본부의 명성 또는 브랜드 가치는 가맹점 확산과 고객의 신뢰도를 높여 매출액을 증대시키는 데에 직접적으로 비례한다고 볼 수 있다. 만약 어느 한 가맹점이 고객에게 불미스런 행위를 행하여 그 소식이 뉴스매체를 통해 전파되는 경우 해당 가맹본부의 명성이 치명적으로 떨어져, 실제 잘못을 하지 아니한 다른 가맹점까지 연쇄적으로 손님이 줄어드는 경우가 많다.[3)]

가맹점사업자는 자신의 부주의로 인하여 가맹본부가 입은 손해에 대하여 민·형사상 책임을 부담하여야 하는 어려운 상황에 처할 수도 있다. 그러므로 가맹점사업자는 가맹본부가 제공하는 가맹점 운영 매뉴얼에 대한 교육 등을 충실히 반복 학습하여 가맹점을 운영함에 있어서 가맹본부의 명성을 유지하는 데 지속적으로 노력하여야 한다.

나. 취급하는 상품·용역이나 영업활동 변경 시 사전 협의

가맹점사업자는 가맹계약을 체결할 때 원칙적으로 가맹본부가 제시하는 계약내용

3) "피해 입증 모두 가맹점주 몫… 유명무실 '오너리스크법'", 세계일보, 2019. 4. 6(http://www.segye.com/newsView/20190404517877?OutUrl=daum).

과 운영 매뉴얼상의 상품을 취급하고 영업활동 조건을 준수하여야 한다는 사실을 고지받는다. 따라서 만약 어떤 필요에 의해 이를 변경하고자 한다면 가맹본부와 사전 협의를 거쳐야 할 것이며, 이러한 사항을 규정하는 가맹본부의 요구는 정당하다.[4)]

다. 가맹점사업자의 경업 및 영업비밀 누설 금지

경업금지라 함은 고용계약을 할 때 경쟁업종에서 일하는 것을 금지한다는 의미로 기존 회사의 영업권을 보호하는 취지로 고급관리직이나 기술직, 회사의 영업비밀을 알고 있는 직원이 경쟁업체에 취업하거나 동일 업종의 회사를 창업하는 것을 금지하는 조항을 말한다. 대부분의 가맹본부는 가맹계약서에 가맹계약기간 중에 가맹점사업자가 가맹본부와 동일한 업종을 영위하여서는 안 된다는 조항을 두고 있다. 만약 이를 위반한 경우에는 가맹계약이 해지되거나 손해배상책임을 부담하여야 하므로, 가맹점사업자는 경업금지의무를 준수하여야 하는 것은 당연하다.

"영업비밀"이란 공공연히 알려져 있지 아니하고 독립된 경제적 가치를 가지는 것으로서, 비밀로 관리된 생산방법, 판매방법, 그 밖에 영업활동에 유용한 기술상 또는 경영상의 정보를 말한다(부정경쟁방지법 제2조 제2호).[5)] 가맹사업은 가맹본부가 영업비밀인 영업노하우를 가맹점사업자에게 전수하는 방식으로 사업을 하기 때문에, 영업비밀의 중요성이 매우 큰 특성을 지닌 분야이다. 그러므로 가맹점사업자(가맹상)는 가맹계약서에서 약정된 대로 계약기간 중이나 기간 종료 후에도 가맹계약과 관련하여 알게 된 가맹본부(가맹업자)의 영업상의 비밀을 준수하여야 하며,[6)] 경우에 따라서는 가맹계약내용 및 부정경쟁방지법 위반, 업무상배임죄 등에 따른 민·형사책임 부담할 수 있으므로 주

---

4) 이한무, 앞의 책, 76면.

5) 대법원 2009. 10. 29 선고 2007도6772 판결('영업비밀'이란 공연히 알려져 있지 아니하고 독립된 경제적 가치를 가지는 것으로서 상당한 노력에 의하여 비밀로 유지된 생산방법, 판매방법 그 밖에 영업활동에 유용한 기술상 또는 경영상의 정보를 말하는 것인바, 여기서 '공연히 알려져 있지 아니하다'는 것은 그 정보가 간행물 등의 매체에 실리는 등 불특정 다수인에게 알려져 있지 않기 때문에 보유자를 통하지 아니하고는 그 정보를 통상 입수할 수 없는 것을 말하고, '독립된 경제적 가치를 가진다'는 것은 그 정보의 보유자가 그 정보의 사용을 통해 경쟁자에 대하여 경쟁상의 이익을 얻을 수 있거나 또는 그 정보의 취득이나 개발을 위해 상당한 비용이나 노력이 필요하다는 것을 말하며, '상당한 노력에 의하여 비밀로 유지된다'는 것은 그 정보가 비밀이라고 인식될 수 있는 표시를 하거나 고지를 하고, 그 정보에 접근할 수 있는 대상자나 접근 방법을 제한하거나 그 정보에 접근한 자에게 비밀준수의무를 부과하는 등 객관적으로 그 정보가 비밀로 유지·관리되고 있다는 사실이 인식 가능한 상태인 것을 말한다).

6) 상법 제168조의8 제2항 참조.

의하여야 한다.

라. 가맹점사업자의 준수사항 관련 Q&A

[Q 1] 가맹점사업자가 복수 가맹사업을 할 경우 가맹사업법 위반에 해당하나?

[A 1] 가맹계약의 내용에 따라 판단할 문제이다. 가맹사업법 제2조에 의해 가맹본부는 가맹점사업자의 경영 및 영업활동 등에 대한 지원·교육 통제를 할 수 있다. 따라서 가맹점사업자의 가맹본부는 영어교육 브랜드의 통일성 유지를 위하여 가맹점사업자에 대한 일정한 수준의 사업방식 통제가 가능하다. 예컨대 당사자 간 가맹계약에 '영어교육'만 기재되어 있다면 가맹점사업자는 계약내용을 준수해야 하는 의무가 있지만, '영어교육' 이외에 '과학교육'과 같은 복수 가맹사업을 하는 것에 대하여 법으로 규제하지 않고 있어, 가맹점사업자가 가맹본부와의 협의 및 허락을 얻어 다른 과목을 추가할 수는 있겠으나, 이는 별개의 문제이기 때문에 가맹점사업자가 가맹계약 내용을 불이행할 경우 가맹계약 해지 사유가 될 수도 있다.

[Q 2] 가맹점사업자가 가맹본부에서 지정하지 않은 상품을 메뉴화하여 소비자에게 배달 판매할 수 있나? 그리고 기존 가맹점 내에서 샵앤샵을 운영할 수 있나?

[A 2] 가맹계약의 내용을 기준으로 판단할 문제이다. 가맹사업법은 가맹점사업자가 특정 상품을 메뉴화하여 배달판매하는 영업행위나 또는 기존 가맹점 내에서 샵앤샵을 운영하는 영업행위를 직접 금지하고 있는 사항이 없다. 다만 가맹본부와 가맹점사업자 간에 체결한 가맹계약의 세부내용에 따라 가맹점사업자가 메뉴를 추가하거나 가맹점 내 샵앤샵을 운영하는 영업행위에 대해 제한이 있을 수 있으므로 가맹계약서 내용을 검토할 사항이다.

참고로 법 시행령 [별표 2]에서는 가맹본부로 하여금 가맹점사업자에게 지정된 상품 또는 용역만을 판매하도록 제한하는 행위를 금지하고 있으나, 예외적으로 가맹본부의 상표권을 보호하고 상품 또는 용역의 동일성을 유지하기 어렵다는 사실이 객관적으로 인정되는 경우로써, 해당 사실에 관하여 가맹본부가 미리 정보공개서를 통하여 가맹점사업자에게 알리고 가맹점사업자와 계약을 체결하는 경우에는 지정된 상품 또는 용역만을 판매하도록 제한하는 행위가 허용된다.

[Q 3] 현재 특수상권 자리를 입찰받아 가맹점을 운영하고 있던 중 가맹본부가 재입찰을 하여 신규투자자를 입찰에 참가시켜 낙찰될 경우 가맹사업법 위반으로 볼 수 있나?

[A 3] 이는 계약 갱신에 관한 문제인데, 가맹계약의 내용에 따라 다르다. 가맹사업법 및 시행령은 가맹계약의 갱신과 가맹계약해지의 제한에 대해 다음과 같이 규정하고 있다.

가맹사업법 시행령 [별표 2](불공정거래행위의 유형 또는 기준)

1. 거래거절: 법 제12조 제1항 제1호에 해당하는 행위의 유형 및 기준은 다음 각 목의 어느 하나와 같다. 다만 가맹점사업자의 계약위반 등 가맹점사업자의 귀책사유로 가맹사업의 거래관계를 지속하기 어려운 사정이 발생하는 경우에는 그러하지 아니하다.
2. 부당한 계약갱신 거절: 부당하게 가맹점사업자와의 계약갱신을 거절하는 행위

가맹점의 임대차 계약과 관련된 사실에 대해서는 가맹사업법을 직접적으로 적용하기는 어려우나, '가맹계약 갱신 및 해지제한'에 관한 법 조항을 참고할 수 있다. 즉 가맹본부는 가맹계약 기간 만료가 도래하였을 당시 가맹점사업자가 법 제13조에 따라 정당하게 가맹계약갱신을 요구할 경우 10년의 범위에서 가맹계약갱신요구를 들어주어야 하며, 계약기간 중간에 가맹계약해지를 하고자 할 경우 법 제14조에 규정된 절차에 따라 계약해지를 하여야 한다.

특수상권의 경우에는 가맹점에 대한 임차권 확보가 가맹계약 갱신과 매우 밀접하게 연관되어 있기 때문에 기존 가맹점사업자라도 이 임차권의 계약기간 종료 이후 재계약을 하지 못했다면 계약갱신 거절사유에 해당한다 할 것이다. 다만 가맹본부와 가맹점사업자 간 계약기간, 계약내용, 거래관계 등 구체적 사실관계를 파악하기 어려워 일률적으로 답변하기가 어려우나, 가맹계약이 유지되는 상황에서 가맹점사업자가 법 제13조에 따라 정당하게 가맹계약갱신을 요구한 상황임에도 가맹본부가 신규 투자자를 부당한 방식으로 임대차계약 입찰에 참여하게 하고, 신규 투자자가 낙찰됨에 따라 해당 점포의 확보가 불가능하다는 사유로 가맹계약갱신을 거절한 경우라면, 해당 점포의 입찰방식이 경쟁 또는 제한경쟁입찰인지 여부 등을 구체적으로 검토하여 판단할 사안이다.

[Q 4] 가맹본부가 다른 영업지역을 지속적으로 침해하는 가맹점사업자에 대하여 시정을 요청하였으나, 해결이 되지 않은 상황에서 계약해지 등 제재를 할 수 있는지와 해당 조치를 하는 경우 가맹사업법 위반에 해당하나?

[A 4] 업종의 특성에 따라 달라질 수 있다. 가맹사업법 제12조 제1항 제2호 및 시행령 [별표 2] 제2호 라목은 가맹본부가 부당하게 가맹점사업자에게 영업지역 준수 조건을 붙이거나 이를 강제하는 행위를 금지하고 있다. 다만 예외적으로 ① 가맹본부가 가맹점의 영업거점지역을

정하는 행위, ② 가맹점이 영업지역 내에서 판매책임을 다한 경우 영업지역 외에서 판매하도록 하는 행위, ③ 가맹점이 다른 가맹점 영업지역에서 판매하고자 하는 경우 그 지역의 가맹점에게 일정한 보상금을 지불하도록 하는 행위는 허용하고 있다.

가맹본부가 가맹점사업자 간 영업권역 침해 분쟁을 해소하기 위해 가맹점사업자에게 영업지역을 준수하도록 조건을 붙이거나 이를 강제하는 경우 불공정거래행위에 해당할 수 있다. 가맹점사업자 간 영업지역 침해로 인한 분쟁에 대해 가맹본부는 법령의 허용 범위(보상금 지불에 대한 중재안 제시 등) 내에서 조치할 수 있으며, 민사문제로 해결할 수 있다.

[Q 5] 가맹본부가 가맹점사업자에게 기존 가맹계약이 종료된 이후에도 동종영업을 금지하도록 요구하며, 이를 위반할 경우 손해배상을 청구할 수 있는 가맹계약서 조항이 법 위반에 해당하나?

[A 5] 업종의 특성에 따라 달라질 수 있다. 가맹사업법 제6조 제10호에 따르면 가맹점사업자는 가맹계약 기간 중 가맹본부와 동일한 업종을 영위하는 행위를 금지하도록 하고 있다. 다만 이는 계약기간 동안에 동종업종의 운영을 금지하는 것으로 계약종료 이후까지 금지하는 것은 아니다.

따라서 가맹사업당사자가 체결한 계약내용에 계약종료 이후에도 동종영업을 계약위반으로 규정하고 있다면 이는 불공정한 약관에 해당할 소지가 있다. 다만 예외적으로 영업비밀 보호 등 계약종료 이후에도 동종영업을 금지해야 할 사유가 있다면 예외로 할 수도 있다.

이는 가맹점사업자가 영위하는 업종의 특성, 구체적인 영업비밀 유무, 특허에 따른 기술여부 등 종합적으로 고려해야 할 사안이다. 가맹계약서는 약관규제법상 약관에 해당하므로 정확한 판단을 원한다면 공정거래위원회에 가맹계약서를 첨부하여 불공정약관심사를 청구하여 불공정약관에 해당하는지 여부에 대하여 확인할 수도 있다.

[Q 6] 가맹본부가 가맹계약을 해지 후에도 동일한 업종을 운영할 수 없다는 가맹계약서는 유효한가?

[A 6] 동종영업금지조항이 포괄적·장기적이라면 과도한 제한으로 효력이 부정될 수 있다. 가맹본부가 계약 해지 후 가맹점사업자에게 동종 업종에 대한 경업을 금지하도록 하는 조항은 기본적으로 약관규제법 위반에 해당할 수도 있으며, 가맹계약 이후에도 포괄적으로 경업을 금지하는 조항은 약관규제법상 무효에 해당할 가능성이 있다. 다만 계약 조항이 약관규제법상

무효 여부는 구체적인 계약관계 등을 검토한 후 판단할 사항이기 때문에 일률적으로 답변하기가 어렵다.

한편 가맹사업법 제6조 제10호 및 제11호는 가맹점사업자가 가맹계약 기간 중 가맹본부와 동일한 업종을 영위하는 행위의 금지 및 가맹본부의 영업기술이나 영업비밀 누설을 금지하도록 규정하고 있는 점으로 볼 때, 가맹점사업자가 가맹계약 종료 후에도 일정기간 동안 동일한 업종을 운영하면서 가맹본부의 영업기술이나 영업비밀을 누설하는 경우 가맹본부로서는 이에 따라 입게 될 피해를 사전에 방지하기 위하여 가맹계약서에 규정을 두는 것이므로 업종에 따라서 유효할 수도 있다. 아울러 상법 제168조의8 제2조는 가맹상(가맹점사업자)은 계약이 종료한 후에도 가맹계약과 관련하여 알게 된 가맹업자(가맹본부)의 영업상의 비밀을 준수하여야 한다고 규정하고 있다는 점에서 유효할 수 있으므로 유의하여야 한다.

[Q 7] 甲이 편의점 가맹본부 乙주식회사와 계약기간 5년의 가맹계약을 체결하여 3년 정도 편의점을 운영하다가 적자 등을 이유로 乙회사에 계약 해지 의사를 통보한 후 영업을 중단하자, 乙회사가 계약을 해지하고 위약금으로 평균가맹점 수수료 8개월분을 지급받았는데, 이러한 행위는 정당한가?

[A 7] 정당하지만, 위약금액의 정도를 기준으로 판단해야 한다. 판례는 甲이 24시간 편의점 가맹본부 乙주식회사와 계약기간 5년의 가맹계약을 체결하여 3년 정도 편의점을 운영하다가 '매월 적자를 면할 수 없고 임대인이 차임 증액을 요구하여 폐업할 수밖에 없다'는 이유로 乙회사에 가맹계약 해지의 의사를 통보한 후 영업을 중단하자, 乙회사가 위 영업중단이 가맹계약에서 정한 '정당한 사유 없이 연속하여 7일 이상 영업을 중단한 경우에 해당한다'며 계약을 해지하고 위약금으로 평균가맹점 수수료 8개월분을 지급받은 사안에서, 법원은 영업을 중단하여 계약 해지의 원인을 제공한 甲은 乙회사에 가맹계약에서 정한 '평균가맹점 수수료 8개월분'에 해당하는 돈을 손해배상금으로 지급할 의무가 있다고 하면서, 다만 계약기간이 5년이라는 긴 기간인 점, 乙회사가 투자비용 이상의 이익금을 얻은 것으로 보이는 점 등 여러 사정에 비추어 甲에게 당초 예정한 손해배상액 전액을 지급하라고 하는 것은 부당히 과다하다는 이유로 당초 예정한 금액의 50%로 감액함이 타당하다고 보았다.[7]

7) 서울동부지방법원 2013. 7. 9. 선고 2012가단64742 판결.

제 2 장 가맹본부의 불공정거래행위 금지의무

1. 가맹본부의 불공정거래행위 유형

가. 불공정거래행위 금지 유형

가맹본부의 불공정거래행위 금지에 대한 규제는 가맹사업법 제12조 제1항에 따라 거래거절 등 5개 유형으로 규정하고, 시행령에서 이를 5개 및 18개 세부 유형으로 구분하고 있다. 또한 부당한 점포환경개선 강요 금지 등 새로운 유형의 불공정거래행위에 대해서는 법 제12조의2 내지 제12조의5에 따라 4개 유형으로 규정하고 있다. 법에서 금지하고 있는 가맹본부의 불공정거래행위 유형은 다음과 같이 요약할 수 있다.

〈표 10〉 가맹사업법상 불공정거래행위 유형[1)]

가맹사업법 제12조 및 가지조	법 시행령[별표 2]	
상품이나 용역의 공급 또는 영업의 지원 등을 부당하게 중단 또는 거절하거나 그 내용을 현저히 제한하는 행위(제1호)	거래거절	영업지원 등의 거절
		부당한 계약갱신 거절
		부당한 계약해지

1) 이 표는 가맹사업법 제12조, 시행령 제13조 및 [별표 2] 등을 기초로 정리한 것이다.

상품 또는 용역의 가격, 거래상대방, 거래지역이나 사업활동을 부당하게 구속하거나 제한하는 행위(제2호)	구속조건부 거래	가격의 구속
		거래상대방의 구속
		가맹점사업자의 상품 또는 용역의 판매제한
		영업지역의 준수강제
		그 밖에 가맹점사업자의 영업활동의 제한
거래상의 지위를 이용하여 부당하게 가맹점사업자에 대하여 불이익을 주는 행위(제3호)	거래상 지위의 남용	구입강제
		부당한 강요
		부당한 계약조항의 설정 또는 변경
		경영의 간섭
		판매목표 강제
		불이익제공
계약의 목적과 내용, 발생한 손해 등에 비하여 부당하게 손해배상 의무를 부담시키는 행위(제5호)	부당한 손해배상 의무 부과행위	과중한 중도해지 시 과중한 위약금 설정·부과 행위
		소비자 피해에 대한 손해배상의무 전가 행위
		그 밖의 부당한 손해배상의무 부과행위
부당하게 경쟁가맹본부의 가맹점사업자를 자기와 거래하도록 유인 등을 하는 행위(제6호)	그 밖의 불공정거래행위	가맹본부가 다른 경쟁가맹본부의 가맹점사업자를 자기와 거래하도록 하여 자기의 가맹점사업자의 영업에 불이익을 주거나 다른 경쟁가맹본부의 가맹사업에 불이익을 주는 행위
부당한 점포환경개선 강요 금지(법 제12조의2)	정당한 사유 없이 점포환경개선을 강요하는 행위를 금지하고, 개선요구 시 40% 이내 범위 부담	
부당한 영업시간 구속 금지(법 제12조의3)	정상적인 거래관행에 비추어 부당하게 가맹점사업자의 영업시간을 구속하는 행위를 금지	
부당한 영업지역 침해금지(법 제12조의4)	가맹계약서에 가맹점사업자의 영업지역 설정 및 정당한 사유 없이 계약기간중 동일업종 설치 금지	
보복조치의 금지(법 제12조의5)	가맹점사업자의 분쟁조정의 신청, 서면실태조사 협조, 공정위 신고 등에 대한 불이익 행위 금지	

나. 불공정거래행위에 대한 위법성 판단 요건

가맹사업법은 가맹본부의 불공정거래행위에 대한 위법성 판단 요건에 대해 규정하고 있다(법 제12조). 즉, ① "공정한 거래를 저해할 우려가 있는 행위"는 '공정거래저해성'를 의미하는데, 이는 '경쟁제한성'과 '불공정성(unfairness)'을 포함하는 개념으로 본다.[2] 여기서 경쟁제한성이란 당해 행위로 인해 시장 경쟁의 정도 또는 경쟁사업자(잠재적 경쟁사업자 포함)의 수가 유의미한 수준으로 줄어들거나 줄어들 우려가 있음을 의미한다. 또한 불공정성이란 경쟁수단 또는 거래내용이 정당하지 않음을 의미한다. 경쟁수단의 불공정성은 상품 또는 용역의 가격과 질 이외의 바람직하지 않은 경쟁수단을 사용함으로써 정당한 경쟁을 저해하거나 저해할 우려가 있음을 의미한다. 거래내용의 불공정이라 함은 거래상대방의 자유로운 의사결정을 저해하거나 불이익을 강요함으로써 공정거래의 기반이 침해되거나 침해될 우려가 있음을 의미한다.[3] ② '우려'의 의미는 공정한 거래를 저해하는 효과가 실제로 구체적인 형태로 나타나는 경우뿐만 아니라 나타날 가능성이 큰 경우도 포함된다. 또한 현재 그 효과가 없거나 미미하더라도 미래에 발생할 가능성이 있는 큰 경우도 포함한다.[4]

그리고 ③ '부당하게'를 요건으로 하는 행위유형은 당해 행위의 외형이 있다고 하여도 그 사실만으로 공정거래저해성이 있다고 인정되는 것은 아니다. 원칙적으로 경쟁제한성·불공정성과 효율성 증대효과·소비자후생 증대효과 등을 비교 형량하여 경쟁제한성·불공정성 효과가 보다 큰 경우에 위법한 것으로 본다. '부당하게'를 요건으로 하는 행위에 대해서는 공정거래위원회(사무처)가 위법성을 입증할 책임을 부담하는 것으로 본다.[5] ④ '정당한 이유 없이'를 요건으로 하는 행위에 대해서는 당해 행위의 외형이 있는 경우에는 원칙적으로 공정거래저해성이 있는 것으로 본다. 정당한 이유가 있는지에 대해서는 위반자인 가맹본부가 입증 책임을 부담한다.[6]

---

2) 대법원 2018. 7. 12 선고 2017두51365 판결 참조.
3) 공정거래위원회 "불공정거래행위 심사지침" Ⅲ. 1. 가. (2).
4) 공정거래위원회 "불공정거래행위 심사지침" Ⅲ. 1. 가. (4).
5) 공정거래위원화 "불공정거래행위 심사지침" Ⅲ. 1. 가. (3).
6) 대법원 2011. 3. 10. 선고 2010두9976 판결.

다. 가맹본부의 불공정거래행위 금지 관련 Q&A

[Q 1] 가맹본부가 가맹점사업자를 대상으로 배달 강제, 계약갱신 거절, 배달비용 및 배달앱 지정 등을 하는 경우 가맹사업법 위반에 해당하나?

[A 1] 불공정거래행위가 될 수 있다. ① 가맹본부가 다수 가맹점(80% 이상)의 배달영업 도입 요청에 따라 배달정책을 시행하는 경우 배달영업을 원하지 않은 가맹점에도 배달을 강제할 수 있는가는 가맹점사업자가 이행하기 곤란하거나 가맹점사업자에게 불리한 계약조항을 설정 또는 변경하는 경우로서 '거래상 지위의 남용'에 해당할 수 있으므로 유의하여야 한다.

② 절대 다수 가맹점(90% 이상)이 배달을 하는 경우 배달을 시행하지 않는 가맹점에 대해 법 제13조 제1항 제2호에 따라 갱신 거절을 할 수 있는가와 관련하여 가맹본부는 가맹점사업자가 계약조건이나 영업방침을 수락하지 않는 경우 가맹계약 갱신을 거절할 수 있을 것이나, ①의 답변과 같이 그 내용이 부당하게 계약조항을 설정 또는 변경하여 거래상 지위의 남용에 해당하는지 등을 사전에 확인할 필요가 있을 것으로 보인다.

③ 가맹본부가 고객편익을 위해 가맹점에 배달비를 통일적으로 설정하고 해당 금액만 수령하도록 강제하는 경우에는 정당한 이유없이 가맹점사업자가 판매하는 상품 또는 용역의 가격을 정하여 그 가격을 유지하도록 하거나 가맹점사업자가 상품 또는 용역의 가격을 결정하는 행위를 부당하게 구속하는 '구속조건부 거래'에 해당할 수 있다.

④ 배달앱의 성격과 관련하여 외식업가맹본부 또는 가맹점사업자가 배달앱을 이용하는 경우에는 음식점 광고, 배달주문 대행 등의 용역을 제공하는 거래상대방으로 볼 수 있다.

[Q 2] 가맹본부가 주류에 대한 리베이트를 금지하는 세법 개정으로 인해 가맹점사업자에게 로열티 형태의 가맹금을 새로 부과하고자 하는데, 가맹점사업자로부터 동의서만 받으면 로열티를 받을 수 있는지 아니면 관련 내용을 기재한 정보공개서 제공 및 재계약 이후에 로열티를 받을 수 있는지?

[A 2] 새로운 형태의 로열티를 받으면서 동의서를 징구한다고 하여도 불공정거래행위에 해당할 수 있다. 가맹사업법에는 기존 계약내용에 없는 가맹금을 새로 부과하고자 할 때 어떠한 절차를 거쳐야 하는지 등에 대하여 직접적으로 규율하고 있지는 않다. 다만 부당하게 가맹점사업자에게 불이익을 제공하거나 계약조항을 불리하게 변경하는 행위 등에 대해서는 법 제12조 제1항 및 시행령 [별표 2] 제3호에 따른 부당한 강요(나목), 부당한 계약조항의 설정 또는

변경(다목), 불이익제공(바목) 등에 해당할 수 있다.

아울러 종전 정보공개서를 제공하고 가맹점을 새로 모집한 후 정보공개서와 다른 내용으로 가맹금을 수취하는 경우에는 법 제9조에 따라 허위·과장된 정보제공행위에 해당할 소지가 있으므로, 새로 가맹계약을 체결하려는 가맹희망자에게는 로열티를 수령한다는 개정된 정보공개서와 가맹계약서를 사전에 제공하는 것이 타당하다고 볼 수 있다.

2. 거래거절행위의 금지

가. 행위 의의 및 유형

가맹본부가 가맹점사업자에 대하여 상품이나 용역의 공급 또는 영업의 지원 등을 부당하게 중단 또는 거절하거나 그 내용을 현저히 제한하는 일정한 행위를 말한다(법 제12조 제1항). 다만 가맹점사업자가 계약위반 등 가맹점사업자의 귀책사유로 가맹사업의 거래관계를 지속하기 어려운 사정이 발생하는 경우에는 예외로 한다(법 시행령 [별표 2] "불공정거래행위의 유형 또는 기준" 1. 거래거절 단서).

1) 영업지원 등의 거절

가맹본부가 가맹점사업자에게 정당한 이유없이 거래기간 중에 가맹사업을 영위하는데 필요한 재화나 용역의 원·부재료의 공급과 이와 관련된 영업지원, 정보공개서 또는 가맹계약서에서 제공하기로 되어 있는 경영 및 영업활동에 관한 지원 등을 중단 또는 거절하거나 그 지원하는 물량 또는 내용을 현저히 제한하는 행위를 말한다.

2) 부당한 계약갱신 거절

가맹본부가 최초 가맹계약일로부터 10년까지 부당하게 가맹점사업자와의 계약갱신을 거절하는 행위를 말한다(법 제13조 제2항 참조). 가맹사업당사자는 가맹계약 기간을 대부분 1~3년 단위로 하는 것이 보통이다. 만약 가맹본부가 최초 계약기간만을 인정하고 계약갱신을 인정해 주지 않으면 가맹점사업자는 초기 인테리어 설치 및 주방기기 설비 등의 투자원금을 모두 회수할 수 없는 구조적인 문제가 발생하게 될 수 있다. 가맹사업법은 이러한 문제 해결을 위해 계약내용 등을 위반한 사실이 없는 경우 가맹점사업자의 가맹본부에 대한 가맹계약갱신요구권을 10년으로 규정하고 있다.

가맹본부가 ① 가맹본부가 정당한 사유 없이 가맹점의 영업지역에 직영점을 설치할 목적으로 가맹점사업자의 계약갱신 요구를 거절하는 행위,[7] ② 가맹본부가 정당한 사유 없이 특정 가맹점사업자에 대해서만 차별적으로 계약갱신 요구를 거절하는 행위,[8] ③ 가맹본부의 요구에 따른 점포환경개선 비용 중 가맹점사업자가 부담한 금액, 점포환경개선 후 가맹점 영업 기간, 해당 기간 동안의 가맹점 수익상황 등에 비추어 가맹점사업자 점포환경개선 비용을 회수할 수 있는 충분한 기간이 경과하지 않았음에도 불구하고 정당한 사유 없이 가맹사업자의 계약갱신 요구를 거절하는 행위를 한 경우 부당한 계약갱신의 거절에 해당한다.

3) 부당한 계약해지

가맹본부가 부당하게 계약기간 중에 가맹점사업자와의 계약을 해지하는 행위를 말한다. 민법상 계약해지는 법정해지권과 약정해지권이 있는 경우에 할 수 있다. 가맹본부가 가맹계약서에 해지사유로 되어 있지 않음에도 중도에 가맹계약을 해지한다면 가맹점사업자는 예상치 못한 손해를 입게 된다. 가맹사업법은 가맹본부가 가맹계약을 해지하려면 2개월 이상의 유예기간을 두고 계약 위반사실을 구체적으로 밝히고 2회 이상 서면 통지하여야 하며, 이를 위반하면 계약해지의 효력이 없다(법 제14조).

나. 위법성 판단 기준

가맹사업거래의 특성에 비추어 가맹본부가 가맹점사업자에 대하여 상품이나 용역의 공급 또는 영업의 지원 등을 중단 또는 거절하는 행위가 불공정거래행위로서의 거래거절에 해당하기 위해서는, 가맹점사업자의 계약위반 등 가맹점사업자의 귀책사유로 인하여 가맹사업의 거래관계를 지속하기 어려운 중대한 사정이 없음에도 불구하고 가맹점사업자의 계속적인 거래기회를 박탈하여 그 사업활동을 곤란하게 하거나 가맹점사업자에 대한 부당한 통제 등의 목적달성을 위하여 그 실효성을 확보하기 위한 수단 등

---

7) 다만 가맹본부가 가맹점사업자로부터 가맹점을 양수하거나, 가맹점사업자가 계약갱신 요구를 하지 않은 경우로서 가맹본부가 법 제13조 제4항에 따라 가맹계약을 갱신하지 않는다는 사실을 통지함으로써 가맹계약이 종료된 경우는 제외한다.

8) 다만 가맹본부가 소속 가맹점사업자에게 공통적으로 적용되는 평가기준, 평가시기, 평가방식 등을 포함한 계약갱신 기준(이하 “평가기준 등”이라 한다)을 사전에 통지하고 평가기준 등에 따라 가맹점 평가를 실시한 후 그 결과에 따라 계약갱신 요구를 거절하는 행위는 제외한다.

으로 부당하게 행하여진 경우이어야 한다.[9] 다만 가맹본부가 이에 대한 정당한 이유를 입증하면 위법성이 조각된다.

'부당한 계약갱신 거절'과 '부당한 계약해지'는 가맹사업당사자가 체결한 가맹계약서의 내용을 가맹점사업자가 위반하지 않았음에도 법 제13조 제1항에 따라 가맹계약의 갱신이 이행되지 않았거나 제14조 제1항에 따라 가맹계약해지 절차를 준수하지 아니한 경우의 거래거절에 해당된다. 이에 대해서는 공정거래위원회가 부당성을 입증해야 한다.

다. 거래거절행위 금지 관련 Q&A

[Q 1] ① 가맹본부가 가맹계약 당시 언급했던 영업지원 등을 이행하지 아니하는 경우 및 ② 사전 통보 없이 '반죽기'를 설치하는 것을 허용하지 않고 '냉동도우' 사용을 강제하거나 치즈종류를 변경하는 경우 가맹사업법 위반에 해당하나?

[A 1] 거래거절에 해당할 수도 있지만, 가맹계약서 또는 정보공개서 등에 따라 다르게 판단할 수 있다. ① 가맹사업법 제12조 제1항 제1호에서는 가맹점사업자의 귀책사유가 없음에도 불구하고 가맹본부가 정보공개서 또는 가맹계약서에서 제공하기로 되어 있는 경영 및 영업활동에 관한 지원 등을 중단 또는 거절하거나 그 지원하는 물량 또는 내용을 현저히 제한하는 행위를 불공정거래행위 중 하나인 거래거절행위로 규정하고 있다. 가맹본부가 제시한 영업지원 내용을 확인할 수 있는 계약서 또는 정보공개서 등을 통해 구체적인 사실관계를 검토한 후 법 위반 여부를 판단할 수 있다.

② 반죽기 설치 및 냉동도우 사용 여부, 공급받는 치즈의 사양 등이 당초 계약서에 명시한 내용과 다르게 이행된 경우라면, 가맹점사업자는 계약불이행을 이유로 법상 분쟁조정 신청할 수도 있으며, 계약이행을 위한 소제기 등 민사적 수단을 통해 구제받을 수도 있다.

[Q 2] 가맹본부가 가맹점사업자에게 제품을 제대로 공급해 주지 아니하여 가맹점 매장운영을 제대로 할 수 없도록 하는 행위를 한 경우 가맹사업법 위반에 해당하나?

[A 2] 가맹점사업자의 계약위반 등의 귀책사유가 없는 경우에는 법 위반에 해당할 가능성이 높다. 가맹사업법 제12조 제1항 제1호 및 시행령 제13조 제1항 [별표 2]는 가맹본부가 정당한 이유 없이 거래기간 중에 가맹사업을 영위하는 데 있어 필요한 상품·원재료 또는 부재료의 공급을 중단하는 행위를 불공정거래행위 중 거래거절로 규정하고 있으므로, 실제 영업지원을

9) 서울고등법원 2003. 5. 22. 선고 2001누1484 판결.

하지 않았다면 법 위반에 해당할 수 있다. 다만 가맹점사업자의 계약위반 등 가맹점사업자의 귀책사유로 가맹사업의 거래관계를 지속하기 어려운 사정이 발생하는 경우에는 법 위반에 해당되지 아니하므로 구체적인 사실관계 확인이 필요한 사안이다.

[Q 3] 가맹본부가 월정료 및 물건대금을 현금으로만 지급할 것을 요구하고 있는 상황에서 가맹점사업자와의 합의 여부에 따라 현금결제방식이 가능한가?

[A 3] 가맹사업당사자 간의 합의가 없거나 가맹점사업자의 귀책사유가 없으면 거래거절행위에 해당할 수도 있다. 가맹사업법은 가맹본부와 가맹점사업자 간의 대금결제방식에 대해 직접적으로 규율하고 있지 아니하다. 이는 통상 가맹본부와 가맹점사업자 간 합의로 정할 사항으로 판단된다. 다만 가맹점사업자가 다른 계약내용을 위반한 사실이 없음에도 현금결제를 아니한다는 이유만으로 가맹본부가 해당 가맹점사업자에 대하여 상품 또는 용역의 공급 또는 영업의 지원 등을 부당하게 중단 또는 거절하거나 그 내용을 현저히 제한하는 행위를 하는 경우 법 제12조 제1항 제1호의 거래거절행위에 해당할 수도 있다.

3. 구속조건부 거래행위의 금지

가. 행위 의의 및 유형

가맹본부가 가맹점사업자의 취급 상품 또는 용역의 가격, 거래상대방, 거래지역이나 사업 활동을 부당하게 구속하거나 제한하는 행위를 말한다. 가맹사업법상 구속조건부거래행위에 적용되는 경우에는 공정거래법 제23조 제1항 제5호(구속조건부거래)의 규정은 적용하지 아니한다(법 제38조).

1) 가격의 구속

가맹본부가 정당한 이유 없이 가맹점사업자가 판매하는 상품 또는 용역의 가격을 정하여 그 가격을 유지하도록 하거나 가맹점사업자가 상품 또는 용역의 가격을 결정하는 행위를 부당하게 구속하는 행위를 말한다. 다만 ① 판매가격을 정하여 가맹점사업자에게 이를 따르도록 권장하는 행위, ② 가맹점사업자에게 판매가격을 결정하거나 변경하는 경우 그 내용에 관하여 사전에 협의하도록 하는 행위는 가격의 구속에 해당되지 아니하나, 사전협의를 통해 판매가격을 강요하는 행위는 가격의 구속에 해당한다.

2) 거래상대방의 구속

가맹본부가 부동산·용역·설비·상품·원재료 또는 부재료의 구입·판매 또는 임대차 등과 관련하여 부당하게 가맹점사업자에게 가맹본부를 포함한 특정한 거래상대방과 거래할 것을 강제하는 행위를 말한다. 다만 예외가 있다. 즉, ① 부동산·용역·설비·상품·원재료 또는 부재료가 가맹사업을 경영하는 데에 필수적이라고 객관적으로 인정될 것, ② 특정한 거래상대방과 거래하지 아니하는 경우에는 가맹본부의 상표권을 보호하고 상품 또는 용역의 동일성을 유지하기 어렵다는 사실이 객관적으로 인정될 것, ③ 가맹본부가 미리 정보공개서를 통하여 가맹점사업자에게 해당 사실을 알리고 가맹점사업자와 계약을 체결할 것의 요건을 모두 충족하는 경우에는 거래상대방의 구속에 해당하지 않는다.

3) 가맹점사업자의 상품 또는 용역의 판매제한

가맹본부가 가맹점사업자에게 부당하게 지정된 상품 또는 용역만을 판매하도록 하거나 거래상대방에 따라 상품 또는 용역의 판매를 제한하는 행위를 말한다. 다만 ① 가맹점사업자의 상품 또는 용역의 판매를 제한하지 아니하는 경우에는 가맹본부의 상표권을 보호하고 상품 또는 용역의 동일성을 유지하기 어렵다는 사실이 객관적으로 인정될 것, ② 가맹본부가 미리 정보공개서를 통하여 가맹점사업자에게 해당 사실을 알리고 가맹점사업자와 계약을 체결할 것의 요건을 모두 충족하는 경우에는 가맹점사업자의 상품 또는 용역의 판매제한에 해당하지 않는다.

4) 영업지역의 준수강제

가맹본부가 부당하게 가맹점사업자에게 영업지역을 준수하도록 조건을 붙이거나 이를 강제하는 행위를 말한다. 다만 ① 가맹본부가 가맹점사업자의 영업거점지역을 정하는 행위, ② 가맹점사업자가 자기의 영업지역에서의 판매책임을 다한 경우에 영업지역 외의 다른 지역에서 판매할 수 있도록 하는 행위, ③ 가맹점사업자가 자기의 영업지역 외의 다른 지역에서 판매하고자 하는 경우 그 지역의 가맹점사업자에게 광고선전비 등 판촉비용에 상당하는 일정한 보상금을 지불하도록 하는 행위에 대해서는 영업지역의 준수강제에 해당하지 않는다.

5) 그 밖에 가맹점사업자의 영업활동의 제한

가맹본부가 상기의 가격의 구속, 거래상대방의 구속, 가맹점사업자의 상품 또는 영역의 판매제한, 영업지역의 준수강제에 준하는 경우로서 구속조건부 거래를 통하여 부당하게 가맹점사업자의 영업활동을 제한하는 행위를 말한다. 다만 ① 가맹점사업자의 영업활동을 제한하지 아니하는 경우에는 가맹본부의 상표권을 보호하고 상품 또는 용역의 동일성을 유지하기 어렵다는 사실이 객관적으로 인정될 것, ② 가맹본부가 미리 정보공개서를 통하여 가맹점사업자에게 해당 사실을 알리고 가맹점사업자와 계약을 체결할 것의 요건을 모두 충족하는 경우에는 이에 해당하지 않는다.

나. 위법성 판단 기준

구속조건부거래행위가 부당한지의 여부는 문제된 행위의 의도와 목적, 효과와 영향 등 구체적 태양의 거래 상품의 특성, 유통 거래의 상황, 해당 사업자의 시장에서의 지위 등에 비추어 경쟁제한적 효과가 인정되는지를 판단하여 결정한다.[10] 아울러 거래상대방의 구속행위가 성립하기 위해서는 가맹본부가 가맹점사업자에게 특정한 거래상대방(가맹본부 포함)과 거래하도록 강제하고 그러한 행위가 가맹사업의 목적달성을 위한 필요한 범위를 넘어 부당하여야 한다.

가맹사업의 목적달성을 위한 필요한 범위에 있는가는 가맹사업의 목적과 가맹계약의 내용, 가맹금의 지급방식, 가맹사업의 대상인 상품과 공급 상대방이 제한된 상품과 관계, 상품의 이미지와 품질을 관리하기 위한 기술관리·유통관리·위생관리의 필요성 등에 비추어 가맹점사업자에게 품질기준만을 제시하고 임의로 구입하도록 하여서는 가맹사업의 통일적 이미지와 상품의 동일한 품질을 유지하는 데에 지장이 있는지에 따라 결정되어야 한다.[11]

다. 구속조건부 거래행위 금지 관련 Q&A

[Q 1] 가맹본부가 권장하는 판매가격과 다르게 설정하는 것이 가능한지 여부 및 판매가격 상한선을 정할 수 있는가?

---

10) 대법원 2000. 10. 6. 선고 99다30817, 30824 판결.

11) 대법원 2006. 3. 10. 선고 2002두332 판결 등 참조.

[A 1] 가맹본부의 정보공개서나 가맹계약서의 내용을 토대로 합리적 범위 내라면 가능하다. 가맹사업법 제12조 제1항 제2호에 따라 가맹본부는 가맹점사업자가 취급하는 상품 또는 용역의 가격, 거래상대방, 거래지역이나 가맹점사업자의 사업 활동을 부당하게 구속하거나 제한하는 행위를 하여서는 안 된다고 규정하고 있다. 시행령 제13조 제1항에 따른 [별표 2] 2. 구속조건부 거래, 가. 가격의 구속, (1) 판매가격을 정하여 가맹점사업자에게 이를 따르도록 권장하는 행위와 (2) 가맹점사업자에게 판매가격을 결정하거나 변경하는 경우 그 내용에 관하여 사전에 협의하도록 하는 행위(다만 사전협의를 통해 판매가격을 강요하는 행위는 가격을 구속하는 행위로 본다)는 제외된다.

가맹본부가 정보공개서 등을 통하여 상품·용역의 판매가격을 정하여 가맹점사업자에게 이를 권장하는 행위와 가맹점사업자가 해당 권장가격에 대하여 다른 가격으로 판매하려는 경우에 사전에 가맹본부와 서면으로 협의하도록 하는 것은 법 위반으로 보기가 어렵다. 그러므로 가맹본부가 설정한 권장 판매가격에서 가맹점사업자가 변경할 수 있는 판매가격의 범위와 판매가격의 상한선에 대해서는 법에서 구체적으로 규정하고 있지 않으므로, 이는 가맹본부의 정보공개서나 가맹계약서의 내용을 토대로 서로 협의하여 결정할 사항이다.

[Q 2] 가맹본부의 동일 브랜드 제품의 소비자가격이 가맹점별로 서로 다른 것이 가맹사업법 위반에 해당하나?

[A 2] 법 위반이라고 보기는 어려우나 가맹계약서 계약내용 위반에 해당할 수 있다. 가맹사업법은 가맹본부의 동일 브랜드에 소속된 가맹점사업자들에게 동일한 가격에 상품 또는 용역을 판매하도록 하는 규정이 없다. 즉 동일 가맹본부의 가맹점사업자가 동일 상품을 서로 다른 가격으로 판매하더라도 법 위반에 해당한다고 보기가 어렵다.

[Q 3] 가맹본부가 외부에서 조달할 수 있는 공산품을 필수품목으로 지정하면서 그 가격을 시장가격 보다 높게 책정하고 있는 것이 가맹사업법 위반에 해당하나?

[A 3] 필수품목이 아닌 경우 법 위반 소지가 높다. 가맹사업법 제12조 제1항 제1호 및 시행령 [별표 2] 제2호 나목은 “부동산, 용역, 설비, 상품, 원재료 또는 부재료의 구입, 판매 또는 임대차 등과 관련하여 부당하게 가맹점사업자에게 특정한 거래상대방과 거래할 것을 강제하는 행위”를 금지하고 있다.

다만 1) 해당 물품 등이 가맹사업 경영에 필수적이라고 객관적으로 인정되는 경우, 2) 가맹사업의 동일성 유지에 객관적으로 인정되는 경우, 3) 필수물품에 대한 사항을 미리 정보공개서에 기재하고 가맹점사업자에게 해당 사실을 알리고 가맹계약을 체결한 경우를 모두 충족하면 예외로 필수품목을 지정하여 거래상대방을 구속할 수도 있다. 그러므로 가맹본부가 원·부자재를 가맹점사업자에게 특정한 거래상대방과 거래할 것을 강제하는 행위에 대해서는 해당 물품이 법령에서 규정하고 있는 필수품목에 해당되는지 여부를 종합적으로 검토하여 판단할 사안이다.

[Q 4] 가맹본부가 비닐봉지, 퍼프 등의 물품을 강제로 구입하도록 하는 것이 가맹사업법 위반에 해당하나?

[A 4] 법 위반 예외 조건을 모두 충족하는 품목이 아닌 경우에는 법 위반 소지가 있다. 가맹본부가 비닐봉지 및 퍼프 등을 자신이 공급하는 제품 외에는 취급을 금지하는 행위에 대해서는 해당 품목이 가맹사업의 통일성 유지와 무관한 품목이라면 불공정거래행위에 해당할 소지가 있을 수 있다. 다만 가맹사업의 특성상 동일성 유지 등의 법 위반 예외 조건을 모두 충족하는 품목에 대해서는 가맹본부가 구입을 강제하는 것이 허용된다. 구체적인 위법 여부를 확인하기 위해서는 가맹본부가 구입을 강제한 해당 품목의 성격과 계약내용, 사업형태 등을 종합적으로 고려하여 판단할 사안에 해당한다.

[Q 5] 가맹본부가 소분포장 정책을 실시하면서 가맹점사업자에게 소분포장재료 및 그 수납함을 일괄 발주하도록 하는 것이 가맹사업법 위반에 해당하나?

[A 5] 가맹사업의 통일된 이미지 추구 등과 관련이 없는 경우에는 법 위반 여지가 있다. 가맹사업법 제12조 제1항 및 시행령 [별표 2]는 가맹본부의 구속조건부 거래행위, 거래상 지위남용행위 등의 불공정거래행위 유형 또는 기준을 규정하고 있다. 가맹본부의 일괄 발주 행위가 가맹사업의 통일된 이미지 추구 및 상품 품질의 동일성 유지와 관련이 없음에도 불구하고 강제로 이루어졌다면 구체적 사실관계에 따라 판단할 사항이지만 거래상대방의 구속이나 구입 강제의 불공정거래행위에 해당할 소지가 있을 수도 있다. 소분포장 재료를 보관하는 수납함은 가맹사업의 중심상품의 품질과 직접적인 관련성은 다소 낮으며, 가맹사업의 통일적 이미지에도 미치는 영향이 그리 크지 않다고 볼 수 있다.

한편 소분포장 재료의 경우에는 해당 브랜드만의 특성을 나타낼 수 있는 디자인 등 가맹사업 이미지의 통일성 추구를 위해 가맹본부로부터 구입하는 것이 합리적이라고 인정될 만한 사유가 존재한다면 그 행위를 불공정거래행위로 판단하기가 어려울 것으로 보인다. 결국 가맹본부의 기물 일괄 발주 행위가 가맹사업의 목적달성을 위해 필요한 범위에 있는가를 판단하기 위해서는 가맹사업의 목적과 가맹계약의 내용, 원재료와 상품의 이미지 및 품질기준만을 제시하고 임의로 해당 기물을 구입하도록 할 경우 가맹사업의 통일적 이미지와 상품의 동일한 품질을 유지하는 데에 지장이 있는지 종합적으로 판단한 사안이다.

[Q 6] 가맹점사업자는 가맹본부의 브랜드 로고가 인쇄된 젓가락, 용기, 포장지 등을 반드시 가맹본부로부터 구입해야 하나?

[A 6] 중심상품의 맛이나 품질유지와 직접 관련이 있고 용기표면에 영업표지가 기재되어 있어 가맹사업의 통일적 이미지와 관련이 있는 경우에는 거래상대방 구속행위가 아닐 수도 있다. 가맹사업법 제12조 제1항 제2호 및 시행령 [별표 2] 2.에 따라 "부동산, 용역, 설비, 상품, 원재료 또는 부재료의 구입, 판매 또는 임대차 등과 관련하여 부당하게 가맹점사업자에게 특정한 거래상대방(가맹본부를 포함한다)과 거래할 것을 강제하는 행위"는 거래상대방 구속행위에 해당한다.

한편 판례는 특정 구입강제행위가 부당한지 여부를 다음 세 가지 요소를 종합적으로 고려하여 판단한다(서울고등법원 2018누52, 2018누43324 판결 등). 즉, ① 객관적으로 상품, 원재료, 부재료 등이 가맹사업을 경영하는 데 필수적인 것인지, ② 가맹사업의 통일적 이미지 확보와 상품의 동일한 품질유지를 위한 기술관리, 표준관리, 유통관리, 위생관리 필요성 등 측면에서 가맹점사업자에게 사양서나 품질기준만을 제시하고 임의로 구입 또는 설치하도록 방치하여서는 가맹사업의 통일적 이미지 확보와 상품의 동일한 품질보증에 지장이 있는지, ③ 미리 정보공개서를 통해 가맹점사업자에게 특정한 거래상대방과 거래해야만 한다는 점을 알리고 계약 체결하였는지이다.

가맹본부의 브랜드 로고가 삽입된 젓가락, 용기, 포장 등의 구입강제행위가 거래상대방 구속행위에 해당하는지 여부 또한 위 기준에 따라 판단해야 할 것이다. 다만 최종적인 위법성 여부는 가맹사업의 목적과 가맹계약의 내용, 가맹금 지급방식, 해당 상품용역 등의 특성을 고려하여 결정되므로 일률적으로 판단하기가 어렵다. 참고로 판례는 영업표지가 기재되어 있는 덮밥뚜껑, 덮밥 반찬용기 등에 대하여 중심상품의 맛과 품질유지와 직접 관련이 있고 용기표면에 영업표지가 기재되어 있어 가맹사업의 통일적 이미지와도 관련이 된다는 이유 등으로 거래상대방 구속행위가 아니라고 판시하였다(서울고등법원 2018누52 판결).

[Q 7] 가맹본부가 가맹점사업자에게 특정 공급업체로부터만 식재료를 공급받도록 강제하면서 공급업체로부터 판매장려금을 받는 것이 가맹사업법 위반에 해당하나?

[A 7] 가맹본부가 판매장려금을 받는 그 자체만으로는 가맹사업법 위반으로 보기가 어렵다. 가맹사업법 제12조 제1항 제2호는 "가맹점사업자가 취급하는 상품 또는 용역의 가격, 거래상대방, 거래지역이나 가맹점사업자의 사업활동을 부당하게 구속하거나 제한하는 행위"를 금지하고 있고, 시행령 [별표 2] 2. 나목은 "부동산, 용역, 상품, 원재료 또는 부재료의 구입, 판매 또는 임대차 등과 관련하여 부당하게 가맹점사업자에게 특정한 거래상대방과 거래할 것을 강제하는 행위"를 금지하고 있다.

통상 가맹본부가 가맹점사업자에게 특정 공급업체를 지정하여 물품을 구입하도록 하고, 공급업체로부터 일정금액의 수수료를 수령하는 것은 법 위반으로 보기가 어려운 경우가 많다. 왜냐하면 공급업체의 입장에서 볼 때 가맹본부가 자신의 제품을 필수품목으로 지정함에 따라 매출액이 상승한 만큼 발생한 이윤을 사전에 계약한 요율만큼 지급하기 때문이다.

실제 커피가맹본부가 가맹점사업자에게 A우유회사 대리점을 통해 우유를 구입하도록 하고, A우유회사로부터 1팩(1L)당 200원의 판매장려금을 수령한 행위에 대하여 공정거래위원회 심의결과 무혐의로 결정되었다. 무혐의 이유로는 피심인(A우유회사)이 가맹점사업자에게 A우유회사 대리점에서 우유를 구매하도록 강요한 행위가 발견되지 아니하여 부당하게 불이익을 주었다고 보기 어렵고, 가격 인상(1,200원에서 1,350원) 전 A우유회사가 가맹점사업자들에게 공급한 우유가격이 다른 가맹본부의 가맹점사업들에게 공급한 우유가격보다 낮았기 때문에 부당성이 인정되지 않은 사례이다.[12)]

4. 거래상 지위의 남용행위 금지

가. 행위의 의의 및 유형

가맹본부가 거래상의 지위를 이용하여 부당하게 가맹점사업자에게 불이익을 주는 행위를 말한다(법 제12조 제1항). 다만 가맹본부의 상표권을 보호하고 상품 또는 용역의 동일성을 유지하기 어렵다는 사실이 객관적으로 인정되는 경우로서 해당 사실에 관하

12) 공정거래위원회 2016. 2. 4. 사건번호 2015가맹1807호 참조.

여 가맹본부가 미리 정보공개서를 통하여 가맹점사업자에게 알리고 가맹점사업자와 계약을 체결하는 경우에는 거래상의 지위남용에 해당하지 아니한다(법 시행령 [별표 2] "불공정거래행위의 유형 또는 기준" 3. 거래상 지위의 남용 단서).

1) 구입강제

가맹본부가 가맹점사업자에게 가맹사업의 경영과 무관하거나 그 경영에 필요한 양을 넘는 시설·설비·상품·용역·원재료 또는 부재료 등을 구입 또는 임차하도록 하는 행위를 말한다. 예컨대 가맹본부가 자기의 제품재고량이 너무 많기 때문에 이를 처리하기 위하여 가맹점사업자에게 일방적으로 제품을 구매하도록 하는 행위 등이다.[13)]

2) 부당한 강요

가맹본부가 가맹점사업자에게 부당하게 경제적 이익을 제공하도록 강요하거나 비용을 부담하도록 강요하는 행위를 말한다. 부당한 강요 행위는 공정거래법과 동일하게 경제적 이익을 제공하도록 강요하는 행위는 물론, 가맹점사업자에게 비용을 부담하도록 강요하는 행위까지 포함된다.

3) 부당한 계약조항의 설정 또는 변경

가맹본부가 가맹점사업자에게 이행하기 곤란하거나 가맹점사업자에게 불리한 계약조항을 설정 또는 변경하거나 계약갱신과정에서 종전의 거래조건 또는 다른 가맹점사업자의 거래조건보다 뚜렷하게 불리한 조건으로 계약조건을 설정 또는 변경하는 행위를 말한다. 가맹사업법상의 부당한 계약조항의 설정 또는 변경 행위와 공정거래법상의 불이익제공 행위는 거래상대방에게 불리하게 거래조건을 설정 또는 변경하는 측면에서는 동일하다.[14)]

4) 경영의 간섭

가맹본부가 가맹점사업자에게 정당한 이유 없이 특정인과 가맹점을 같이 운영하도록 강요하는 행위를 말한다. 예컨대 가맹본부가 품질기준의 준수 등을 위한 정당한 범위 내에서의 지시나 통제를 넘어 가맹점 경영에 직접적으로 혹은 제3자를 통해 특정인

---

13) 심재한, "온주 가맹사업거래의공정화에관한법률 제12조", 로앤비(2020. 12. 11), §46.
14) 심재한, "온주 가맹사업거래의공정화에관한법률 제12조", 로앤비(2020. 12. 11), §55.

과 가맹점을 같이 운영하도록 관여한다면 경영간섭에 해당될 것이다.

5) 판매목표 강제

가맹본부가 가맹점사업자에게 부당하게 판매목표를 설정하고 가맹점사업자로 하여금 이를 달성하도록 강제하는 행위를 말한다. 따라서 가맹본부가 가맹점사업자에 대하여 일정한 판매목표를 설정하여 제시하고, 이를 달성하지 못할 경우 계약해지 등 거래상의 불이익을 주거나 줄 것을 고지하는 경우를 의미한다.

6) 불이익제공

가맹본부가 구입강제, 부당한 강요, 부당한 계약조항의 설정 또는 변경, 경영의 간섭 및 판매목표 행위에 준하는 경우로서 가맹점사업자에게 부당하게 불이익을 주는 행위를 말한다.15)

나. 위법성 판단 기준

거래상 지위의 남용에 해당하기 위해서는 먼저 가맹본부가 가맹점사업자에 대하여 거래상 우월적 지위에 해당하여야 하며, 다음과 같이 가맹본부가 가맹점사업자에게 대하여 거래상 지위를 이용하여 부당하게 거래하였을 것을 요건으로 한다.

1) 거래상 우월적 지위 여부

거래상 우월적 지위에 해당하는지 여부는 가맹점사업자가 가맹사업을 함에 있어서 대체거래선의 확보의 용이성, 사업자에 대한 수입의존도, 사업자의 업무상 지휘감독권 여부 거래대상인 상품 또는 용역의 특성을 종합적으로 고려하여 판단한다. 가맹사업에서는 가맹점사업자가 가맹본부에 전적으로 의존하는 관계이고, 다른 대체거래선으로 변경하는 경우 그동안 투자한 비용을 회수할 수 있는 방법이 없어 상당한 경제적 손실을 입게 되는 구조이기 때문에, 가맹본부는 일반적으로 가맹점사업자에 대하여 거래상 우월적 지위에 있다고 볼 수 있다.

---

15) 공정거래법상 구입강제, 이익제공 강요, 판매목표강제 이외의 방법으로 "거래상대방에게 불이익이 되도록 거래조건을 설정 또는 변경하거나 그 이행과정에서 불이익을 주는 행위"는 불이익제공 행위가 된다(공정거래법 제23조 제1항 제4호 및 시행령 제36조 제1항 관련 [별표 1의2]).

2) 거래상 지위의 남용 여부

거래상 지위를 부당하게 이용하였는지 여부는 당사자가 처하고 있는 시장 및 거래의 상황, 당사자 간의 전체적 사업능력의 격차, 거래의 대상인 상품 또는 용역의 특성, 그리고 당해 행위의 의도, 목적, 효과, 영향 및 구체적인 태양, 해당 사업자의 시장에서의 우월한 지위의 정도 및 상대방이 받게 되는 불이익의 내용과 정도 등에 비추어 볼 때 정상적인 거래관행을 벗어난 것으로서 공정한 거래를 저해할 우려가 있는가를 판단하여 결정한다.[16]

서울고등법원은 가맹본부의 부당한 상품권 수령 강요행위에 대하여 가맹본부가 1,500개가 넘는 가맹점 중 695개 가맹점사업자로부터 상품권 수수료 공제(액면금액 10%)에 관하여 진정한 동의를 받았다고 하더라도 이에 동의하지 않은 가맹점사업자들이 존재하는 이상[17] 이 사건 처분의 근거가 된 위반행위 자체를 부정할 수는 없다고 판단하였다.[18] 해당 사건은 원고가 대법원에 상고하였으나 심리불속행으로 기각되었다.[19]

다. 거래상 지위의 남용행위 금지 관련 Q&A

[Q 1] 가맹본부가 현재 자율적으로 사용하는 POS를 한 제품으로 일괄 지정하여 할부로 구매하도록 하거나 동일 기종을 사용 중인 가맹점사업자들에게는 해당 업체의 프로그램으로 교체하도록 하는 경우 가맹사업법 위반으로 볼 수 있나?

[A 1] 기존 가맹점사업자에게 사전 동의를 얻지 않았다면 법 위반이 될 수 있다. 가맹사업법은 가맹본부가 거래상지위를 남용하여 가맹점사업자에게 불공정거래행위를 금지하도록 규정하고 있다. 가맹본부가 정보공개서에 POS에 대해 지정하지 않았으나 이를 변경하여 특정업체의 제품과 프로그램만을 사용하도록 정보공개서를 변경하는 경우에는 가맹점사업자에게 현재 사용하고 있는 POS를 폐기하도록 함으로써 불필요한 비용을 부담하게 하는 것이므로 사전에 동의를 얻어서 시행해야 할 것이다.

---

16) 대법원 2002. 1. 25. 선고 2000두9359 판결.

17) 일부 가맹점사업자들이 원고의 조치에 반발하여 상품권 수령을 거부하자, 원고는 중대한 계약위반에 해당한다고 통지하는 등 가맹점사업자로 하여금 원고가 시행중인 상품권 수령 및 수수료 공제방식을 받아들이도록 요구하였다.

18) 서울고등법원 2014. 11. 26. 선고 2013누32399 판결 참조.

19) 대법원 2015. 3. 27. 선고 2014두46911 판결.

다만 신규 가맹점사업자에게는 변경된 정보공개서를 적용하여 시행하는 것은 가능하다고 볼 수 있다. 만약 이러한 사전 동의 절차 없이 POS기기 변경을 강제할 경우 가맹점사업자에게 불리한 조건의 계약변경이 되어 법 제12조의 불공정거래행위에 해당할 수도 있다.

[Q 2] 가맹점사업자가 개인사업자인 A가맹본부와 가맹계약을 체결하였으나, A로부터 가맹사업을 인수한 법인사업자인 B가맹본부와 가맹계약을 다시 체결하는 과정에서 인테리어 대금 정산과 관련된 가맹계약의 일부 내용이 수정되었고, 이로 인해 부가가치세 신고가 누락되었을 경우 B의 가맹계약 내용 변경이 가맹사업법 위반에 해당하나?

[A 2] 통상적 거래관행 등을 종합적으로 고려하여 판단할 문제이다. 가맹사업법 제12조 제1항 제3호는 "거래상의 지위를 이용하여 부당하게 가맹점사업자에게 불이익을 주는 행위"를 금지하고 있다. B가맹본부의 가맹계약 변경 행위가 거래상 지위 남용행위에 해당하는지 여부를 판단하기 위해서는 ① B가 불이익을 주기 위한 의도로 가맹계약을 체결하였는지 여부, ② 그로 인해 발생한 불이익의 정도, ③ 이러한 내용이 정보공개서에 기재되었거나 신규 가맹계약 체결 당시 고지되었는지 여부, ④ 인테리어 대금 정산과 관련된 통상적인 거래관행 등을 종합적으로 고려하여 법 위반 여부를 판단할 사안에 해당한다. 다만 부가가치세 신고 지연으로 발생한 가산금의 경우에는 세무관련 민원에 해당하므로 귀책사유에 따라 분쟁을 해결하는 것이 타당할 것으로 사료된다.

[Q 3] 가맹본부가 가맹계약 기간 중에 로열티 인상 시 재계약 동의서를 받고 진행해야 하는지, 정보공개서 및 계약서 등을 수정하고 진행해야 하는지?

[A 3] 계약내용이 계약기간 중에 변경된 경우에는 사전 동의를 받는 것이 타당하다. 가맹사업법에는 로열티 인상 절차에 대하여 별도로 규율하고 있지 아니하다. 다만 법 제12조 및 시행령 [별표 2]는 거래상지위남용행위 중 하나로 부당한 강요(부당하게 경제적 이익을 제공하도록 강요하거나 가맹점사업자에게 비용을 부담하도록 강요하는 행위) 및 불이익제공행위(가맹점사업자에게 부당하게 불이익을 주는 행위) 등을 금지하고 있다. 그리고 계약기간 내에 로열티를 인상하는 행위는 정당한 사유가 있지 아니한 경우 부당한 강요 또는 불이익제공 행위 등에 해당될 소지가 있다.

한편 특정 행위가 부당한 강요 또는 불이익제공 행위에 해당되는지는 행위의 의도와 목적, 효과와 영향 등 구체적 태양과 함께 당해 가맹사업과 취급상품의 특성, 거래의 상황, 해당 가맹본부의 시장에서의 우월적 지위의 정도, 가맹점사업자가 받게 되는 불이익의 내용과 정도 등에 비추어 볼 때 정상적인 거래관행을 벗어난 것으로서 공정한 거래를 저해할 우려가 있는 가를 종합적으로 고려하여 결정하여야 사안이다. 따라서 법상 부당한 강요 또는 불이익제공행위 등에 해당하지 않으려면 정보공개서 및 계약서 등을 수정하고 가맹점사업자의 사전 동의를 받고 진행하는 것이 타당할 것으로 사료된다.

[Q 4] 가맹점의 고객은 5천 점 이상 포인트가 있어야 사용이 가능함에도 가맹본부가 가맹점사업자와 가맹계약해지를 할 때에 그 이하 포인트까지 책임지고 처리해야 한다고 주장하고 있는데, 이러한 주장은 가맹사업법에 위반에 해당하나?

[A 4] 수익자 부담원칙으로 수익을 얻은 자가 그 비율에 따라 책임을 부담하는 것이 타당하다. 가맹사업법에서는 고객포인트 처리에 대한 범위에 대해서 규율하고 있지 아니하다. 이는 통상 가맹본부와 가맹점사업자 간의 체결한 가맹계약서 또는 기타의 약정서에서 당사자 간 합의로 정할 사안이다. 다만 법 제12조 제1항 제3호 및 시행령 제13조 제1항에 따른 [별표 2] 유형에는 부당한 강요행위를 금지하고 있다.

따라서 가맹계약서 또는 기타 약정서에 기재되어 있지 않았음에도 불구하고 가맹계약해지 시 일방적으로 모든 포인트 처리를 가맹점사업자에게 전가하는 행위는 불공정거래행위에 해당할 소지가 있다. 다만 가맹점의 고객 포인트를 소유하고 있는 고객은 언제든지 사용기준에 도달하면 현금처럼 사용할 수 있어야 하므로, 수익자 부담원칙에 따라 고객에게 포인트를 제공해 주는 조건으로 고객을 유치하여 수익을 얻은 자가 이에 대한 책임을 부담하는 것이 타당할 것으로 보인다.

[Q 5] 위탁 편의점을 운영하는 중에 가맹본부가 매장 임차권을 가지고 임차보증금 및 상가권리금을 부담한 상태에서 가맹본부와 가맹점사업자 간 수익배분을 4:6에 따라 임차료도 동일하게 부담하던 중에 임차료가 16% 인상됨에 따라 임차료를 더 부담하게 되는 것이 가맹사업법상 불이익제공에 해당하나?

[A 5] 당초 약정된 비율대로 인상된 임차료를 부담하는 것이 타당하다. 가맹본부가 보증금, 권리금 귀속주체로서 임대인인 건물주와의 계약상대방으로서 임차권을 가지고 있으며, 가맹점사업자는 가맹계약서 특약에 임대료 인상에 의한 분담조항을 설정하고 있는 것으로 보이기 때문이다.

참고로 상가임대차보호법상 임대료 상한 조항이 개정이 되어 2018. 1. 26.부터 100분의 5로 적용되어 시행되고 있고, 이러한 임대료 상한 조항이 적용되기 위해서는 가맹본부와 건물주의 임대차 관계에서 보증금(임대료 환산액 포함)이 ① 서울의 경우 6.1억 원, ② 수도권과밀지구 및 부산은 5억 원, ③ 광역시 3.9억 원, ④ 그 밖의 지역 2.7억 원 미만이 되어야 한다. 따라서 해당 매장의 경우 이러한 상가임대차보호법이 적용되는 보증금 범위에 있는지 확인할 필요가 있다.

다만 매장 임대차관계 및 관리관계는 민사적인 부분에 해당하여 이에 대한 정확한 답변이 어려운 사안이다. 이와는 별개로 가맹본부가 임대료 인상분에 대해 가맹점사업자에게 이미 약정되어 있는 분담률을 적용하는 것 이상으로 가맹점사업자에게 전액을 부담 지우는 경우이거나 그 외의 불리한 조건을 지우는 경우에는 가맹본부가 거래상 지위를 남용하여 불이익에 해당하는지 여부를 판단할 사안에 해당하나 약정비율대로 부담하는 경우 불공정거래행위로 판단하기가 어렵다고 볼 수 있다.

[Q 6] ① 가맹본부가 가맹계약을 갱신하면서 가맹점사업자에게 기존보다 불리한 계약조건을 요구하는 행위는 법에 위반에 해당하나? 그리고 ② 가맹본부가 최저임금 등의 비용 요인을 반영하여 가맹점사업자에 대하여 일정 수준 이상의 수익을 보장하도록 계약조건을 설정할 의무가 있는가?

[A 6] ① 거래상 지위 남용에 대한 예외 요건에 해당하지 아니하는 경우에는 법 위반으로 볼 수도 있다. 가맹사업법 제12조 제1항 제3호 및 시행령 [별표 2] 3. 거래상 지위의 남용. 다. 부당한 계약조항의 설정 또는 변경에 따르면, 가맹본부는 가맹점사업자가 이행하기 곤란하거나 가맹점사업자에게 불리한 계약조항을 설정 또는 변경하거나 계약갱신과정에서 종전의 거래조건 또는 다른 가맹점사업자의 거래조건보다 뚜렷하게 불리한 조건으로 계약조건을 설정 또는 변경하는 행위를 하여서는 안 된다고 규정하고 있다. 따라서 가맹본부가 재계약 과정에서 부당하게 가맹점사업자에게 적용되던 종전의 거래조건보다 뚜렷하게 불리한 조건으로 계약조건을 변경하는 경우 이는 가맹본부의 거래상 지위를 남용한 행위로서 법 위반에 해당할 수 있다. 다만 그러한 계약조건의 변경이 가맹사업의 동일성 유지를 위해 반드시 필요하고, 가맹본부가 이렇게 계약조건이 변경될 수 있다는 사실을 최초 계약할 때 가맹점사업자에게 정보공개서를 통해서 미리 알린 경우에는 법 위반에 해당하지 않을 수 있다.

② 가맹본부가 반드시 가맹점사업자들이 일정수준 이상 수익을 얻을 수 있도록 계약조건을

설정하여야 할 법상 의무는 없다. 다만 공정거래위원회는 최저임금 인상으로 인한 가맹점사업자의 비용부담을 가맹본부가 함께 나눌 수 있도록 가맹점사업자의 비용이 인상된 경우 가맹점사업자가 가맹본부에 가맹금 조정을 요청할 수 있다는 내용을 표준계약서에 반영한 있다. 그러므로 법 제14조의2 제2항에 따라 가맹점사업자는 가맹점사업자단체협의회를 통해 가맹본부에 거래조건에 대한 협의를 요청하는 것이 가능할 수도 있다.

[Q 7] 가맹본부와 가맹점사업자가 판촉비용을 5:5로 분담하지 않는 행위가 가맹사업법 위반에 해당하나?

[A 7] 사안별로 다르다. 가맹사업법 제12조 제1항 제3호는 "거래상의 지위를 이용하여 부당하게 가맹점사업자에게 불이익을 주는 행위"를 금지하고 있다. 또한 법 시행령 [별표 2]는 거래상 지위남용행위를 구입강제, 부당한 강요, 부당한 계약조항의 설정 또는 변경, 경영의 간섭, 판매목표 강제, 불이익 제공으로 구분하고 있다. 판촉비용을 가맹점사업자에게 전가시키는 행위는 부당한 강요 또는 불이익 제공행위에 해당할 여지가 있으나, 부당한 강요 또는 불이익 제공행위에 해당하기 위해서는 그 행위의 부당성이 인정되어야 한다. 부당성은 계약내용, 정보공개서 기재사항, 사전고지 또는 동의 여부, 비용부담 비율의 적정성을 등을 종합적으로 고려하여 사후적으로 판단할 사안이다.

[Q 8] ① 가맹본부가 생활협동조합법을 이행하지 아니한 경우, ② 가맹본부 임원의 위법행위로 손해를 본 경우, ③ 가맹본부가 합의한 인테리어 시공을 누락한 경우 각 가맹사업법 위반에 해당하나?

[A 8] ① 가맹사업법 규정에 따라 가맹본부의 법 위반 여부가 결정되며, 가맹계약 또는 생활협동조합법 위반은 법 위반 여부 판단에 있어 참고가 될 수는 있으나, 그 자제로는 법 위반이 되는 것은 아니다.

② 법 위반에 해당될 수 있다. 법 제11조 제2항 개정에 따라 2020년 1월 1일부터 가맹계약서에 '가맹본부 또는 임원의 위법행위 또는 가맹사업의 명성이나 신용 훼손 등으로 인하여 가맹점사업자에게 발생한 손해에 대한 배상의무에 관한 사항'을 기재하도록 하였음에도 가맹계약서에 해당 사항이 없는 경우 법 위반에 해당하여 시정조치의 대상이 되지만, 그로 인해 발생한 손해배상에 대해서는 별도로 민사소송을 통해 해결할 사안에 해당된다.

③ 가맹본부의 채무불이행이 될 수 있다. 가맹계약에 따라 합의된 인테리어 시공을 누락한

경우라면 가맹본부는 이를 시공하여야 할 계약상 의무가 있다. 만약 가맹본부가 거래상 지위를 이용하여 이를 이행하지 아니함에 따라 가맹점사업자에게 구체적인 불이익이 발생하였다면 법 제12조 제1항 제3호에 해당하여 시정조치 대상이 될 수도 있다.

[Q 9] 가맹본부가 테이크아웃 가맹점사업자에게 배달 영업 시 물류중단 및 계약 해지를 하겠다는 것이 가맹사업법 위반에 해당하나?

[A 9] 거래상 지위의 남용에 해당할 소지가 있으나, 예외 사유를 모두 충족하는 경우에는 법 위반으로 보기가 어렵다. 가맹본부는 가맹사업의 정의에 따라 원칙적으로 브랜드의 통일성 유지 및 일관된 브랜드 이미지 관리를 위해서 필요한 범위에서 가맹점사업자를 대상으로 지원·교육·통제를 할 수 있다. 따라서 배달 영업을 개별적으로 인정할 경우 당해 가맹사업의 통일성 유지에 지장을 초래하는 등 객관적으로 인정되는 사유가 있는 경우에는 필요한 범위에서 가맹본부가 통일된 영업방식을 준수하도록 가맹점사업자에게 요청하는 것이 가능할 수 있다. 다만 가맹본부가 브랜드 통일성 유지에 필요하지 않음에도 불구하고 부당하게 가맹점의 배달영업을 제한하는 경우 가맹사업법 제12조 및 시행령 제13조 제1항 [별표 2]에 따른 거래상 지위남용에 해당할 소지가 있다.

가맹본부가 가맹점사업자의 배달영업을 제한하는 행위가 거래상 지위남용으로서 불공정거래행위에 해당하는지 여부를 판단하기 위해서는 배달영업을 허용할 경우 가맹본부의 상표권을 보호하고 상품 또는 용역의 동일성을 유지하기 어려운 사실이 객관적으로 인정되는 경우로서 해당 사실에 대하여 가맹본부가 미리 정보공개서를 통하여 가맹점사업자에게 고지하였는지 여부, 배달 영업을 금지하는 계약조건이 가맹점사업자가 이행하기 곤란하거나 가맹점사업자에게 뚜렷하게 불리한 조건인지 여부 등의 구체적 사실 관계를 종합적으로 판단할 사안이다.

[Q 10] 가맹본부가 할인행사를 하는 경우 할인비용에 대한 부담을 가맹점사업자에게 과다하게 부과하는 것이 가맹사업법 위반에 해당하나?

[A 10] 법 위반에 해당될 수도 있으나, 예외 사유를 모두 충족하는 경우에는 그러하지 않을 수도 있다. 가맹사업법 제12조 제1항 제3호 및 시행령 제13조 제1항 [별표 2]는 부당한 강요행위를 금지하고 있다. 부당한 강요행위가 성립하기 위해서는 부당하게 경제적 이익을 제공하도록 강요하거나 가맹점사업자에게 비용을 부담하도록 강요하는 행위라는 요건이 충족되어야 한다. 다만 이러한 행위를 허용하지 아니하는 경우 가맹본부의 상표권을 보호하고 상품 또는

용역의 동일성을 유지하기 어렵다는 사실이 객관적으로 인정되는 경우로서 해당 사실에 관하여 가맹본부가 미리 정보공개서를 통하여 가맹점사업자에게 알리고 가맹점사업자와 계약을 체결하는 경우에는 위법하지 아니할 수 있으므로 구체적인 사실관계 확인이 필요한 사안이다.

[Q 11] 가맹본부가 가맹점사업자의 단순 발주 실수에 따른 물품 반품을 받아주지 않고 있는 것이 가맹사업법 위반에 해당하나?

[A 11] 반품 여부는 가맹계약서의 내용에 따라 처리할 사항이다. 가맹사업법은 가맹본부와 가맹점사업자의 물품 반품 및 그 범위 등에 대해 직접적으로 규율하고 있지 않기 때문에, 해당 내용은 가맹계약서 또는 기타 약정서에서 당사자 간 협의한 대로 해결하여야 할 사안에 해당한다. 다만 가맹본부가 단순 주문 실수에 대한 반품을 일방적으로 거부하는 행위에 대해 구체적인 사실관계에 따라, 이를 구입 강제나 판매목표 강제, 불이익제공 등 법 제12조 제1항의 거래상 지위남용의 불공정거래행위에 해당하는지 여부를 검토할 필요는 있다. 가맹본부의 이러한 일련의 행위가 거래상 지위남용으로서 불공정거래행위에 해당하는지 여부를 판단하기 위해서는 반품거부의 구체적인 경위, 계약서상 반품 관련 규정의 내용 등의 사실관계를 종합적으로 살펴보아야 할 사안이다.

[Q 12] ① 가맹본부가 납품 후 48시간이 지난 후 가맹점사업자로부터 반품 받은 신선 농수축산물을 납품업체에 반품할 수 있는지 및 ② 가맹본부가 가맹점사업자로부터 신선 농수축산물의 반품을 받지 않고 폐기비용의 일부를 폐기지원금으로 지급하는 것을 양자가 합의한다면 가맹사업법 위반에 해당하는지?

[A 12] ① 가맹본부가 납품업자에게 반품할 수 있는 법적 근거가 없기 때문에 일반적으로 반품하기 어렵다. 대규모유통업법 및 같은 법 시행령은 대규모유통업자가 납품업자로부터 신선 농수축산물을 납품 받은 경우 그 반품은 납품 이후 2일 이내에 이루어져야 한다고 규정하고 있다(대규모유통업법 제10조 제2항 및 시행령 제6조 제2항). 가맹본부가 납품 받은 이후 2일이 초과된 시점에 가맹점사업자로부터 하자있는 신선 농수축산물을 반품 받았다고 하여 이를 다시 납품업자에게 반품하는 것이 허용된다고 볼 수 있는 법적 근거는 없으므로, 가맹본부가 납품업자에게 반품하는 것은 허용한다고 볼 수 없다.

② 합의가 있다면 법 위반으로 보기 어려울 것이다. 가맹사업법은 반품과 관련하여 직접적으로 규정하고 있지는 않지만, 법 제12조 제1항 제3호에서 가맹본부는 거래상의 지위를 이용

하여 부당하게 가맹점사업자에게 불이익을 주는 행위를 금지하고 있다. 따라서 신선 농수축산물 반품에 관한 규정 사항과 폐기지원금에 관련된 사항을 정보공개서 및 가맹계약서에 반영하여 가맹희망자에게 충분히 안내하고, 기존 가맹점사업자에게는 전체 공지 후 동의서를 받는 것이 향후 발생할 수도 있는 분쟁대비를 위해서 합리적이라 할 것이다. 그러나 반품과 관련하여 가맹점사업자에게 일방적으로 불리한 조건은 상기 가맹사업법 조항의 거래상 지위의 남용에 따른 부당한 강요 또는 불이익제공에 해당할 수 있음을 유의하여야 한다.

[Q 13] 가맹본부가 운영하는 소셜 네트워크 서비스(SNS)에 가맹점사업자에게 의무적으로 가입하도록 하는 가맹계약서 내용이 가맹사업법 위반에 해당하나?

[A 13] 가맹사업의 동일성 유지를 위한 요건이 모두 충족하는 경우에는 일정한 통제행위를 법 위반으로 보기는 어려울 것이다. 가맹사업법 제12조 제1항 및 시행령 제13조 제1항 [별표 2]는 거래상 지위남용행위에 해당하는 유형으로 가맹점사업자가 이행하기 곤란하거나 가맹점사업자에게 불리한 계약조항을 설정 또는 변경하거나 계약갱신과정에서 종전의 거래조건 또는 다른 가맹점사업자의 거래조건보다 뚜렷하게 불리한 조건으로 계약조건을 설정 또는 변경한 경우를 규정하고 있다. 다만 가맹본부의 상표권을 보호하고 상품 또는 용역의 동일성을 유지하기 어렵다는 사실이 객관적으로 인정되는 경우로서 해당 사실에 관하여 가맹본부가 미리 정보공개서를 통하여 가맹점사업자에게 알리고 가맹점사업자와 계약을 체결하는 경우에는 예외적으로 허용하고 있다.

가맹계약서의 내용은 법에서 정한 의무 및 금지행위를 준수하는 범위에서 당사자 간 합의에 따라 정할 수 있으므로, 가맹본부가 소유한 SNS 의무가입의 경우에도 가맹본부와 가맹점사업자 간 합의에 따라 계약의 내용을 설정 또는 변경할 수 있을 것으로 사료되나, 가맹계약서의 내용이 가맹점사업자가 이행하기 곤란하거나 불리한 계약조항을 설정 또는 변경하는 경우에는 거래상 지위남용행위에 해당할 수 있으므로 유의하여야 한다.

[Q 14] 가맹본부가 부담하여야 하는 카드 수수료를 가맹점사업자에게 전가하는 행위를 가맹사업법 위반으로 볼 수 있는가?

[A 14] 특별한 사유가 없는 경우에는 법 위반으로 볼 수도 있다. 가맹사업법 제12조 제1항 및 시행령 제13조 제1항은 가맹본부가 거래상의 지위를 이용하여 부당하게 가맹점사업자에게 불이익을 주는 행위를 금지하고 있다. 따라서 가맹본부가 부담해야 하는 카드 수수료를 가맹

점사업자에게 전가하는 행위는 거래상 지위를 남용하여 가맹점사업자에게 비용을 부담하도록 강요하는 법 위반소지가 있을 수도 있다.

[Q 15] 가맹본부가 모바일 쿠폰을 도입하면서 그 수수료를 가맹점사업자에게 부담시키는 행위를 가맹사업법 위반으로 볼 수 있는가?

[A 15] 쿠폰 비용을 부담시키는 과정에서 부당성이 인정되는 경우에는 법 위반으로 볼 수 있다. 가맹사업법 제12조 제1항 제3호는 거래상의 지위를 이용하여 부당하게 가맹점사업자에게 불이익을 주는 행위를 금지하고 있고, 시행령 제13조 제1항 [별표 2] 3호는 이를 세분화하면서 나목에서 부당하게 경제적 이익을 제공하도록 강요하거나 가맹점사업자에게 비용을 부담하도록 강요하는 행위를, 바목에서 가목부터 마목까지의 행위에 준하는 경우로서 가맹점사업자에게 부당하게 불이익을 주는 행위를 금지하고 있다.

가맹본부의 행위가 위 규정에 해당하는지 여부를 판단하기 위해서는 모바일 쿠폰 수수료를 부담시킨 행위의 부당성이 인정되어야 하는데, 이를 판단하기 위해서는 ① 모바일 쿠폰 수수료에 대한 내용이 가맹계약서 또는 정보공개서 기재 여부, ② 모바일 쿠폰 도입 경위, ③ 관련 시장에서의 수수료 분담관련 통상적인 거래관행, ④ 모바일 쿠폰으로 인한 매출액 증대효과, ⑤ 반대한 가맹점에 대한 가맹본부의 대응 등을 종합적으로 고려하여야 한다.

[Q 16] 가맹본부가 가맹점사업자를 대상으로 실시한 평가 결과에 따라 특별교육 의무를 부과하고, 소요되는 교육비를 부담하도록 하는 가맹계약서의 내용이 가맹사업법 위반에 해당하나?

[A 16] 가맹계약서의 특별교육의무가 가맹점사업자가 이행하기 곤란하거나 불리한 계약조항을 설정 또는 변경하는 경우에는 법 위반에 해당할 수도 있다. 가맹사업법은 제12조 제1항 및 시행령 제13조 제1항 [별표 2]는 가맹본부의 거래상지위 남용행위에 해당하는 유형으로 가맹점사업자가 이행하기 곤란하거나 가맹점사업자에게 불리한 계약조항을 설정 또는 변경하거나 계약갱신과정에서 종전의 거래조건 또는 다른 가맹점사업자의 거래조건보다 뚜렷하게 불리한 조건으로 계약조건을 설정 또는 변경한 경우를 규정하고 있다. 다만 가맹본부의 상표권을 보호하고 상품 또는 용역의 동일성을 유지하기 어렵다는 사실이 객관적으로 인정되는 경우로서 해당 사실에 관하여 가맹본부가 미리 정보공개서를 통하여 가맹점사업자에게 알리고 가맹점사업자와 계약을 체결하는 경우에는 예외적으로 허용하고 있다.

가맹계약서의 내용은 법에서 정한 의무 및 금지행위를 준수하는 범위에서 당사자 간 합의에 따라 정할 수 있으므로, 가맹본부가 가맹점사업자를 대상으로 평가 결과를 통해 교육의무를 부과하는 것은 상기의 예외요건에 충족하는 경우라면 법 위반으로 보기가 어려울 수도 있다. 그러나 가맹계약서의 특별교육의무가 가맹점사업자가 이행하기 곤란하거나 불리한 계약조항을 설정 또는 변경하는 경우에는 거래상 지위남용행위에 해당하여 법 위반에 해당할 수도 있다.

[Q 17] 가맹본부가 가맹점사업자에게 휴무일에도 영업하도록 강제하는 가맹계약서의 내용이 가맹사업법 위반에 해당하나?

[A 17] 구체적인 사안에 따라 다르다. 가맹사업법 제12조 제1항 및 시행령 제13조 제1항 [별표 2]는 가맹본부의 거래상 지위남용 위반 유형으로 가맹점사업자가 이행하기 곤란하거나 가맹점사업자에게 불리한 계약조항을 설정 또는 변경하거나 계약갱신과정에서 종전의 거래조건 또는 다른 가맹점사업자의 거래조건보다 뚜렷하게 불리한 조건으로 계약조건을 설정 또는 변경한 경우를 규정하고 있다. 다만 가맹본부의 상표권을 보호하고 상품 또는 용역의 동일성을 유지하기 어렵다는 사실이 객관적으로 인정되는 경우로서 해당 사실에 관하여 가맹본부가 미리 정보공개서를 통하여 가맹점사업자에게 알리고 가맹점사업자와 계약을 체결하는 경우에는 예외적으로 허용하고 있다. 그러므로 휴무일에 영업하는 것이 예외 요건에 부합되는 경우 법 위반으로 보기가 어렵다.

한편 가맹계약서의 내용은 법에서 정한 의무 및 금지행위를 준수하는 범위에서 당사자 간 합의에 따라 정할 수 있으므로, 휴무일에 강제로 영업하도록 하는 경우에도 가맹사업당사자가 합의에 따라 계약의 내용을 설정 또는 변경할 수 있을 것으로 판단된다. 그러나 가맹계약서의 내용이 가맹점사업자가 이행하기 곤란하거나 불리한 계약조항을 설정 또는 변경하는 경우에는 거래상 지위남용행위에 해당할 수도 있다.

[Q 18] 가맹본부가 가맹계약(2년)을 체결할 당시 로열티 조항이 없었으나 갱신을 앞두고 신설된 로열티 조항에 동의하지 않을 경우 갱신이 거절된다는 입장을 제시하고 있다면 가맹사업법 위반에 해당하나?

[A 18] 부당한 계약조항의 설정 또는 변경의 예외 요건이 모두 충족되지 아니하거나 객관적인 합리적인 사유가 없는 경우에는 법 위반이 될 수 있다. 가맹사업법 제12조 제1항 제3호 및 시행령 제13조 제1항 [별표 2]에서 가맹본부가 계약갱신 과정에서 종전의 거래조건보다 뚜렷하게 불리한 조건으로 계약조건을 설정 또는 변경하는 행위를 부당한 계약조항의 설정 또는

변경행위라고 규정하고 있다.

다만 이러한 계약조항의 설정 또는 변경행위를 허용하지 아니하는 경우 가맹본부의 상표권을 보호하고 상품 또는 용역의 동일성을 유지하기 어렵다는 사실이 객관적으로 인정되는 경우로서 해당 사실에 관하여 가맹본부가 미리 정보공개서를 통하여 가맹점사업자에게 알리고 가맹점사업자와 계약을 체결하는 경우에는 예외로 인정하고 있다. 이는 구체적인 사실관계를 종합적으로 검토한 결과 가맹계약 갱신 시 로열티 조항 삽입에 따라 차액가맹금의 감소 여부를 비교하여 객관적이고 합리적인 사유 등이 있는지를 통하여 부당한 계약조항의 설정 또는 변경행위에 해당하는지 여부를 판단할 사안이다.

[Q 19] 가맹본부가 가맹점사업자에게 공급하는 음식 메뉴를 간편식 공산품으로 재개발하여, 편의점이나 슈퍼마켓 등에 유통하는 것이 가맹사업법 위반에 해당하나?

[A 19] 구체적인 사안에 따라 다르다. 가맹사업법 제12조 제1항 제3호는 가맹본부가 거래상의 지위를 이용하여 부당하게 가맹점사업자에게 불이익을 주는 행위를 금지하고 있으며, 시행령 제13조 제1항 [별표 2]는 그 구체적인 행위 유형으로 구입 강제, 경영의 간섭, 판매목표 강제 등을 들며, 이에 준하는 경우로서 가맹점사업자에게 부당하게 불이익을 주는 행위를 불이익제공행위로 규정하여 금지하고 있다.

가맹본부가 해당 상품을 유통하는 행위가 불이익제공에 해당하는지를 판단하려면 해당 행위가 가맹본부의 상표권 보호와 상품·용역의 동일성 유지에 반드시 필요한 것인지, 정보공개서를 통해 계약 전에 미리 가맹점사업자에게 알린 사실이 있는지와 아울러 행위의 배경과 의도, 결과 등을 종합하여 판단하였을 때 부당하다고 인정되는지, 개별 가맹점이 해당 행위로 인해 불이익을 입었는지 등을 모두 고려하여야 한다. 예컨대 해당 상품이 특정 슈퍼마켓에서 대량으로 유통됨에 따라 인근에 위치한 가맹점사업자의 내점고객이 현저히 감소하여 매출 하락 등의 피해를 입었음을 인지하고도 상품 유통을 통한 이익 증대만을 목적으로 가맹점 매출 하락 방지를 위한 조치를 취하지 아니한 경우라면 불이익제공행위 여부를 판단할 사안에 해당한다고 볼 수도 있다.

[Q 20] 가맹본부가 신메뉴를 출시하면서 홍보물을 가맹점사업자에게 일괄적으로 구매하도록 하는 근거로 가맹계약서에 '신메뉴 조리 및 판매와 관련된 일체의 투자 및 비용'을 분담하도록 한 내용을 제시하는 것이 가맹사업법 위반에 해당하나?

[A 20] 가맹계약서의 구체적인 내용에 따라 다르다. 가맹본부가 거래상 지위를 남용하는 행위에 대하여 가맹사업법 제12조 제1항 제3호 및 시행령 제13조 제1항 [별표 2]의 불공정거래행위의 유형 및 기준을 규정하고 있다. 다만 다음 각 목의 어느 하나에 해당하는 행위에 허용하지 아니하는 경우 가맹본부의 상표권을 보호하고 상품 또는 용역의 동일성을 유지하기 어렵다는 사실이 객관적으로 인정되는 경우로서 해당 사실에 관하여 가맹본부가 미리 정보공개서를 통하여 가맹점사업자에게 알리고 가맹점사업자와 계약을 체결하는 경우에는 예외를 인정하고 있다.

가맹계약서상 해당 조항과 관련하여 홍보물 구매비용이나 프로모션 가격할인비용이 명시적으로 규정되어 있는가 기재한 내용만으로는 파악할 수는 없으나, 만약 구체적으로 규정되어 있지 아니하고 해당 조항 내용만 있다면 계약서 문구의 범위를 어디까지 볼 것인지에 대한 해석이 다를 수 있으므로, 구체적인 사실관계를 확인한 후에 가맹본부의 거래상 지위 남용에 따른 불이익 제공행위에 해당하는지 판단할 사안이다.

5. 부당한 손해배상의무 부과행위의 금지

가. 행위 의의 및 유형

가맹사업당사자 간에 가맹계약체결 이후 계약기간 중 손해가 발생하였을 때, 가맹본부에게는 최소한의 손해배상 의무를 부과하고, 가맹점사업자에게는 징벌적 손해배상 의무를 부과한다면 이는 형평성에도 어긋나며, 약관규제법에도 위반된다. 따라서 가맹본부의 가맹점사업자의 손해배상 의무는 손해의 정도와 거래관행 등을 고려하여 합리적으로 형평에 맞도록 설정되도록 하기 위한 취지이다.[20] 그 유형으로는 가맹점사업자가 가맹계약을 중도에 해지를 원하는 경우 가맹본부가 과중한 위약금을 부과하는 등 가맹점사업자에게 부당하게 손해배상 의무를 부담시키는 다음과 같은 행위를 말한다(법 시행령 [별표 2] “불공정거래행위의 유형 또는 기준” 4. 부당한 손해배상의무 부과행위).

20) 이성훈·이성희·박민주, 「프랜차이즈 계약관리론」, 도서출판 두남, 2015, 229면 참조.

1) 과중한 위약금 설정·부과행위

① 계약 중도해지 시 과중한 위약금 설정·부과 행위

가맹본부가 가맹계약해지의 경위 및 거래당사자 간 귀책사유 정도, 잔여계약기간의 중도해지 후 가맹본부가 후속 가맹점사업자와 계약을 체결하기 위하여 통상 소요될 것으로 예상되는 기간에 상당하는 손해액 등에 비추어 부당하게 과중한 위약금을 설정하여 계약을 체결하거나 이를 부과하는 행위를 말한다.

② 과중한 지연손해금 설정·부과행위

가맹본부가 가맹점사업자의 상품 또는 용역에 대한 대금지급의 지연 시 지연경위, 정상적인 거래관행 등에 비추어 과중한 지연손해금을 설정하여 계약을 체결하거나 이를 부과하는 행위를 말한다.

2) 소비자 피해에 대한 손해배상의무 전가행위

가맹본부가 가맹점사업자에게 공급한 물품의 원시적 하자 등으로 인하여 소비자 피해가 발생한 경우까지도 부당하게 가맹점사업자가 손해배상의무를 모두 부담하도록 계약을 체결하는 행위를 말한다.

소비자의 피해가 발생한 경우 직접적인 1차 책임은 가맹점사업자에게 있다. 그러나 제3자인 소비자에 대하여 브랜드 동일성을 유지하고 있는 가맹본부 또한 그 책임에 자유로울 수는 없다고 볼 것이다. 따라서 소비자 피해 발생 시 그 원인에 있어서 가맹본부의 책임(예컨대 하자가 있는 제조물 공급, 제품 취급에 따른 안전과 위생상의 교육 미실시) 등이 있다면, 이에 대하여 가맹본부도 소비자 피해에 대한 손해배상 의무가 발생한다고 볼 것이다.[21)]

3) 부당한 영업위약금 부과행위

가맹점사업자가 영업을 개시한 날이 속하는 달의 다음 달부터 1년간의 평균 매출액이 가맹본부가 법 제9조 제3항 및 제5항에 따라 제공한 예상매출액의 최저액에 미달하여 가맹점사업자가 계약을 중도에 해지하는 경우에 가맹본부가 계약 해지에 따른 기대이익 상실을 이유로 위약금을 부과하는 행위. 다만 가맹점사업자의 가맹계약 위반,

---

21) 이성훈·이성희·박민주, 앞의 책, 230면.

가맹본부가 제시한 경영방침 미준수 또는 이에 준하는 사유로 인하여 평균 매출액이 예상매출액의 최저액에 미달한 경우는 제외한다.

4) 그 밖의 부당한 손해배상의무 부과행위

가맹본부가 가맹점사업자에게 상기에 준하는 경우로서 가맹점사업자에게 부당하게 손해배상의무를 부담하도록 하거나 가맹본부가 부담해야 할 손해배상의무를 가맹점사업자에게 전가하는 행위를 말한다.

나. 위법성 판단 기준

손해배상책임이란 위법한 행위에 의해 타인에게 끼친 손해를 전보(塡補)하여 손해가 없었던 것과 동일한 상태로 복귀시킬 책임을 말한다. 가맹사업에서는 가맹본부가 가맹점사업자에게 가맹점사업자의 위법한 범위를 넘어 과중한 배상의무를 부과하는 것을 불공정거래행위로 규정하여 금지하고 있다. 그러므로 가맹본부가 가맹점사업자의 위법한 행위에 대하여 ① 계약의 목적, ② 발생한 손해액의 크기, ③ 당사자 간 귀책사유 유무 및 정도, ④ 해당 업종의 정상적인 거래관행의 기준에 비하여 과중한 위약금을 부과하였는지를 각각 구체적으로 검토하여 법 위반 여부를 판단하여야 한다.

특히 실제 입은 손해의 입증이 곤란하거나 그 산정이 어려운 경우에 대비하기 위하여 가맹사업당사자가 손해배상금을 미리 예정한 것에 대하여 과중한 위약금을 부과하였다면 법 위반에 해당할 것이다. 또한 가맹사업당사자가 체결한 손해배상약정이 가맹본부에게만 유리하게 되어 있는 경우에는 약관규제법 위반에도 해당할 수 있다.

다. 부당한 손해배상의무 부과행위 금지 관련 Q&A

[Q 1] 가맹점사업자가 출산에 따른 일신상 사유로 가맹계약해지를 요청하자, 가맹본부는 가맹계약 해지 사유에 해당하지 않아 중도 해지할 경우 잔여계약기간 동안 1일당 고액의 위약금을 요구한다고 주장하는 것이 가맹사업법 위반에 해당하나?

[A 1] 위약금이 과도한지 여부는 계약해지의 경위, 귀책사유, 잔여계약기간 등을 종합적으로 고려하여 판단할 사안인데, 이를 무시하고 고액의 위약금을 부과하는 경우에는 법 위반에 해당될 수 있다. 가맹사업법은 가맹계약 해지 사유를 별도로 규율하고 있지 아니하며 법 제14조에 따라 가맹본부는 가맹계약해지 절차로서 가맹점사업자에게 2개월 이상 유예기간과 2회 이상

서면통지를 명시하고 있다. 다만 가맹사업거래를 지속하기 어려운 경우에는 즉시 해지할 수 있는 사유를 법 시행령 제15조에 규정하고 있다. 이는 즉시 해지사유 중 하나인 천재지변, 중대한 일신상의 사유 등으로 가맹점사업자가 더 이상 가맹사업을 경영할 수 없게 된 경우(제3호)에 적용 여부를 검토할 수 있으나, 이에 대한 구체적인 내용을 규율하고 있지 아니하기 때문에, 현 상황에서는 가맹사업당사자가 체결한 가맹계약서에서 정한 해지사유에 따라 해지권을 행사하여 가맹계약을 종료할 수 있는지 판단하여야 한다.

한편 가맹계약 중도해지에 따른 위약금과 관련하여 법 제12조 제1항 제5호에 따라 가맹본부는 계약의 목적과 내용, 발생할 손해액의 크기, 당사자 간 귀책사유 유무 및 정도, 해당 업종의 정상적인 거래관행에 비하여 과중한 위약금을 부과하는 등 가맹점사업자에게 부당하게 손해배상 의무를 부담시키는 행위를 하여서는 안 된다고 규정하고 있으며, 시행령 제13조 제1항 [별표 2]에서 계약 중도 해지 시 과중한 위약금 설정·부과행위는 계약해지의 경위 및 거래당사자 간 귀책사유 정도, 잔여계약기간의 정도, 중도해지 후 가맹본부가 후속 가맹점사업자와 계약을 체결하기 위하여 통상 소요될 것으로 예상되는 기간에 상당하는 손해액 등에 비추어 부당하게 과중한 위약금을 설정하여 계약을 체결하거나 이를 부과하는 행위라고 규정하고 있다. 다만 가맹본부가 제시한 위약금이 과도한 것인지 판단하기 위해서는 계약해지의 경위, 당사자 간 귀책사유 정도, 잔여계약기간 등을 종합적으로 고려하여 판단하여야 할 사안에 해당한다.

[Q 2] 편의점 가맹본부의 위약금 부과행위는 위법한 행위인가?

[A 2] 위약금의 상당성 여부에 따라 다르다. 가맹사업법 제12조 제1항 제5호에 따라 가맹본부가 계약의 목적과 내용, 발생할 손해 등에 비해 과중한 위약금을 부과하는 행위를 불공정거래행위로 규정하고 있다. 위약금이 과중한지 여부는 법 시행령 제12조의2에 따라 계약의 목적과 내용, 발생할 손해액의 크기, 당사자 간 귀책사유 유무 및 정도, 해당 업종의 정상적인 거래관행 등을 종합적으로 고려하여야 한다.

그러므로 가맹본부의 위약금 부과행위가 위법한지 여부를 확인하기 위해서는 우선 가맹계약 해지에 이르게 된 과정에서 가맹점사업자의 귀책사유가 있는가, 계약내용을 살펴보고 위약금을 부과할 사안인지 등 가맹본부가 가맹점사업자에게 위약금을 부과하는 것이 정당한지 여부와 위약금 부과가 정당하다고 인정된다 하더라도 그 금액이 과도한지 여부를 고려해야 한다.

[Q 3] 가맹본부가 가맹점사업자에게 일방적으로 위약금을 과도하게 부과하는 경우 가맹사업법 위반에 해당하나?

[A 3] 가맹본부가 가맹점사업자에게 부과하는 위약금은 귀책사유가 가맹점사업자에게 있는 경우 계약내용에 따라 합리적으로 부과하는 경우에는 법 위반으로 보기가 어렵다. 가맹사업법 제12조 제1항 제5호 및 시행령 제12조의2에 따라 가맹본부는 가맹점사업자에 과중한 위약금을 부과하는 등 부당하게 손해배상 의무를 부담시키는 행위를 하여서는 안 되며, 이러한 위약금의 부당성을 판단하는 기준으로는 ① 계약의 목적과 내용, ② 발생할 손해액의 크기, ③ 당사자 간 귀책사유 유무 및 정도, ④ 해당 업종의 정상적이 거래관행 등이 있다. 계약기간 중 가맹점사업자의 개인적인 사유로 가맹점을 폐점하는 경우, 귀책사유가 가맹점사업자에게 있는 점, 잔여 계약기간에 비례하여 가맹본부의 총 지원 금액의 일부만큼을 위약금으로 부과하는 점, 가맹계약 당시 특약으로 이러한 내용을 정함으로써 가맹사업당사자 간 합의가 있었다고 볼 수 있는 점 등을 고려할 때, 가맹본부의 위약금 부과는 위법하다고 보기가 어려울 수도 있다.

계약기간 내 가맹점의 양도·양수의 경우, 단순 명의변경에 불과한 포괄적 양도·양수의 상황에 해당하여 가맹본부가 양도인으로부터 위약금을 수취해야 할 만큼의 손해는 발생하지 않은 경우도 있을 수 있다. 그러므로 모든 경우에 가맹본부가 언제나 양도인에 대한 위약금을 부과하는 행위는 위법하다고 볼 수도 있다. 마찬가지로 현금이 아닌 장비지원의 경우 등의 상황도 생각할 수 있으므로, 이에 대한 위약금 수취가 위법하지 않다고 보기는 어렵다. 이에 관하여는 가맹계약의 목적과 내용, 가맹본부가 입을 손해의 크기, 당사자 간 귀책사유, 업계의 정상적인 거래관행 등 법령 규정에 비추어 개별적 내용에 따라 구체적으로 판단해야 할 사안이다.

6. 경쟁가맹본부의 가맹점사업자 유인행위의 금지

가. 행위의 의의 및 유형

가맹본부가 부당하게 경쟁가맹본부의 가맹점사업자를 자기와 거래하도록 유인하는 행위를 함으로써 자기의 가맹점사업자의 영업에 불이익을 주거나 다른 경쟁가맹본부의 가맹사업에 불이익을 주는 행위를 말한다(법 시행령 [별표 2] "불공정거래행위의 유형 또는 기준" 6. 그 밖의 불공정거래행위).

나. 위법성 판단 기준

부당한 경쟁가맹점사업자 유인행위에 해당하기 위해서는 ① 가맹본부가 다른 경쟁가맹본부의 가맹점사업자를 대상으로 하여, ② 부당하게 자기와 거래하도록 하고, ③ 이로 인하여 다른 경쟁가맹본부의 가맹사업에 불이익을 준 경우에 성립한다.

공정거래위원회 심결 사례에 의하면, 포장이사업을 영위하는 피심인인 가맹본부가 묵시적인 허락에 의한 통상사용권이 인정되어 온 영업표지에 대하여 이와 유사한 상표권을 적법하게 보유하게 된 것을 무기로 정상적인 가맹계약 관계에 있는 경쟁가맹본부의 가맹점사업자들을 자기와 거래하도록 함으로써 경쟁가맹본부의 영업활동에 피해를 준 점과 피심인의 행위에 의하여 당초 영업표지를 사용하던 가맹점사업자의 수와 가맹사업을 통해 발생하는 수익이 현실적으로 감소된 점 등을 종합적으로 고려할 때, 피심인의 행위는 경쟁가맹본부의 가맹사업에 불이익을 준 것으로 인정하였다.[22]

다. 부당한 경쟁가맹본부의 가맹점사업자 유인행위 금지 관련 Q&A

[Q 1] 가맹본부가 부당하게 경쟁가맹본부의 가맹점사업자를 유인하는 행위를 하는 경우 공정거래법 제23조 제1항 제3호에 적용대상이 되는가?

[A 1] 가맹사업법은 공정거래법에 대해 특별법의 지위에 있어 우선 적용된다. 가맹본부가 경쟁가맹본부의 가맹점사업자에 대한 유인행위는 공정거래법상 부당한 고객유인행위의 규제와 유사하다고 할 수 있는데, 가맹사업법 제12조 제1항 제6호를 적용 받는 가맹본부에 대하여는 법 제38조에 따라 공정거래법 적용을 받지 아니한다.

7. 부당한 점포환경개선 강요행위의 금지 등

가. 행위 의의 및 유형

가맹본부가 2~3년을 주기로 가맹점사업자에게 점포환경을 개선하도록 부당하게 강요함에 따라 가맹점사업자의 피해가 가중되는 문제가 있다. 이에 따라 가맹본부가 가

22) 공정거래위원회 2017. 6. 20. 의결 제2017－204호.

맹점사업자에게 점포환경개선[23]을 요구할 수 있지만, 정당한 사유가 있는 경우에 한하여 가능하고, 그 외의 경우에는 금지하고 있다(법 제12조의2 제1항). 즉, ① 점포의 시설, 장비, 인테리어 등의 노후화가 객관적으로 인정되는 경우, ② 위생 또는 안전의 결함이나 이에 준하는 사유로 인하여 가맹사업의 동일성을 유지하기 어렵거나 정상적인 영업에 현저한 지장을 주는 경우에는 점포환경개선을 요구할 수 있다.

나. 점포환경개선 비용부담액 및 예외 사유

1) 점포환경개선 비용부담액

가맹본부가 점포환경개선을 요구할 정당한 사유가 없음에도 불구하고 가맹점사업자에게 간판 교체 및 인테리어 공사 등의 점포환경개선을 요구할 때에는 ① 점포의 확장 또는 이전을 수반하지 아니하는 점포환경개선의 경우 20%, ② 점포의 확장 또는 이전을 수반하는 점포환경개선의 경우 40%를 가맹본부가 부담하여야 한다(법 제12조의2 제2항 본문).

2) 비용부담 의무 예외 사유

가맹본부는 ① 가맹점사업자가 가맹본부의 권유 또는 요구가 없음에도 자발적 의사에 의하여 점포환경개선을 실시하는 경우, ② 가맹점사업자가 자신의 귀책사유로 인하여 위생·안전 및 이와 유사한 문제가 발생하여 불가피하게 점포환경개선을 하는 경우에는 가맹본부에게 비용 부담의무가 발생하지 아니한다(법 제12조의2 제2항 단서).

다. 점포환경개선 가맹본부부담액 청구

가맹본부가 법 제12조의2 제2항 단서의 비용부담 의무 예외 사유에 해당하지 않음에도 가맹점사업자에게 간판 교체 등 점포환경개선을 요구함에 따라, 이를 이행한 가맹점사업자는 그에 소요된 비용을 청구할 수 있다. 이 때 가맹점사업자는 점포환경개선 공사계약서 등 공사비용을 증명할 수 있는 서류를 작성하여 가맹본부에게 가맹본부부담액을 지급하여 줄 것을 청구하는 서류를 제출하여야 한다(법 시행령 제13조의2 제4항).

---

23) 가맹점 점포의 기존 시설, 장비, 인테리어 등을 새로운 디자인이나 품질의 것으로 교체하거나 신규로 설치하는 것을 말한다. 이 경우 점포의 확장 또는 이전을 수반하거나 수반하지 아니하는 경우를 모두 포함한다(법 제2조 제11호).

라. 가맹본부의 가맹본부부담액 지급 절차

가맹본부는 가맹점사업자가 점포환경개선 가맹본부부담액을 공사계약서 등 관련 서류를 갖추어 청구하면 지급청구일로부터 90일 이내에 가맹점사업자에게 지급하여야 한다. 다만 가맹사업당사자 간에 별도의 합의가 있는 경우에는 1년의 범위에서 가맹본부부담액을 분할하여 지급할 수 있다(법 시행령 제13조의2 제5항).

아울러 가맹점사업자가 가맹본부 또는 가맹본부가 지정한 자를 통하여 점포환경개선을 한 경우에도 가맹본부는 점포환경개선이 끝난 날부터 90일 이내에 가맹본부부담액을 가맹점사업자에게 지급하여야 한다(법 시행령 제13조의2 제6항).

마. 가맹본부부담액 상계 및 환수

가맹본부는 점포환경개선이 끝난 날부터 3년 이내에 가맹본부의 책임 없는 사유로 계약이 종료(계약의 해지 또는 영업양도를 포함)되는 경우에는 가맹본부부담액 중 나머지 기간에 비례하는 부담액은 지급하지 아니하거나 이미 지급한 경우에는 환수할 수 있다(법 시행령 제13조의2 제7항).

바. 위법성 판단 기준

위법성이 인정되기 위해서는 가맹본부가 가맹점사업자에게 점포환경개선을 요구하는 과정에서 ① 정당한 사유에 해당하는지 여부, ② 가맹점사업자가 자발적 의사에 의하여 점포환경개선을 실시하는 경우에 해당하는지 여부, ③ 위생·안전 및 이와 유사한 문제가 발생하여 불가피하게 점포환경개선을 하는 경우에 해당 여부 등의 어느 하나에 해당하지 않았을 뿐만 아니라 강요한 사실이 있어야 한다. 또한 가맹본부가 가맹점사업자의 점포환경개선에 소요되는 비용으로서 간판교체 비용 또는 인테리어 공사비용[24]을 부담하지 않거나 법정비율 미만으로 부담하여야 한다.

아울러 가맹점사업자가 공사계약서 등 공사비용을 증명할 수 있는 서류를 제출하여 점포환경개선 비용을 청구하는 경우에는 지급청구일부터 90일(가맹본부 및 가맹본부가 지정한 자를 통하여 점포환경개선을 한 경우에는 점포환경개선이 끝난 날부터 90일)을 경과할 때

24) 점포환경개선비용 중 장비·집기의 교체비용이나 가맹사업의 통일성과 관계없는 추가공사 비용은 제외한다.

까지 법정비율에 해당하는 금액을 지급하지 않은 사실이 있어야 한다(법 시행령 제13조의2 제4항~제6항).

사. 부당한 점포환경개선 강요행위 금지 관련 Q&A

[Q 1] 가맹본부가 가맹점 면적을 확장하는 정책을 추진하면서 가맹점 이전을 강요하는 경우 가맹점사업자가 이에 동의하면 가맹본부가 부담해야 할 비율은?

[A 1] 40%이다. 가맹사업법 제12조의2 제1항은 가맹본부가 정당한 사유 없이 가맹점사업자의 점포환경개선을 강요해서는 안 된다고 규정하고 있다. 가맹본부가 가맹점포의 확장 정책에 따라 가맹점사업자에게 점포환경개선을 요구하는 것은 객관적인 노후화가 인정되는 등의 정당한 사유로 볼 수 없으므로 가맹본부의 점포환경개선 비용부담 대상으로 볼 수 있다. 점포환경개선 가맹본부부담액은 가맹점사업자의 점포 확장 이전 또는 이전을 수반할 때는 공사비용의 40%이며, 가맹점사업자는 공사완료 이후 공사계약서 등 공사비용을 입증할 수 있는 자료를 가맹본부에게 제출하면 된다. 가맹본부는 해당 자료를 접수한 이후 90일 이내에 가맹본부부담액을 가맹점사업자에게 지급하여야 한다.

8. 부당한 영업시간 구속행위의 금지

가. 행위의 의의 및 유형

가맹본부는 브랜드의 동일성을 유지하기 위하여 가맹계약서에 가맹점의 영업시간을 준수하도록 하고, 이를 위반하면 계약해지하거나 위약금을 부과하는 영업정책을 수행한다. 가맹본부의 영업시간 구속 계약조항은 편의점 등의 일부 가맹점사업자들이 심야영업시간에 적자가 발생하여도 영업을 중단할 수 없는 근거가 되어 가맹점사업자에게는 이러한 계약내용이 불공정한 거래 요인으로 작용하였다.

가맹본부가 가맹점사업자의 영업시간을 부당하게 구속하는 문제를 해결하기 위하여 가맹사업법은 가맹본부가 정상적인 거래관행에 비추어 부당하게 가맹점사업자의 영업시간을 구속하는 행위는 부당한 영업시간 구속으로 보고 있는데, 이는 당연 위법에 해당한다(법 제12조의3 제1항, 제2항).

1) 심야 영업시간 단축 요구 거절행위

가맹점사업자의 점포가 위치한 상권의 특성 등의 사유로 심야 영업시간[25]대의 매출이 그 영업에 소요되는 비용에 비하여 저조하여, 가맹점사업자가 영업시간 단축을 요청한 달의 직전 3개월 동안 영업 손실이 발생함에 따라 영업시간 단축을 요구함에도 이를 허용하지 아니하는 행위를 말한다.

2) 질병치료 등에 따른 영업시간 단축 거절행위

가맹점사업자가 질병의 발병과 치료 등 불가피한 사유로 인하여 필요 최소한의 범위에서 영업시간의 단축을 요구함에도 이를 허용하지 아니하는 행위를 말한다.

나. 위법성 판단 기준

가맹본부가 ① 가맹점사업자로부터 영업시간 단축을 요구한 날의 직전 3개월 동안 영업 손실이 발생함에 따라 영업시간 단축을 요청받았음에도 이를 허용하지 않았어야 하고, ② 가맹점사업자로부터 질병의 발명과 치료 등 불가피한 사유로 인하여 필요 최소한의 범위에서 영업시간의 단축을 요청받았음에도 이를 허용하지 않았어야 한다.

다. 부당한 영업시간 구속행위 금지 관련 Q&A

[Q 1] 가맹본부가 가맹점사업자의 매출부진에 따른 심야영업 단축 요청을 거부하는 것이 가맹사업법 위반행위에 해당하나?

[A 1] 단축 요청 사유에 따라 다르다. 가맹점사업자가 가맹사업법 제12조의3에 따라 심야시간대의 매출이 그 영업에 소요되는 비용에 비하여 저조하여 영업시간 단축을 요청함에도 가맹본부가 이를 허용하지 아니하는 행위를 금지하고 있다. 그러므로 가맹점사업자가 가맹점의 심야영업시간의 매출이 저조하여 영업 손실이 3개월 이상 지속되고 있다는 증빙자료를 갖추어 단축 요청을 하였음에도, 가맹본부가 영업시간 단축요구를 허용하지 않는다면 이는 법 위반에 해당한다.

[Q 2] 편의점 심야 영업시간 규제 근거는?

[A 2] 가맹사업법 시행령 제13조의3에 따라 심야 영업시간대는 오전 0시부터 오전 6시까지

---

25) 오전 0시부터 오전 6시까지 또는 오전 1시부터 오전 6시까지를 말한다.

또는 오전 1시부터 오전 6시까지를 의미한다. 한편 법 제12조의3은 가맹본부가 정상적인 거래관행에 비추어 부당하게 가맹점사업자의 영업시간을 구속하는 행위를 금지하고 있다. 또한 공정거래위원회는 2019. 1. 22. 표준가맹계약서를 개정하여 한국편의점산업협회 및 편의점 가맹본부에 적극 홍보하고 사용을 권장하고 있으며, 위 개정 표준가맹계약서에 따르면 가맹본부와 가맹점사업자가 협의하여 영업시간을 결정하도록 하고, 심야영업 시간대(0시~6시 등)의 매출에 대한 3개월 이상 영업 손실이 발생한 경우 영업시간 단축을 요구할 수 있도록 정하고 있다.

9. 부당한 영업지역 침해행위 금지

가. 행위의 의의 및 유형

가맹본부가 가맹점사업자와 가맹계약을 체결할 때는 가맹점사업자의 영업지역[26]을 설정하여 가맹계약서에 이를 기재하여야 한다(법 제12조의4 제1항). 또한 가맹본부는 정당한 사유 없이 가맹계약기간 중 가맹점사업자의 영업지역 안에서 가맹점사업자와 동일한 업종[27]의 자기 또는 계열회사[28]의 직영점이나 가맹점을 설치하는 행위가 금지된다(법 제12조의4 제3항). 이는 가맹본부가 가맹점사업자의 영업지역을 설정 및 보호함으로써 가맹점사업자의 매출감소를 방지하고 가맹점사업자의 권익보호를 강화할 수 있다는 정책적 판단하에 규정된 것이라 할 것이다.[29]

나. 영업지역 변경 방법 및 사유

가맹본부가 가맹점사업자와의 가맹계약 갱신과정에서 상권의 급격한 변화 등의 사유가 있는 경우에는 영업지역을 변경할 수 있다. 즉, ① 재건축, 재개발 또는 신도시 건

26) 가맹점사업자가 가맹계약에 따라 상품 또는 용역을 판매하는 지역을 말한다(법 제2조 제12호).
27) 수요층의 지역적·인적 범위, 취급품목, 영업형태 및 방식 등에 비추어 동일하다고 인식될 수 있을 정도의 업종을 말한다.
28) 공정거래법 제2조 제3호에 따른 계열회사를 말한다.
29) 가맹사업법상 영업지역의 문제는 특정 지역에서 추가점포를 개설하여 매출을 극대화하려는 가맹본부의 욕구와 영업지역 내 사업이 잠식되지 않기를 바라는 가맹점사업자의 욕구 사이의 갈등과 충돌로 인해 발생하게 된다고 볼 수 있다(김지연, “온주 가맹사업거래의공정화에관한법률 제12조의4”, 로앤비(2020. 12. 11), §1~2 참조).

설 등으로 인하여 상권의 급격한 변화가 발생하는 경우, ② 해당 상권의 거주인구 또는 유동인구가 현저히 변동되는 경우, ③ 소비자의 기호변화 등으로 인하여 해당 상품·용역에 대한 수요가 현저히 변동되는 경우, ④ 상기 ①부터 ③까지의 규정에 준하는 경우로서, 기존 영업지역을 그대로 유지하는 것이 현저히 불합리하다고 인정되는 경우는 가맹점사업자와 합의하여 기존 영업지역을 변경할 수 있다(법 제12조의4 제2항).

다. 위법성 판단 기준

가맹본부가 ① 가맹점사업자와 가맹계약을 체결하면서 영업지역 설정을 하지 않았어야 하고, ② 가맹계약기간 중에 가맹점사업자의 영업지역 안에서 가맹점사업자와 동일한 업종의 자기 또는 계열회사의 직영점이나 가맹점을 설치한 행위가 있어야 한다.

이와 관련하여 법원은 가맹본부가 가맹점사업자의 영업지역에 신규 가맹점을 개설한 행위는 기존가맹점이 위치한 상권의 규모, 기존가맹점과의 이격거리, 사전협의 약정 미이행 등에 비추어 볼 때 정상적인 거래관행을 벗어난 것으로서 불공정거래행위로 봄이 상당하고, 가맹본부가 가맹계약서 및 정보공개서에 독점적·배타적 영업지역을 설정해 주지 않았다고 하더라도 영업지역을 부당히 침해한 것으로 볼 수 있다고 판시하였다. 즉, ① 기존가맹점이 위치한 중소도시는 2013. 3. 31. 기준으로 인구가 약 291,909명이고, 대도시 또는 교통의 요충지와 비교하여 상권이 대규모로 발달하거나 유동인구가 많은 곳이 아닌 점, ② 신규가맹점은 기존가맹점의 동일상권 내의 직선거리로 불과 약 100m(보행거리로 약 200m) 인근에 위치한 점, ③ 가맹본부는 자신의 예약해지가 정당하다고 판단하고 해당지역에 신규가맹점사업자로 대체하여 신규가맹점을 개설한 점, ④ 가맹계약서상 신규가맹점을 개설할 때에는 가맹사업당사자가 협의를 거쳐 새로운 가맹점을 개설하도록 규정하고 있으나 사전에 아무런 협의없이 개설한 점, ⑤ 신규가맹점의 개설 및 할인행사로 실제로 기존가맹점이 상당한 재산상의 손해를 입었던 점 등에 비추어 영업지역침해로 보았다.[30]

라. 부당한 영업지역 침해행위 금지 관련 Q&A

[Q 1] 가맹본부가 가맹점의 영업지역을 250m로 설정한 상황에서 다음의 각각 사항들이 부당

---

30) 서울고등법원 2014. 11. 14. 선고 2014누42713 판결 참조.

한 영업지역 침해금지에 해당하나?

① A점포와 B점포의 이격거리가 500m 이상인 상황에서 B점포 주변으로 이동을 하였으나 이동한 후 B점포 간 이격거리가 250m를 초과하는 경우, ② A점포와 B점포의 이격거리가 250m 이상 500 이내인 상황에서 B점포가 A점포 주변으로 이동을 하여 이동한 후 B점포와 A점포 간 이격거리가 250m 이내인 경우, ③ A점포와 B점포의 이격거리가 250m 이내인 상황에서 B점포 주변으로 이동을 한 경우(이동 후 A점포와 B점포는 기존보다 더 가까워짐)

[A 1] 가맹사업법 제12조의4는 가맹본부가 정당한 사유 없이 가맹계약 기간 중 가맹점사업자의 영업지역 안에 동일업종의 직영점이나 가맹점을 설치하는 행위를 금지하고 있다.

법 위반 여부는 구체적 사실관계에 따라 달라질 수 있으므로 본 내용만으로 이를 일률적으로 답변하기가 어려우나, ①의 경우 B점포의 이동으로 인해 A점포의 영업지역이 침해된다고 보기는 어려울 것으로 보이나, ② 및 ③의 경우에는 B점포의 이동이 A점포의 영업지역을 침해하는 것으로 판단될 소지가 있다. 다만 이에 대한 명확한 판단을 위해서는 B점포의 이동 사정, 해당 상권의 상황, A점포의 동의 유무 등 구체적 사실관계에 대한 추가적인 확인이 필요하다.

[Q 2] 가맹본부가 가맹계약서에 가맹점사업자의 영업지역을 기재하는 방식(숫자로 반경 표시 또는 지도에 범위 표시)은?

[A 2] 가맹사업법 제11조 제2항은 가맹계약서에 영업지역의 설정에 관한 사항을 포함하도록 하고 있으며, 법 제12조의4 제1항은 가맹본부가 가맹계약 체결 시 가맹점사업자의 영업지역을 설정하여 이를 가맹계약서에 기재하도록 규정하고 있다. 한편 법 제11조 제4항에 따라 공정거래위원회는 가맹본부에게 건전한 가맹사업거래질서를 확립하고 불공정한 내용의 가맹계약 통용되는 것을 방지하기 위하여 가맹사업거래에서 표준이 되는 가맹계약서의 작성 및 사용을 권장할 수 있다. 공정위가 마련·배포한 표준가맹계약서에서는 영업지역을 표시한 지도를 첨부하도록 하고 있다.

가맹점사업자의 영업지역을 보호하고, 영업지역 침해로 인한 분쟁을 사전에 예방하기 위한 제도의 취지를 고려할 때, 영업지역을 단순히 '반경 100m로 한다'라고 기재하기보다는 표준가맹계약서와 같이 영업지역에 해당되는 100m 반경의 지역을 명확하게 표시한 지도를 가맹계약서에 첨부하는 것이 적절할 것으로 판단된다.

[Q 3] 법인인 A가맹본부가 가맹점사업자 甲의 영업지역 인근에 가맹본부 계열회사의 유사 제품을 판매하는 직영의 B유통점을 출점하는 행위가 가맹사업법 위반에 해당하나?

[A 3] 직영 B유통점이 가맹사업법상 가맹사업 정의 요건에 충족하지 아니하는 경우에는 법 위반에 해당한다고 볼 수 없다. 가맹사업법 제12조의4 제3항은 가맹본부는 정당한 사유 없이 가맹계약기간 중 가맹점사업자의 영업지역 안에서 가맹점사업자와 동일한 업종의 자기 또는 계열회사의 직영점이나 가맹점을 설치하는 행위를 하여서는 안 된다고 규정하고 있다.

A가맹본부가 가맹점사업자 甲의 영업지역 내에 B유통점을 설치한 행위가 법에 저촉되는지 여부를 확인하기 위해서는 A와 B의 취급품목, 영업형태, 수요층의 지역적 범위 등을 종합적으로 고려하여 동일한 업종에 해당하는지 여부를 판단하여야 한다. 이에 대해서는 구체적인 사실관계 조사 및 법리 검토가 필요하지만, 직영 B유통점이 법상 가맹사업 정의 요건에 충족하지 아니하여 일체 가맹사업을 영위하지 아니하는 경우에는 부당한 영업지역 침해금지 조항의 적용 대상이 아니라고 볼 수 있다.

[Q 4] 외식업을 영위하는 가맹본부가 ① 직영점이나 가맹점 이외의 일반음식점에 도소매 형태로 제품을 판매할 경우 가맹사업법 제12조4의 제3항에 위반되는지 여부, ② 가맹계약을 체결하지 않은 음식점에 가맹본부의 제품을 판매할 경우 해당 음식점도 가맹점에 해당하는지?

[A 4] 단순히 가맹본부의 제품을 공급받는 것만으로는 가맹점사업자로 보기가 어렵다. 가맹사업법 제12조의4 제3항에 따라 가맹본부는 부당하게 가맹점사업자의 영업지역을 침해하는 것을 금지하고 있다. 그런데 ① 가맹계약 기간 중 기존 가맹점사업자의 영업지역 안에서 직영점이나 가맹점이 아닌 사업자에게 단순히 도·소매형태로 제품을 공급하는 경우는 가맹본부 또는 계열회사의 직영점이나 가맹점을 설치하는 행위로 보기는 어렵다. ② 가맹점사업자는 법 제2조 제3호에 따라 가맹사업과 관련하여 가맹본부로부터 가맹점운영권을 부여받은 사업자를 말하고, 가맹사업이란 법 제2조 제1호에 따른 가맹사업 5개 성립요건 모두 충족하여야 한다. 따라서 단순히 가맹본부의 제품을 공급받는다는 이유로 거래상대방인 사업자를 가맹점사업자로 보는 것은 아니다.

[Q 5] '탑영어'라는 영업표지로 교육 가맹사업을 운영 중인 A가맹본부가 '베스트'라는 영업표지를 사용하는 B가맹본부에게 A의 교육콘텐츠를 제공하여 영업하도록 하고, A의 가맹점 인근에 B의 가맹점을 개점하는 것이 가맹사업법 위반에 해당하나?

[A 5] A가 B에게 제공한 콘텐츠의 동일성 등에 따라 다르다. 가맹사업법 제12조의4에서는 부당한 영업지역 침해를 금지하고 있다. 가맹본부는 가맹계약 체결 시 가맹점사업자의 영업지역을 설정하여 계약서에 이를 기재해야 하며, 정당한 사유 없이 가맹계약 기간 중 가맹점사업자의 영업지역 안에서 가맹점사업자와 동일한 업종의 자기 또는 계열회사의 직영점이나 가맹점을 설치하는 행위를 하여서는 아니 된다.

만일 A가맹본부가 소속 가맹점에 공급하고 있는 영어 교육 콘텐츠와 동일한 영어 교육 콘텐츠를 소속 가맹점의 이익과 배치되도록 B가맹본부에게 제공하였다면 A가맹본부는 가맹점 수익 창출에 전념해야 하는 의무를 해태한 것이 된다. 그리고 경쟁점이 개점할 수 있음을 알고도 해당 행위를 하였다면 이는 ① 가맹본부가 자신의 거래상 지위를 이용하여 소속 가맹점에게 불이익을 제공한 행위에 해당될 수 있으며, ② A가맹본부가 기본 계약사항을 위반한 것일 수도 있으므로 가맹점사업자는 가맹본부의 계약 위반으로 계약해지를 할 수 있음과 동시에 민사상 손해배상을 청구할 수 있는 사항이 될 수도 있다.

그러나 A가맹본부가 7년 전부터 가맹사업을 영위해 온 업체로 확인되며, B가맹본부는 2년 전에 최초로 가맹사업을 시작하는 업체인데, 두 가맹본부가 미국 초등영어 커리큘럼에 바탕을 둔 것은 유사하다고 할 수 있으나 영어 콘텐츠를 제공하도록 계약을 체결한 외국본사가 다르며, 콘텐츠 내용도 동일한 것이 아라면 이는 '탑영어'라는 영업표지를 사용하는 가맹본부가 소속 가맹점에게 공급하는 영어 교육 콘텐츠가 아닌 것으로 볼 수 있다. 따라서 가맹본부 B가 별도의 영업 교육 콘텐츠를 공급하는 소속 가맹점을 A가맹본부의 가맹점사업자가 운영하는 가맹점 인근에 개점시킨다고 하더라도 이는 법에서 규율하는 영업지역침해행위에 해당하지 않게 된다.

[Q 6] 가맹본부가 새로운 직영점 운영 방식의 브랜드를 개발할 수 있나?

[A 6] 동일성 유무에 따라 판단할 문제이다. 가맹본부가 새로운 직영점 운영방식의 브랜드를 개발할 수 있는지에 대해서는 가맹사업법에서 금지하는 별도의 규정이 없다. 가맹본부가 기존 운영하는 가맹점의 영업지역 내에 신규 개발한 직영점 운영방식의 브랜드를 설치할 수 있는지에 대해서는 법 제12조의4에 따라 가맹본부로 하여금 정당한 사유 없이 가맹계약 기간 중 가맹점사업자의 영업지역 안에서 동일한 업종의 자기 또는 계열회사의 직영점 및 가맹점을 설치하는 행위를 금지하고 있으므로, 이에 대하여 검토하여야 한다.

이때 동일한 업종 여부는 단순히 업종명만을 고려하는 것이 아니라 수요층의 지역적·인적 범위·취급품목, 영업형태 및 방식 등을 종합적으로 고려하여 판단하여야 한다. 이에 기존 운영하는 가맹점과 신규 설치하고자 하는 직영점의 영업방식 등을 구체적으로 고려하여 동일한 업종에 해당한다면 부당한 영업지역 침해의 소지가 있다고 볼 수도 있다.

[Q 7] 교육사업을 영위하는 가맹본부가 가맹점사업자의 영업지역 내에 자기의 동일한 브랜드를 운영하는 계열회사의 직영점 또는 가맹점을 설치하는 경우 가맹사업법 위반에 해당하나?

[A 7] 법 위반에 해당할 소지가 높다. 가맹사업법 제12조의4 제3항은 부당한 영업지역 침해로 금지하고 있다. 따라서 가맹본부 소속 다른 브랜드(영업표지)라 할지라도 수요층의 지역적·인적 범위, 영업대상, 영업형태 및 방식 등에 비추어 동일하다고 인식될 수 있을 정도의 업종에 해당한다면 제12조의4 제3항이 규정하는 동일한 업종으로 볼 수 있다.

사례에서 가맹본부는 수업방식, 수업대상이 다르다는 점을 주장할 수 있으나, 일부 고등학교학원 사업본부에서는 초·중등생을 대상으로 수업이 이루어진다는 점과 국어, 영어, 수학 등 동일한 과목에 대해 교육이 이루어진다는 점에서 법이 규정하고 있는 '동일한 업종'으로 판단될 가능성이 있다는 점에서 부당한 영업지역 침해행위에 해당한다고 볼 수도 있을 것이다.

[Q 8] 가맹본부가 배달대행업체와의 제휴를 통해 배달사업을 시작하려고 하는데, 영업지역침해 소지는 없나?

[A 8] 가맹사업법 제12조의4 제1항 및 제3항에 따라 가맹본부는 가맹계약 체결 시 가맹점사업자의 영업지역을 설정하여 가맹계약서에 이를 기재하여야 하며, 정당한 사유 없이 가맹점사업자의 영업지역 안에서 가맹점사업자와 동일한 업종의 직영점이나 가맹점을 설치하는 행위를 하여서는 안 된다. 이 규정은 가맹점사업자의 상권 보호를 위해 그의 영업지역 내에서 추가적인 직영점 또는 가맹점의 출점을 금지하는 취지이며, 가맹점사업자가 영업을 할 수 있는 지역적 범위와 반드시 일치해야 하는 것은 아니다.

같은 맥락에서 법 시행령 제13조 제1항 [별표 2]에서는 불공정거래행위의 한 유형으로 구속조건부 거래(영업지역 강제)를 명시하면서 부당하게 가맹점사업자에게 영업지역을 준수하도록 조건을 붙이거나 이를 강제하는 행위를 금지하고 있다. 따라서 가맹점사업자는 설정된 영업지역을 벗어난 경우 영업이나 배달이 가능할 것이며, 가맹본부가 배달사업을 시작함으로써 배달가능지역 문제와 관련하여 영업지역을 새로이 확대하여 설정하는 것에 대해서는 법상의 의무는 없을 것으로 보인다.

마찬가지로 간접배달 시 배달지역을 설정할 필요가 없다면 A가맹점의 영업지역인 A에 살고 있는 고객이 배달대행업체를 통해 B가맹점에 배달주문을 요청한 경우 B가맹점이 이에 응한다고 하여 법 제12조의4 소정의 영업지역 침해행위에 해당할 가능성은 낮다고 본다. 다만 가맹본부 소속 가맹점사업자 간에 배달가능지역의 범위와 관련하여 분쟁이 발생하는 경우, 가맹본부는 그러한 분쟁을 합리적으로 해결하기 위해 적절한 기준을 마련하는 등 가맹점사업자 간 분쟁을 조정하는 행위는 가능할 것이다.

[Q 9] A가맹점의 영업지역 밖 1.7km 거리에 B가맹점을 설치하였으나, 배달앱 등으로 인해 A, B 가맹점 간 분쟁이 발생한 경우 영업지역 제한이 가맹사업법 위반에 해당하나?

[A 9] 가맹본부가 가맹점사업자의 영업지역을 제한하는 것이 영업지역의 준수강제에 대한 예외요건에 해당하지 아니하면 법 위반 소지가 있다. 가맹사업법 제12조의4는 가맹본부가 가맹점사업자의 "영업지역" 내에 직영점 또는 가맹점을 설치하는 행위를 금지하고 있다. 이 경우 영업지역은 직영점/가맹점의 설치금지구역으로 이해될 수 있다. 따라서 가맹계약 체결 시 설정한 A가맹점 영업지역 밖에 B가맹점이 설치된 경우라면 법 제12조의4가 적용되지는 아니한다.

한편 법 제12조 제1항 제2호는 가맹점사업자가 취급하는 상품 또는 용역의 가격, 거래상대방, 거래지역이나 가맹점사업자의 사업 활동을 부당하게 구속하거나 제한하는 행위를 금지하고 있고, 시행령 제13조 제1항 [별표 2] 제2호 라목은 부당하게 가맹점사업자에게 영업지역을 준수하도록 조건을 붙이거나 이를 강제하는 행위를 금지하고 있다.

이 경우 영업지역은 직영점/가맹점의 설치가 아닌 영업가능구역으로 이해될 수 있다. 따라서 가맹본부가 A와 B의 영업행위를 절충할 경우에는 동 규정이 적용될 수 있다. 다만 가맹사업의 본질상 가맹점 간 영업행위를 절충할 필요성이 인정되므로 동 규정은 부당한 영업지역 구속 또는 제한 행위만을 금지하고 있고, ① 가맹본부가 가맹점의 영업거점지역을 정하는 행위, ② 가맹점사업자가 자기의 영업지역에서 판매책임을 다한 경우에 영업지역 외에서 판매할 수 있도록 하는 행위, ③ 가맹점사업자가 자기의 영업지역 외에서 판매하고자 하는 경우 그 지역 가맹점사업자에게 판촉비에 상당하는 일정한 보상금을 지불하도록 하는 행위는 허용된다고 규정하고 있다.

[Q 10] 가맹본부가 배달서비스 업체와 배달계약을 체결할 경우 배달서비스 업체가 주문자의 위치를 기준으로 반경 2㎞ 내에 있는 가맹점을 주문자에게 보여주게 되어 복수의 가맹점이 배달을 받을 수 있게 되는데, 이러한 배달서비스 계약이 영업지역 침해에 해당하나?

[A 10] 이러한 경우 법 위반으로 보기는 어려울 것이다. 가맹사업법 제12조의4 제3항은 가맹본부의 부당한 영업지역 침해금지를 규정하고 있다. 따라서 법 제12조의4 제3항에서 규정한 영업지역 침해행위는 직영점 또는 가맹점을 설치하는 행위를 의미하므로, 배달서비스 업체와 배달계약을 체결하는 행위는 동 규정의 적용대상이 아닌 것으로 볼 수 있다.

10. 보복조치행위 금지

가. 행위의 의의 및 유형

가맹본부가 가맹점사업자의 ① 가맹사업법 제22조 제1항에 따른 분쟁조정의 신청, ② 법 제32조의2에 따른 공정거래위원회의 서면실태조사에 대한 협조, ③ 법 제32조의3 제1항 및 제2항에 따른 신고 및 공정거래위원회의 조사에 대한 협조 등과 같은 어느 하나에 해당하는 행위를 한 것을 이유로 그 가맹점사업자에 대하여 상품 또는 용역의 공급이나 경영·영업활동 지원의 중단, 거절 또는 제한, 가맹계약의 해지, 그 밖에 불이익을 주는 행위를 하거나 계열회사 또는 다른 사업자로 하여금 이를 행하도록 하는 행위를 하여서는 아니 된다(법 제12조의5).

나. 위법성 판단 기준

가맹본부가 가맹점사업자의 분쟁조정의 신청, 공정거래위원회의 서면실태조사에 대한 협조, 신고 및 공정위 조사에 대한 협조를 하였다는 이유로 해당 가맹점사업자에게 영업지원 활동을 중단, 거절 또는 제한, 가맹계약의 해지 등의 불이익을 자신이나 계열회사 등을 통하여 행하도록 한 사실이 있어야 한다.

다. 보복조치행위 금지 관련 Q&A

[Q 1] 가맹본부 A가 가맹점사업자 B가 매년 공정거래위원회에서 실시하는 가맹사업거래 서면실태조사에 사실대로 응답한 것을 이유로 영업지원을 일정기간 중단하였다면 이는 가맹사업법 위반에 해당하나?

[A 1] A가맹본부가 가맹사업거래 서면실태조사에 협조를 하였다는 이유로 B가맹점사업자에 대하여 영업지원을 중단하였다면 법 위반에 해당할 수 있다. 가맹사업법 제12조의5는 가맹본부의 가맹점사업자에 대한 보복조치의 금지를 규정하고 있다. 이는 가맹점사업자가 가맹본부를 공정거래위원회에서 신고를 하거나 서면실태조사에 대한 협조 등을 하였다는 이유로 원·부자재 공급을 거절하거나 영업활동 지원 등을 중단함으로써 가맹점사업자들이 입게 되는 피해를 막기 위하여 2018. 1. 16. 신설된 규정이다. 또한 가맹본부가 본 조 위반행위로 가맹점사업자에게 손해를 입힌 경우에는 손해의 3배를 넘지 아니하는 범위에서 배상책임을 지도록 하고 있다. 가맹본부가 단지 가맹점사업자의 서면실태조사에 대한 협조를 하였다는 이유만으로 영업지원을 중단하였다면 법 위반에 해당한다고 할 수도 있으나, 이는 구체적인 사실관계를 확인하여 판단할 사안이다.

11. 불공정거래행위의 금지 위반에 대한 제재

가. 시정명령 및 과징금 부과

공정거래위원회는 불공정거래행위의 금지, 부당한 점포환경개선 강요 금지, 부당한 영업시간 구속 금지, 부당한 영업지역 침해금지 및 보복조치의 금지 규정을 위반한 가맹본부에 대하여 점포환경개선 비용의 지급, 위반행위의 중지, 위반내용의 시정을 위한 필요한 조치를 명할 수 있다(법 제33조 제1항). 그리고 가맹본부의 위반기간 동안의 관련매출액(가맹점사업자 또는 가맹희망자에게 판매한 상품이나 용역의 매출액)에 100분의 2를 곱한 금액(매출액의 산정 등이 곤란한 경우에는 5억 원 이하의 정액)을 초과하지 아니하는 과징금을 부과할 수 있다(법 제35조 제1항).

나. 벌 칙

보복조치의 금지 규정(법 제15조의5)을 위반하여 가맹점사업자에게 불이익을 주는 행위를 하거나 다른 사업자로 하여금 이를 행하도록 한 자는 3년 이하의 징역 또는 1억 원 이하의 벌금에 처한다(법 제41조 제2항). 이에 대해서는 공정위의 고발이 있어야 공소를 제기할 수 있다(법 제44조 제1항).

다. 불공정거래행위의 금지 위반에 대한 제재 관련 Q&A

[Q 1] 가맹본부가 가맹점사업자에게 거래거절행위 등의 불공정거래행위로 인하여 공정거래위원회로부터 시정명령을 받은 경우 ① 공정위가 손해배상을 명할 수 있는가 및 ② 형사처벌도 받게 되는가?

[A 1] ① 공정위는 손해배상을 명할 수 없다. 공정거래위원회는 행정기관에 해당하기 때문에 가맹본부가 가맹사업법을 위반한 행위를 한 경우에 그 행위를 중지하거나 위반내용에 대한 시정을 명할 수 있을 뿐, 가맹점사업자가 입은 손해액에 대한 배상명령은 할 수 없다. 다만 점포환경개선과 관련하여 가맹본부부담액을 미지급한 행위에 대해서는 그 금액의 지급명령은 가능하다.

② 공정위의 고발은 고발지침에 부합되어야 가능하고, 고발된 가맹본부의 형사처벌 여부는 사법부에서 판단하게 된다. 가맹본부의 불공정거래행위에 대한 규정 위반 중 벌칙 대상은 가맹본부가 가맹점사업자에 대한 보복조치를 한 행위에 한한다. 이 경우에도 공정거래위원회는 모든 법 위반 자를 고발하는 것이 아니고 「독점규제 및 공정거래에 관한 법률 등의 위반행위의 고발에 관한 공정거래위원회의 지침」의 고발의 대상 및 기준에 부합하여야 고발할 수 있다.

제 3 장 가맹본부의 의무사항

1. 가맹금의 반환의무

가. 행위의 의의 및 유형

가맹금반환의무라 함은 가맹본부에 일정한 귀책사유 등이 있을 때 가맹점사업자 등으로부터 받은 가맹금을 다시 돌려주는 것을 말한다. 가맹점사업자가 가맹계약을 체결하였음에도 불구하고, 가맹본부의 지원이나 노하우가 계약체결 전 약속에 부응하지 못하거나 가맹본부가 가맹계약을 중도해지하는 경우 등에는 막대한 손해를 입게 되기 때문에, 가맹사업법은 가맹금가맹금의 반환에 관한 규정을 두어 이를 규율하고 있다.[1] 가맹금이라 함은 명칭이나 지급형태가 어떻든 간에 가입비 등 가맹점사업자가 영업표지의 사용허락 등 가맹점운영권이나 영업활동에 대한 지원·교육 등을 받기 위하여 가맹본부에 지급하는 대가 등을 말하기 때문에(법 제2조 제6호 참조),[2] 원칙적으로 가맹본부에 귀속된다.

그러나 가맹본부는 가맹희망자나 가맹점사업자로부터 수령한 가맹금에 대하여 일정한 사유가 발생한 경우에는 가맹희망자나 가맹점사업자가 서면으로 요구하는 날부터 1개월 이내에 가맹금을 반환하여야 한다(법 제10조 제1항). 즉, ① 가맹본부가 법 제7조 제3항을 위반한 경우로서 가맹희망자 또는 가맹점사업자가 가맹계약 체결 전 또는 가맹계약의 체결일부터 4개월 이내에 가맹금의 반환을 요구하는 경우, ② 가맹본부가 법

1) 맹수석, "온주 가맹사업거래의공정화에관한법률 제10조", 로앤비(2020. 12. 11), §1.

2) 가맹희망자가 지급한 금원이 가맹금이 되기 위해서는 그 돈이 '가맹점운영권을 취득하거나 유지하기 위하여 지급된 것'이어야 한다(대법원 2018. 7. 20. 선고 2015두59679 판결).

제9조 제1항을 위반한 경우로서 가맹희망자가 가맹계약 체결 전에 가맹금의 반환을 요구하는 경우, ③ 가맹본부가 법 제9조 제1항을 위반한 경우로서 허위 또는 과장된 정보나 중요사항의 누락된 내용이 계약 체결에 중대한 영향을 준 것으로 인정되어 가맹점사업자가 가맹계약의 체결일부터 4개월 이내에 가맹금의 반환을 요구하는 경우, ④ 가맹본부가 정당한 사유 없이 가맹사업을 일방적으로 중단하고 가맹점사업자가 가맹사업의 중단일[3]부터 4개월 이내에 가맹금의 반환을 요구하는 경우에는 가맹본부가 반환의무를 진다(법 제10조 제1항 제1호~제4호).

가맹금 반환 요구서면 기재사항

1) 가맹금의 반환을 요구하는 가맹점사업자 또는 가맹희망자의 주소·성명
2) 가맹본부가 허위 또는 과장된 정보를 제공하거나 중요사항을 누락한 사실
3) 가맹본부가 허위 또는 과장된 정보를 제공하거나 중요사항을 누락하여 계약체결에 중대한 영향을 준 것으로 인정되는 사실
4) 가맹본부가 정당한 이유 없이 가맹사업을 일방적으로 중단한 사실과 그 일자
5) 반환대상이 되는 가맹금의 금액
6) 가맹본부가 정보공개서를 제공하지 아니한 사실 또는 정보공개서를 제공한 날부터 14일(가맹희망자가 정보공개서에 대하여 변호사 또는 법 제27조에 따른 가맹거래사의 자문을 받은 경우에는 7일)이 지나지 아니한 상태에서 가맹희망자로부터 가맹금을 수령하거나 가맹희망자와 가맹계약을 체결한 사실과 날짜

나. 반환대상 가맹금 산정

가맹금을 반환하기 위해서는 반환대상 가맹금을 산정하여야 한다. 이는 가맹계약의 체결의 경위, 금전이나 그 밖에 지급된 대가의 성격, 가맹계약기간, 계약이행기간, 가맹사업당사자의 귀책정도 등을 고려하여야 한다(법 제10조 제2항).[4] 따라서 가맹금 반

3) 가맹본부의 가맹사업의 중단일은 ① 가맹본부가 가맹점사업자에게 가맹사업의 중단일을 통지하는 경우에는 그 통지가 가맹점사업자에게 도달된 날, ② 가맹본부가 가맹점사업자에게 미리 통지함이 없이 가맹사업을 영위하는데 중대한 영향을 미치는 부동산·용역·설비·상품 등의 거래를 10일 이상 중단하고 가맹점사업자가 서면으로 거래재개일을 정하여 거래재개를 요청하였음에도 불구하고 가맹본부가 이에 응하지 아니한 경우에는 위 서면으로 정한 거래재개일에 해당하는 날을 말한다(법 시행령 제11조).

4) A회사(가맹본부)는 2015. 6. 29. ***과 가맹계약을 체결한 후 2015. 7. 3.~2015. 7. 13. 기간 동안 ***

환액의 산정에 있어서 당사자의 과실 등에 따라 그 금액이 달라질 수 있다.[5)]

다. 위법성 판단 기준

가맹희망자 또는 가맹점사업자가 가맹사업법상 가맹금 반환 사유에 해당하여 가맹본부에게 가맹금 반환 요구서면 기재사항의 내용을 적어 요청하였음에도 가맹본부가 그 서면을 받은 날로부터 1개월 이내에 가맹금을 반환하지 않았어야 하며, 반환대상 가맹금을 산정기준 보다 적게 산정하였어야 한다(법 제10조 제1항).

라. 가맹금 반환 위반행위에 대한 제재

공정거래위원회는 가맹본부가 가맹희망자 또는 가맹점사업자에게 가맹금 반환 위반 행위에 대하여 가맹금을 반환하라는 시정명령[6)]과 가맹본부의 위반기간 동안의 관련매출액(가맹점사업자 또는 가맹희망자에게 판매한 상품이나 용역의 매출액)에 100분의 2를 곱

으로부터 가맹점 개설 관련하여 3회에 걸쳐 총 69,000,000원을 수령하였고, 이 중 41,278,270원을 가맹점 개설을 위한 내부인테리어 공사비 및 주방집기 등의 구입비용으로 지출하였다. 한편, 가맹점사업자 ***은 가맹계약 체결일부터 4개월이 지나지 아니한 2015. 10. 13. 허위·과장된 정보제공 등의 사유로 A회사에게 이 사건 가맹계약 해지를 통보하고 가맹금 반환을 요청하였으나, A회사는 이 사건 심의일(2016. 12. 9.)까지 가맹금을 반환하지 않았다. 이에 대해 공정거래위원회는 회사가 ***에게 허위 또는 과장된 정보를 제공한 사실이 있는 점, 매출액, 재료비 등 예상수익을 산정하기 위한 기초자료들은 통상 가맹본부인 E회사가 독점하고 있어 영업지식과 경험이 부족한 가맹희망자로서는 A회사가 제공하는 정보에 기초하여 장래의 수익을 예상할 수밖에 없을 뿐만 아니라 별도로 가맹점 매출에 관한 사항 등이 기재된 정보공개서가 제공된 사실도 없으므로 이 사건 허위 또는 과장된 정보가 가맹계약체결에 중대한 영향을 준 것으로 인정되는 점, A회사는 가맹점사업자 ***으로부터 가맹계약 체결일부터 4개월 이내에 가맹금 반환을 서면으로 요구받았음에도 이로부터 1개월 이내에 가맹금을 반환하지 아니한 점 등을 고려할 때, A회사는 가맹점사업자 ***에게 가맹금을 반환할 의무가 있다고 하면서, 가맹금의 반환 범위에 관하여는 ① A회사가 가맹점사업자 ***에게 계약 체결 시 중요하게 고려되는 요소인 가맹점의 장래 수익에 대해 허위·과장된 정보를 제공함에 따라 이 사건 가맹계약 체결에 이르게 된 점, ② A회사의 책임 하에 진행된 인테리어 공사에서 하자 및 공사 지연이 발생하는 등 A회사 귀책사유로 인해 가맹점사업자 ***이 이 사건 가맹사업을 영위하기도 전에 가맹계약이 해지된 점, ③ A회사가 **인테리어와 ****라이프를 통해 진행하였던 가맹점 인테리어 공사 및 주방집기·비품 준비 외에는 가맹사업을 영위하기 위해 필요한 영업지원 등을 추가적으로 이행하였다고 인정할만한 구체적인 사정을 확인할 수 없다는 점 등을 고려할 때, A회사는 가맹점사업자 ***로부터 수령한 금전 중 **인테리어와 ****라이프에게 지급한 대금 등을 제외한 금액으로서 가맹금에 해당하는 27,721,730원을 전액 반환하여야 한다고 하였다(공정거래위원회 의결 제2017-077호, 2017. 1. 26).

5) 맹수석, "온주 가맹사업거래의공정화에관한법률 제10조", 로앤비(2020. 12. 11), §3.

6) 가맹금 반환의 경우 가맹본부가 가맹희망자 또는 가맹점사업자에게 지급하여야 할 금액이 확정된 경우에는 부작위 시정명령이 아닌 작위명령도 가능하다(맹수석·정영교, "가맹사업의 법적 분쟁과 효율적 규제 방안", 「경제법연구」 제16권 제1호, 한국경제법학회, 2017, 249면).

한 금액(매출액의 산정 등이 곤란한 경우에는 5억 원 이하의 정액)을 초과하지 아니하는 과징금을 부과할 수 있다(법 제33조, 제35조).

마. 가맹금 반환의무 관련 Q&A

[Q 1] 가맹본부가 대형마트 내에 입점한 가맹점사업자에게 가맹계약 해지 시 가맹금을 반환하여 주지 않는다면 이는 가맹사업법 위반에 해당하나?

[A 1] 가맹본부가 가맹계약 해지 시 가맹금 반환 의무 규정은 없지만, 법 제10조 제1항의 요건을 충족함에도 가맹금을 반환하지 아니하는 경우 법 위반에 해당한다. 가맹사업법은 가맹계약 해지에 따른 가맹금 반환에 대해서는 별도로 규율하고 있지 아니하다. 이는 민법상 계약해지에 따른 법리의 문제로서 민사절차에 따라 해결할 사항이다.

다만 법 제10조 제1항에 따른 가맹금 반환 사유에 해당하는 경우 가맹본부는 가맹희망자 또는 가맹점사업자가 서면으로 요구하는 날부터 1개월 이내에 가맹금을 반환하여야 하며, 그 일정한 사유는 다음과 같으며 이에 충족하는 경우 법 위반에 해당할 수 있다. 즉, ① 가맹본부가 제7조 제3항을 위반한 경우로서 가맹희망자 또는 가맹점사업자가 가맹계약 체결 전 또는 가맹계약의 체결일부터 4개월 이내에 가맹금의 반환을 요구하는 경우, ② 가맹본부가 제9조 제1항을 위반한 경우로서 가맹희망자가 가맹계약 체결 전에 가맹금의 반환을 요구하는 경우, ③ 가맹본부가 제9조 제1항을 위반한 경우로서 허위 또는 과장된 정보나 중요사항의 누락된 내용이 계약 체결에 중대한 영향을 준 것으로 인정되어 가맹점사업자가 가맹계약의 체결일부터 4개월 이내에 가맹금의 반환을 요구하는 경우, ④ 가맹본부가 정당한 사유 없이 가맹사업을 중단한 경우로서 가맹사업 중단일로부터 4개월이 경과되지 아니한 경우이다.

[Q 2] 가맹본부가 가맹점사업자와 가맹계약을 해지할 때 이미 받은 가맹비, 교육비, 이행보증금 중 일부(예컨대, 가맹비와 교육비)만을 반환하여야 하나?

[A 2] 가맹금 반환의무는 법 제10조 제1항을 충족하는 경우에 발생한다. 가맹사업법 제10조 제1항은 가맹금의 반환사유를 규정하고 있으나, 반환대상이 되는 가맹금에 대해서는 가맹비, 교육비, 이행보증금 등과 같이 구체적으로 구분하고 있지 않다. 가맹금 반환은 법 제10조 제1항에 해당하는 경우에 가맹본부에 대하여 가맹금 반환의무를 부과하는 것이며, 그 반환하는 가맹금은 가맹계약의 체결 경위, 금전이나 그 밖에 지급된 대가의 성격, 가맹계약기간, 계약이행기간, 가맹사업당사자의 귀책정도 등을 고려하여 정하도록 규정하고 있다. 법 제10조 제1항

의 가맹금 반환 요건에 충족하지 아니하는 경우에는 민법상 계약해지에 따른 손해배상원칙에 따라 반환받을 가맹금이 결정되며, 이때에도 계약내용, 계약해지의 경위, 당사자 간 귀책사유의 유무 및 정도 등을 고려하여 판단하는 것이 타당하다.

[Q 3] 가맹희망자가 가맹본부와 가맹계약을 체결하기 전에 인테리어 시공을 위해 관련 비용을 지급하였고 시공이 완료된 현재에도 가맹계약을 체결하지 않은 경우 이미 지급한 인테리어 비용을 가맹금으로 보아 반환청구를 할 수 있나?

[A 3] 가맹희망자가 인테리어 시공을 위해 지급한 금액은 가맹본부에 귀속 여부에 따라 반환청구 여부도 달라진다. 가맹계약 체결 전에 지급한 인테리어 시공비에 대한 가맹금 반환 규정 위반 여부는 인테리어 시공주체 및 계약방식, 계약체결 과정 등의 구체적인 사실 관계를 확인한 후에 가맹사업법 위반 여부를 판단할 사안이다. 가맹희망자가 정보공개서나 가맹계약서를 사전에 제공받지 않은 것이 사실이고, 가맹계약을 체결하지 않은 상태에서 이미 지급한 인테리어 비용을 반환하여 줄 것을 요구하려면 해당 금원이 가맹사업법상의 가맹금의 정의에 포함되는지 여부가 문제가 된다.

법 제2조 제6호에 따라 '가맹금'이란 명칭이나 지급형태가 어떻든 간에 '가맹점사업자가 가맹점운영권을 부여받을 당시에 가맹사업을 착수하기 위하여 가맹본부로부터 공급받는 정착물, 설비, 상품의 가격 또는 부동산의 임차료 명목으로 가맹본부에 지급하는 대가'도 포함된다. 다만 가맹본부에 귀속되지 아니하는 것으로서 대통령령으로 정하는 대가를 제외한다. 즉, '법 제2조 제6호 다목에 따라 가맹본부에 지급하는 대가 중 적정한 도매가격[7] 등은 제외된다.

사례에서 ① 가맹본부가 직접 시공하는 경우에는 인테리어 시공에 필요한 원·부자재 및 용역을 다른 사업자에게 구입하여 공급하는 경우 그 구입가격은 가맹본부에 귀속되지 않으므로 가맹금에 포함되지 않기 때문에, 이에 대해 구입가격을 공제하고 해당 차액만큼을 반환 요청할 수 있다고 판단된다. ② 가맹본부가 직접 시공하지 아니하는 경우에는 인테리어 시공업체에게 그 금원이 귀속되는 것으로 인테리어 비용은 가맹금으로 볼 수 없으므로 반환 요청 대상이 아니라고 판단된다.

[Q 4] 가맹본부가 가맹점사업자와 가맹계약을 재계약할 때 보증금을 인상하는 것이 가맹사업

7) 도매가격이 형성되지 아니하는 경우에는 가맹점사업자가 정상적인 거래관계를 통하여 해당 물품이나 용역을 구입, 임차 또는 교환할 수 있는 가격을 말하며, 가맹본부가 해당 물품이나 용역을 다른 사업자로부터 구입하여 공급하는 경우에는 그 구입가격을 말한다.

법 위반에 해당하나?

[A 4] 보증금은 담보설정비용의 성격으로 합리적인 사유없이 과다하게 인상하는 경우에는 부당한 계약조항 변경에 해당할 수도 있다. 가맹본부가 재계약 시 보증금을 인상하는 행위는 가맹계약 내용에서 가맹계약당사자 간 자유로이 정할 사항으로 가맹사업법에서 별도로 규율하고 있지 아니하다. 그러므로 계약상대방이 계약사항을 불이행하는 경우 민사 절차에 판단할 사안으로 보인다. 이에 대해서는 대한법률구조공단(전화 132, www.klac.or.kr)을 통해 무료 법률상담을 받아 참고할 수 있다. 다만 담보설정비용의 성격인 보증금인 경우 기존 가맹점사업자에게 이를 새롭게 부담시키는 행위 및 과다하게 인상하는 행위에 대해서는 그 배경과 의도, 가맹점사업자가 입은 불이익, 비용부담 비율결정 과정의 합리성 등을 종합적으로 고려하여 법 위반 여부를 판단할 사안이라고 볼 수 있다.

[Q 5] 가맹금 반환의무와 관련하여 가맹본부가 정당한 사유 없이 가맹사업을 일방적으로 중단한 날로부터 4개월이 지난 경우 ① 가맹점사업자가 가맹본부에 가맹금 반환을 요구할 수 없는지, ② 부당이득반환·손해배상 청구 등의 민사적 수단을 통해 피해를 구제받을 수는 있는지?

[A 5] ① 가맹사업법은 가맹점사업자가 대통령령으로 정하는 가맹사업의 중단일로부터 4개월 이내에 가맹금의 반환을 요구하는 경우에 가맹본부의 가맹금 반환 의무가 발생한다고 명시하고 있는바, 가맹사업의 중단일로부터 4개월 지난 경우라면 가맹점사업자가 이 규정에 근거하여 가맹금을 반환받을 수 없다. ② 다만 이 경우에도 법이 이를 제한하는 것은 아니므로, 가맹본부의 가맹사업 중단행위에 대한 부당이득반환청구, 채무불이행이나 불법행위에 기한 민법상 손해배상청구를 할 수 있다.

[Q 6] 가맹본부가 아닌 제3자에게 지급한 임차료도 가맹금에 해당하여 반환대상이 되는가?

[A 6] 가맹본부에 지급하지 아니한 돈을 가맹금으로 보기 어렵다. 가맹점사업자가 가맹본부 아닌 다른 임대인과 임대차 계약을 체결하고 그에게 지급한 임차료는 가맹본부에게 지급한 것이 아니어서 가맹금이 아니다. 그러므로 가맹본부의 가맹금 반환 여부 및 범위를 결정할 때 그 대상에 포함되지 아니한다. 가맹본부의 가맹금 반환의무가 인정되는 경우 그 반환범위와 관련하여 법에 따른 반환을 청구한다 하더라도 부당이득 등 민법의 법리가 배제되는 것은 아니다. 그리고 법 제10조 제2항에 따라 반환하는 가맹금의 범위를 정함에 있어 가맹계약의 체결경위, 금전이나 그 밖에 지급된 대가의 성격, 가맹계약기간, 계약이행기간, 가맹점사업자의

귀책정도 등을 고려해야 한다고 규정하고 있다. 한편 가맹금 반환청구는 가맹사업법뿐만 아니라 계약책임에 따른 민법상 청구도 가능하다.

2. 광고·판촉행사 관련 집행내역의 통보의무

가. 행위의 의의 및 유형

가맹본부는 광고를 통해 자신의 브랜드 가치를 높이고, 가맹점사업자를 통한 판촉행사를 실시하여 자신의 매출액을 증대시킨다. 그러나 가맹사업에서의 이와 같은 광고·판촉행사에 소요되는 비용은 가맹본부가 전액 부담하는 경우도 있으나, 대부분 가맹본부와 가맹점사업자가 일정 비율로 부담하는 것으로 가맹계약서에 약정하고 있다.

이에 가맹사업법은 가맹본부가 가맹점사업자에게 비용의 전부 또는 일부를 부담하도록 하는 광고나 판촉행사를 실시한 경우 가맹본부는 그 집행내역을 가맹점사업자에게 통보하고 가맹점사업자의 요구가 있는 경우 이를 열람할 수 있도록 규정하고 있다(법 제12조의6 제1항).

나. 집행내역 통보 절차 등

가맹본부는 가맹점사업자의 비용으로 광고·판촉행사를 실시하였으면 매 사업연도 종료 후 3개월 이내에 가맹점사업자에게 ① 해당 사업연도(해당 사업연도에 일부라도 비용이 집행된 경우를 포함한다)에 실시한 광고나 판촉행사별 명칭, 내용 및 실시기간, ② 해당 사업연도에 광고나 판촉행사를 위하여 전체 가맹점사업자로부터 지급받은 금액, ③ 해당 사업연도에 실시한 광고나 판촉행사별로 집행한 비용 및 가맹점사업자가 부담한 총액에 대한 사항을 정보공개서의 제공 방법을 준용하여 통보하여야 한다. 다만 그 내용을 읽어 본 시간을 가맹점사업자가 확인할 수 있도록 시스템을 갖출 필요는 없다(법 시행령 제13조의5 제1항, 제2항). 아울러 가맹본부는 가맹점사업자가 광고·판촉행사 관련 집행내역의 열람을 요구하는 경우 열람의 일시 및 장소를 정하여 해당 자료를 열람할 수 있도록 하여야 한다(법 시행령 제13조의5 제1항).

다. 위법성 판단 기준

가맹본부가 가맹점사업자로부터 광고나 판촉행사 비용을 전부 또는 일부를 받았음에도 그 내용을 매 사업연도 종료 후 3개월 이내에 가맹점사업자에게 관련 규정대로 통보하지 않은 사실이 있었거나, 가맹점사업자가 그 집행내역 열람을 요구하였음에도 열람제공을 하지 않았어야 한다.

라. 광고·판촉행사 집행내역 통보의무 위반행위에 대한 제재

공정거래위원회는 가맹본부가 가맹희망자 또는 가맹점사업자에게 광고·판촉행사 관련 집행내역 통보 위반행위에 대하여 위반내용의 시정에 필요한 조치인 시정명령과 가맹본부의 위반기간 동안의 관련매출액(가맹점사업자 또는 가맹희망자에게 판매한 상품이나 용역의 매출액)에 100분의 2를 곱한 금액(매출액의 산정 등이 곤란한 경우에는 5억 원 이하의 정액)을 초과하지 아니하는 과징금을 부과할 수 있다(법 제33조, 제35조).

마. 광고·판촉행사 집행내역 통보 관련 Q&A

[Q 1] 가맹본부가 가맹점사업자로부터 받은 광고비 집행내역을 통보하지 아니한 경우 가맹사업법 위반에 해당하나?

[A 1] 이는 법 위반행위이다. 가맹사업법은 가맹점사업자가 비용의 전부 또는 일부를 부담하는 광고나 판촉행사를 실시한 경우 가맹본부는 그 집행내역을 가맹점사업자에게 통보해야 하고, 가맹점사업자의 요구가 있는 경우 이를 열람할 수 있도록 해야 한다고 규정하고 있다. 통보기한은 법 시행령 제13조의5 제1항에 따라 매 사업연도 종료 후 3개월 이내에 하도록 규정하고 있다. 가맹점사업자가 비용의 일부 또는 전부를 부담하는 판촉행사를 실시하였음에도 매 사업연도 종료 후 3개월 이내에 그 집행내역을 통보하지 않았다면 법 제12조의6 제1항을 위반한 행위에 해당한다.

[Q 2] A치킨 가맹본부가 가맹점사업자의 의사에 반하여 고객을 대상으로 E쿠폰 판촉행사에 전원 참여하도록 강제하고, 불참한 B가맹점사업자에 대해 불이익을 주었다면 이러한 행위는 가맹사업법 위반에 해당하나?

[A 2] A치킨 가맹본부의 행위는 법 위반에 해당할 가능성이 높다. 가맹사업법 제12조 제1항

제3호 및 법 시행령 제13조 제1항 [별표 2]에 따르면, 가맹본부가 거래상 지위를 남용하여 가맹점사업자에게 불이익을 제공하는 행위를 금지하고 있다. 판촉행사의 경우 성격상 가맹점의 매출향상을 위한 것이지만, 그럼에도 A치킨 가맹본부가 가맹점사업자의 의사에 반하여 실시하여 가맹점사업자에게 순이익 감소 등의 불이익이 발생할 경우 위법에 해당할 소지가 있으나, 구체적인 위법여부는 판촉행사의 실시의 배경이나 절차, 가맹점사업자의 순이익 감소 등 불이익 발생여부를 종합적으로 검토한 후 법 위반 여부를 판단할 사안이다. 한편 가맹본부가 가맹점사업자로부터 판촉행사 비용을 부담하도록 한 후 그 집행내역을 매 사업연도 종료 후 3개월 이내에 통보하지 아니하였다면 법 위반에 해당한다.

[Q 3] 가맹본부가 가맹점사업자에게 1+1 행사를 실시하도록 한 경우 광고·판촉행사 관련 집행내역 통보대상이 되는가?

[A 3] 가맹사업법상 광고나 판촉의 개념을 정의하고 있지는 않으나, 1+1 행사와 같은 가격할인 행사의 경우 통상 그 목적이 판매촉진에 있다고 할 것이므로, 법상 판촉행사 개념에 포함된다고 볼 수 있다. 다만 법 시행령 제13조의5 제1항은 사전에 지급받은 비용으로 집행된 광고·판촉행사에 대하여 가맹점사업자로부터 지급받은 금액과 지급한 금액을 통지하도록 규정하고 있다. 따라서 1+1 행사와 같은 판촉행사 시 가맹본부가 가맹점사업자로부터 금전을 사전에 지급받아 실시된 경우가 아니라면 집행내역 통보 적용대상에 해당한다고 보기가 어렵다.

[Q 4] 가맹본부의 광고·판촉의 기준과 관련하여 ① 홈페이지 및 주문 어플 개발 및 유지보수비를 가맹점사업자에게 광고·판촉비로서 금액을 부담시킬 수 있는지, ② 하나의 광고에 여러 영업표지의 광고가 진행될 경우 영업표지별 광고비 분담비율은?

[A 4] ① 2019년 2월 개정된 「정보공개서 표준양식 고시」상 광고와 판촉의 정의를 보면, 광고는 구체적인 행사와 관계없이 회사 이미지 제고, 가맹점 모집, 신상품 출시 홍보 등을 위한 홍보활동을 의미하고, 판촉은 개별 행사와 관련하여 수행하는 홍보활동으로 월간 행사 외에도 명절 Day 이벤트 등을 포함한다고 설명하고 있다. 기본적으로 가맹본부와 가맹점사업자 간 체결한 가맹계약서 중 광고·판촉비 분담비율 등과 관련된 구체적인 내용, 정보공개서나 계약서상 규정한 광고·판촉의 범위 등이 차이가 있기 때문에 일률적으로 답변하기가 어렵다. 다만 홈페이지나 주문 어플의 개발 및 유지보수비는 일반적인 형태의 광고·판촉에 해당한다고 보기 어려우므로, 이에 대한 비용을 가맹점사업자에게 일부 부담시키려고 하는 경우 정보공개

서 및 가맹계약서상의 일반적인 광고·판촉비 분담 규정만을 적용하여 처리하기는 어려울 것으로 보인다.

② 광고비 분담비율 등은 자율적으로 결정할 사안이다. 하나의 광고에 동일 상호 소속 여러 영업표지의 광고가 진행될 경우에는 영업표지별 광고비 분담비율 역시 자율로 정할 사항이다. 다만 이 경우 가맹점사업자도 광고비 일부를 부담하게 될 것이라면 각 안에 대한 가맹본부의 내부적 검토는 물론 각 영업표지별 가맹점사업자에게도 미리 해당 사실을 알리고 의견을 구하는 등 종합적으로 검토하여 결정하여야 할 사안으로 판단된다.

[Q 5] 가맹본부가 광고·판촉 집행내역을 통보 시 가맹점사업자별로 점포의 부담금액을 통보해야 하는 것인지 아니면 열람요청 시 열람의 범위에 대하여 하는 것인지?

[A 5] 가맹사업법 제12조의6은 광고·판촉행사 관련 집행내역 통보 또는 열람의 구체적인 방법은 대통령령에 위임하고 있으며, 시행령 제13조의5 제1항 제2호는 광고나 판촉행사를 위하여 전체 가맹점사업자로부터 지급받은 금액을, 제3호는 광고나 판촉행사별로 집행한 비용 및 가맹점사업자가 부담한 총액을 통보하도록 규정하고 있다.

따라서 가맹본부가 지급받은 금액은 전체 가맹점사업자로부터 수령한 금액(예: 1억 원)으로, 집행한 금액은 행사별로 기재(예: 1차 행사 2천만 원, 2차 행사 2천만 원, 3차 행사 6천만 원)하고, 그 합계액(예: 1억 원) 역시 기재하여야 한다. 또한 법 제12조의6 및 시행령 제13조의5는 집행내역 통보 대상과 열람 대상을 동일하게 규정하고 있으므로, 가맹본부가 가맹점사업자에게 통보한 집행내역과 동일한 자료가 열람 대상이 된다.

[Q 6] 가맹본부가 광고·판촉 행사실시 관련 동의서를 수취하고 행사를 실시하였으나, 상품 또는 용역의 할인 등 관련 비용을 가맹점사업자에게 모두 부담하도록 하였다면 이는 가맹사업법 위반에 해당하나?

[A 6] 제반 사정을 종합적으로 고려하여 판단하여야 할 사안이다. 가맹사업법 제12조 제1항 제3호는 가맹본부가 거래상의 지위를 이용하여 부당하게 가맹점사업자에게 불이익을 주는 행위를 금지하고 있다. 광고·판촉비 전가행위의 부당성을 판단함에 있어서는 판촉행사의 목적 및 가맹계약의 규정, 판촉행사의 수립 및 집행과정, 가맹점사업자와의 사전협의 여부, 비용분담의 적정성 등을 종합적으로 고려하여야 한다(대법원 2010. 1. 28. 선고 2009두17032 판결).

따라서 동의서 수령이라는 하나의 사정만으로 법 위반 여부가 결정되는 것은 아니고 판례에서 제시하고 있는 제반 사정을 종합적으로 고려하여야 한다. 다만 가맹점사업자의 동의가 전체적으로 자발적으로 한 경우에는 법 위반으로 볼 수 없지만, 동의하지 아니하는 경우 가맹계약 해지 등과 같은 강요에 의한 것이라면 그에 대한 인과관계를 구체적으로 검토하여 법 위반 여부를 판단하여야 할 것이다.

3. 가맹계약의 갱신 및 해지 제한

가. 행위의 의의 및 유형

가맹점사업자의 계약갱신요구권은 최초 가맹계약기간을 포함한 전체 가맹계약기간이 10년을 초과하지 아니하는 범위에서만 행사할 수 있다. 가맹본부는 가맹점사업자가 가맹계약기간 만료 전 180일부터 90일까지 사이에 가맹계약의 갱신을 요구하는 경우 정당한 사유 없이 이를 거절하지 못한다(법 제13조 제1항, 제2항). 가맹본부가 가맹계약의 갱신요구 거절 사유에 따라 가맹계약 갱신 요구를 거절하는 경우에는 그 요구를 받은 날부터 15일 이내에 가맹점사업자에게 거절 사유를 적어 서면으로 통지[8]하여야 한다(법 제13조 제3항).

한편 가맹본부가 가맹계약을 해지하려는 경우에는 가맹점사업자에게 2개월 이상의 유예기간을 두고 계약의 위반 사실을 구체적으로 밝히고 이를 시정하지 아니하면 그 계약을 해지한다는 사실을 서면으로 2회 이상 통지하여야 한다. 다만 법 시행령 제15조의 가맹계약의 해지사유에 해당하는 경우에는 그러하지 아니하다. 가맹본부가 가맹계약해지의 유예기간 절차를 거치지 아니한 가맹계약의 해지는 그 효력이 없다(법 제14조 제1항, 제2항).

나. 가맹계약의 갱신요구 거절 사유

가맹본부가 가맹계약의 갱신을 거절할 수 있는 사유로는 ① 가맹점사업자가 가맹계약상의 가맹금 등의 지급의무를 지키지 아니한 경우, ② 다른 가맹점사업자에게 통상

8) 대법원 2017. 9. 22. 자 2017모1680 결정(통지는 법령에 다른 정함이 있다는 등의 특별한 사정이 없는 한 서면 이외에 구술·전화·모사전송·전자우편·휴대전화 문자전송 그 밖에 적당한 방법으로도 할 수 있고, 통지의 대상자에게 도달됨으로써 효력이 발생한다).

적으로 적용되는 계약조건이나 영업방침을 가맹점사업자가 수락하지 아니한 경우, ③ 가맹사업의 유지를 위하여 필요하다고 인정되는 것으로서 다음과 같은 가맹본부의 중요한 영업방침을 가맹점사업자가 지키지 아니한 경우이다(법 제13조 제1항 단서). 즉, ⓐ 가맹점의 운영에 필요한 점포·설비의 확보나 법령상 필요한 자격·면허·허가의 취득에 관한 사항, ⓑ 판매하는 상품이나 용역의 품질을 유지하기 위하여 필요한 제조공법 또는 서비스기법의 준수에 관한 사항, ⓒ 가맹본부의 가맹사업 경영에 필수적인 지식재산권의 보호에 관한 사항, ⓓ 가맹본부가 가맹점사업자에게 정기적으로 실시하는 교육·훈련의 준수에 관한 사항이다(법 시행령 제14조 제1항).[9]

다. 가맹계약의 자동갱신 및 예외 요건

가맹본부가 가맹점사업자의 가맹계약 갱신요구에 대한 거절 통지를 하지 아니하거나 가맹계약기간 만료 전 180일부터 90일까지 사이에 가맹점사업자에게 조건의 변경에 대한 통지나 가맹계약을 갱신하지 아니한다는 사실의 통지를 서면으로 하지 아니하는 경우에는 계약 만료 전의 가맹계약과 같은 조건으로 다시 가맹계약을 체결한 것으로 본다(법 제13조 제4항).

다만, 가맹점사업자가 계약이 만료되는 날부터 60일 전까지 이의를 제기하거나 가맹본부나 가맹점사업자에게 천재지변이나 기타 부득이한 사유가 있는 경우에는 자동갱신이 되지 않는다. 부득이한 경우라 함은 ① 가맹본부나 가맹점사업자에게 파산 신청이 있거나 강제집행절차 또는 회생절차가 개시된 경우, ② 가맹본부나 가맹점사업자가 발행한 어음·수표가 부도 등으로 지급거절된 경우, ③ 가맹점사업자에게 중대한 일신상의 사유 등이 발생하여 더 이상 가맹사업을 경영할 수 없게 된 경우인데, 이러한 경우에도 가맹계약이 자동갱신되지 아니한다(법 시행령 제14조 제2항).

라. 가맹계약해지의 제한 예외 사유

가맹본부는 가맹사업의 거래를 지속하기 어려운 경우에는 가맹계약해지를 위한 유예기간 절차 없이 가맹점사업자와의 가맹계약해지를 할 수 있다(법 제14조 제1항 단서). 즉, ① 가맹점사업자에게 파산 신청이 있거나 강제집행절차 또는 회생절차가 개시된 경

9) 다만 가맹점사업자가 부담하는 교육·훈련비용이 같은 업종의 다른 가맹본부가 통상적으로 요구하는 비용보다 뚜렷하게 높은 경우는 제외한다.

우, ② 가맹점사업자가 발행한 어음·수표가 부도 등으로 지불정지된 경우, ③ 천재지변, 중대한 일신상의 사유 등으로 가맹점사업자가 더 이상 가맹사업을 경영할 수 없게 된 경우, ④ 가맹점사업자가 가맹점 운영과 관련되는 법령을 위반한 경우,[10] ⑤ 가맹점사업자가 가맹점 운영과 관련되는 법령을 위반하여 자격·면허·허가 취소 또는 15일 이상 영업정지 명령 등 그 시정이 불가능한 성격의 행정처분을 받은 경우,[11] ⑥ 가맹점사업자가 법 제14조 제1항 본문에 따른 가맹본부의 시정요구에 따라 위반사항을 시정한 날부터 1년[12] 이내에 다시 같은 사항을 위반하는 경우,[13] ⑦ 가맹점사업자가 가맹점 운영과 관련된 행위로 형사처벌을 받은 경우, ⑧ 가맹점사업자가 뚜렷이 공중의 건강이나 안전에 급박한 위해를 일으킬 염려가 있는 방법이나 형태로 가맹점을 운영하고 있으나, 행정청의 시정조치를 기다리기 어려운 경우, ⑨ 가맹점사업자가 정당한 사유 없이 연속하여 7일 이상 영업을 중단한 경우에는 유예기간 절차 없이 가맹계약을 해지할 수 있다(법 시행령 제15조 제1호~제10호).

마. 가맹계약의 갱신 및 해지 관련 Q&A

[Q 1] 가맹점사업자가 가맹점 매출이 저조하여 계약을 해지하고자 하나, 가맹본부가 이를 허용하지 않은 경우 법 위반에 해당하나?

[A 1] 가맹사업법상 가맹점사업자의 계약해지 규정은 없으므로 계약서에 따라 처리할 사안이며, 이때 가맹본부가 과중한 위약금을 부과하는 경우에는 법 위반에 해당될 수 있다. 가맹사업법 제14조는 가맹본부의 계약해지권을 제한하고는 있으나, 가맹점사업자의 계약해지권을 넓게 규정하고 있지 아니하다. 다만 법 제12조 및 시행령 [별표 2] 제1항 제5호는 가맹본부가 과중한 위약금을 부과하는 등 가맹점사업자에게 부당하게 손해배상 의무를 부담시키는 행위를 금지하고 있으므로, 계약의 중도해지 경위에 비추어 가맹본부가 과중한 위약금을 부과하는 경우

---

10) 즉, ⓐ 위법 사실을 시정하라는 내용의 행정처분, ⓑ 위법 사실을 처분사유로 하는 과징금·과태료 등 부과처분, ⓒ 위법 사실을 처분사유로 하는 영업정지 명령 등의 어느 하나에 해당하는 행정처분을 받거나 판결을 받음으로써 가맹본부의 명성이나 신용을 뚜렷이 훼손하여 가맹사업에 중대한 장애를 초래한 경우이다.

11) 다만 법령에 근거하여 행정처분을 갈음하는 과징금 등의 부과 처분을 받은 경우는 제외한다.

12) 계약갱신이나 재계약된 경우에는 종전 계약기간에 속한 기간을 합산한다.

13) 다만 가맹본부가 시정을 요구하는 서면에 다시 같은 사항을 1년 이내에 위반하는 경우에는 법 제14조 제1항의 절차를 거치지 아니하고 가맹계약이 해지될 수 있다는 사실을 누락한 경우는 제외한다.

에는 법 위반에 해당할 소지도 있을 수 있다.

참고로 상법 제168조의10(계약의 해지)는 가맹계약상 존속기간을 정하여 예고한 후 가맹계약을 해지할 수 있다고 규정하고 있으므로, 만약 계약을 해지하여야 할 부득이한 사정이 있다면 가맹계약서에 약정된 위약금을 지불하고 중도해지가 가능하다고 볼 수 있다.

[Q 2] 가맹본부가 가맹점사업자와 가맹계약 10년 이후 계약갱신을 거절하는 경우 가맹사업법 위반에 해당하나?

[A 2] 계약기간이 10년 경과되면 법상 계약갱신요구권을 주장할 수는 없으나 그렇다고 하더라도 가맹본부가 부당하게 계약갱신을 거절하는 경우에는 법 위반에 해당할 수 있다. 가맹사업법 제13조는 가맹점사업자가 최초 가맹계약을 포함한 전체 가맹계약기간이 10년을 초과하지 않은 범위에서 계약갱신요구권을 행사할 수 있다고 규정하고 있다. 다만 전체 가맹계약 기간이 10년을 초과한 경우라고 하여 무조건 가맹계약갱신거절이 위법하지 않다는 의미는 아니다.

가맹사업법 제12조 제1항 제1호는 가맹점사업자에 대하여 상품이나 용역의 공급 또는 영업의 지원 등을 부당하게 중단 또는 거절하거나 그 내용을 현저히 제한하는 행위를 금지하고 있고, 시행령 제13조 제1항 [별표 2] 1. 거래거절은 부당한 계약갱신 거절과 부당한 계약해지가 동 규정에 해당될 수 있음을 규정하고 있다. 이와 같이 전체 가맹계약 기간이 10년을 초과한 경우 계약갱신요구권이 인정되지 않을 뿐, 부당하게 가맹계약의 갱신을 거절할 경우에는 법 제12조에 위반될 여지도 있으니 주의하여야 한다.

[Q 3] 가맹계약이 10년간 유지되고 그 기간 이후에는 자동적으로 계약이 종료되나?

[A 3] 10년이 경과했다고 하여 자동종료되는 것은 아니며, 법상 가맹계약갱신요구권이 종료되는 것이다. 가맹사업법 제13조는 가맹점사업자의 계약갱신요구권을 10년간 인정하고 있다. 가맹본부는 가맹점사업자가 해당 기간 내에 계약갱신을 요구하는 경우 같은 조 제1항 단서의 가맹계약의 갱신 거절 사유가 없는 한 이를 거절할 수 없다고 규정하고 있다. 이는 10년 이내에 가맹계약 갱신을 원칙적으로 허용하라는 취지이며, 10년 이후 가맹계약을 자동적으로 종료하여야 한다는 의미는 아니라는 점이다.

한편 10년 이후 가맹계약 기간이 만료된 경우, 가맹계약을 연장할지 여부는 가맹본부와 가맹점사업자의 합의를 통해 결정되는 것이 원칙이다. 다만 법 제12조 제1항 제1호는 가맹본부의 부당한 거래거절을 금지하고 있고, 시행령 제13조 제1항 [별표 2] 제1호 나목은 부당하게 가맹점사업자와의 계약갱신을 거절하는 행위를 금지하고 있다.

여기서 계약갱신 거절의 부당성은 사전에 일률적으로 결정될 수는 없고 가맹본부가 계약이 갱신될 것이라는 신뢰를 부여하였는지 여부, 가맹점사업자에게 충분한 절차를 보장하였는지 여부, 계약갱신 거절에 정당한 사유가 있었는지 여부, 특정 가맹점사업자에 대해서만 차별적으로 계약갱신을 거절하였는지 여부 등 제반 사정을 종합적으로 고려하여 판단할 사안에 해당한다.

[Q 4] 가맹사업당사자 간 가맹계약기간 중에 가맹본부가 갱신거절을 아니하고, 가맹점사업자도 이의제기를 하지 아니하여 가맹계약이 자동 갱신된 경우 가맹계약의 해지 방법은?

[A 4] 가맹계약서의 약정에 따라 갱신 또는 존속기간이 정해지고, 이러한 약정이 없으면 당사자 간 합의에 따라 결정될 문제이다. 가맹사업법은 가맹점사업자의 가맹계약 갱신요구권 및 가맹본부의 가맹계약 해지제한에 대해서만 규정하고 있으므로, 가맹점사업자가 희망하는 가맹계약의 해지에 관한 사항은 기본적으로 당사자 간 합의에 따라 결정될 가맹계약의 해석의 문제라고 볼 수 있다.

참고로 존속기간의 정함이 있는 계속적 계약관계는 그 기간이 만료되면 종료하며, 그 계약에서 계약의 갱신 또는 존속기간의 연장에 관하여 별도의 약정이 있는 경우에는 그 약정이 정하는 바에 따라 계약이 갱신되거나 존속기간이 연장되고, 그러한 약정이 없는 경우에는 법정갱신 등에 관한 별도의 법 규정이 없는 한 당사자가 새로이 계약의 갱신 등에 관하여 합의하여야 한다.

가맹사업법상 규율된 내용이 가맹계약서에 반영되어 있다면 가맹계약의 갱신에 대한 약정이 있다고 볼 수 있으므로, 자동 갱신을 부정하기는 어려워 보이며, 갱신된 계약에 대한 해지 절차를 진행하여야 한다. 이때 가맹본부가 계약해지 과정에서 과도한 위약금을 요구한다면 법 위반소지도 있을 수 있다. 이 경우에는 가맹사업분쟁조정협의회에 조정을 의뢰하여 해결하는 것이 타당할 것으로 사료되며, 조정조서는 재판상 화해의 효력이 있다.

[Q 5] 가맹본부가 가맹계약 기간이 만료됨에 따라 계약상 로열티를 인상할 것을 요구하며, 이에 동의하지 않을 경우 계약갱신을 거절하겠다고 통보한 경우 가맹사업법 위반에 해당하나?

[A 5] 가맹본부는 로열티 인상에 대한 사전에 가맹점사업자에게 통지하여야 하고, 가맹점사업자가 수락하지 않는다는 이유로 계약갱신을 거부하는 경우에는 법 위반으로 볼 수 있다. 가맹

사업법 제13조는 최초 계약일로부터 10년까지 가맹점사업자의 계약갱신요구권을 보장하고 있다. 가맹계약의 갱신 등의 절차는 계약갱신 거절 사유가 있는 경우에만 갱신거절이 가능하고, 가맹사업당사자가 계약갱신기간 중에 아무런 의사표시를 하지 아니하면 기존의 계약내용대로 자동갱신이 이루어진다.

가맹본부가 로열티를 인상하는 내용으로 계약서를 변경하고자 하는 경우 법 제13조 제4항에 따라 계약 만료 전 180일부터 90일까지 사이에 이에 대한 내용을 가맹점사업자에게 통지하여야 한다. 또한 가맹본부가 가맹점사업자에게 통지한 새로운 계약내용(예컨대, 5.5%로 인상된 로열티 포함)을 다른 가맹점사업자에게 통상적으로 적용되는 계약조건이라고 볼 수 없는 경우, 가맹본부는 가맹점사업자가 이를 수락하지 않는다는 이유로 계약 갱신을 거부하는 것은 법 위반소지가 있으므로 주의하여야 한다.

[Q 6] 가맹본부가 가맹점사업자에게 계약해지절차를 진행하기 위해 가맹점사업자에게 내용증명을 보냈으나, 가맹점사업자가 수령을 거절하거나 수취인 불명인 경우 이메일(e-mail)이나 휴대폰으로 문자통지 또는 카카오톡 등의 방법으로 통지하더라도 그 효력이 인정되나?

[A 6] 전자적 방법의 통지도 가능하다(대법원 2015. 9. 10 선고 2015두41401 판결 참조). 가맹사업법은 계약해지에 필요한 절차만 정하고 있을 뿐, 계약해지의 의사표시가 성립되었다고 보는 요건 등에 관한 별도의 규정을 두고 있지 아니하다. 따라서 수령을 거절하거나 수취인 불명의 경우 문자나 카카오톡 발송이 의사표시의 통지로 볼 수 있는지에 대해서는 가맹사업법이 아닌 민사법의 법리로 해결하여야 할 것으로 보인다.

참고로 민법 제111조(의사표시의 효력발생시기) ① 상대방이 있는 의사표시는 상대방에게 도달한 때에 그 효력이 생긴다. ② 의사표시자가 그 통지를 발송한 후 사망하거나 제한능력자가 되어도 의사표시의 효력에 영향을 미치지 아니한다. 제113조(의사표시의 공시송달) 표의자가 과실 없이 상대방을 알지 못하거나 상대방의 소재를 알지 못하는 경우에는 의사표시는 민사소송법 공시송달의 규정에 의하여 송달할 수 있다. 이 규정에 따른 의사표시는 상대방에게 도달한 때에 효력이 발생하고, 의사표시의 공시송달은 의사표시가 상대방에게 공시송달로 도달한 것을 간주되며, 의사표시의 공시송달이 결정되어 상대방에게 공시송달로 송달이 되었다고 본 날로부터 일정 기간이 지나야 계약해지 요건에 해당할 것으로 본다.

또한 전자문서 및 전자거래 기본법 제3조는 "이 법은 다른 법률에 특별한 규정이 있는 경우를 제외하고 모든 전자문서 및 전자거래에 적용한다"고 규정하고 있고, 같은 법 제4조 제1항은 "전자문서는 다른 법률에 특별한 규정이 있는 경우를 제외하고는 전자적 형태로 되어 있다는 이유로 문서로서의 효력이 부인되지 아니한다"고 규정하고 있어, 전자적 방법에 의한 통지도 원칙적으로 가능하다.

한편 가맹본부가 가맹계약을 정당하게 해지하기 위해서는 ① 가맹점사업자의 계약위반사실이 있으며, ② 2개월 이상의 유예기간을 두고 가맹점사업자에게 서면으로 계약의 위반사실 등을 시정하지 아니하면 그 계약을 해지한다는 사실을 2회 이상 통지하여야 한다. 다만 가맹사업의 거래를 지속하기 어려운 경우로서 법 시행령 제15조에 따른 가맹계약의 해지사유에 해당하는 경우에는 즉시 해지할 수 있다.

[Q 7] 가맹사업법 제14조 제1항의 내용 중 2개월 이상의 유예기간을 두고 2회 이상 서면 통지와 관련하여 2개월 내 2회 이상 통지 후 해지 가능(해지 최단기간 2개월)한지 아니면 1회 통지 후 2개월을 경과한 후 다시 1회 통지 후(해지 최단기간 4개월) 해지되는 것인지?

[A 7] 2회 이상 통지를 하였다면 2개월 이후 해지의 효력이 생긴다. 가맹사업법 제14조 제1항에 따라 가맹본부가 가맹계약을 해지하려면 2개월 이상의 유예기간을 두고 계약의 위반사실을 구체적으로 밝히고 이를 시정하지 않으면 그 계약을 해지한다는 사실을 서면으로 2회 이상 통지하여야 한다. 그러므로 계약해지에 관한 최단기간은 2개월로 볼 수 있다.

[Q 8] 가맹점사업자가 누적적자로 인하여 가맹계약 해지를 요청하는 경우 그 절차는?

[A 8] 1차적으로는 가맹계약서의 내용에 따라야 할 것이다. 가맹사업법 제11조 제2항 제8호에 따라 가맹계약서에 계약해지의 사유에 사항을 포함하도록 규정하고 있으므로 가맹본부와 가맹점사업자 간의 계약해지의 경우 상호 간에 체결된 가맹계약서 규정을 우선적으로 적용하여야 한다. 그러므로 가맹계약서의 내용이 어떻게 규정하고 있는지를 살펴보아야 한다.

참고로 가맹본부가 계약을 해지할 경우에는 법 제14조 제1항에 따라 2개월 이상의 유예기간을 두고 계약의 위반사실을 구체적으로 밝히고 계약해지 사실을 서면으로 2회 이상 통지할 경우에 가능하도록 하여 가맹계약의 해지에 상당한 제약을 받도록 규정하고 있다.

그러나 가맹점사업자가 가맹계약을 해지하는 것에 대한 절차는 법으로 규정하고 있지 아니하다. 따라서 가맹점사업자가 가맹본부의 귀책사유 없이 가맹본부와의 가맹계약을 일방적으로 해지하려고 한다면 위약금 등의 상당한 제약이 있을 수 있음을 유의하여야 한다.

[Q 9] 가맹점사업자가 가맹점 계약해지 절차를 밟아 계약해지를 하고 동일 장소에서 상호를

변경하고 같은 방식으로 영업하는 것이 가맹사업법상 가능한가?

[A 9] 가맹사업법에는 이에 대한 명문규정이 없으므로 가맹계약서에서 정한 규정에 따라야 하며, 이를 위반하면 사적분쟁이 발생할 수 있다. ① 가맹본부와 가맹점사업자 간의 계약해지의 경우 상호 간에 체결된 가맹계약서 규정을 우선적으로 적용해야 한다. 가맹계약서상의 절차에 따라 일정기간을 두고 내용증명 등 계약서상에 정한 방법으로 의사를 전달하면 된다. 또한 가맹계약 해지의 효력은 가맹사업당사자 간에 계약해지에 합의하고 물품대금 정산, 가맹본부의 특유의 영업표지를 나타내는 간판 등 시설물 철거 등이 완료되면 발생되는 것이다.

② 가맹해지 절차가 정상적으로 이루어진 이후 동일 장소에서 상호를 변경한 이후 자유롭게 영업을 할 수 있으며 동일 업종도 일정한 경우를 제외하고 영위할 수 있을 것으로 판단된다. 왜냐하면 계약해지 전 가맹본부의 특유한 제조법을 사용하여 제조한 제품에 동일 제품명을 사용하는 것은 사안에 따라 달리 판단될 수 있기 때문이다. 가맹본부의 승인에 따라 가맹점이 자체적으로 제품명을 변경하여 판매활동을 지속하였거나 가맹본부의 실질적인 묵인이 있었다 하더라도 가맹본부의 특유의 영업표지로 판단될 여지가 있을 경우에는 향후 분쟁소지가 발생할 수 있으니 특별히 유의하여야 한다.

[Q 10] 가맹본부가 가맹점사업자와 행정청의 허가를 조건으로 가맹계약을 체결하였는데, 불허가된 경우 계약을 해지할 수 있는가?

[A 10] 조건 불성취로 볼 경우 원칙적으로 가능하다. 가맹사업법 제11조 제2항 제8호에 의하면 가맹본부와 가맹점사업자의 가맹계약서에는 계약해지의 사유에 관한 사항이 포함되어야 한다. 따라서 가맹본부가 가맹계약서에 행정청의 불허가 시 계약해지에 대한 사항을 기재하고, 정보공개서에도 같은 내용을 충분히 안내한 후 가맹희망자와 가맹계약을 체결한다면 법에 위반될 소지는 없을 것이다.

다만 현시점에서 정보공개서와 가맹계약서상의 계약해지 관련 내용을 확인할 수는 없으며, 가맹계약 해지 시 가맹점사업자가 감수해야 하는 손실은 교육비 외에도 건물 임차료 및 시설공사비 등도 있으므로 단순히 교육비를 제외한 가맹금을 돌려준다는 것만으로는 경우에 따라서 가맹본부에 대한 불이익제공행위 유형의 법 위반에 해당할 수도 있다.

[Q 11] 가맹점사업자가 장기 채무를 상환하던 중 가맹본부와 사전협의 없이 폐업하고 다시 배우자 명의로 사업자등록을 한 경우, 가맹본부가 배우자 명의로 사업자등록을 한 가맹점과 계약

을 해지할 수 있는가?

[A 11] 가맹계약서에 해당 내용에 대한 해지사유가 있는 경우 법상 해지 절차준수를 해야 한다. 가맹사업법 제14조 제1항은 가맹본부가 가맹계약을 해지하려는 경우에는 가맹점사업자에게 ① 2개월 이상의 유예기간을 두고, ② 계약의 위반 사실을 구체적으로 밝히고, ③ 이를 시정하지 아니하면 그 계약을 해지한다는 사실을, ④ 서면으로, ⑤ 2회 이상 통지해야 한다고 규정하고 있다. 법 제14조 제2항은 제1항의 규정에 의한 절차를 거치지 아니한 가맹계약의 해지는 효력이 없다고 명시하고 있다. 기본적으로 계약 위반사실이 있는가는 가맹사업당사자 간 체결한 가맹계약상 계약해지에 관한 사항에 따라야 할 것이며, 계약위반에 따라 가맹계약을 해지하려면 상기의 유예절차를 준수하여야 한다.

다만 가맹점사업자의 행위가 법 시행령 제15조에 따른 가맹점사업자의 파산, 가맹점 운영과 관련한 형사처벌, 정당한 사유 없이 7일 이상 영업중단 등 가맹계약의 즉시 해지사유에 해당하는 경우에는 그러하지 아니하다. 그러므로 가맹본부는 폐업한 가맹점사업자가 가맹계약서상 계약위반에 따른 해지사유에 해당하는지 아니면 법상 즉시 해지 사유에 해당하는지를 구체적인 사실관계를 통하여 검토한 후 각 요건에 부합하도록 가맹계약을 해지하면 될 것이다.

[Q 12] 가맹본부와 가맹점사업자 모두 가맹계약 종료 통지를 기간 내에 하지 않는 상태에서 가맹본부가 계약갱신을 주장할 수 있는가?

[A 12] 원칙적으로 가능하며, 가맹점사업자의 경우에는 가맹계약이 만료되는 날부터 60일 전까지 이의 등을 제기하여 계약 자동갱신을 하지 아니할 수 있다. 가맹사업법 제13조 제4항에 따라 가맹본부가 계약기간 만료 전 180일부터 90일까지 사이에 계약을 갱신하지 아니한다는 사실의 통지를 서면으로 하지 않은 경우에는 가맹계약이 갱신되는 것으로 규정하고 있다. 다만 가맹점사업자가 계약이 만료되는 날부터 60일 전까지 이의를 제기하거나, 가맹점사업자에게 부득이한 사유가 있는 경우에는 계약이 자동 갱신되지 않는다고 규정하고 있다. 가맹본부와 가맹점사업자 모두 가맹계약 종료 통지를 기간 내에 하지 아니한 경우 가맹점사업자에게 부득이한 사유(기간제한 없음)가 없는 한 가맹본부는 가맹계약이 갱신되었음을 주장할 수 있다.

[Q 13] 가맹점사업자가 가맹본부와의 계약종료와 관련하여 가맹계약 기간 내에 계약해지 의사를 계약종료 26일 전 내용증명을 통해 가맹본부에게 송부하였음에도 불구하고, 계약 종료 전 90일 이전에 가맹본부에게 고지하지 않았다는 이유로 가맹계약서상 규정된 12개월간 매월

50만 원의 위약금을 부과한다면 가맹사업법 위반에 해당하나?

[A 13] 가맹점사업자가 계약종료 26일 전에 내용증명으로 가맹본부에게 계약종료 의사를 통지한 경우에는 가맹사업법상 정당하게 가맹계약이 종료되었다고 볼 수 있으므로, 가맹본부가 위약금을 부과하는 것은 법 위반에 해당할 수 있다. 사례에서 가맹본부와 가맹점사업자가 체결한 가맹계약서 규정은 '정당한 사유가 없으면 가맹본부가 가맹점사업자의 갱신계약 요구를 거절할 수 없고, 정당한 계약해지 사유가 발생하여 계약갱신을 거절할 경우 가맹본부가 계약만료 전 180일부터 90일까지 갱신하지 않는다는 의사를 서면으로 통지하여야 함'을 규정하고 있다. 또한 '가맹본부가 가맹점사업자에게 서면으로 갱신의 거절통지를 한 경우가 아니면 가맹계약은 종전 계약과 동일한 조건으로 1년 갱신된 것과 동일한 효과가 있음'으로 규정하고 있다.

그런데 가맹사업법 제13조 제4항 단서로 가맹점사업자가 계약이 만료되는 날부터 60일 전까지 이의를 제기하거나 가맹본부나 가맹점사업자에게 천재지변 등의 부득이한 사유가 있는 경우에는 자동갱신이 이루어지지 아니한다. 가맹계약서는 공정거래위원회가 가맹점사업자를 보호하기 위해 제정한 표준가맹계약서를 따르고 있는데, 가맹사업당사자가 상호 체결된 계약서상 계약종료 절차에 대한 명문의 규정이 없는 경우 계약종료일 이전에 가맹본부에게 내용증명을 통해 가맹해지의사를 통지하였다면 이로써 위약금 없이 가맹계약을 해지할 수 있다고 보는 것이 타당하다.

4. 정보공개서의 변경등록·변경신고의무 및 등록 취소

가. 행위의 의의 및 유형

가맹본부는 이미 등록한 정보공개서의 기재사항이 변경된 경우에는 법에서 정한 일정기간 내에 그 내용을 변경등록을 하여야 하고, 대통령령이 정하는 경미한 사항을 변경하려는 경우에는 신고하여야 한다(법 제6조의2 제2항). 이는 가맹사업을 하고자 하는 가맹희망자들에게 가맹본부의 일반현황 등에 대한 정보의 오류를 최소화하여 가맹본부를 선택하는데 도움을 주기 위한 것이다.[14)]

14) 대법원 2018. 6. 15 선고 2017다248803, 248810 판결(가맹본부가 정보공개서와 가맹계약서에 각 기

〈표 11〉 정보공개서의 변경 사항 및 변경 기한[15)]

구분	정보공개서 기재사항(시행령 제4조 제1항 관련)	변경 기한
변경 등록 사항	**1. 정보공개서의 표지**([별표 1] 제1호: 전체) 가. 정보공개서라는 한글 표지 나. 다음의 문장 다. 가맹본부의 상호, 영업표지, 주된 사무소의 소재지, 가맹사업과 관련하여 가맹본부가 운영하는 인터넷 홈페이지 주소, 가맹사업 담당부서, 가맹사업 안내 전화번호 라. 정보공개서의 등록번호 및 최초 등록일 마. 정보공개서의 최종 등록일 **2. 가맹본부의 일반현황**([별표 1] 제2호 가목, 나목(가맹본부와 관련된 정보), 다목~마목, 사목(대표자와 관련된 정보) 및 자목 가. 가맹본부의 설립일(법인인 경우 법인설립등기일, 개인인 경우 최초 사업자등록일), 법인등록번호 및 사업자등록번호 나. 가맹본부 및 가맹본부의 특수관계인 중 정보공개일 현재 최근 3년 동안 가맹사업을 경영한 적이 있거나 경영하고 있는 특수관계인의 명칭, 상호, 영업표지, 주된 사무소의 소재지, 대표자의 이름, 대표자 전화번호(이하 "인적사항 등"이라 한다) 다. 가맹본부가 외국기업인 경우에는 가맹본부 및 가맹본부의 특수관계인 중 정보공개일 현재 최근 3년 동안 국내에서 가맹사업을 경영한 적이 있거나 경영하고 있는 특수관계인의 인적사항 등 라. 가맹본부가 정보공개 바로 전 3년간 다른 기업을 인수·합병하거나 다른 기업에 인수·합병된 경우 해당 기업의 인적사항 등 마. 가맹희망자가 앞으로 경영할 가맹사업(이하 "해당 가맹사업"이라 한다)의 명칭, 상호, 서비스표, 광고, 그 밖의 영업표지 사. 가맹본부의 현 임원의 명단 및 정보공개일 현재 최근 3년 동안의 개인별 사업경력 자. 가맹본부 및 가맹본부의 특수관계인이 정보공개일 현재 최근 3년 동안 가맹사업을 경영하였거나 경영하고 있는 경우 그러한 사실	변경사유가 발생한 날부터 30일

재할 내용에 더하여, 가맹사업법의 입법 목적과 가맹본부로 하여금 가맹계약 체결 전에 가맹희망자에게 계약 체결에 필요한 가맹본부와 가맹사업 등에 관한 충분한 정보를 제공하도록 함으로써 가맹사업의 구조적 특성에 기인하는 가맹본부와 가맹점사업자 사이의 정보의 비대칭성으로 인해 발생할 수 있는 부작용을 예방하고 상대적으로 불리한 지위에 있는 가맹점사업자의 권익을 보호하려는 정보공개서 제도의 취지 등을 종합하여 보면, 정보공개서에 가맹점사업자에 불리한 내용이 기재되어 있고 그것이 공정거래위원회에 등록되어 공개되었다거나 가맹계약 체결 전 가맹점사업자에게 제공되었다고 하여 그 자체가 가맹계약의 일부가 된다거나 별도의 합의 없이 가맹계약 내용에 당연히 편입된다고 볼 수 없다).

15) 이는 가맹사업법 시행령 제5조의3 제1항에 따른 [별표 1의2] 내용을 정리한 것이다.

	3. 가맹본부의 가맹사업 현황([별표 1] 제3호: 나목) 나. 해당 가맹사업의 연혁(해당 가맹사업을 시작한 날 이후 해당 가맹사업을 경영한 가맹본부의 인적사항 등) **4. 가맹본부와 그 임원의 법 위반 사실 등**([별표 1] 제4호: 전체) 가. 정보공개일 현재 최근 3년 동안 가맹사업거래와 관련하여 가맹사업법, 공정거래법, 약관규제법을 위반하여 공정위로부터 시정권고 이상의 조치를 받은 사실 나. 정보공개일 현재 최근 3년 동안 가맹사업거래와 관련하여 법 또는 공정거래법을 위반하거나, 사기·횡령·배임 등 타인의 재물이나 재산상 이익을 영득 또는 이득하는 죄로 받은 유죄의 확정판결과 관련된 민사소송에서 패소의 확정판결을 받았거나, 민사상 화해를 한 사실 다. 정보공개일 현재 최근 3년 동안 사기·횡령·배임 등 타인의 재물이나 재산상 이익을 영득 또는 이득하는 죄를 범하여 형의 선고를 받은 사실	변경사유가 발생한 날부터 30일
변경 등록 사항	**2. 가맹본부의 일반 현황**([별표 1] 제2호: 차목) 차. 가맹본부가 가맹점사업자에게 사용을 허락하는 지식재산권에 관한 다음의 정보 1) 등록 및 등록신청 여부(산업재산권의 경우 특허청 등록·등록신청 여부, 등록이 거부된 경우 그 사실, 등록·출원번호 및 등록일·출원일을 포함) 2) 지식재산권 소유자 및 등록신청자의 이름 3) 사용이 허용되는 지식재산권의 등록 만료일 4) 가맹본부가 지식재산권의 사용을 허용받은 기간 및 사용 범위 **3. 가맹본부의 가맹사업 현황**([별표 1] 제3호: 자목 1) 및 2)) 자. 해당 가맹사업을 경영하는 가맹지역본부(가맹본부가 직접 운영하는 지역사무소 등을 포함)에 관한 다음의 정보 1) 가맹지역본부의 인적사항 등과 관리지역, 가맹본부와 맺은 계약기간 2) 가맹지역본부가 가맹계약 체결의 상대방인지 여부 **5. 가맹점사업자의 부담**([별표 1] 제5호 가목, 나목 1)·3) 및 다목) 가. 영업개시 이전의 부담 나. 영업 중의 부담 1) 상표 사용료 등, 3) 재고관리 내역 다. 계약 종료 후의 부담(부담이 없는 경우에는 그 사실) **6. 영업활동에 대한 조건 및 제한**([별표 1] 제6호: 라목부터 차목까지) 라. 상품 또는 용역, 거래상대방 및 가맹점사업자의 가격 결정을 제한하는 경우 이에 관한 상세한 내용 마. 가맹점사업자의 영업지역을 보호하기 위한 구체적인 내용(영업지역 내에서 대리점, 온라인, 홈쇼핑 등 판매 등) 바. 계약기간, 계약의 갱신·연장·종료·해지 및 수정에 관한 상세한 내용 사. 가맹점운영권의 환매·양도·상속 및 대리행사, 경업금지, 영업시간 제한 가맹본부의 관리·감독 등에 관한 상세한 내용	변경사유가 발생한 분기가 끝난 후 30일

<table>
<tr><td rowspan="2">변경
등록
사항</td><td>아. 광고 및 판촉 활동
자. 해당 가맹사업의 영업비밀 보호 등에 관한 내용
차. 가맹계약 위반으로 인한 손해배상에 관한 사항
8. 가맹본부의 경영 및 영업활동 등에 대한 지원([별표 1] 제8호: 전체)
가. 가맹점사업자의 점포환경개선 시 가맹본부의 비용지원에 관한 사항
나. 판매촉진행사 시 인력지원 등 가맹본부가 지원하는 사항이 있는 경우 그 구체적 내용
다. 가맹본부가 가맹점사업자의 경영활동에 대한 자문을 하는 경우 그 구체적인 방식 및 내용
라. 가맹본부가 가맹희망자 또는 가맹점사업자에게 직접 신용을 제공 및 주선 등에 대한 구체적인 조건 및 금액
마. 가맹본부가 가맹점사업자의 안정적인 점포 운영을 위한 경영상 지원제도를 운용하는 경우 지원 조건 및 금액
9. 교육·훈련에 대한 설명([별표 1] 제9호: 전체)
가. 교육·훈련의 주요내용 및 필수적 사항인지 여부
나. 가맹점사업자에게 제공되는 교육·훈련의 최소시간
다. 가맹점사업자가 부담하는 교육·훈련비용
라. 교육·훈련을 받아야 하는 주체
마. 정기적이고 의무적으로 실시되는 교육·훈련에 가맹점사업자가 불참할 경우에 가맹본부로부터 받을 수 있는 불이익</td><td>변경사유가 발생한 분기가 끝난 후 30일</td></tr>
<tr><td>2. 가맹본부의 일반 현황([별표 1] 제2호: 바목, 아목)
바. 가맹본부의 정보공개 바로 전 3개 사업연도의 재무상황에 관한 다음의 정보
1) 연도별 대차대조표 및 손익계산서 또는 부가가치세 신고서
2) 연도별 가맹사업 관련 매출액
3) 개인사업자가 법인사업자로 전환한 경우 종전 개인사업자의 1)의 정보(정보공개 바로 전 3개 사업연도 정보만 해당)
아. 가맹본부의 정보공개 바로 전 사업연도 말 현재 임직원 수(상근·비상근 임원과 직원을 나누어 기재한다)
3. 가맹본부의 가맹사업 현황([별표 1] 제3호: 다목부터 아목까지, 자목 3) 및 차목
다. 해당 가맹사업의 업종
라. 정보공개 바로 전 3개 사업연도 말 현재 영업 중인 해당 가맹사업의 전국 및 광역지방자치단체별 가맹점 및 직영점 총 수(연도별로 나누어 기재)
마. 해당 가맹사업과 관련하여 정보공개 바로 전 3년간 신규 개점, 계약종료, 계약 해지, 명의 변경의 사정이 있는 가맹점의 수(연도별 기재)
바. 해당 가맹사업 외에 가맹본부 및 가맹본부의 특수관계인이 경영하는 가맹사업의 업종, 영업표지 및 사업 시작일과 정보공개 바로 전 3개 사업 연도 말 현재 영업 중인 가맹점 및 직영점의 총 수</td><td>매 사업연도가 끝난 후 120일. 다만, 재무제표를 작성하는 개인사업자인 가맹본부는 매 사업연도가 끝난 후 180일 이내에 정보공개서 변경등록을 신청할 수 있다.</td></tr>
</table>

변경 등록 사항	사. 직전 사업연도에 영업한 가맹점사업자 당 지역별 연간 평균 매출액과 구체적인 산정기준 아. 직전 사업연도 말 현재 영업 중인 가맹점사업자의 평균 영업기간 자. 3) 가맹지역본부가 관리하는 바로 전 사업연도 말 현재 영업 중인 가맹점 수 차. 해당 가맹사업과 관련하여 가맹본부가 정보공개 바로 전 사업연도에 지출한 광고비 및 판촉비 **5. 가맹점사업자의 부담**([별표 1] 제5호: 나목 2) 나. 2) 가맹본부가 지정한 자와 거래하도록 하는 필수품목의 차액가맹금과 관련된 사항 **6. 영업활동에 대한 조건 및 제한**([별표 1] 제6호: 가목 가. 가맹점사업자가 해당 가맹사업을 시작하거나 경영하기 위하여 필요한 모든 부동산·용역 등의 구입 또는 임차에 관한 사항	매 사업연도가 끝난 후 120일. 다만, 재무제표를 작성하는 개인사업자인 가맹본부는 매 사업연도가 끝난 후 180일 이내에 정보공개서 변경등록을 신청할 수 있다.
변경 신고 사항	**2. 가맹본부의 일반 현황**([별표 1] 제2호: 나목, 사목) 나. 가맹본부 및 가맹본부의 특수관계인 중 정보공개일 현재 최근 3년 동안 가맹사업을 경영한 적이 있거나 경영하고 있는 특수관계인의 인적사항 등 사. 가맹본부의 현 임원의 명단 및 정보공개일 현재 최근 3년 동안의 개인별 사업경력 **3. 가맹본부의 가맹사업 현황**([별표 1] 제3호: 가목, 카목 및 타목) 가. 해당 가맹사업을 시작한 날 카. 가맹금 예치에 관한 사항 타. 피해보상보험계약 등의 체결 내역 **7. 가맹사업의 영업 개시에 관한 상세한 절차와 소요기간**([별표 1] 제7호: 전체) 가. 가맹계약 체결을 위한 상담·협의 과정에서부터 가맹점 영업 개시까지 필요한 절차 나. 각 절차에 걸리는 기간 다. 각 절차에 드는 비용 라. 가맹계약 체결 이후 일어날 수 있는 분쟁의 해결 절차	변경사유가 발생한 분기가 끝난 후 30일

나. 정보공개서 등록 취소 및 절차

정보공개서 등록기관은 등록된 정보공개서에 흠결이 있는 경우에는 이를 취소할 수 있다. 즉, 정보공개서 등록기관은 ① 거짓이나 그 밖의 부정한 방법으로 정보공개서가 등록된 경우 및 ② 정보공개서에 기재된 가맹사업의 내용에 다른 법률에서 금지하고 있는 사항이 포함되어 있는 경우에는 그 등록을 취소하여야 한다(법 제6조의3 제1항 제1호 및 제2호). 그리고 정보공개서 등록기관은 ③ 정보공개서 각 기재사항 중 중요사항[16)]이 누락된 경우, ④ 가맹본부가 폐업 신고를 한 경우, ⑤ 가맹본부가 정보공개서 등록취소를 요청하는 경우에는 그 등록을 취소할 수 있다(법 제6조의4 제1항 제3호~제5호). 등록이 취소된 경우 가맹본부의 명단을 공개할 수 있다(법 제6조의4 제2항).

다. 위법성 판단 기준

정보공개서의 변경등록 및 변경신고는 법령에서 정한 정보공개서의 기재사항이 변경된 경우 일정기한 내에서 이행하여야 하는 절차 규정에 해당하므로, 가맹본부가 이 절차 규정을 준수하지 아니하였어야 한다.

라. 정보공개서 변경등록 및 변경신고 위반 시 과태료 부과 조치

가맹본부가 정보공개서의 변경등록 기한 내에 변경등록하지 않거나 거짓으로 변경등록을 한 경우에는 1천만 원 이하의 과태료를 부과하고, 정보공개서 변경신고 기한 내에 변경신고를 하지 아니한 경우에는 300만 원 이하의 과태료가 부과된다(법 제43조 제6항, 제7항).

마. 정보공개서 변경등록 및 변경신고 관련 Q&A

[Q 1] 가맹사업법 시행령에서 규정하고 있는 가맹금의 정의와 관련한 '도매가격'이란?

[A 1] 가맹사업법 시행령 제3조 제1항 제4호 및 제2항 제2호에 규정된 적정한 도매가격의 의미는 가맹본부가 가맹점에 공급하는 정착물·설비·상품을 통해 가맹점사업자로부터 얻는 가맹금 산정에서 제외되는 가격을 의미한다. 다만 각 가맹본부별, 업종별, 제품별로 구체적인 도매가격이 다르기 때문에 일률적으로 도매가격을 산정하기 어려우며, 주로 가맹본부가 해당 물품을 구매한 구매가격을 의미한다. 그러므로 가맹점사업자가 정상적인 거래관계를 통하여 해당 물품이나 용역을 구입·임차 또는 교환할 수 있는 가격이 가맹본부가 해당 물품이나 용역을 다른 사업자로부터 구입하여 공급하는 가격보다 높은 경우에도 가맹금에서 제외되는 도매가격은 가맹본부가 다른 사업자로부터 구입하는 가격으로 보아야 할 것이다.

[Q 2] 가맹점운영권 양도·양수 계약 시 ① 신규계약과 동일한 가맹비를 받고 계약기간은 양

16) 정보공개서의 표지, 가맹본부의 일반 현황, 가맹본부의 가맹사업 현황, 가맹본부와 그 임원의 법 위반 사실 등을 말한다(법 시행령 제5조의5 제2항 각 호).

도자의 잔여 계약기간으로 설정한 경우 및 ② 가맹비를 받지 않고 계약기간은 신규계약과 동일하게 설정한 한 경우에 있어서 정보공개서상 가맹점 변경내역을 기재할 때 이를 각각 신규 또는 명의변경 중 어떤 유형으로 분류하여야 하는가?

[A 2] 가맹점운영권의 양도·양수가 발생한 경우, 양수자와 가맹본부 간의 가맹계약을 신규계약으로 판단할지 여부는 신규계약과 동일한 가맹비를 수령하였는지, 계약기간은 신규계약과 동일한지 혹은 잔여 계약기간에 해당하는지 등을 종합적으로 고려하여 판단하여야 한다. 이러한 판단 기준에 비추어 보았을 때 예시 사례의 경우 상충되는 측면들이 있기 때문에 일률적으로 판단하기 어렵다.

이 경우 해당 가맹본부의 계약관행(신규계약인 경우에도 최초 가맹비를 면제하는 경우가 상당수인지 등), 계약당사자의 의도(신규계약으로 간주하기로 구두합의 하였는지 등) 등을 추가로 고려하여야 할 것이다. 아울러 신규계약관계를 단순 명의변경으로 판단함에 따라 양수자의 계약갱신요구권(가맹사업법 제13조에 따라 10년간 보장)이 부당하게 침해될 수 있는 점을 반드시 유의하여야 한다.

[Q 3] 가맹본부가 영업표지 일부를 양도한 상태에서 정보공개서 변경신고를 하여야 하는데 ① 신고받은 곳 주소와 연락처, ② 신고의 주체(양도회사인지 아니면 양수회사인지), ③ 신청서 양식 비치 장소, ④ 신청서 작성 시 첨부 서류, ⑤ 4월 말까지 정보공개서를 변경신고할 주체, ⑥ 양수자가 정보공개서 변경신고를 한다면 기존의 대차대조표와 손익계산서상 기재될 대상회사, ⑦ 연도별 가맹점의 수 등은 양도한 회사의 가맹점을 인용하여 표기를 하여야 하나?

[A 3] ① 가맹사업법 개정에 따라 2019년도부터는 가맹본부의 소재지에 따라 신고하는 기관이 달라진다. 즉, 본사 소재지가 서울, 인천, 경기도, 부산의 경우에는 각 광역자치단체에 하여야 하며, 그 외 지역은 현재와 같이 한국공정거래조정원에 신고하여야 한다. 이에 대한 자세한 사항은 가맹사업거래홈페이지 알림마당 공지사항을 참고할 수 있다. ② 양도하는 회사나 양수하는 회사 모두 정보공개서를 변경등록하여야 한다. ③ 신청서의 양식은 가맹사업거래홈페이지 알림마당 공지사항에서 참고할 수 있으며, 다운로드도 가능하다.

④ ③번 답변 참고. ⑤ 양도 및 양수회사 모두가 하여야 한다. ⑥ 당연히 양수회사 것으로 해야 한다. ⑦ 양수한 회사가 가맹점 등도 양수하였다면 양수받은 가맹점을 기재하여야 한다.

[Q 4] 외식업 가맹본부 A가 가맹점사업자 B에게 사전에 협의 없이 주요 식자재업체와 유통업체를 1일 전에 변경한다고 통지한 경우 이는 가맹사업법 위반에 해당하나?

[A 4] A가 가맹계약조항을 변경한 것이 아니라면 법 위반으로 보기 어려우나 향후 법정기한 내에 이를 변경등록하여야 한다. 가맹사업법 제12조 제1항 제3호는 가맹본부가 거래상 지위를 남용하여 가맹점사업자가 이행하기 곤란하거나 가맹점사업자에게 불리한 계약조항을 설정 또는 변경하는 행위를 법 위반으로 규정하고 있다. 가맹본부가 가맹계약조항을 변경한 것이 아니라, 가맹점사업자에게 고지하는 방식으로 업체 변경을 알린 것은 상기 법 규정을 적용하기는 어려운 것으로 보인다. 참고로 가맹계약내용의 변경사유가 발생한 경우 가맹본부가 이를 언제까지 사전에 고지하여야 하는지에 대해서는 법에서 별도로 규율하고 있지 않다.

가맹본부는 법 제6조의2 제2항에 따라 공정거래위원회에 등록한 정보공개서의 기재사항을 변경하려는 경우에는 법정 기한 이내에 기재사항의 변경등록을 하여야 한다. 주요 식자재업체 및 유통업체에 관한 사항이 등록 정보공개서 기재사항으로 반영되어 있다면 법정 기한 내에 이를 변경등록을 하여야 한다.

[Q 5] 가맹점사업자가 창업 당시 제공받았던 필수품목 리스트에서 품목이 추가될 경우 해당 품목에 대한 정보는 가맹본부에서 제공을 안 해도 무관한지 및 가맹본부에 변경된 정보공개서를 요구할 수 있는지?

[A 5] 가맹사업법은 필수품목 변경 또는 정보공개서 수정할 때 가맹본부의 통보의무 등을 따로 규정하고 있지 아니하다. 다만 필수품목을 변경할 때 절차와 의무에 관한 내용은 통상 가맹계약서에 규정이 되어 있으므로 가맹계약서 내용을 확인하여 판단해야 할 것이다.

아울러 가맹본부는 정보공개서 변경 시 법 제6조의2 제2항에 따라 정보공개서 변경등록을 해야 하고, 변경된 정보공개서는 가맹사업정보제공시스템(franchise.ftc.go.kr)에 공개(개인정보, 영업비밀 등은 제외)되고 있으므로, 가맹점사업자는 이를 통해 확인할 수 있다.

[Q 6] 가맹본부가 인터넷 등 다유통채널에서 제품을 판매할 수 있는가?

[A 6] 원칙적으로 판매 가능하며, 이에 대해서는 해당 내용을 정보공개서에 변경등록하여야 한다. 가맹사업법 제12조의4 제3항에 따라 가맹본부는 정당한 사유 없이 가맹계약 기간 중 가맹점사업자의 영업지역 안에서 가맹점사업자와 동일한 업종의 자기 직영점 및 가맹점을 설치하는 행위를 금지하고 있다. 이처럼 가맹본부로 하여금 기존 가맹점사업자의 영업지역 안에

서 동일한 업종의 직영점 및 가맹점의 설치를 금지하고 있으나, 가맹본부로 하여금 인터넷 등 다유통채널을 활용하여 제품을 판매하는 것까지 금지하고 있지는 않다.

다만 공정거래위원회는 가맹희망자 및 가맹점사업자가 가맹본부의 다유통채널을 통한 상품 판매에 대한 정보를 원활히 획득할 수 있도록 「가맹사업거래 정보공개서 표준양식에 관한 고시」를 2019년 개정하여, 가맹본부가 소매점·온라인·홈쇼핑 등 다른 유통채널을 통해 상품공급을 하는 경우 정보공개서상에 이를 기재하도록 기재 항목을 확대하였으며, 매년 가맹본부는 공정거래위원회에 해당 내용을 포함한 정보공개서를 변경등록하도록 규정하였다.

[Q 7] 가맹사업법 시행령 개정에 따른 차액가맹금의 정보공개서 작성방법은?

[A 7] ① 차액가맹금 규모의 기재항목은 가맹점사업자의 부담 2. 영업 중의 부담항목에 기재하므로 인테리어, 간판, 집기, 포스 등 영업개시 전에 부담한 부분에 대해서는 차액가맹금 규모 항목에 포함하지 아니한다. 다만 그 내용은 1. 영업개시 전의 부담항목에 기재하여야 한다.

② V. 영업활동의 조건 및 제한 1. 물품 구입 및 임차에서 설비에 강제/권유품목이 모두 포함되어야 하며, 용역에 포함되어야 할 항목은 예컨대 가맹본부로부터 가맹점사업자가 대가를 지급하고 공급받는 인력지원이나 기타 서비스 등이 이에 해당한다.

③ 주요 품목별 직전 사업연도 공급가격의 상·하한 기재와 관련하여, ⓐ 필수품목에 가맹본부에서 거래를 강제하는 품목만 있을 경우 그 품목을 모두 기재하면 된다. ⓑ 가맹본부에서 특정 품목을 사용하도록 강제하되, 가맹본부 또는 가맹본부가 지정한 자로부터 구매하는 것이 아니라 다른 유통채널을 통해 가맹점사업자가 알아서 구매해야하는 품목에 대해서는 거래가 강제 또는 권장되는 대상이 아니므로 기재대상에서 제외된다. ⓒ 인테리어와 간판, 주방용품 등의 설비는 기재에서 제외되며, 앞서 설명한 것과 같이 영업개시 전의 부담 항목에 기재해야 한다.

④ 특수관계인의 경제적 이익 관련 기재에서 그 내용에 대한 근거자료는 특수관계인의 확인서 또는 세금계산서 등 객관적인 그 수치를 입증할 수 있는 자료를 첨부하여야 한다.

⑤ 인테리어, 간판, 설비 등을 가맹점사업자에게 공급하고 그 대가로 가맹점사업자에게 수령하는 금원은 가맹금에 해당하며, 거래 강제 또는 권장의 대가가 아니다. 거래 강제 또는 권장의 대가내역에 기재해야 하는 내용은 가맹점사업자에게 특정 품목이나 용역을 취급하도록 함에 따라 가맹본부가 제3업체로부터 대가를 수령하는 경우 기재하는 것이고, 가맹점사업자에게 가맹금을 수령하는 것을 기재하는 것은 아니다. 그 증빙자료는 공급업체의 확인서, 세금계

산서 등을 제출하면 된다.

[Q 8] 정보공개서 변경등록 내용 등은?

[A 8] 가맹사업법 제6조의2 제2항은 정보공개서 변경등록에 대해 규정하고 있다. 가맹본부는 제1항에 따라 등록한 정보공개서의 기재사항 중 시행령으로 정하는 사항을 변경하려는 경우에는 시행령으로 정하는 기한 내에 공정거래위원회(한국공정거래조정원에 위탁) 또는 시·도지사에게 기재사항의 변경등록을 하여야 한다.

법 시행령 [별표 1의2]는 기한 내 변경등록 해야 할 사항들을 구분하여 기재하고 있다. 통상 정기 변경등록으로 말하는 사항은 대부분 바로 전 3개 사업연도 재무상황, 바로 전 전 사업연도 말 임직원수 등 직전 사업연도를 기준으로 작성해야 하는 내용들이다. 따라서 대표자, 주소 등 변경사항은 반드시 직전 사업연도 기준으로 작성하는 것은 아니고 변동이 발생한 경우 [별표 1의2]에 따라 기한 내 변경등록 또는 변경신고를 하면 된다.

차액가맹금, 공급가격 등 정기 변경등록 사항은 직전 사업연도 자료를 바탕으로 작성해야 할 것이나, 2019년 현재 기준으로 가맹점사업자에게 보다 유리한 방향으로 조정된 부분이 있다면 해당 내용을 별표 등으로 추가하여 정보공개서에 추가 기재하고 이를 가맹희망자에게도 알리는 방법을 사용할 수 있을 것이다.

[Q 9] 정보공개서에 가맹점당 평균 차액가맹금 지급금액을 기재하는 것과 관련하여 자체생산품목과 구입품목의 구분이 어려워 두 가지를 모두 포함한 금액을 기재하여도 무방한지 여부 등 변경된 정보공개서 작성방법은?

[A 9] ① 이 경우 해당 항목에 포함한 금액을 기재하되, 그 표 아래에 해당 가맹금 지급금액에 자체생산품목을 통한 금액도 포함되어 있음을 설명하여야 한다. 만약 일부 가맹점을 제외한 추정치를 기재하고자 하는 경우에는 추정치임을 밝히고, 추정치 산정방식에 대해 자세한 설명을 부가해 주어야 한다.

② 주요 품목별 직전 사업연도 공급가격의 상·하한에서 주요 품목이라 함은 구입 강제품목뿐만 아니라 구입 권장품목도 포함한 모든 품목이 대상이다. 해당 품목에는 가맹점사업자가 가맹본부 또는 가맹본부가 지정한 자와 거래한 모든 품목이 포함된다. 또한 주요 품목별 직전 사업연도 공급가격의 상·하한 기재 대상에는 주방기기(시기세척기 등)도 포함하여 기재하여야 한다.

③ 새롭게 기재되는 차액가맹금의 지급금액, 공급가격 상·하한, 경제적 이익의 내용에서 금액을 기재하는 경우 그 단위를 천 원으로 할지 원단위로 할지 여부, 부가가치세 포함여부 등은 별도로 규정하고 있지 아니하다. 정보공개서를 작성하는 가맹본부의 선택에 따라 금액단위나 부가가치세 포함여부를 선택하면 되고, 해당 항목에서 그 기준을 분명히 기재하면 된다. 또한 가맹점사업자가 필수품목(강제, 권장)의 거래를 통해 가맹본부에 지급하는 대가 중 적정한 도매가격을 넘는 대가에서 가맹본부가 아닌 제3자 또는 위탁을 통한 물류공급이 이루어질 경우에는 가맹점사업자가 물품대금을 가맹본부가 아닌 제3자(물류업체)에게 지급하기 때문에, 이는 가맹금으로 볼 수 없으므로 차액가맹금 산정대상이 아니다.

다만 계약상 가맹점사업자가 가맹본부에게 물품대금을 지급해야 하고, 편의상 물류업체가 가맹점사업자로부터 대금을 수령하여 본인의 수수료를 공제하고 가맹본부에게 전달하는 구조라면 이 경우에는 가맹금으로 볼 여지가 있다.

참고로 가맹본부가 가맹점사업자에게 직접 물품을 공급(대가 수령하지 않음)하지 않고, 제3자 물류를 통해 공급함에 따라 차액가맹금이 없더라도, 물류업체가 가맹본부에게 해당 품목의 거래대가로 지급하는 경제적 이익이 있다면 Ⅴ. 영업활동에 대한 조건 및 제한. 2. 거래강제 또는 권장의 대가 내역 1)항목에 해당 내용을 기재하여야 함을 주의하여야 한다.

④ 특정품목의 공급가격이 1~12월에 변동없이 동일하였을 경우에는 상·하한가에 동일한 가격을 기재하면 된다. 또한 공급가격이 변동되었을 경우에는 1년 동안 해당 품목의 공급가격을 살펴 가장 높은 가격이었을 때를 상한가, 가장 낮은 가격이었을 때를 하한가에 기재하면 된다. 예컨대 A제품을 가맹점사업자에게 5,000원에 공급하던 것을 3. 11.을 기준으로 4,000원으로 인하하였고, 이후 12. 31.까지 4,000원으로 공급하였다면 5,000원이 상한가, 4,000원이 하한가에 해당한다.

5. 가맹지역본부와의 계약관계

가. 행위의 의의 및 유형

"가맹지역본부"라 함은 가맹본부와의 계약에 의하여 일정한 지역 안에서 가맹점사업자의 모집, 상품 또는 용역의 품질유지, 가맹점사업자에 대한 경영 및 영업활동의 지원·교육·통제 등 가맹본부의 업무의 전부 또는 일부를 대행하는 사업자를 말한다(법 제2조 제7호). 따라서 가맹지역본부가 가맹희망자를 모집하여 가맹계약을 체결하였다고 하더라도 계약의 주체는 어디까지나 가맹본부이다. 즉, 해당 가맹희망자가 가맹지역본부를 통해 계약체결 등을 한 경우 가맹사업 업무 대행을 위탁한 가맹본부와 가맹계약을 체결한 것과 동일한 효과가 발생하기 때문에, 해당 가맹본부는 가맹사업법상 가맹본부 의무 및 금지 규정 등을 준수하여야 한다.

나. 가맹본부와 가맹지역본부와의 관계

가맹본부와 가맹지역본부 간의 거래는 "가맹사업"의 정의 요건에 충족하지 아니하기 때문에, 당사자 간의 거래에서 발생한 가맹본부의 불공정거래행위에 대해서는 가맹사업법을 적용하지 아니하고 공정거래법을 적용하여 위법 여부를 판단하여야 한다.

실제로 가맹본부가 가맹사업방식 변경에 반발하는 가맹점사업자들의 집회와 관련하여 관할 가맹점사업자에 대한 장악력이 부족하다는 이유로 자신의 업무를 일부를 대행하는 가맹지역본부에 대해 월 지급 수수료의 30%를 공제한 사안에서, 법원은 가맹사업법을 적용하지 아니하고 공정거래법 제23조 제1항 제4호에 따른 거래상지위를 부당하게 이용하여 상대방에게 불이익을 준 행위에 해당한다고 판단한 바 있다.[17)]

다. 가맹지역본부와 가맹점사업자와의 관계

가맹점사업자가 가맹지역본부와 가맹계약을 체결한 경우에도 계약의 주체는 가맹본부가 된다. 따라서 가맹사업을 영위하는 과정에서 영업지원이나 원·부자재 등을 제대로 공급받지 못하여 분쟁이 발생하였다면 가맹점사업자는 가맹지역본부보다는 당사자 적격이 인정되는 가맹본부를 직접적인 당사자로 하여 조정협의회에 분쟁조정을 요청하거나 공정거래위원회에 신고하여 분쟁조정 또는 조사를 통해 실질적인 행위자가 법 위반행위에 대한 시정조치 등의 제재를 받도록 하여야 한다.

라. 위법성 판단 기준

시정조치(법 제33조 제1항), 과징금 부과(제35조 제1항), 처벌(법 제41조), 과태료 부과(법 제43조)에 있어서 처분대상이 되는 것은 가맹지역본부가 아니라 가맹본부이다. 따라

17) 서울고등법원 2012. 4. 25. 선고 2011누26727 판결 참조.

서 가맹지역본부가 가맹희망자나 가맹점사업자를 대상으로 위법한 행위를 한 경우라 하더라도 업무를 위탁한 가맹본부를 기준으로 각각의 규제에 대한 법 위반 여부를 판단하게 된다.

마. 가맹지역본부와의 계약관계 관련 Q&A

[Q 1] 가맹지역본부가 가맹점을 모집하는 경우 전체 가맹점이 아닌 가맹지역본부가 관리 중인 가맹점 관련 정보에 근거하여 인근 가맹점 현황문서 및 예상매출액 산정서를 제공하여도 되는가?

[A 1] 가맹본부를 기준으로 판단하여야 한다. 가맹사업법 제2조 제2호에 따라 "가맹본부"는 가맹점사업자에게 가맹점운영권을 부여하는 사업자를 의미하고, "가맹지역본부"는 가맹점 모집 등 가맹본부 업무를 대행하는 사업자를 의미한다. 법상 가맹지역본부에 해당하는 경우 법 제7조 제2항에 따라 가맹본부(가맹지역본부가 모집하는 경우를 포함)는 정보공개서 제공 시 인접 가맹점 10개의 현황문서를 제공하여야 한다. 따라서 가맹지역본부가 가맹희망자에게 인근가맹점 현황문서를 제공함에 있어서도 가맹지역본부가 관리하는 가맹점의 현황이 아니라 위탁 계약을 맺은 가맹본부의 전체 가맹점 중 광역자치단체 내 인근 가맹점 10개의 현황문서를 제공하여야 한다.

6. 가맹점사업자단체의 거래조건 변경협의 등

가. 행위의 의의 및 유형

가맹점사업자는 권익보호 및 경제적 지위 향상을 도모하기 위하여 가맹점사업자단체(이하 "단체"라고 한다)를 구성할 수 있다. 이러한 단체는 복수의 영업표지를 보유한 가맹본부와 계약 중인 가맹점사업자의 경우에는 동일한 영업표지를 사용하는 가맹점사업자로 한정하고 있으며, 그 가맹본부에 대하여 가맹계약의 변경 등 거래조건에 대한 협의를 요청할 수 있다(법 제14조의2 제1항 및 제2항).

나. 가맹본부의 성실협의의무

가맹본부가 단체로부터 협의를 요청받은 경우 가맹본부는 성실하게 협의에 응하여야 한다. 다만 가맹본부는 복수의 단체가 협의를 요청할 경우 다수의 가맹점사업자로 구성된 단체와 우선적으로 협의한다(법 제14조의2 제3항). 이와 같은 협의와 관련하여 단체는 가맹사업의 통일성이나 본질적 사항에 반하는 거래조건을 요구하는 행위, 가맹본부의 경영 등에 부당하게 간섭하는 행위 또는 부당하게 경쟁을 제한하는 하는 행위를 하여서는 안 된다(법 제14조의2 제4항).

다. 가맹본부의 단체 관련 금지행위

가맹본부는 단체의 구성·가입·활동 등을 이유로 가맹점사업자에게 불이익을 주는 행위[18]를 하거나 단체에 가입 또는 가입하지 아니할 것을 조건으로 가맹계약을 체결하여서는 안 된다(법 제14조의2 제5항).

라. 위법성 판단 기준

가맹점사업자단체와 관련하여 ① 가맹점사업자의 가맹점사업자단체 구성·가입·활동 등의 행위가 있어야 하고, ② 이를 이유로 가맹본부가 가맹점사업자에게 불이익을 주는 행위가 있었거나 단체에 가입 또는 가입하지 아니할 것을 조건으로 가맹계약을 체결하였어야 위법성이 인정된다.

가맹본부가 '가맹점사업자단체의 구성·가입·활동 등을 이유로 가맹점사업자에게 불이익을 주는 행위'에 해당하는지 여부는 가맹본부의 의도 내지 목적, 불이익을 주게 된 경위, 불이익의 내용 및 정도, 가맹본부의 내부규정, 다른 가맹점사업자와의 형평성,

18) 서울고등법원 2020. 8. 19 선고 2018누79102 판결(가맹본부가 가맹점사업자에게 불이익한 행위를 함에 있어서, 표면적으로 내세우는 사유와는 달리 실질적으로는 가맹점사업자단체의 구성·가입·활동 등을 이유로 가맹점사업자에게 불이익을 준 것으로 인정되는 경우에는 그 행위는 가맹사업법 제14조의2 제5항이 금지하는 불이익제공행위라고 보아야 할 것이지만, 가맹본부가 불이익한 행위를 한 데에 정당한 사유가 있는 경우에 있어서는 비록 가맹본부가 가맹점사업자단체활동을 못마땅하게 여긴 흔적이 있다거나 가맹본부에게 불이익제공행위의 의사가 엿보인다고 하더라도 당해 불이익 행위의 사유가 단순히 표면상의 구실에 불과하다고 할 수 없을 것이므로 이러한 경우는 가맹사업법 제14조의2 제5항이 금지하는 불이익제공행위라고 볼 수는 없다고 할 것이다. 이때 가맹본부가 가맹점사업자단체의 정당한 구성·가입·활동 등을 불이익제공행위의 실질적인 이유로 삼은 것인지의 여부는 가맹본부가 내세우는 당해 행위의 사유와 당해 가맹점사업자가 한 가맹점사업자단체의 구성·가입·활동 등을 위한 정당한 행위의 내용, 불이익제공행위의 시기, 가맹본부와 가맹점사업자단체의 관계, 동종의 사례에 있어서 가맹점사업자단체에 가입한 가맹점사업자와 가입하지 않은 가맹점사입자에 대한 제재의 불균형 여부, 종래의 관행에 부합 여부, 가맹본부의 가맹점사업자단체에 대한 언동이나 태도, 기타 가맹본부의 불이익제공행위 의사의 존재를 추정할 수 있는 제반사정 등을 비교 검토하여 판단하여야 할 것이다).

가맹점사업자들의 단체 활동방해 가능성 등을 종합적으로 고려하여 판단한다.[19]

마. 가맹본부의 단체에 대한 금지행위 위반 시 제재

공정거래위원회는 가맹본부가 단체에 대하여 불이익 주거나 단체에 가입하지 아니할 조건으로 가맹계약을 체결한 행위에 대하여 이에 시정에 필요한 조치인 시정명령(법 제33조 제1항)과 가맹본부의 위반기간 동안의 관련매출액(가맹점사업자 또는 가맹희망자에게 판매한 상품이나 용역의 매출액)에 100분의 2를 곱한 금액(매출액의 산정 등이 곤란한 경우에는 5억 원 이하의 정액)을 초과하지 아니하는 과징금을 부과할 수 있다(법 제35조 제1항).

바. 가맹점사업자단체의 거래조건 변경협의 관련 Q&A

[Q 1] 가맹점사업자에게 단체교섭권이 인정되는가?

[A 1] 인정한다. 가맹사업법 제14조의2 제1항에 따라 가맹점사업자단체를 구성할 수 있다고 규정하고 있으며, 제2항에 따라 가맹점사업자단체는 가맹본부에 대해 협의를 요청할 수 있다고 규정하고 있다. 다만 가맹본부가 협의에 요청에 응하지 않을 경우 이를 강제할 수단 또는 협의에 응하지 않을 경우 처벌할 수 있는 조항은 없다.

[Q 2] 가맹본부가 가맹점사업자단체의 구성원에 대한 현황자료 제출을 요구하는 것이 가맹사업법 위반에 해당하나?

[A 2] 현황자료 제출 요구를 위법으로 단정할 수는 없을 것이나, 소속 가맹점사업자를 파악하여 불이익을 주는 행위는 법 위반으로 볼 수 있다. 가맹사업법 제14조의2는 가맹점사업자단체의 구성 및 거래조건 협의요청권에 대해 규정하고 있을 뿐, 별도로 가맹본부가 가맹점사업자단체의 구성원에 대한 현황자료 제출을 요구하는 행위를 금지하는 규정은 없다. 따라서 그러한 가맹본부의 행위를 위법으로 단정하여 처벌할 근거가 없다. 다만 가맹본부가 가맹점사업자단체의 소속 가맹점사업자를 파악하여 불이익을 주는 행위는 법 제12조의4 제5항에서 금지하고 있으며, 이를 위반한 가맹본부에 대해서는 시정명령 및 과징금 부과 처분을 할 수 있다.

가맹본부가 주도하여 설립된 가맹점사업자단체의 운영을 인정하지 않고, 가맹점사업자가 자발적으로 결성한 단체가 가맹본부와의 협의 주체가 되는 방법과 관련하여 가맹본부 주도로 가맹점주단체를 설립하였다 하더라도 헌법에서 보장하고 있는 결사의 자유에 따라 그러한 단

19) 공정거래위원회 2018. 11. 26. 의결 2018-346호.

체의 활동을 제한할 수는 없다. 다만 가맹본부 소속 가맹점사업자단체의 가맹점사업자의 수가 가맹본부가 주도한 가맹점단체협의회 가입자보다 많을 경우 가맹본부는 법 제14조의2 제3항에 따라 다수의 가맹점사업자로 구성된 단체와 우선적으로 협의하여야 한다. 한편 가맹점사업자단체협의회 가입자의 수가 가맹본부가 주도한 단체의 가입자보다 적다고 하더라도 가맹본부는 적은 가입자 수의 단체와의 협의를 거부할 수는 없다.

[Q 3] 가맹점사업자단체 구성 관련 기준, 절차 등은 어떻게 되나?

[A 3] 가맹사업법 제14조의2에 따라 가맹점사업자는 권익보호 및 경제적 지위 향상을 도모하기 위하여 가맹점사업자단체를 구성할 수 있으며, 특정 가맹본부와 가맹계약을 체결·유지하고 있는 가맹점사업자로만 구성된 단체는 그 가맹본부에 대하여 가맹계약의 변경 등 거래조건에 대한 협의를 요청할 수 있다.

가맹점사업자가 단체를 구성함에 있어 특정 가맹본부와 가맹계약을 체결·유지하고 있는 가맹점사업자들로만 구성되어야 한다는 요건(복수의 영업표지를 보유한 가맹본부와 계약 중인 가맹점사업자의 경우에는 동일한 영업표지를 사용하는 가맹점사업자로 한정) 외에는 별도의 요건이나 절차를 법에 두고 있지 아니하다. 따라서 가맹점사업자단체 구성 관련 공정거래위원회의 승인이나 확인 절차 또한 없다.

[Q 4] 가맹사업법 제14조의2 제3항에서 복수의 가맹점사업자단체가 협의를 요청할 경우 가맹본부는 어떤 단체와 우선 협의하여야 하는지와 그 판단기준은?

[A 4] 가맹본부에 거래조건 협의를 요청할 수 있는 가맹점사업자단체란 가맹본부와 가맹계약을 체결·유지하고 있는 가맹점사업자로 구성된 단체이므로, 다수의 판단도 위 요건에 부합하는 가맹점사업자의 수를 기준으로 해야 한다. 즉 다수의 판단 시 가맹본부와 가맹계약을 체결한 계약자 본인만을 대상으로 하고, 계약자의 가족이나 계약자가 위임한 사람은 대상이 되지 않는다고 판단된다.

아울러 가맹점사업자단체의 회원인지 여부를 가입서류만으로 판단하는지, 회비납부 여부를 기준으로 하는지 등은 법령에서 따로 기준을 제시하고 있지 않으므로, 회원의 자격요건과 관련한 단체의 정관이나 규약 등에 따라 판단하여야 할 것이다.

[Q 5] 외식업 가맹본부 A는 가맹점주협의회 단체 활동을 이유로 가맹점사업자 B 등에 대해 위생 점검을 실시하고 적발된 사항을 시정하지 아니하였다는 이유로 물류공급을 중단할 경우

가맹사업법 위반에 해당하나?

[A 5] B 등에 대한 A의 물류공급 중단행위는 법 위반에 해당할 소지가 높다. 가맹사업법 제14조의2에 따라 가맹점사업자는 권익보호 및 경제적 지위 향상을 도모하기 위하여 가맹점사업자단체를 구성할 수 있으며, 가맹본부는 가맹점사업자단체의 구성·가입·활동 등을 이유로 가맹점사업자에게 불이익을 주는 행위를 하거나 가맹점사업자단체에 가입 또는 가입하지 아니할 것을 조건으로 가맹계약을 체결하여서는 안 된다고 규정하고 있기 때문이다.

그러나 가맹본부가 단체 활동 등을 이유로 가맹점사업자에게 불이익을 제공하였는지 여부를 검토하기 위해서는 실제 정당한 위생 점검을 실시하여 기준에 부적합하였는지 여부와 이러한 경우 가맹계약서에 물류중단의 내용이 있는지 등 구체적인 사실 관계를 종합적으로 살펴보고 판단하여야 한다.

7. 가맹본부 등의 자율규약제도

가. 행위의 의의 및 유형

가맹본부 또는 가맹본부를 구성원으로 하는 사업자단체(이하 "사업자단체"라고 한다)는 가맹사업의 공정한 거래질서를 유지하기 위하여 자율적으로 규약을 정할 수 있다. 이는 가맹사업거래 당사자들이 스스로 가맹사업 법령 및 공정거래 관련 법령 준수를 유도하기 위하여 도입된 것이다.[20] 사업자단체는 자율규약을 정하기 전에 그 규약이 가맹사업법상의 불공정거래행위의 금지 규정에 위반하는지에 대한 심사를 공정거래위원회에 요청할 수 있다(법 제15조 제1항, 제2항).

나. 자율규약의 심사요청 절차

사업자단체가 자율규약의 심사를 요청하려는 때에는 공정거래위원회에 ① 심사요청인의 주소와 서명, ② 자율규약의 제정배경, ③ 자율규약의 주요골자와 그 취지에 대한 사항을 기재한 서면과 심사요청의 대상이 되는 자율규약의 사본을 제출하여야 하며, 공정거래위원회는 그 요청받는 날부터 60일 이내에 심사결과를 신청인에게 통보하여야

---

20) 염규석, "온주 가맹사업거래의공정화에관한법률 제15조", 로앤비(2020. 12. 11), §1.

한다(법 제15조 제3항, 시행령 제16조).

다. 가맹본부 등의 자율규약 제도 관련 Q&A

[Q 1] 가맹점사업자 수의 제한 및 상생협약기금 출연 방법은?

[A 1] 이는 자율적으로 정할 사항이다. 가맹본부의 가맹점사업자 수가 많아 문제가 발생하기 때문에 가맹점 수를 제한하는 상한선 규정은 가맹사업법에 없다. 가맹본부와 가맹점사업자 간에 체결하는 가맹계약은 사적자치원칙에 따라 당사자의 자유로운 의사의 합치이기 때문에, 그 체결 숫자를 제한할 수는 없다. 또한 가맹점의 수는 시장상황에 따라 경쟁을 통해 결정되는 것으로 국가가 이를 규제하는 것은 곤란하다.

가맹본부의 상생협약 기금 출연에 대해서는 가맹사업법에 그 내용이나 절차에 대해 별도로 규정하고 있지 않다. 이는 가맹본부와 가맹점사업자 간에 상생협력을 위해 기금을 마련한다는 것으로 볼 수 있는데, 그 내용 및 절차는 가맹본부와 가맹점사업자가 논의하여 결정하여야 할 사안이다.

[Q 2] 편의점 업계가 희망폐업에 따른 위약금 감면 내용을 담은 편의점 자율규약을 발표하였음에도 가맹본부가 위약금을 부과할 수 있는가?

[A 2] 자율협약의 성격상 위약금 부과행위를 법 위반으로 단정하기는 어렵다. 2018년도 편의점 업계가 발표한 편의점 자율규약에 따르면 가맹본부는 가맹점사업자의 책임 없는 사유로 인한 폐점 시 영업위약금을 감면하기로 하였다. 그러므로 매출부진 등의 귀책 없는 사유로 인한 것이라면 자율규약에 근거하여 가맹계약 해지 및 위약금 감면을 요청할 수 있다. 다만 위약금 면제여부나 감경정도는 구체적인 사정을 고려하여 가맹본부와 협의하여야 할 사항이다. 그리고 자율규약의 내용은 현재 편의점을 운영하고 있는 가맹점에 모두 적용되는 것으로 자율규약 실시 이후에 체결한 계약에 국한하는 것은 아니다.

[Q 3] 현재 슈퍼마켓을 운영 중인데 향후 편의점으로 업종을 변경하려는 경우 편의점 자율규약 제정으로 인해 출점하지 못하나?

[A 3] 2019년 공정거래위원회에서 발표한 편의점 자율규약은 편의점 과밀화를 해소하기 위해 업계에서 스스로 마련하여 가맹사업법 제15조에 따라 공정위에 심사를 요청함에 따라 제정된 것이다. 자율규약은 그 성격이 공정위 또는 국회에서 마련한 법률이나 시행령이 아니라 업계

에서 스스로 준수할 것을 약속하는 것으로 공정위에서 그 이행을 강제하거나 금지할 수 있는 것은 아니다.

편의점 자율규약의 주요내용은 편의점을 출점하려는 예정지 인근에 다른 편의점이 운영 중인 경우 그 출점여부를 신중하게 결정하도록 되어 있다. 왜냐하면 이 경우 기존 편의점의 운영으로 인해 새롭게 출점하는 편의점의 경영상황이 좋지 않을 것으로 예상되기 때문이다. 다만 모든 출점을 금지하는 것은 아니고 충분히 경쟁력이 있고, 경영상황이 좋을 것으로 예상되는 경우에는 얼마든지 출점이 가능하다. 그러므로 기존 슈퍼마켓이 편의점으로 변경하는 것이 금지되는 것은 아닐 수도 있다.

이번 편의점 자율규약 제정 및 시행으로 다소 편의점 신규출점이 까다로워진 측면이 있을 수 있으나, 이는 기존 가맹점사업자뿐만 아니라 신규출점을 희망하는 가맹희망자에게도 섣부른 출점으로 인한 경영실패를 막는 효과가 있을 것으로 예상된다.

8. 공제조합의 설립

가. 행위의 의의 및 유형

가맹본부는 공제사업을 영위(법 제15조의2 제1항 제3호)하기 위하여 공정거래위원회의 인가를 받아 공제조합을 설립할 수 있다. 이는 가맹본부의 영업지원능력의 부족, 허위모집과 같은 사기 등의 행위가 있는 경우 가맹본부의 자력으로 가맹점사업자에게 가맹금의 안전성을 담보하는 데 한계가 있을 수 있기 때문에 공제조합의 형태로 가맹점사업자를 보호하도록 한 것이다.[21)]

공제조합은 법인으로 하며, 주된 사무소의 소재지에 설립등기를 함으로써 성립한다. 공제조합에 가입한 가맹본부는 공제사업의 수행에 필요한 기본재산인 출자금 등을 조합에 납부하여야 하며, 조합의 자격, 임원에 관한 사항 및 출자금의 부담기준에 관한 사항은 정관으로 정한다(법 제15조의3 제1항~제5항).

21) 맹수석, "온주 가맹사업거래의공정화에관한법률 제15조의3", 로앤비(2020. 12. 11), §1 참조.

나. 공제조합의 인가 등

공제조합이 공제사업을 하고자 할 때에는 공제규정을 정하여 공정거래위원회의 인가를 받아야 한다. 공제조합의 인가 신청은 10명 이상이 발기인[22]이 되어 정관을 작성하고 창립총회의 의결을 거쳐 공정거래위원회에 인가를 신청하여야 하고, 변경할 때에도 또한 같다. 공정거래위원회는 가맹본부의 공제조합을 규정에 따라 인가를 한 때에는 이를 공고하여야 한다(법 시행령 제16조의3 제1항~제3항).

공제규정에는 공제사업의 범위, 공제료, 공제사업에 충당하기 위한 책임준비금 등 공제사업의 운영에 관하여 필요한 사항을 포함하여야 한다. 공제조합에 관하여 가맹사업법에 규정된 것을 제외하고는 민법 중 사단법인에 관한 규정을 준용하며, 가맹사업법에 따른 공제조합의 사업에 대하여는 보험업법을 적용하지 아니한다(법 제15조의3 제8항~제10항).

다. 공제조합의 정관기재사항

공제조합의 설립인가 기준 및 절차, 정관기재사항, 운영 및 감독 등에 관하여 필요한 정관기재사항은 다음과 같다(법 시행령 제16조의4 제1항 및 제2항). 즉, ① 목적, ② 명칭, ③ 사무소의 소재지, ④ 출자금과 그 납부방법 및 그 지분계산에 관한 사항, ⑤ 조합원의 자격과 가입·탈퇴에 관한 사항, ⑥ 조합원의 권리·의무에 관한 사항, ⑦ 자산 및 회계에 관한 사항, ⑧ 총회에 관한 사항, ⑨ 운영위원회에 관한 사항, ⑩ 임원 및 직원에 관한 사항, ⑪ 융자에 관한 사항, ⑫ 업무와 그 집행에 관한 사항, ⑬ 정관의 변경에 관한 사항, ⑭ 해산과 남은 재산의 처리에 관한 사항, ⑮ 공고의 방법에 관한 사항이다. 한편 공제조합이 정관을 변경하려는 때에는 주무관청의 허가를 얻어야 그 효력이 인정된다(민법 제42조 제2항, 법 제15조의3 제9항).

22) 특정 업종에 속하는 가맹본부만을 조합원으로 하는 경우에는 10인 미만이라도 가맹본부 총수의 10분의 1 이상의 발기인이면 가능하다.

제 4 장 가맹사업거래 분쟁조정 및 법 집행관련 행정 실무

1. 가맹사업거래분쟁조정협의회의 구성 및 조정

가. 조정협의회 설치

가맹사업법은 가맹사업 관계에서 생긴 당사자 사이의 분쟁을 시간과 비용이 많이 드는 재판제도 대신 전문가로 구성된 제3의 기관 등이 중간자 역할을 하여 해당 분쟁에 대한 조정안을 제시하고 그 조정안을 분쟁 당사자들이 수락하는 방식인 분쟁조정제도를 두고 있다.[1] 즉, 가맹사업에 관한 분쟁을 조정하기 위하여 한국공정거래조정원에 가맹사업거래분쟁조정협의회(이하 "조정협의회"라 한다)를 두고, 시·도지사는 특별시·광역시·특별자치시·도·특별자치도(이하 "시·도 조정협의회"라 한다)에 분쟁조정협의회[2]를 둘 수 있다(법 제16조 제1항, 제2항).

나. 조정협의회 구성 및 위원의 위촉제한

조정협의회는 위원장을 포함한 9인의 위원으로 구성한다. 위원은 공익을 대표하는 위원, 가맹본부의 이익을 대표하는 위원, 가맹점사업자의 이익을 대표하는 위원으로 구분하되, 각각 동수로 하여야 한다(법 제17조 제1항, 제2항).

---

1) 이러한 조정제도는 분쟁 사안과 관련한 분야의 전문가나 기관이 조정절차에 참여하여 분쟁을 해결하는 방식인데, 특히 조정제도는 재판제도가 가지고 있는 한계, 즉 소송의 과도한 형식성 및 번잡성, 변호사 보수의 고액화, 경우에 따라서는 수년의 시간이 소요되는 등의 분쟁해결에 있어서의 어려움을 극복할 수 있는 장점을 가지고 있다(염규석, "온주 가맹사업거래의공정화에관한법률 제16조", 로앤비(2020. 12. 11), §1 참조).

2) 시·도 조정협의회는 현재 서울특별시, 부산광역시, 인천광역시, 경기도에서 두고 있다.

조정원에 두는 조정협의회의 위원은 조정원의 장이 추천한 자와 일정한 자격을 가진 자[3] 중에서 공정거래위원회 위원장이 임명 또는 위촉하는 자가 된다. 시·도에 두는 조정협의회의 위원은 조정원장이 추천한 자와 시·도지사가 임명 또는 위촉하는 자가 된다(법 제17조 제3항). 위원의 임기는 3년으로 연임이 가능하고, 위원 중 결원이 생긴 때에는 보궐위원을 위촉하여야 하며, 그 보궐위원의 임기는 전임자의 잔임기간으로 한다(법 제17조 제5항, 제6항). 조정원에 두는 조정협의회 위원장은 공익을 대표하는 위원 중에서 공정거래위원회 위원장이 임명 또는 위촉하고, 시·도에 두는 조정협의회의 위원장은 공익을 대표하는 위원 중에서 시·도지사가 임명 또는 위촉한다(법 제17조 제4항).

공익을 대표하는 위원은 위촉일 현재 가맹본부 또는 가맹점사업자의 임원·직원으로 있는 자는 위촉할 수 없다. 그러므로 공익을 대표하는 자가 가맹본부 또는 가맹점사업자의 임원·직원으로 된 때에는 공정거래위원회 위원장 및 시·도지사는 그 자를 즉시 해촉하여야 한다(법 제18조 제1항, 제2항).

다. 조정협의회의 운영

1) 전체회의 및 소회의의 심의·의결

조정협의회 회의는 위원 전원으로 구성되는 '전체회의'와 공익을 대표하는 위원, 가맹본부의 이익을 대표하는 위원, 가맹점사업자의 이익을 대표하는 위원 각 1인으로 구성되는 '소회의'로 구분하여 개최한다. 전체회의의 심의·의결할 사항은 ① 소회의가 전체회의에서 처리하도록 결정한 사항, ② 조정협의회 운영세칙의 제정·개정에 관한 사항, ③ 그 밖에 전체회의에서 처리할 필요가 있다고 인정하는 사항으로서 조정협의회의 위원장이 전체회의에 부치는 사항이며, 그 외에는 소회의에서 심의·의결한다(법 제19조 제1항~제3항).

2) 조정협의회의 의결 및 직무대행

조정협의회의 전체회의는 위원장이 주재하며, 재적위원 과반수의 출석으로 개의하고, 출석위원 과반수의 찬성으로 의결한다(법 제19조 제4항). 소회의는 공익을 대표하는

---

3) 즉, ① 대학에서 법률학·경제학·경영학을 전공한 자로서 고등교육법에 따른 학교나 공인된 연구기관에서 부교수 이상의 직 또는 이에 상당하는 직에 있거나 있었던 자, ② 판사·검사 직에 있거나 있었던 자 또는 변호사의 자격이 있는 자, ③ 독점금지 및 공정거래업무에 관한 경험이 있는 4급 이상 공무원(고위공무원단에 속하는 일반직공무원을 포함한다)의 직에 있거나 있었던 자이다(법 제17조 제3항 각호).

위원이 주재하며, 구성위원 전원의 출석과 출석위원 전원의 찬성으로 의결하는데, 이 경우 소회의의 의결은 조정협의회의 의결로 보되, 회의의 결과를 전체회의에 보고하여야 한다(법 제19조 제5항). 조정협의회의 위원장이 사고로 직무를 수행할 수 없을 때에는 공익을 대표하는 위원 중에서 공정거래위원회 위원장 또는 시·도지사가 지명하는 위원이 그 직무를 대행한다(법 제19조 제6항).

3) 가맹사업당사자의 회의 출석

조정의 대상이 된 분쟁의 당사자인 가맹사업당사자는 조정협의회의 회의에 출석하여 의견을 진술하거나 관계 자료를 제출할 수 있다(법 제19조 제7항). 따라서 분쟁당사자는 전체회의는 물론 소회의에 출석하여 진술 또는 자료제출을 할 수 있는 권리가 인정된다.

라. 조정위원의 제척·기피·회피

전체회의 또는 소회의의 위원이 공정을 기하기 어려운 사유가 있는 경우에는 제척된다. 즉, ① 위원 또는 그 배우자나 배우자이었던 자가 해당 조정사항의 분쟁당사자가 되거나 공동권리자 또는 의무자의 관계에 있는 경우, ② 위원이 해당 조정사항의 분쟁당사자와 친족관계에 있거나 있었던 경우, ③ 위원 또는 위원이 속한 법인이 분쟁당사자의 법률·경영 등에 대하여 자문이나 고문의 역할을 하고 있는 경우, ④ 위원 또는 위원이 속한 법인이 해당 조정 사항에 대하여 분쟁당사자의 대리인으로 관여하거나 관여하였던 경우 및 증언 또는 감정을 한 경우에는 해당 조정사항의 조정에서 제척된다(법 제20조 제1항).

그리고 분쟁당사자는 위원에게 조정협의회 조정에 공정을 기하기 어려운 사정이 있는 때에 조정협의회에 그 위원에 대한 기피신청을 할 수 있다(법 제20조 제2항). 또한 위원이 제척 및 기피 사유에 해당하는 경우에는 의원 스스로 해당 조정사항의 조정에서 회피할 수 있다(법 제20조 제3항).

마. 조정 신청 및 절차

1) 조정사항 및 조정신청

조정협의회는 공정거래위원회 또는 분쟁당사자가 요청하는 가맹사업거래의 분쟁에 관한 사항을 조정한다(법 제21조). 따라서 조정절차가 개시되기 위하여는 조정사항이 가맹사업거래의 분쟁에 관한 사항이어야 하고, 공정거래위원회나 분쟁당사자의 신청이 있어야 한다.

특히 분쟁당사자는 조정협의회에 분쟁조정신청서를 작성하여 분쟁사실을 입증할 수 있는 자료를 첨부하여 그 조정을 신청할 수 있다(법 제22조 제1항). 분쟁당사자가 서로 다른 조정협의회에 분쟁조정을 신청하거나 중복하여 분쟁조정을 신청한 때에는 ① 조정원 조정협의회, ② 가맹점사업의 주된 사업장이 소재한 시·도 조정협의회, ③ 가맹본부의 주된 사업장이 소재한 시·도 조정협의회 가운데 가맹점사업자가 선택한 조정협의회에서 이를 담당한다(법 제22조 제2항). 예컨대 하나의 분쟁사실에 대해 가맹본부와 가맹점사업자가 서로 다른 조정협의회에 분쟁조정을 신청하였다면, 가맹점사업자가 조정협의회를 선택할 수 있게 된다.

공정거래위원회는 가맹사업거래의 분쟁에 관한 사건에 대하여 조정협의회에 그 조정을 의뢰할 수 있다(법 제22조 제3항). 한편 조정협의회는 분쟁당사자로부터 조정을 신청받은 때에는 즉시 조정사항을 분쟁당사자에게 통지하여야 한다(법 제22조 제4항).

〈표 12〉 분쟁조정신청서[4)]

기재사항
1. 신청인과 피신청인의 성명 및 주소(분쟁당사자가 법인인 경우에는 법인의 명칭, 주된 사무소의 소재지, 그 대표자의 성명 및 주소를 말한다)
2. 대리인이 있는 경우에는 그 성명 및 주소
3. 신청의 이유
4. 동일 사안에 대하여 다른 협의회에 분쟁조정을 신청한 경우에는 그 사실
5. 동일 사안에 대하여 법 제22조 제4항에 따라 다른 분쟁당사자의 분쟁조정신청을 통지받은 경우에는 그 사실
첨부서류
① 분쟁조정신청의 원인 및 사실을 증명하는 서류
② 대리인이 신청하는 경우 그 위임장
③ 그 밖에 분쟁조정에 필요한 증거서류 또는 자료

4) 가맹사업법 시행령 제19조 제1항 및 제2항을 정리한 것이다.

2) 조정신청에 따른 시효중단

분쟁당사자가 조정을 신청하면 시효가 중단되지만(법 제22조 제5항 본문), ① 분쟁조정이 이루어져 조정조서를 작성한 때, ② 분쟁조정이 이루어지지 아니하고 조정절차가 종료된 때부터 중단된 시효는 새로이 진행한다(법 제22조 제7항). 그리고 신청이 취하되거나 각하된 때에는 다시 시효가 진행되지만(법 제22조 제5항 단서), 시효가 다시 진행되는 경우에도 6개월 내에 재판상의 청구, 파산절차참가, 압류 또는 가압류, 가처분을 한 때에는 시효는 최초의 분쟁조정의 신청으로 인하여 중단된 것으로 본다(법 제22조 제6항).

3) 다수의 조정신청 시 대표자의 선정

다수인이 공동으로 분쟁조정을 신청하는 때에는 신청인 가운데 3인 이내의 대표자를 선정할 수 있으며, 조정협의회 위원장은 신청인이 대표자를 선정하지 아니한 경우 신청인에게 대표자를 선정할 것을 권고할 수 있다. 신청인은 대표자를 변경하는 때에는 그 사실을 지체 없이 위원장에게 통지하여야 한다(법 시행령 제20조 제1항, 제2항). 조정협의회 위원장은 분쟁조정의 신청에 대하여 보완이 필요하다고 인정될 때에는 상당한 기간을 정하여 그 보완을 요구하여야 한다. 이때 보완에 소요된 기간은 분쟁조정기간에 이를 산입하지 아니한다(법 시행령 제21조 제1항, 제2항).

바. 조정 절차 및 효력

1) 분쟁조정절차 개시

조정협의회는 조정을 신청 받거나 조정을 의뢰 받는 경우에는 조정번호, 조정개시일 등을 지체 없이 분쟁당사자에게 통보하여야 하며, 분쟁당사자와 분쟁의 구체적인 내용을 관리대장에 기록하는 분쟁조정 절차를 개시하여야 한다(법 제23조 제1항). 이후 조정협의회는 분쟁당사자에게 조정사항에 대하여 스스로 조정하도록 권고하거나 조정안을 작성하여 이를 제시할 수 있다(법 제23조 제2항).

2) 분쟁조정신청 각하 및 종료 사유

가맹사업법은 조정 신청된 사건에 대해 조정협의회가 각하 또는 종료할 수 있도록 하고 있다. 즉 조정협의회는 ⓐ 조정신청의 내용과 직접적인 이해관계가 없는 자가 조정신청을 한 경우, ⓑ 이 법의 적용 대상이 아닌 사안에 대하여 조정신청을 한 경우, ⓒ 조정신청이 있기 전에 공정거래위원회가 신고에 따라 조사를 개시한 사건에 대하여 조정신청을 한 경우에는 그 조정신청을 각하하여야 한다(법 제23조 제3항).

그리고 조정협의회는 ⓐ 분쟁당사자가 조정협의회의 권고 또는 조정안을 수락하거나 스스로 조정하는 등 조정이 성립된 경우, ⓑ 조정을 신청 또는 의뢰 받은 날부터 60일[5]이 경과하여도 조정이 성립되지 아니한 경우, ⓒ 분쟁당사자의 일방이 조정을 거부하거나 해당 조정사항에 대하여 법원에 소를 제기하는 등 조정절차를 진행할 실익이 없는 경우에는 그 조정절차를 종료하여야 한다(법 제23조 제4항).

조정협의회는 분쟁조정신청을 각하하거나 종료한 경우에는 공정거래위원회 및 시·도에 조정의 경위, 조정신청 각하 또는 조정절차 종료의 사유 등과 관계서류를 서면으로 지체없이 보고하여야 하고, 분쟁당사자에게 그 사실을 통보하여야 한다(법 제23조 제5항).

3) 분쟁조정의 종료 등

조정협의회는 조정신청을 각하하거나 조정절차를 종료한 경우 분쟁조정종료서를 작성한 후 그 사본을 첨부하여 분쟁조정원에 두는 조정협의회는 공정거래위원회에, 시·도에 두는 조정협의회는 공정거래위원회 및 시·도지사에게 보고해야 한다(법 시행령 제23조 제1항).

〈표 13〉 분쟁조정종료서[6]

1. 조정신청인의 주소·성명
2. 조정대상 분쟁의 개요
   가. 가맹사업거래 당사자의 일반현황
   나. 가맹사업거래의 개요
   다. 분쟁의 경위
   라. 조정의 쟁점(가맹사업당사자의 의견을 기술한다)
3. 조정신청의 각하사유 또는 조정절차의 종료사유(법 제23조 제3항 각 호 및 같은 조 제4항 각 호에 규정된 사유별로 상세하게 기술한다)

5) 분쟁당사자 쌍방이 기간연장에 동의한 경우에는 90일로 한다.
6) 가맹사업법 시행령 제23조 제2항을 정리한 것이다.

4) 분쟁당사자의 사실 확인 및 공정거래위원회 업무처리

조정협의회는 조정사항에 관한 사실을 확인하기 위하여 필요한 경우 조사를 하거나 분쟁당사자에 대하여 관련 자료의 제출이나 출석을 요구할 수 있다(법 제23조 제6항). 분쟁당사자에 대하여 출석을 요구하고자 하는 때에는 시기와 장소를 정하여 7일전까지 통지하여야 하나, 긴급을 요거나 대상자가 동의할 경우에는 그러하지 아니하며, 출석 대상자가 부득이한 사유로 출석할 수 없는 사유가 발생하면 미리 서면으로 의견을 제출할 수 있다(법 시행령 제24조 제1항, 제2항).

공정거래위원회는 조정사항에 관하여 조정절차가 종료될 때까지 해당 분쟁당사자에게 시정조치를 권고하거나 명하여서는 아니 된다. 다만 공정거래위원회에 법 위반 사실로 신고가 있거나 위반 혐의가 있다고 인정되어 조사를 개시한 사건에 대하여는 조정절차가 종료되기 전이라 하더라도 시정조치를 취할 수 있다(법 제23조 제7항).

5) 조정조서의 작성 및 공정거래위원회 보고

조정협의회는 조정사항에 대하여 조정이 성립된 경우 조정에 참가한 위원과 분쟁당사자가 기명날인하거나 서명한 조정조서를 작성한다(법 제24조 제1항). 아울러 분쟁당사자가 조정절차를 개시하기 전에 조정사항을 스스로 조정하고 조정조서의 작성을 요구하는 경우에는 그 조정조서를 작성하여야 한다(법 제24조 제2항). 조정협의회는 회의를 통하여 분쟁의 조정이 성립된 경우에는 다음과 같은 조정조서를 작성한 후 그 사본을 첨부하여 조정결과를 공정거래위원회에 보고하여야 한다(법 시행령 제25조).

〈표 14〉 조정조서[7)]

1. 조정신청의 주소·성명
2. 조정대상 분쟁의 개요
가. 가맹사업거래 당사자의 일반현황
나. 가맹사업거래의 개요
다. 분쟁의 경위
라. 조정의 쟁점(가맹사업당사자의 의견을 기술한다)
3. 조정의 결과(조정의 쟁점별로 기술한다)

7) 이는 가맹사업법 시행령 제25조를 정리한 것이다.

6) 조정사항의 이행 및 효력

분쟁당사자는 조정조서에 합의된 사항을 이행하여야 하고, 이행결과를 공정거래위원회에 제출하여야 한다(법 제24조 제3항). 공정거래위원회는 분쟁당사자가 조정조서에 합의된 사항에 대하여 이행이 이루어진 경우에는 시정조치 및 시정권고를 하지 아니한다(법 제24조 제4항). 그리고 조정협의회의 조정이나 분쟁당사자의 조정에 따라 분쟁조정조서를 작성한 경우 그 조정조서는 재판상 화해와 동일한 효력을 갖는다(법 제24조 제5항).

7) 분쟁당사자의 지위승계 및 소제기 등의 통지

조정절차가 종료되기 전에 분쟁당사자가 사망하거나 능력의 상실 그 밖의 사유로

〈표 15〉 분쟁조정 절차 안내[8)]

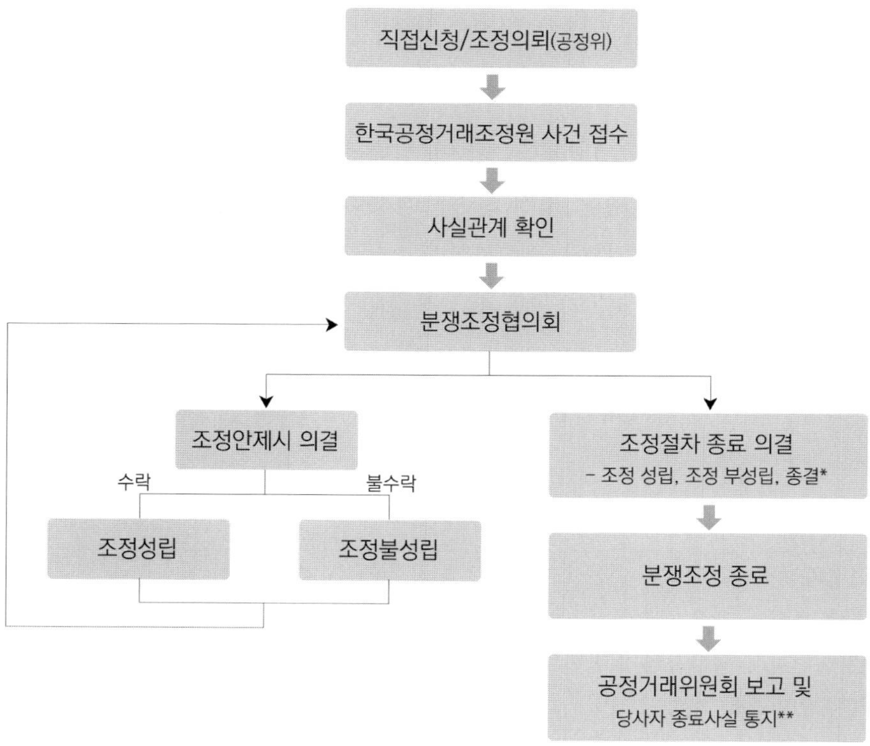

* 취하, 소제기, 각하, 조정안 미제시 등 관련 법령 등에 의하여 조정절차를 종료한 경우

** 조정이 성립되지 않은 경우, 피신청인의 관련 법률 위반 여부를 확인하고 싶은 신청인은 조정원의 통지 공문 내용에 따라 공정거래위원회에 신고서 제출

8) 한국공정거래조정원 홈페이지(https://fairnet.kofair.or.kr/) 참조.

절차를 계속할 수 없는 경우에는 법령에 의하여 그 지위를 승계한 자가 분쟁당사자의 지위를 승계하게 할 수 있다. 이 경우 분쟁당사자의 지위를 승계하고자 하는 자는 서면으로 조정협의회에 신청하여야 하고, 조정협의회는 지체 없이 이를 심사하여 승계여부를 결정하고, 그 내용을 신청인에게 서면으로 통지하여야 한다. 아울러 분쟁당사자는 분쟁조정 신청 후 해당 사건에 대하여 소를 제기하거나 중재법에 따른 중재합의를 한 때에는 지체 없이 이를 조정협의회에 통지하여야 한다(법 시행령 제26조 제1항~제3항, 제27조).

〈표 16〉 분쟁조정 단계별 절차 안내9)

[1] 신청서 접수

우리 원은 온라인 분쟁조정시스템을 통해 조정신청을 접수합니다. (다만 시스템 이용에 어려움이 있어 방문접수 또는 우편접수를 원하시는 경우 우리 원 대표번호(1588 – 1490)로 문의하여 주시기 바랍니다.)

- 신청서 작성 시 유의사항
  - 양 당사자 연락처를 정확히 기재바랍니다.
  - 사안이 다양할 경우 피해금액이 큰 주장 위주로 작성해 주시기 바랍니다.

[2] 양당사자 접수통지

사건 접수 후 담당조사관이 등기우편으로 양 당사자에게 접수사실 및 자료 요청을 공문으로 통지해 드립니다. 단, 접수과정에서 우리 원의 조정대상에 해당하지 않는 경우 조정절차가 종료될 수 있습니다.

[3] 자료제출

양당사자는 기한 내에 분쟁 관련 자료(보완서, 답변서, 일반현황표)를 제출해야 하며, 당사자가 2회 이상 자료제출 요청에 불응하면 분쟁조정 절차가 종료될 수 있습니다.

※ 일반현황표는 양당사자의 거래관계 및 분쟁조정 대상 여부 검토에 활용됩니다.

[4] 사실관계 조사

양 당사자가 제출한 자료들의 검토를 거쳐 본격적인 조정절차가 진행됩니다. 필요한 경우 당사자들에게 출석을 요구할 수 있으며, 조정절차 중 당사자가 직접 합의하여 조정이 종료될 수 있습니다. 반면 자료제출 또는 출석요구 등 조사과정에 2회 이상 참여하지 않는 경우 조정절차가 종료될 수 있습니다.

9) 한국공정거래조정원 홈페이지 참조(https://fairnet.kofair.or.kr/).

[5] 협의회 개최 및 의결

사실관계 조사 등을 거친 모든 분쟁사건은 분쟁조정협의회에 상정되어 심의절차를 거치게 됩니다. 이 과정에서 필요한 경우 분쟁조정협의회에 분쟁당사자가 참여하여 의견을 진술하는 경우도 있으며, 분쟁조정협의회의 심의를 통해 조정절차 종료 등 여부를 최종 의결하면 사실상 조정절차가 종료됩니다. (협의회 의결 후 분쟁당사자 분들에게 종료 여부 등이 통지되며, 본 시스템 등을 통해 확인하실 수 있습니다.)

[6] 조정안 제시

협의회에서 조정안을 제시할 경우, 그에 따라 양 당사자에게 조정결정서가 전달되며 양 당사자는 기한(14일) 내에 우리 원 조정안에 대한 수락 여부를 통지해야 합니다.

[7] 조정절차 종료사실 통지

협의회의 의결 결과(합의 여부 등)에 따른 조정절차 결과는 양 당사자에게 문서로 등기 송달되고, 사실상 모든 조정절차가 종료됩니다.

[8] 후속조치

조정이 되지 않은 사건의 경우 공정거래위원회에 보고되며, 공정거래위원회에서는 사안을 검토하여 필요한 경우 사건조사 등 사건처리절차를 개시하게 됩니다.

사. 가맹사업거래분쟁조정협의회 관련 Q&A

[Q 1] A가맹본부가 가맹점사업자 甲과의 편의점 계약기간이 아직 남아있었다. A와 甲 사이에 체결된 가맹점계약서에는 '건물이 멸실되는 경우에는 위약금이 면제된다.'는 조항이 명시적으로 규정되어 있었다. 그런데 甲의 임차건물이 철거되자 A는 甲에게 위약금을 부과하고 있는데, 이러한 행위는 가맹사업법 위반에 해당하나?

[A 1] 가맹계약서에 가맹점 운영과 무관하게 건물이 멸실될 경우 위약금이 면제된다는 조항이 있기 때문에 A의 법 위반이 인정될 수 있다. 왜냐하면 당사자 사이의 법률관계는 우선적으로 해당 계약서의 내용을 적용하여 해석하는 것이 타당하기 때문이다.

가맹점계약서 해석과 관련하여 분쟁이 발생한다면 가맹사업법 상의 분쟁조정절차를 이용하여 문제를 해결하는 것이 하나의 방법일 수 있다. 다만 가맹본부가 가맹점사업자에게 과중한 위약금을 부과하는 행위 등은 가맹사업법 제12조 제1항 제5호에 따라 계약의 목적과 내용, 발생할 손해 등 가맹점사업자에게 부당하게 손해배상의무를 부담시키는 행위에 해당할 수 있으므로, 법 위반소지가 될 소지가 높다.

[Q 2] 서울에 본사를 두고 있는 A가맹본부는 전국의 가맹점망을 갖고 있는데, 가맹점사업자 甲·乙·丙 등에게 A가 지정하는 인테리어사업자 B와 인테리어공사를 하도록 하고 이에 따르지 않을 경우 위약금 부담과 함께 일부 필수품의 지원을 제한하겠다고 하고 있는데, 가맹사업법상 어떤 절차를 거쳐 분쟁을 해결할 수 있나?

[A 2] 가맹점사업자 甲·乙·丙 등은 한국공정거래조정원 산하 분쟁조정협의회 또는 시·도 조정협의회에 조정을 신청할 수 있다. 만일 가맹점사업자 甲·乙·丙 등이 조정원 협의회에 분쟁을 신청하였지만, A가 따로 서울시 조정협의회에 조정을 신청하였다면 가맹점사업자들이 조정기관을 지정할 수 있다. 분쟁조정은 소송을 통한 피해구제절차와 달리 비용이 들지 않고, 전문기관으로부터 신속하게 분쟁을 해결할 수 있는 방법이다.

그리고 사례에서와 같이 다수인이 공동으로 분쟁조정을 신청하는 때에는 신청인 가운데 3인 이내의 대표자를 선정하여 조정절차를 진행할 수 있다. 한편 조정협의회의 조정사항에 대하여 조정이 성립되어 작성된 조정조서는 재판상 화해와 동일한 효력이 있기 때문에, 분쟁당사자는 조정조서의 내용대로 이행하여야 한다.

2. 가맹거래사제도

가. 가맹거래사의 의의 및 자문 등의 필요성

가맹거래사란 공정거래위원회가 실시하는 가맹거래사 자격시험에 합격한 후 100시간 이상의 실무수습을 마친 자를 말한다(법 제27조 제1항). 가맹거래사는 가맹사업거래 분야의 국가공인 전문자격증 소지자로, 가맹사업에 대한 자문 등을 할 수 있다.[10)]

가맹거래사 자격 과목시험은 선택형인 제1차시험과 논문형인 2차시험으로 구분하여 매년 1회 이상 실시(모두 기입형 가미 가능)하며,[11)] 1차과목은 ① 경제법(공정거래법과

10) 염규석, “온주 가맹사업거래의공정화에관한법률 제27조”, 로앤비(2020. 12. 11), §1.

11) 공정거래위원회는 시험을 시행하려는 때에 시험의 일시·장소·방법·응시자격 및 응시절차 등 필요한 사항을 시험시행일 3개월 전에 「신문 등의 진흥에 관한 법률」 제9조 제1항에 따라 전국을 보급지역으로 등록한 일반일간신문 또는 인터넷 홈페이지 등에 공고해야 한다(법 시행령 제28조 제2항).

약관규제법), ② 민법, ③ 경영학이며, 2차과목은 ④ 가맹사업법령 및 실무, ⑤ 가맹계약 이론 및 실무이다. 시험 합격자는 매과목 100점을 만점으로 하여 매과목 40점 이상, 전과목 평균 60점 이상을 득점한 자로 한다(법 시행령 제28조 제4항~제6항). 시험에 응시한 자가 그 시험에 관하여 부정한 행위를 한 경우에는 해당 시험을 무효로 하고 그 시험의 응시일부터 5년간 시험의 응시자격을 정지한다(법 제27조 제3항). 그리고 실무수습은 가맹사업법, 약관규제법, 정보공개서 작성 및 등록, 가맹계약서 작성, 분쟁조정 신청 등 가맹사업 분야의 전문가가 갖추어야 할 전반적인 과목을 이수한다.

가맹본부는 일반 도·소매업자와 다르게 가맹사업당사자 간에 거래를 하면서 가맹사업법과 약관규제법 등의 관련 법령을 준수하여야 한다. 가맹본부가 가맹사업을 창업한 후 가맹희망자를 모집하기 위해서는 정보공개서를 작성하여 등록기관에 등록하여야 하고, 그 등록서류의 첨부물에는 가맹계약서 사본도 함께 제출하여야 한다. 이러한 정보공개서와 가맹계약서는 가맹사업을 창업하는 가맹본부가 임의로 자유롭게 작성하는 것이 아니라, 법 시행령 [별표 1]의 정보공개서 기재사항과 법 제11조 제2항 및 시행령 제12조의 가맹계약서 필수기재사항을 포함하여야 한다. 그러므로 가맹사업 창업자가 정보공개서를 작성하여 등록기관에 등록하려면 이에 대한 전문지식이 있어야 한다.

가맹거래사는 가맹본부의 정보공개서 및 가맹계약서의 작성이나 이에 관한 자문을 포함하여 가맹사업거래에서의 분쟁조정 관련 업무를 수행할 수 있는 가맹분야의 특화된 전문성을 가진 자이다. 그러므로 가맹사업법은 가맹본부나 가맹점사업자가 가맹사업을 영위하는 과정에서 생길 수 있는 다양한 문제에 대해 자문 등 전문가로서 일정한 역할이 필요하기 때문에 가맹거래사의 자문 등의 제도를 규정하고 있다.

나. 가맹거래사 등록 및 갱신절차

가맹거래사 자격이 있는 자가 가맹거래사 업무를 수행하기 위해서는 공정거래위원회가 정한 등록신청서를 공정거래위원회에 제출하여야 한다. 공정거래위원회는 가맹거래사의 등록신청이 있는 때에는 가맹거래사등록부에 그 내용[12]을 기재하고 신청인에게 등록증을 교부하여야 한다. 공정거래위원회에 등록한 가맹거래사는 5년마다 등록을 갱신하여야 하고, 등록한 가맹거래사가 아닌 자는 가맹거래사임을 표시하거나 이와 유사

12) 기재사항은 ① 가맹거래사의 주소·성명 및 주민등록번호, ② 사무소의 명칭 및 소재지, ③ 등록번호, ④ 그 밖에 공정거래위원회가 정하는 사항이다(법 시행령 제32조 제2항).

한 용어를 사용할 수 없다(법 제29조 제1항~제3항).[13)]

공정거래위원회에 등록한 가맹거래사는 등록일로부터 5년이 경과되기 30일전까지 법 시행령 [별지 제9호서식]의 가맹거래사등록갱신신청서에 가맹거래사등록증 사본, 사진 2매를 첨부하여 공정거래위원회에 제출하여야 한다. 공정거래위원회는 갱신대상 가맹거래사에게 등록일부터 5년이 경과하기 60일전까지 갱신등록을 하지 아니하면 가맹거래사 자격이 정지된다는 사실 등을 미리 통지하여야 한다.[14)]

가맹거래사 등록을 한 자가 공정거래위원회로부터 등록증을 교부받은 후 그 등록증을 잃어버리거나 그 등록증이 못쓰게 된 때에는 재교부신청서를 공정거래위원회에 제출하여야 하고, 등록증을 재교부 받은 후에 잃어버렸던 등록증을 발견한 때에는 지체없이 이를 반환하여야 하여야 한다(법 시행령 제32조 제3항, 제4항).

다. 가맹거래사의 업무 및 책임

공정거래위원회에 등록한 가맹거래사는 자문 등의 업무를 수행할 수 있다. 즉, 가맹거래사는 ① 가맹사업의 사업성에 관한 검토, ② 정보공개서와 가맹계약서의 작성·수정이나 이에 관한 자문, ③ 가맹점사업자의 부담, 가맹사업 영업활동의 조건 등에 관한 자문, ④ 가맹사업당사자에 대한 교육·훈련이나 이에 대한 자문, ⑤ 가맹사업거래 분쟁조정 신청의 대행 및 의견의 진술, ⑥ 정보공개서 등록의 대행에 관한 업무를 수행한다(법 제28조). 가맹거래사는 이러한 업무를 수행함에 있어서 성실히 직무를 수행하며 품위를 유지하여야 하고, 직무를 수행함에 있어서 고의로 진실을 감추거나 허위의 보고를 하여서는 안 되는 책임이 있다(법 제30조 제1항, 제2항).

라. 가맹거래사의 등록취소와 자격정지

공정거래위원회는 등록한 가맹거래사에게 일정한 사유가 생긴 경우에는 등록을 취소할 수 있다. 즉, ① 허위 그 밖의 부정한 방법으로 등록 또는 갱신등록을 한 경우 및 ② 가맹거래사의 결격사유(법 제27조 제2항)[15)]에 해당하게 된 경우에는 그 등록을 취소

---

13) 이를 위반하여 가맹거래사임을 표시하거나 유사한 용어를 사용한 자에 대해서는 1천만 원 이하의 과태료를 부과한다(법 제43조 제6항).

14) 「가맹거래사 자격제도의 운영에 관한 규정」 제8조 제3항 참조.

15) ① 미성년자·피성년후견인 또는 피한정후견인, ② 파산선고를 받고 복권되지 아니한 자, ③ 금고 이상의 실형의 선고를 받고 그 집행이 종료(종료된 것으로 보는 경우를 포함)되거나 집행을 받지 아니하기로 확정된 후 2년이 경과되지 아니한 자, ④ 금고 이상의 형의 집행유예를 받고 그 집행

하여야 한다(법 제31조 제1항 단서). 그리고 ③ 업무수행과 관련하여 알게 된 비밀을 다른 사람에게 누설한 경우, ④ 가맹거래사 등록증을 다른 사람에게 대여한 경우, ⑤ 업무수행과 관련하여 고의 또는 중대한 과실로 다른 사람에게 중대한 손해를 입힌 경우에는 등록을 취소할 수 있다(법 제31조 제1항 본문).

가맹거래사가 등록을 하고 5년마다 등록을 갱신하지 아니한 가맹거래사는 그 자격이 정지된다. 이 경우 공정거래위원회가 고시로서 정하는 바에 따라 15시간 이상의 가맹거래사 실무수습 내용의 보수교육을 받고 갱신등록을 한 때에는 그 때부터 자격이 회복된다(법 제31조 제2항). 공정거래위원회는 가맹거래사의 등록을 취소하고자 할 경우에는 청문을 실시하여야 한다(법 제31조 제3항).

마. 가맹거래사의 자문 기능

자문이란 어떤 일을 보다 효율적이고 바르게 처리하기 위해 그 분야의 전문가나 전문가로 구성된 기관에게 의견을 구하고, 이에 대해 전문가나 전문기관이 관련 정보의 제공 등 조언하는 것을 말한다. 사업자가 사업을 영위하다 보면 숲을 보는데 나무를 보지 못하거나 나무는 보는데 숲을 보지 못하여 업무의 효율성이 떨어지거나, 새로운 사업 분야로 진출하고자 할 때 다양한 법적 문제에 부딪혀 이를 스스로 해결하기 어려울 때가 있어 전문가의 자문이 필요하게 된다.

특히 가맹사업에 있어서 가맹본부가 사업을 영위하는 과정에서 창업과 관련된 사업성에 대한 검토, 정보공개서의 작성과 등록, 가맹계약서의 작성, 효율적인 업무수행을 위한 매뉴얼 작성 등을 직접 하기에는 한계가 있다. 따라서 가맹사업에 대한 일정한 자격을 보유하고 있는 가맹거래사로부터 자문을 얻어 업무의 효율성을 높일 수 있다는 점에서, 가맹사업분야는 다른 유통산업에 비하여 그 자문 효과가 크게 나타날 수 있다고 본다.

바. 가맹거래사 제도 관련 Q&A

[Q 1] 가맹거래사가 대리인 자격으로 분쟁조정절차에 참여할 수 있나?

[A 1] 가맹사업법 제28조 제5호에서는 가맹거래사의 업무 범위로 "가맹사업거래 분쟁조정 신

유예기간 중에 있는 자, ⑤ 가맹거래사의 등록이 취소된 날부터 2년이 경과되지 아니한 자를 말한다.

청의 대행 및 의견의 진술"을 규정하고 있으므로, 일정한 범위에서 참여할 수 있다. 여기서 분쟁조정 신청의 대행 및 의견의 진술에서 "의견의 진술"이란 가맹거래사가 분쟁조정절차에 분쟁 당사자와 함께 참석하여 의견을 진술할 수 있음을 의미하며, 당사자를 대신하여 전적으로 의견을 진술하거나 조정안을 결정하는 것과 같은 대리행위는 업무 범위에 포함된다고 보기가 어렵다.

[Q 2] 가맹거래사가 가맹사업법상의 가맹거래사 업무 이외에 행정사법상 행정사가 공정거래위원회의 행정업무를 수행하는 범위의 업무도 같이 수행할 수 있는가?

[A 2] 가맹거래사는 법률에 별도의 규정이 없는 한 행정사가 공정거래위원회의 행정업무를 수행하는 행위를 업으로 할 수 없다. 행정사법 제3조 제1항에 따라 행정사가 아닌 사람은 다른 법률에 따라 허용되는 경우를 제외하고는 제2조의 업무를 업으로 하지 못한다고 규정되어 있기 때문이다.

행정사법 제2조(업무) ① 행정사는 다른 사람의 위임을 받아 다음 각 호의 업무를 수행한다. 다만 다른 법률에 따라 제한된 업무는 할 수 없다.

1. 행정기관에 제출하는 서류의 작성
2. 권리·의무나 사실증명에 관한 서류의 작성
3. 행정기관의 업무에 관련된 서류의 번역
4. 제1호부터 제3호까지의 규정에 따라 작성된 서류의 제출 대행(代行)
5. 인가·허가 및 면허 등을 받기 위하여 행정기관에 하는 신청·청구 및 신고 등의 대리(代理)
6. 행정 관계 법령 및 행정에 대한 상담 또는 자문에 대한 응답
7. 법령에 따라 위탁받은 사무의 사실 조사 및 확인

한편 가맹사업법 제27조 및 제29조에 따라 공정거래위원회에 등록한 가맹거래사는 제28조 각 호의 업무를 수행할 수 있다. 이와 같은 가맹거래사 제도는 프랜차이즈 산업의 발전에 비례하여 가맹점사업자의 피해사례도 지속적으로 증가함으로써 국가자격시험을 통해 전문성 있는 가맹사업 분야 전문가를 양성하여 가맹점사업자 등의 피해를 예방하고자 시행하고 있다. 따라서 가맹거래사 제도의 취지 및 타 법률(행정사법)과의 관계를 종합적으로 검토하여 볼 때, 가맹거래사의 행정사 업무를 수행하는 것은 어렵다고 판단된다.

[Q 3] 행정사가 가맹거래사의 "정보공개서 등록의 대행" 업무를 수행할 수 있는가?

[A 3] 가맹거래사로 등록하지 않은 행정사는 업으로 가맹사업법 제28조 제2호 및 제6호에 따른 정보공개서 작성 등을 할 수 없다. 왜냐하면 「행정사법」 제2조 제1항에서 행정사의 업무를 규정하면서 다른 법률에 따라 제한되는 업무는 수행할 수 없도록 하고 있으므로, 행정기관에 제출하는 서류의 작성 등과 같이 「행정사법」 제2조 제1항에 따라 행정사가 수행할 수 있는 업무라고 하더라도 다른 법률에서 특별히 정하는 자격을 가진 자만이 할 수 있도록 규정하고 있는 경우에는 이를 행정사의 업무로 볼 수 없기 때문이다.

한편 가맹사업법 제27조 제1항에서는 공정거래위원회가 실시하는 가맹거래사 자격시험에 합격한 후 대통령령이 정하는 바에 따라 실무수습을 마친 자는 가맹거래사의 자격을 가진다고 규정하고 있고, 가맹사업법 제29조 제1항에서는 가맹거래사 자격이 있는 자가 같은 법 제28조에 따른 가맹거래사의 업무를 개시하고자 하는 경우에는 대통령령이 정하는 바에 따라 공정위에 등록하여야 한다고 규정하고 있다.

가맹사업법 제29조 제3항에서는 같은 조 제1항에 따라 등록을 한 가맹거래사가 아닌 자는 법 제27조에 따른 가맹거래사임을 표시하거나 이와 유사한 용어를 사용하여서는 안 된다고 규정하고 있는 점에 비추어 볼 때, 가맹거래사의 업무를 수행할 수 있는 자는 가맹거래사 자격이 있는 자로서 공정위에 등록한 자로 한정된다고 할 것이므로, 가맹사업법 제28조 제2호 및 제6호에 따른 정보공개서 작성 등은 「행정사법」 제2조 제1항 각 호 외의 부분 단서의 "다른 법률에 따라 제한된 업무"에 해당한다고 할 수 있다.

3. 가맹사업거래에 대한 교육 등

가. 교육내용 및 수익사업

공정한 가맹사업거래질서를 확립하기 위하여 공정거래위원회로 하여금 교육 등의 업무를 수행할 수 있도록 하고 있다. 즉, 공정거래위원회는 ① 가맹본부에 대한 교육·연수, ② 가맹희망자 및 가맹점사업자에 대한 교육·연수, ③ 가맹거래사에 대한 교육·연수,[16] ④ 가맹본부가 이 법을 자율적으로 준수하도록 유도하기 위한 자율준수프로그램

16) 법 제27조 제1항에 따른 실무수습을 포함한다.

의 보급·확산, ⑤ 그 밖에 공정한 가맹사업거래질서 확립을 위하여 필요하다고 인정하는 업무를 수행할 수 있다(법 제31조의2 제1항).

그리고 공정거래위원회는 교육 관련 업무를 교육기관 등의 지정기준에 적합한 법인에게 위탁할 수 있다(법 제31조의2 제2항). 공정거래위원회로부터 지정받은 교육기관 등은 가맹사업거래에 대한 교육 등의 업무를 수행하는데 필요한 재원을 조달하기 위하여 수익사업을 할 수 있다(법 제31조의2 제3항).

나. 교육기관 등의 지정기준

공정거래위원회로부터 교육기관으로 지정받기 위해서는 ① 시설기준은 바닥 면적이 150㎡ 이상으로서 집합교육을 할 수 있는 1개 이상의 강의실을 두어야 하고, 10명 이상이 동시에 영상교육을 받을 수 있는 시설을 갖추어야 한다.[17] ② 인력기준은 교육내용을 수행하는 1명 이상의 전임강사[18] 및 3명 이상의 관리직원을 두어야 한다. ③ 그리고 일정한 교육실적 기준[19]을 충족하여야 한다(법 시행령 제32조의2 [별표 4]).

다. 교육기관 지정취소 및 정지

공정거래위원회는 교육기관 등이 교육내용의 업무를 충실히 수행하지 못하거나 교육기관 등의 지정기준에 미치지 못하는 경우에는 지정을 취소하거나 3개월 이내의 기간을 정하여 지정의 효력을 정지할 수 있다(법 제31조의2 제4항).

---

17) 다만 강의실은 교육기관 등이 직접 소유하거나 교육이 진행되는 기간 동안 계속하여 임차하여야 한다(법 시행령 32조의2 관련 [별표 4]).

18) 전임강사는 ⓐ 대학에서 법학·경제학·경영학 중 한 가지 이상을 전공한 자로서 「고등교육법」 제2조에 따른 학교나 공인된 연구기관에서 조교수 이상 또는 이에 상당하는 직에 재직 중이거나 그 직에 있었던 자, ⓑ 판사나 검사의 직에 있었던 자 또는 변호사의 자격이 있는 자, ⓒ 가맹거래사로 등록한 자, ⓓ 가맹사업거래 관련 업무를 5년 이상 수행한 자, ⓔ 공정거래위원회에서 5급 이상의 직에 5년 이상 근무한 경력이 있는 자(재직 중인 자는 제외한다)에 해당하는 자이어야 한다.

19) 즉, ⓐ 지정일 바로 전 3년 동안 가맹본부 50개 이상이나 가맹희망자 및 가맹점사업자 100명 이상, 또는 가맹거래사 30명 이상의 교육·연수를 수행한 실적이 있을 것, ⓑ 지정일 바로 전 3년 동안 가맹사업 관련 분쟁조정 실적이 30건 이상일 것, ⓒ 「고등교육법」 제2조에 따른 학교로서 지정일 바로 전 3년 동안 법 시행령 [별표 3]에 열거된 가맹거래사 1차 시험과목 중 한 가지 이상을 매 학기 개설할 것을 요한다.

4. 법 위반 사실과 신고

가. 신고 주체 및 통지

가맹사업법은 그 위반 행위에 대한 신고주체를 제한하지 않고 있다. 따라서 누구든지 가맹사업법에 위반되는 사실이 있다고 인정할 때에는 사건절차규칙 [별지 4호서식]의 "부당한 가맹사업거래행위 신고서"에 그 사실을 기재하여 신고할 수 있다. 즉, 가맹점사업자는 물론 이해관계 없는 제3자도 가맹사업법 위반 사실이 있는 경우 ① 신고자의 성명·주소, ② 가맹본부 또는 가맹지역본부의 성명 또는 명칭(법인인 경우에는 그 대표자의 성명을 포함)과 주소, ③ 위반행위의 내용을 작성하여 이를 입증할 수 있는 자료와 함께 공정거래위원회에 신고할 수 있다. 공정거래위원회는 신고인이 동의한 경우 가맹본부 또는 가맹지역본부에게 신고가 접수된 사실을 통지하여야 한다(법 제32조의3 제1항).

공정거래위원회는 신고를 접수한 날부터 15일 이내에 신고자가 ① 신고서가 접수된 사실을 공정거래위원회가 가맹본부 또는 가맹지역본부에 통지하는 것에 대한 동의 여부, ② ①과 같이 통지 시 신고인 및 신고내용도 함께 통지하는 것에 대한 동의를 하는지 여부를 확인하기 위한 서면을 신고자에게 직접 발급하거나 송부하여야 한다. 이와 같은 서면을 발급받거나 송부받은 신고자는 15일 내에 동의 여부를 공정거래위원회에 서면으로 통지하여야 하며, 그 기간 내에 통지하지 아니한 경우에는 동의를 하지 아니한 것으로 본다(법 시행령 제32조의3 제2항, 제3항). 공정거래위원회는 신고자로부터 동의한다는 통지를 받은 경우에는 그 통지를 받은 날로부터 7일 이내에 신고접수 사실, 신고자 및 신고내용을 기재한 서면을 가맹본부 또는 가맹지역본부에 직접 발급하거나 송부하여야 한다(법 시행령 제32조의3 제4항).

나. 신고 효과 및 그 결과 통보

공정거래위원회는 신고자의 신고가 있거나 가맹사업법에 위반되는 혐의가 있다고 인정할 때에는 필요한 조사를 할 수 있다. 이 경우에는 그 결과[20]를 서면으로 해당 사건의 당사자에게 통지하여야 한다. 공정거래위원회가 가맹본부 또는 가맹지역본부에 신고사실을 통지한 때에는 민법 제174조[21]에 따른 최고가 있는 것으로 본다. 다만 신고

---

20) 조사결과 시정조치 명령 등의 처분을 하고자 하는 경우에는 그 처분의 내용을 포함한다.

21) 제174조(최고와 시효중단) 최고는 6월 내에 재판상의 청구, 파산절차참가, 화해를 위한 소환, 임의

된 사실이 법 적용대상이 아니거나 조사개시대상 행위가 그 거래 종료일부터 3년을 경과하여 공정거래위원회가 심의절차를 진행하지 아니하기로 한 경우, 신고된 사실에 대하여 공정거래위원회가 무혐의로 조치한 경우 또는 신고인이 신고를 취하한 경우에는 최고가 있는 것으로 보지 아니한다(법 제32조의3 제2항~제4항).

다. 법 위반 사실과 공정거래위원회에 신고 관련 Q&A

[Q 1] 가맹본부의 불공정거래행위에 대한 조정의뢰 및 신고방법은?

[A 1] 가맹사업거래로 인한 피해 또는 분쟁이 발생한 경우 한국공정거래조정원, 서울특별시, 부산광역시, 인천광역시, 경기도에 가맹사업거래분쟁조정협의회를 운영하고 있으므로, 이를 해결하기 위해 가까운 곳에 분쟁조정을 신청할 수 있다.

서울시 공정거래분쟁조정팀(02-2133-5378), 부산시 공정거래지원팀(051-888-4775), 인천시 공정거래팀(032-440-4545), 경기도 공정거래지원센터(031-8008-5555)에 연락하면 분쟁조정과 관련된 절차를 안내받을 수 있다.

이와 더불어 한국공정거래조정원(1588-1490)에도 조정협의회을 두고 있고, 해당 조정협의회의 절차는 무료로 신속하게 진행되며, 조정신청 건에 대하여 조정이 성립된 경우 이에 대한 조정조서는 재판상 화해와 동일한 효력이 있다.

분쟁조정신청은 한국공정거래조정원 홈페이지(http://www.kofair.or.kr)에서 분쟁조정→분쟁조정신청→분쟁조정 신청하기→신청서 작성→가맹사업거래 분쟁조정신청 순에 따라 온라인으로 신청할 수 있고, 분쟁조정안내-분쟁조정관련 서식에서 가맹사업거래분쟁조정신청서를 다운로드 받아 작성하여 관련서류와 함께 방문 또는 등기우편으로 제출하는 방법도 있다.

또한 공정거래위원회에 가맹사업법의 위반혐의가 있는 가맹본부를 신고할 수 있다. 공정거래위원회 홈페이지(www.ftc.go.kr)의 [민원참여-신고서식] 메뉴에서 부당한 가맹사업거래행위 신고서를 다운받아 작성하여 법 위반사실에 대한 첨부하여 가맹본부의 본사 소재지를 관할하는 각 지방공정거래사무소(가맹본부의 본사가 서울·경기·인천·강원지역인 경우 서울사무소, 부산·울산·경남인 경우 부산사무소, 대구·경북인 경우 대구사무소, 대전·세종·충남·충북인 경우 대전사무소, 광주·전남·전북·제주인 경우 광주사무소)에 신고할 수 있다.

[Q 2] 공정거래위원회에서 재신고 사건을 어떻게 처리하나?

출석, 압류 또는 가압류, 가처분을 하지 아니하면 시효중단의 효력이 없다.

[A 2] 공정거래위원회는 재신고 사건에 대하여 원사건 처리과정에서 ① 사실의 오인이 있는지 여부, ② 법령의 해석 또는 적용에 착오가 있는지 여부, ③ 심사관의 심사종결 이후 심사종결 사유와 관련 있는 새로운 사실 또는 증거가 발견되었는지 여부를 중심으로 검토한다.

[Q 3] 가맹사업법 위반행위가 5년 전에 있었는데, 이러한 경우도 신고대상에 해당하나?

[A 3] 위반행위가 5년이 되었어도 그 거래가 종료되지 않았다면 신고대상에 해당한다. 공정거래위원회의 조사개시대상이 되는 가맹사업거래는 그 거래가 종료된 날부터 3년을 경과하지 아니한 것에 한정한다(법 제32조). 따라서 가맹계약 체결되고 그 효력이 유지되고 있다면 3년 전의 가맹사업법 위반행위도 신고대상이 될 수 있다.

5. 공정거래위원회의 기능 및 조사

가. 공정거래위원회의 기능과 구성

1) 기 능

공정거래위원회는 국무총리소속하에 공정거래법에 의한 사무를 독립적으로 수행하기 위하여 정부조직법 제2조의 규정에 의한 중앙행정기관으로서 그 소관사무를 수행한다. 그 소관 사무는 ① 시장지배적지위의 남용행위 규제에 관한 사항, ② 기업결합의 제한 및 경제력집중의 억제에 관한 사항, ③ 부당한 공동행위 및 사업자단체의 경쟁제한행위 규제에 관한 사항, ④ 불공정거래행위 및 재판매가격유지행위 규제에 관한 사항, ⑤ 경쟁제한적 법령 및 행정처분의 협의·조정 등 경쟁촉진정책에 관한 사항, ⑥ 기타 법령에 의하여 공정거래위원회의 소관으로 규정된 사항이다(공정거래법 제35조 및 제36조).[22] 따라서 가맹사업거래에 관한 사항도 가맹사업법에 의해 공정거래위원회의 소관사항에 포함된다.

2) 구 성

공정거래위원회는 장관급 위원장 1인 및 차관급 부위원장 1인을 포함한 9인의 위

22) 2020. 12. 29. 공정거래법이 개정되어, 2021. 12. 30.부터는 제54조, 제55조로 변경된다(이후에는 "공정거래법 개정조항"이라 한다).

원으로 구성하며, 그중 4인은 비상임위원으로 한다. 상임위원과 비상임위원은 공정거래 및 소비자분야에 경험 및 전문지식이 있는 자[23)]로서 위원장과 부위원장은 국무총리의 제청으로 대통령이 임명하고 기타 위원은 위원장의 제청으로 대통령이 임명 또는 위촉한다. 위원장의 경우에는 국회의 인사청문을 거쳐야 한다(공정거래법 제37조 제1항, 제2항).

3) 회의 및 공개

공정거래위원회의 회의는 위원 전원으로 하는 전원회의와 상임위원 1인을 포함한 위원 3인으로 구성하는 소회의로 구분한다. 전원회의는 위원장이 주재하며 재적위원 과반수의 찬성으로 의결하고, 소회의는 상임위원이 주재하며 구성위원 전원의 출석과 출석위원 전원의 찬성으로 의결한다(공정거래법 제37조의2, 제42조 제1항, 제2항).

공정거래위원회의 심리와 의결은 공개한다. 다만 사업자 또는 사업자단체의 사업상의 비밀을 보호할 필요가 있다고 인정할 때에는 공개하지 아니하다. 공정거래위원회의 심리는 구술심리를 원칙으로 하지만, 필요한 경우 서면심의로 할 수 있다. 공정거래위원회는 사건에 관한 의결의 합의는 공개하지 않는다(공정거래법 제43조 제1항~제3항).

4) 소관 법률

공정거래위원회는 13개의 소관 법률을 운용하고 있다. 경쟁 및 공정거래 분야(5개) 법률로는 「독점규제 및 공정거래에 관한 법률」, 「하도급거래 공정화에 관한 법률」, 「가맹사업거래의 공정화에 관한 법률」, 「대규모유통업에서의 거래 공정화에 관한 법률」, 「대리점거래의 공정화에 관한 법률」이 있고, 소비자 분야(8개) 법률로는 「소비자기본법」, 「표시·광고의 공정화에 관한 법률」, 「약관의 규제에 관한 법률」, 「할부거래에 관한 법률」, 「방문판매 등에 관한 법률」, 「전자상거래 등에서의 소비자보호에 관한 법률」, 「소비자생활협동조합법」, 「제조물 책임법」이 있다.

5) 가맹사업 관련 주요 업무

공정거래위원회는 가맹사업거래의 공정화를 위한 종합 시책의 수립·운용, 가맹사

---

23) 즉, ① 2급 이상 공무원(고위공무원단에 속하는 일반직공무원을 포함)의 직에 있던 자, ② 판사·검사 또는 변호사의 직에 15년 이상 있던 자, ③ 법률·경제·경영 또는 소비자 관련 분야 학문을 전공하고 대학이나 공인된 연구기관에서 15년 이상 근무한 자로서 부교수 이상 또는 이에 상당하는 직에 있던 자, ④ 기업경영 및 소비자보호활동에 15년 이상 종사한 경력이 있는 자이다.

업법령과 고시·지침 등 내부규정의 제정·개정 및 운용을 담당한다. 또한 공정거래위원회는 가맹사업거래 분야 불공정거래행위 조사계획 수립, 가맹사업법 위반 사항의 조사·시정조치·과징금 부과 및 이행의 확인, 가맹사업거래의 공정에 관한 교육·홍보계획의 수립·추진, 가맹사업거래분쟁조정협의회의 구성·운영 및 감독, 신종 가맹사업 형태의 실태 파악과 대책 마련, 가맹사업과 이와 비슷한 형태의 사업자의 불공정거래행위에 대한 심사기준의 설정·운용, 가맹사업거래 분야 통계 작성·관리 업무를 수행한다.

나. 공정거래위원회의 조사

1) 서면자료 및 출석요구 조사

공정거래위원회는 가맹사업법의 시행을 위하여 필요하다고 인정할 때에는 ① 당사자, 이해관계인 또는 참고인을 출석시켜 의견을 청취할 수 있다. 이때에는 사건명, 상대방의 성명, 출석일시 및 장소 등의 사항을 기재한 출석요구서를 발부하여야 한다. ② 감정인의 지정 및 감정의 위촉을 할 수 있다. 이때에는 사건명, 감정인의 성명, 감정기간, 감정의 목적 및 내용 등의 사항을 기재한 서면으로 하여야 한다. ③ 사업자, 사업자단체 또는 이들의 임직원에 대하여 원가 및 경영상황에 관한 보고, 기타 필요한 자료나 물건의 제출을 명하거나 제출된 자료나 물건의 영치를 할 수 있다. 이때에는 사건명, 제출일시, 보고 또는 제출자료 등을 기재한 서면[24]으로 하여야 한다(법 제37조 제1항, 공정거래법 제50조 제1항).

2) 사업장 방문 현장 조사

공정거래위원회는 가맹사업법의 시행을 위하여 필요하다고 인정할 때에는 그 소속 공무원[25]으로 하여금 사업자 또는 사업자단체의 사무소 또는 사업장에 출입하여 업무 및 경영상황, 장부·서류, 전산자료·음성녹음자료·화상자료나 물건을 조사하게 할 수 있고, 사업자 또는 사업자단체의 사무소나 사업장과 공정거랭위원회의 출석요구서에 지정된 장소에서 당사자, 이해관계인 또는 참고인의 진술을 듣게 할 수 있다(법 제37조 제1항, 공정거래법 제50조 제2항).

---

24) 다만 공정거래위원회의 회의에 참석한 사업자등에 대하여는 구두로 할 수 있다.
25) 공정거래법 제65조의 규정에 의한 위임을 받은 기관의 소속공무원을 포함한다.

3) 물건의 영치 및 증표 제시

공정거래위원회 조사공무원은 사업자, 사업자단체 또는 이들의 임직원에 대하여 조사에 필요한 자료나 물건의 제출을 명하거나 증거인멸의 우려가 있는 경우에 한하여 제출된 자료나 물건의 영치를 할 수 있으며, 사업자 또는 사업자단체의사무소 또는 사업장에 출입하여 조사할 때에는 그 권한을 표시하는 증표를 관계인에게 제시하여야 한다(법 제37조 제1항, 공정거래법 제50조 제3항, 제4항).

4) 의견진술기회의 부여 및 자료열람요구

공정거래위원회 가맹사업법의 규정에 위반되는 사항에 대하여 시정조치 또는 과징금 납부명령을 하기 전에 당사자 또는 이해관계인에게 의견을 진술할 기회를 주어야 하여야 한다. 당사자 또는 이해관계인은 공정거래위원회의 회의에 출석하여 그 의견을 진술하거나 필요한 자료를 제출할 수 있다. 아울러 공정거래법 과징금 처분 또는 조사와 관련된 당사자, 이해관계인 또는 참고인은 의견을 제출하거나 진술할 수 있다(법 제37조 제1항, 공정거래법 제52조 제1항~제3항).

5) 자료열람요구 등

당사자 또는 신고인 등은 공정거래위원회에 이 법에 따른 처분과 관련된 자료의 열람 또는 복사를 요구할 수 있다. 이 경우 공정거래위원회는 ① 부쟁경쟁방지법 제2조 제2호에 따른 영업비밀 자료, ② 공정거래법 제22조의2 제3항에 따른 자진신고와 관련된 자료, ③ 다른 법률에 따른 비공개 자료를 제외하고는 이에 따라야 한다(법 제37조 제1항, 공정거래법 제52조의2).

6) 서면실태조사

공정거래위원회는 가맹사업거래에서의 공정한 거래질서 확립을 위하여 가맹본부와 가맹점사업자 등 사이의 거래에 관한 서면실태조사를 실시하여 그 결과를 공표하여야 한다. 이때에는 조사대상자의 범위, 조사기간, 조사내용, 조사방법, 조사절차 및 조사결과 공표범위 등에 관한 계획을 수립하여야 하고, 조사대상자에게 거래실태 등 조사에 필요한 자료의 제출을 요구할 수 있다(법 제32조의2 제1항, 제2항).

공정거래위원회가 서면실태조사에 따라 자료의 제출을 요구하는 경우에는 조사대상자에게 자료의 범위와 내용, 요구사유, 제출기한 등을 명시하여 서면으로 알려야 한다. 이때 가맹본부는 가맹점사업자로 하여금 서면실태조사 자료를 제출하지 아니하게 하거나 거짓 자료를 제출하도록 요구해서는 안 된다(법 제32조의2 제3항 및 제4항). 공정거래위원회는 이를 위반한 가맹본부에 대하여 5천만 원 이하의 과태료를 부과한다(법 제43조 제1항 제1호, 제1의2호).

다. 조사개시대상 제한 및 처분시효

가맹사업법의 규정에 따라 공정거래위원회의 조사개시대상이 되는 가맹사업거래는 그 거래가 종료된 날부터 3년을 경과하지 아니한 것에 한정한다. 다만 그 거래가 종료된 날부터 3년 이내에 분쟁조정이 신청되거나 가맹사업법 위반행위에 대하여 신고된 가맹사업거래의 경우에는 그러하지 아니하다(법 제32조 제1항).

가맹사업법 위반행위에 대한 처분시효는 ① 공정거래위원회가 신고를 받고 조사를 개시한 경우에는 신고일로부터 3년, ② 공정거래위원회가 직권으로 조사를 개시한 경우에는 조사개시일부터 3년이다. 공정거래위원회는 처분시효가 도과한 경우에는 법 위반행위에 대하여 법에 따른 시정조치를 명하거나 과징금을 부과하지 아니한다. 다만 법원의 판결에 따라 시정조치 또는 과징금 부과처분이 취소된 경우로서 그 판결이유에 따라 새로운 처분을 하는 경우에는 시정조치를 명하거나 과징금을 부과할 수 있다(법 제32조 제2항).

라. 공정거래위원회의 기능 및 조사 관련 Q&A

[Q 1] 공정거래위원회에서 직권조사를 개시한 이후 3년이 경과하였는데 아무런 통지를 받지 못한 경우 어떠한 처분을 받는가?

[A 1] 해당 직권조사의 경우에는 공정거래위원회가 시정조치를 명하거나 과징금을 부과하지 아니한다. 왜냐하면 가맹본부의 가맹사업법 위반행위에 대하여 공정거래위원회가 직권으로 조사를 개시한 후 3년이 경과하였다면 이는 법 제32조 제2항 제2호에 따라 처분시효가 도과된 경우에 해당하여 시정조치를 명하거나 과징금을 부과할 수 없기 때문이다.

[Q 2] 가맹본부가 2021. 1. 11. 공정거래위원회의 현장조사 개시일로부터 3년 전인 2012. 1. 10.에 가맹점사업자와 재계약을 체결하였거나 최초 계약 체결 후 10년을 경과하여 계약을 다시

체결한 경우 종전 거래는 조사개시대상에서 제외되나?

[A 2] 가맹사업거래가 종료되지 않고 계속되는 한 조사개시대상에서 제외되지 않는다. 가맹사업법 제32조 제1항은 공정거래위원회의 조사개시대상이 되는 가맹사업거래는 그 거래가 종료된 날부터 3년을 경과하지 아니한 것에 한정한다고 규정하고 있다. 이는 조사대상을 거래가 종료된 후 3년이 지나지 않은 것으로 한정함으로써 당사자 사이의 법률상 안정을 꾀하고 자료의 멸실 등에 따른 문제에 대처하기 위한 것이기 때문에, 조사대상이 된 가맹사업거래의 위반사항 중 일부 기간에 대해서만 과징금 대상 여부를 고려한다는 취지라고 볼 수 없다.

그러므로 조사개시대상 여부를 판단함에 있어서 그 이전에 재계약 체결이 되었는지 또는 최초 계약을 체결 후 10년이 지나 새롭게 계약을 체결하였는지는 고려대상이 되지 아니한다. 즉 재계약 체결 또는 10년 경과로 계약을 갱신한다고 하더라도 기본적으로 가맹계약 당사자의 변경 없이 거래관계가 지속되기 때문에 재계약 체결 이전 계약이 형식적으로 만료되는 시점에 '거래가 종료된 것'이라고 볼 수 없으므로, 3년 전의 종전 거래가 조사개시대상에서 제외되지 아니한다.

6. 법 위반행위에 대한 제재

가. 시정조치

1) 시정조치 대상 및 조치내용

공정거래위원회는 가맹본부의 법 위반행위가 있는 경우 그 위반행위에 대한 시정조치를 명할 수 있다. 즉, 공정거래위원회는 가맹본부의 가맹금 미예치행위, 거짓이나 부정한 방법으로 예치가맹금의 지급을 요청하는 행위, 정보공개서 숙고기간 미준수 및 미제공행위, 허위·과장된 정보제공행위, 가맹금 미반환행위, 가맹계약서 숙고기간 미준수, 미제공 및 기재사항 미포함행위, 불공정거래행위의 금지 위반행위, 부당한 점포환경개선 강요 금지위반 및 점포환경개선 비용 미제공행위, 부당한 영업시간 구속 금지위반행위, 부당한 영업지역 침해금지 위반행위, 보복금지 위반행위, 광고·판촉행사 관련 집행내역 통보 위반행위, 가맹점사업자단체에 가입 등을 이유로 불이익을 주는 행위 및 가입하지 아니할 것으로 가맹계약을 체결하는 행위, 가맹점사업자피해보상보험계약을 위한 매출액 등의 자료를 거짓 제출하는 행위 및 보험을 가입하지 아니하고도 가입표지를 사용하는 행위에 대하여 위반행위의 중지, 위반내용의 시정을 위한 필요한 계획 또는 행위의 보고 등 위반행위의 시정에 필요한 조치를 명할 수 있다(법 제33조 제1항).

2) 시정명령의 공표 및 교육명령

공정거래위원회는 법 위반행위에 대하여 시정명령을 하는 경우 가맹본부에게 시정명령을 받았다는 사실에 대한 공표방법을 ① 위반행위의 내용과 정도, ② 위반행위의 기간과 횟수의 사항을 고려하여 공표의 내용, 매체의 종류·수 및 지면 크기 등을 정하여 명하여야 하며, 해당 가맹본부에 대하여 미리 그 문안 등에 관하여 협의하도록 하여야 한다(법 제33조 제3항, 시행령 제32조의4 제1항, 제2항). 그리고 공정거래위원회는 가맹본부가 시정조치의 대상이 되는 법 위반행위에 대하여 시정명령을 하면서 가맹본부의 임원과 직원에 대한 교육명령을 부과할 수 있다(법 제33조 제1항).

〈표 17〉 교육명령 예시[26)]

1. 교육기한: 이 통지서를 받은 날로부터 90일 이내 2. 교육시간: 1인당 3시간 3. 교육이수대상자: 2명(임원 1명, 직원 1명) 4. 교육내용: 이 사건 위반행위와 관련된 법 조항 <교육내용에 포함하여야 할 사항> 가. 피심인이 종사하는 업종 분석 나. 위반 법조항의 위법성 요건 다. 피심인의 당해 행위가 법 위반이 되는 이유 라. 향후 법 위반행위 재발방지를 위한 다양하고 구체적인 방안 제안 마. 위반 법조항과 관련된 유사 심결례 및 판례 * 교육자료 작성 시 피심인이 제출한 자료를 최대한 활용할 것 5. 교육이수기관: 한국공정거래조정원 또는 한국공정경쟁연합회 6. 평가: 교육기관이 교육한 내용을 평가 7. 교육비: 교육이수에 소요되는 비용은 가맹본부가 부담함

26) 이는 공정거래위원회 의결서 교육명령 첨부 자료를 참조한 것이다.

8. 이행절차
   가. 교육실시 전 교육대상자별 인적사항, 교육이수 일시 및 장소, 교육기관명, 강사, 교육내용(교육자료), 교육방식을 공정거래위원회에 보고
   나. 공정거래위원회는 교육내용, 교육방식, 강사 등이 교육명령 취지에 부족하거나 부적합할 경우 해당사항의 보완을 권고하고 가맹본부는 정당한 사유가 없는 한 공정거래위원회의 권고사항을 반영
   다. 교육실시 후 교육대상자별 인적사항, 교육이수 일시 및 장소, 교육기관명, 강사, 교육내용(교육자료), 교육방식, 평가결과를 교육기관 발행 증빙자료를 첨부하여 공정거래위원회에 보고

나. 시정권고

공정거래위원회는 가맹사업법의 시정조치 대상이 되는 법을 위반한 가맹본부에 대하여 시정조치를 명할 시간적 여유가 없는 경우 ① 법 위반내용, ② 권고사항, ③ 시정기한, ④ 수락여부통지기한, ⑤ 수락거부 시의 조치 등에 대한 사항을 명시한 서면으로 시정방안을 마련하여 이에 따를 것을 권고할 수 있다. 이 경우 그 권고를 수락한 때에는 시정조치를 한 것으로 본다는 뜻을 함께 통지하여야 한다(법 제34조 제1항). 가맹본부는 그 권고를 통지받은 날부터 10일 이내에 이를 수락하는지의 여부에 관하여 공정거래위원회에 통지하여야 하고, 가맹본부가 시정권고를 수락한 때에는 시정조치를 받은 것으로 본다(법 제34조 제2항, 제3항).

다. 과징금의 부과

1) 과징금 부과 대상 법 위반행위의 유형

공정거래위원회는 가맹본부가 가맹금 미예치행위, 거짓이나 부정한 방법으로 예치가맹금의 지급을 요청하는 행위, 정보공개서 숙고기간 미준수 및 미제공행위, 허위·과장된 정보제공행위, 가맹금 미반환행위, 가맹계약서 숙고기간 미준수, 미제공 및 기재사항 미포함행위, 불공정거래행위의 금지 위반행위, 부당한 점포환경개선 강요 금지위반 및 점포환경개선 비용 미제공행위, 부당한 영업시간 구속 금지위반행위, 부당한 영업지역 침해금지 위반행위, 보복금지 위반행위, 광고·판촉행사 관련 집행내역 통보 위반행위, 가맹점사업자단체에 가입 등을 이유로 불이익을 주는 행위 및 가입하지 아니할

것으로 가맹계약을 체결하는 행위, 가맹점사업자피해보상보험계약을 위한 매출액 등의 자료를 거짓 제출하는 행위 및 보험을 가입하지 아니하고도 가입표지를 사용하는 행위에 대하여 과징금을 부과할 수 있다(법 제35조 제1항).

2) 과징금 산정방법 및 액수

공정거래위원회는 과징금을 부과하는 경우에는 ① 위반행위의 내용 및 정도, ② 위반행위의 기간 및 횟수, ③ 위반행위로 취득한 이익의 규모 등을 고려하여야 한다. 과징금은 위반한 가맹본부에 대한 매출액[27]에 100분의 2를 곱한 금액을 초과하지 아니하는 범위에서 부과한다. 다만 그 위반행위를 한 가맹본부가 매출액이 없거나 매출액의 산정이 곤란한 경우로서 ① 영업중단 등으로 인하여 영업실적이 없는 경우, ② 위반기간 등을 확정할 수 없어 관련매출액의 산정이 곤란한 경우, ③ 재해 등으로 인하여 매출액 산정자료가 소멸 또는 훼손되는 등 객관적인 매출액의 산정이 곤란한 경우에는 5억 원을 초과하지 아니하는 범위에서 과징금을 부과할 수 있다(법 제35조 제1항, 제2항, 시행령 제34조 제1항, 제2항).

3) 과징금 부과기준[28]

가맹사업법 위반사업자에 대한 과징금은 법 제35조, 시행령 제34조 및 [별표 4의2]의 규정에 따른 과징금 부과기준 고시를 적용하여 부과하며, 그 주요 내용과 부과절차를 요약하면 다음과 같다.

가) 과징금 부과 여부의 결정

① 과징금 부과 여부는 위반행위의 내용 및 정도를 우선적으로 고려하고 시장상황 등을 종합적으로 참작하여 결정하되, ⓐ 가맹사업의 공정한 거래질서를 크게 저해하는 경우, ⓑ 가맹점사업자 등에게 미치는 영향이 큰 경우, ⓒ 위반행위에 의하여 부당이득이 발생한 경우에는 과징금을 부과하는 것을 원칙으로 한다(법 과징금 부과 고시 Ⅲ. 1.).

② 위 ①의 규정에 불구하고 위반 가맹본부가 과거 3년간[29] 2회 이상 법 위반으로

---

27) 이는 위반행위의 개시일부터 종료일까지 기간 동안 관련 가맹점사업자 또는 가맹희망자에게 판매한 상품이나 용역의 매출액 또는 이에 준하는 금액이다.

28) 「공정거래위원회 가맹사업법 과징금고시」 제2017-1호, 2017. 3. 2. 일부개정 참조.

29) 신고사건의 경우에는 신고접수일을 기준으로, 직권조사 사건의 경우에는 직권조사계획 발표일 또는 조사공문 발송일을 기준으로 하되 조사계획 발표일과 조사공문 발송일이 다를 경우에는 뒤의 일자를 기준으로 한다.

조치[30]를 받고 벌점 누산점수가 3점 이상인 경우에는 원칙적으로 과징금을 부과한다. 다만 당해 행위의 위반의 정도가 경미하거나 자진시정 등의 이유로 경고에 해당되는 경우에는 그러하지 아니할 수 있다(법 과징금 부과 고시 Ⅲ. 2.).

나) 벌 점

벌점이란 과징금 부과 여부 및 과징금 가중기준 등의 기초자료로 활용하기 위하여 법을 위반한 가맹본부에 대하여 공정거래위원회가 유형별 벌점의 부과기준에 따라 부과한 점수를 말한다. 1개 사건에서 2개 이상의 조치를 받은 경우에는 가장 중한 조치수준에 해당하는 벌점만 반영한다. 다만 과태료 부과에 대해서는 벌점 산정 시 고려하지 아니한다.

〈표 18〉 가맹사업법 위반 시정조치 유형별 벌점기준[31]

유 형	경 고*	시정권고	시정명령	과징금	고 발
점 수	0.5	1.0	2.0	2.5	3.0

* 사건절차규칙 제50조에 의한 경고를 말한다. 다만 과태료 부과 대신 경고한 경우는 제외한다.

다) 위반기간

① 위반기간은 위반행위의 개시일부터 종료일까지의 기간을 말한다. 개시일 또는 종료일이 불분명한 경우에는 가맹본부의 영업·재무관련 자료, 임직원·거래관계인 등의 진술, 동종 또는 유사업종을 영위하는 다른 가맹본부들의 영업 및 거래실태·관행, 시장상황 등을 고려하여 이를 산정할 수 있다(법 과징금 부과 고시 Ⅱ. 6. 가.).

② 그런데 위반행위의 종료일 판단에 있어서 ⓐ 위반행위가 과징금 부과처분을 명하는 공정거래위원회의 심의일까지 종료되지 아니한 경우에는 당해 사건에 대한 공정거래위원회의 심의일[32]을 위반행위의 종료일로 본다. 또한 ⓑ 위반행위가 2일 이상 행하여지되 불연속적으로 이루어진 경우에는 당해 위반행위의 유형·성격·목적·동기, 연

30) 경고 이상을 포함하되 과태료 부과는 제외한다.

31) 공정거래위원회, 「가맹사업법 위반사업자에 대한 과징금 부과기준」 참조.

32) 심의일은 공정거래위원회 전원회의 또는 소회의의 의장이 사건절차규칙 제3장에 정한 절차에 따라 심의에 부의한 사건에 대하여 각 회의가 의결을 위하여 심의를 진행한 날을 말한다. 만일 심의가 2회 이상 진행되었다면 마지막 심의일을 말한다.

속되지 아니한 기간의 정도와 이유, 위반행위의 효과, 시장상황 등 제반시정을 고려하여 경제적·사회적 사실관계가 동일하다고 인정되는 범위에서 이를 하나의 위반행위로 보아 마지막 위반행위의 종료일을 당해 위반행위의 종료일로 본다(법 과징금 부과 고시 Ⅱ. 6. 나.).

라) 관련매출액

과징금 부과 시 기준이 되는 관련매출액은 법 시행령 제34조 제1항에 따라 가맹본부가 위반기간 동안 관련 가맹점사업자 또는 가맹희망자에게 판매한 상품이나 용역의 매출액 또는 이에 준하는 금액을 말한다. 여기서 매출액은 총매출액에서 부가가치세, 매출에누리, 매출환입, 매출할인 등을 제외한 순매출액으로 산정한다(법 과징금 부과 고시 Ⅱ. 5.).

마) 산정기준

과징금 산정기준은 위반행위를 그 내용 및 정도에 따라 “중대성이 약한 위반행위”, “중대한 위반행위”, “매우 중대한 위반행위”로 구분한 후, 관련매출액에 아래 표에서 정한 중대성의 정도별 부과기준율을 곱하거나 정액과징금의 경우 부과기준금액의 범위에서 적용하여 정한다(법 과징금 부과 고시 Ⅳ. 1.). 이 경우 위반행위 중대성의 정도는 위반행위 유형별로 마련된 법 위반행위 유형별 세부평가 기준표(가맹사업법 과징금고시 [별표] 참조)에 따라 산정된 점수를 기준으로 정한다. 다만 법 위반행위로 인하여 발생한 공정한 거래질서의 저해정도, 가맹점사업자 등의 피해정도, 부당이득의 취득 여부 등을 종합적으로 고려하여 위반행위 중대성의 정도를 달리 정할 수 있다. 이 경우 그 이유를 의결서에 명시하여야 한다.

〈표 19〉 관련매출액에 위반행위 중대성의 정도별 부과기준율을 곱한 산정기준[33)]

중대성의 정도	기준표에 따른 산정점수	부과기준율
매우 중대한 위반행위	2.2 이상	1.6% 이상 2.0% 이하
중대한 위반행위	1.4 이상 2.2 미만	0.8% 이상 1.6% 미만
중대성이 약한 위반행위	1.4 미만	0.1% 이상 0.8% 미만

33) 공정거래위원회,「가맹사업법 위반사업자에 대한 과징금 부과기준」 참조.

〈표 20〉 정액과징금의 경우 위반행위 중대성의 정도별 범위에서 산정기준[34)]

중대성의 정도	기준표에 따른 산정점수	부과기준율
매우 중대한 위반행위	2.2 이상	4억 원 이상 5억 원 이하
중대한 위반행위	1.4 이상 2.2 미만	2억 원 이상 4억 원 미만
중대성이 약한 위반행위	1.4 미만	5백만 원 이상 2억 원 미만

바) 위반행위에 의한 1차 조정 및 행위요소에 의한 2차 조정

① 1차 조정: 산정기준을 정하는 과정에서 위반기간이 고려되지 아니한 경우 장기 위반행위에 대하여 최대 100분의 50에 해당하는 금액을 가산하고, 당해 사건에 관하여 과거 3년간 2회 이상 법 위반으로 조치를 받고 벌점 누산점수가 3점 이상인 경우에는 3회 조치부터 최대 100분의 50 이내에서 산정기준을 가중하는 방법으로 할 수 있다(법 과징금 부과 고시 Ⅳ. 2.).[35)]

② 2차 조정: 행위자 요소 등에 의한 가중·감경은 위반 가맹본부에게 가중사유 및 감경사유가 인정되는 경우에 각각의 가중비율의 합에서 각각의 감경비율의 합을 공제하여 산정된 비율을 1차 조정된 산정기준에 곱하여 산정된 금액을 1차 조정된 산정기준에 더하거나 빼는 방법으로 2차 조정을 한다. 다만 가중 및 감경의 결과 가감되는 금액은 1차 조정된 산정기준의 100분의 50 범위이어야 한다(법 과징금 부과 고시 Ⅳ. 3.).

사) 부과과징금 결정

2차 조정된 산정기준이 위반 가맹본부의 특수한 재정적 사정 또는 시장·경제 여건을 반영한 현실적 부담능력, 당해 위반행위가 공정한 거래질서를 저해하는 정도 및 위반행위로 인해 취득한 이익의 규모에 비하여 과중한 경우 공정거래위원회는 그 이유를 의결서에 명시하고 2차 조정된 산정기준을 100분의 50 이내에서 감액할 수 있으며, 「채무자 회생 및 파산에 관한 법률」에 따른 회생절차 중에 있는 등 객관적으로 과징금을 납부할 능력이 없다고 인정되는 경우에는 면제할 수 있다(법 과징금 부과 고시 Ⅳ. 4.).

---

34) 공정거래위원회, 「가맹사업법 위반사업자에 대한 과징금 부과기준」 참조.

35) 세부 조정내역은 가맹사업법 과징금 고시 참조.

4) 합병·분할의 경우 및 파산 시 과징금

공정거래위원회는 가맹사업법을 위반한 가맹본부가 합병을 하는 경우에는 그 가맹본부가 한 위반행위는 합병 후 존속하거나 합병으로 설립되는 회사가 한 위반행위로 보아 과징금을 부과·징수한다. 아울러 법을 위반한 가맹본부가 분할하거나 분할합병되는 경우 분할되는 가맹본부의 분할일 또는 분할합병일 이전의 위반행위를 ① 분할되는 회사, ② 분할 또는 분할합병으로 설립되는 새로운 회사, ③ 분할되는 회사의 일부가 다른 회사에 합병된 후 그 다른 회사가 존속하는 경우 그 다른 회사 등의 어느 하나에 해당하는 회사의 행위로 보고 과징금을 부과·징수한다(법 제35조 제3항, 제4항).

공정거래위원회는 가맹사업법을 위반한 가맹본부가 「채무자 회생 및 파산에 관한 법률」 제215조에 따라 새로운 회사를 설립하는 경우에는 기존 회사 또는 새로운 회사 중 어느 하나의 행위로 보고 과징금을 부과·징수할 수 있다(법 제35조 제5항).

5) 납부기한 연장 및 분할납부

공정거래위원회는 과징금의 금액이 과징금의 산정방법의 규정에 의한 매출액에 100분의 1을 곱한 금액 또는 10억 원을 초과하는 경우로서 ① 재해 또는 도난 등으로 재산에 현저한 손실을 받는 경우, ② 사업여건의 악화로 사업이 중대한 위기에 처한 경우, ③ 과징금의 일시납부에 따라 자금사정에 현저한 어려움이 예상되는 경우, ④ 기타 ① 내지 ③에 준하는 사유가 있는 경우 등의 어느 하나에 해당하는 사유로 인하여 과징금납부의무자가 과징금을 일시에 납부하기가 어렵다고 인정되는 때에는 그 납부기한을 연장하거나 분할납부하게 할 수 있다. 이 경우 필요하다고 인정하는 때에는 담보를 제공하게 할 수 있다(법 제37조 제2항 및 공정거래법 제55조의4 제1항[36]).

과징금납부의무자가 과징금 납부기한의 연장 또는 분할납부를 신청하고자 하는 경우에는 과징금 납부를 통지받은 날부터 30일 이내에 공정거래위원회에 신청하여야 한다. 공정거래위원회는 납부기한이 연장되거나 분할납부가 허용된 과징금납부의무자가 ① 분할납부 결정된 과징금을 그 납부기한 내에 납부하지 아니한 때, ② 담보의 변경 기타 담보보전에 필요한 공정거래위원회의 명령을 이행하지 아니한 때, ③ 강제집행, 경매의 개시, 파산선고, 법인의 해산, 국세 또는 지방세의 체납처분을 받은 때 등 과징금의 전부 또는 잔여분을 징수할 수 없다고 인정되는 때, ④ 과징금의 납부기한 연장

---

36) 공정거래법 개정조항은 제103조 제1항이다.

및 분할납부 사유가 해소되어 과징금을 일시에 납부할 수 있다고 인정되는 때 등의 어느 하나에 해당된 때에는 그 납부기한의 연장 또는 분할납부 결정을 취소하고 일시에 징수할 수 있다(법 제37조 제2항 및 공정거래법 제55조의4 제2항[37]).

라. 제재에 대한 불복제도

1) 이의신청

가맹사업법에 의한 공정거래위원회의 처분에 대하여 불복이 있는 자는 그 처분의 통지를 받은 날부터 30일 이내에 그 사유를 갖추어 공정거래위원회에 이의신청할 수 있다. 공정거래위원회는 법 위반행위에 대한 처분을 받은 가맹본부의 이의신청에 대하여 60일 이내에 전원회의의 심의·의결로 재결을 하여야 한다. 다만 부득이한 사정으로 그 기간 내에 재결을 할 수 없을 경우에는 30일의 범위에서 결정으로 그 기간을 연장할 수 있다(법 제37조 제3항, 공정거래법 제53조 제1항, 제2항[38]).

2) 집행정지 결정 및 취소

공정거래위원회는 가맹사업법의 규정에 따라 시정조치명령을 받는 자가 이의신청을 제기한 경우로서 그 명령의 이행 또는 절차의 속행으로 인하여 발생할 수 있는 회복하기 어려운 손해를 예방하기 위하여 필요하다고 인정하는 때에는 당사자의 신청이나 직권에 의하여 그 명령의 이행 또는 절차의 속행에 대한 집행정지를 결정할 수 있다. 공정거래위원회는 집행정지를 결정한 후에 집행정지의 사유가 없어진 경우에는 당사자의 신청 또는 직권에 의하여 집행정지의 결정을 취소할 수 있다(법 제37조 제3항, 공정거래법 제53조의2 제1항, 제2항[39]).

3) 불복의 소 제기 및 전속관할

가맹사업법에 의한 공정거래위원회의 처분에 대하여 불복의 소를 제기하고자 할 때에는 처분의 통지를 받은 날 또는 이의신청에 대한 재결서의 정본을 송달받은 날부터 30일 이내에 이를 제기하여야 한다. 소를 제기할 수 있는 기간은 불변기간으로 한다. 이와 같은 불복의 소는 서울고등법원을 전속관할로 한다(법 제37조 제3항, 공정거래법

37) 공정거래법 개정조항은 제103조 제2항이다.
38) 공정거래법 개정조항은 제96조 제1항, 제2항이다.
39) 공정거래법 개정조항은 제97조 제1항, 제2항이다.

第54조, 第55조[40])).

마. 법 위반행위에 대한 제재 관련 Q&A

[Q 1] 가맹본부의 영업지역 침해행위에 대하여 시정조치와 과징금 부과 기준이 무엇이고, 시정조치 방식은 어떻게 되나?

[A 1] 법 조항을 위반한 가맹본부에 대해서는 가맹사업법 제33조에 따라 가맹금 반환, 위반행위의 중지, 위반내용의 시정을 위해 필요한 계획 또는 행위의 보고, 그 밖에 위반행위의 시정에 필요한 조치를 명할 수 있다.

가맹본부의 부당한 영업지역 침해의 경우에도 다른 법 조항 위반과 달리 볼 것은 아니고 위반내용 시정을 위해 필요한 조치를 하도록 명할 수 있으며, 이는 개별 사안에 따라 판단될 문제이므로 일률적으로 답변하기가 어렵다.

또한 법 제35조는 부당한 영업지역 침해 침해금지 행위에 대통령령이 정하는 매출액(이하 '관련매출액')의 2% 이하의 과징금을 부과할 수 있다고 규정하고 있고, 시행령 제34조(과징금의 산정방법)는 관련매출액을 가맹본부가 위반기간 동안 관련 가맹점사업자 또는 가맹희망자에게 판매한 상품이나 용역의 매출액 또는 이에 준하는 금액으로 규정하고 있다.

한편 과징금 부과여부 및 부과 시 그 기준은 「가맹사업법 위반사업자에 대한 과징금 부과기준에 관한 고시」에 규정되어 있으며, 같은 고시 Ⅲ.에 따르면 과징금 부과 여부 판단 시 가맹사업의 공정한 거래질서를 크게 저해하는지, 가맹점사업자 등에게 큰 영향을 미치는 행위인지, 위반행위에 의하여 부당이득이 발생하였는지 등을 고려하도록 하고 있다. 즉 위 규정에 해당하는 경우에는 시정조치와 과징금이 동시에 부과될 수도 있다.

7. 민사법과 징벌적 손해배상책임

가. 가맹본부의 손해배상책임

가맹본부가 가맹사업법 규정을 위반함으로써 가맹점사업자에게 손해를 입힌 경우에는 가맹점사업자에 대하여 손해를 배상할 책임을 진다. 다만 가맹본부가 고의 또는

---

40) 공정거래법 개정조항은 제99조 제1항, 제2항, 제100조이다.

과실이 없음을 입증한 경우에는 배상책임이 없다(법 제37조의2 제1항).

가맹사업은 가맹점사업자가 가맹본부의 영업표지를 사용 및 원·부자재를 공급받아 영업을 할 뿐만 아니라 교육과 통제를 받아 전속적 관계에서 영업하는 특성을 지니고 있기 때문에, 가맹본부의 법 위반행위로 인하여 가맹점사업자가 영업 등을 못하게 되는 경우 신속히 다른 업종으로 변경하기 어려워 재산상의 손해가 늘어날 수 있다.

가맹점사업자가 가맹본부로부터 입은 재산상의 손해를 배상받기 위해서는 법원에 민사소송을 제기하여 해결하여야 한다. 법원은 민사 사건이 접수되면 정식재판 절차를 시작하기 전에 법원조정센터와 조정위원회를 통해 사전분쟁조정 절차를 따르거나 정식재판 절차를 통하여 가맹본부의 손해배상금액을 결정하게 된다. 이때 법원은 원고와 피고가 제출한 입증자료 등을 근거로 하여 재판을 진행하는데, 공정거래위원회가 가맹본부의 법 위반행위에 대하여 시정명령, 과징금 부과 등의 제재를 하였다면 손해배상책임을 입증하는데 중요한 근거로 작용할 수 있다.

나. 징벌적 손해배상책임

징벌적 손해배상제도의 목적은 연혁적으로 불법행위의 가해자에 대한 징벌과 장래의 유사행위에 대한 억제에 있다. 즉 불법행위의 피해자에게 실제로 발생한 손해에 대해서만 구제하려는 목적을 가진 전보적 손해배상과는 다른 역할을 하도록 고안된 제도이다. 법경제학적 관점에서 징벌적 손해배상제도의 기능을 검토한 Ellis에 의하면 이 제도는 구체적으로 ① 불법행위를 한 자에 대한 처벌, ② 불법행위를 한 자에 대한 해당 행위의 재발방지(또는 특정억제 내지 특별예방), ③ 다른 행위자에 의한 동일·유사행위의 발생방지(또는 일반억제 내지 일반예방), ④ 평화의 유지, ⑤ 일반 사인에 대한 법실현에의 유인, ⑥ 피해자가 부담한 변호사비용의 전보에 그 목적이 있다고 한다.[41)]

가맹사업법에서도 불법행위를 한 가맹본부에 대한 징벌과 장래의 유사행위에 대한 억제를 하기 위한 목적으로 징벌적 손해배상제도를 도입하여 운용하고 있다.

가맹본부가 허위·과장된 정보제공 등의 금지 위반행위, 가맹점사업자에 대하여 상품이나 용역의 공급 또는 영업의 지원 등을 부당하게 중단 또는 거절하거나 그 내용을 현저히 제한하는 행위 및 분쟁조정의 신청이나 신고 등을 이유로 보복조치의 금지 위

41) 최윤효, "징벌적 손해배상제도에 관한 비교법적 연구", 계명대학교 대학교 대학원 박사학원 논문(계명대학교, 2018), 71면; Dorsey D. Ellis, "Fairness and Efficiency in the Law of Punitive Damages," Southern California Law Review(USC Gould School of Law) Vol. 56(1982), p. 3.

반행위를 함으로써 가맹점사업자에게 손해를 입힌 경우에는 가맹점사업자가 입은 손해의 3배를 넘지 않은 범위에서 배상책임을 진다. 다만 가맹본부가 고의 또는 과실이 없음을 입증한 경우에는 그러하지 아니하다(법 제37조의2 제2항).

법원은 손해배상청구의 소가 제기되어 필요한 경우 공정거래위원회에 대하여 당해 사건의 기록(사건관계인, 참고인 또는 감정인에 대한 신문조서 및 속기록 기타 재판상 증거가 되는 일체의 것을 포함)의 송부를 요구할 수 있으며, 이 법의 규정을 위반한 행위로 인하여 손해가 발생된 것은 인정되나 그 손해액을 입증하기 위하여 필요한 사실을 입증하는 것이 해당 사실의 성질상 극히 곤란한 경우에는 변론 전체의 취지와 증거조사의 결과에 기초하여 상당한 손해액을 인정할 수 있다.

다. 민법 및 상법상 가맹사업당사자의 손해배상책임

외식 영업을 영위하는 A가맹본부는 식자재인 돼지고기에 대하여 자신의 가맹사업을 경영하는 데 필수적 원재료이며, 자신과 거래하지 아니하는 경우에 상표권을 보호하고 상품의 동일성을 유지하기가 어렵다는 사실을 미리 정보공개서를 통하여 필수품목으로 지정한 후, 해당 사실을 알리고 B가맹점사업자와 가맹계약을 체결하였다.

B는 가맹계약 내용에 따라 A로부터 돼지고기를 구입하지 아니하고 다른 정육업자로부터 저가의 불량품을 구입하여 상품을 제조하여 판매하던 중에 C고객이 이를 구입하여 먹고 식중독이 발생한 사건에 대하여 A 또는 B가 C에게 민법과 상법상 손해배상책임을 어떠한 방법으로 부담하여야 하는가 살펴본다.

1) B의 채무불이행책임 및 불법행위책임

B는 C의 청구에 따라 여러 가지의 형태로 C가 입은 손해에 대해 배상책임을 부담할 수 있다. 첫째, 민법 제390조에 따라 B가 정상상품이 아닌 불량상품을 판매하는 것은 채무의 내용에 좇은 이행을 하지 아니한 것에 해당하므로 C가 채무불이행에 따른 손해배상을 청구할 수 있으며, B는 손해를 배상할 책임을 진다. 둘째, 민법 제750조에 따라 B는 C에게 고의 또는 과실로 인한 위법행위로 손해를 가한 자에 해당할 수 있으므로, 그 불법행위에 대한 손해를 배상할 책임을 부담하여야 한다.

2) A의 사용자배상책임

민법 제756조 제1항은 타인을 사용하여 어느 사무에 종사하게 한 자는 피용자가 그 사무집행에 관하여 제삼자에게 가한 손해를 배상할 책임이 있으나, 사용자가 피용자의 선임 및 그 사무감독에 상당한 주의를 한 때 또는 상당한 주의를 하여도 손해가 있을 경우에는 그러하지 아니한다는 사용자의 배상책임을 규정하고 있다.

이 사례에서 A가 사용자의 배상책임을 부담하기 위해서는 사전에 몇 가지 검토할 사항이 있다. 가맹사업의 성립요건에 가맹본부와 가맹점사업자는 독립적인 사업자 관계이어야 하므로, 원칙적으로는 C는 B의 불법행위로 손해를 입은 것에 대하여 A에게 사용자 배상책임을 청구할 수 없다. 다만 예외적인 사항을 검토하여 볼 때, 가맹사업은 가맹본부가 가맹점사업자에 대한 영업방식, 품질관리, 필수품목을 직접 공급하는 등 상당한 통제를 하고 있을 뿐만 아니라 영업표지를 사용하도록 허락해주고 있다는 점에서 외형상 가맹점사업자를 가맹본부의 피용자로 인식할 수 있는 특수성이 있는 경우라면 C는 A에 대하여 사용자 배상책임을 청구할 수도 있다.

3) A의 과실책임

과실책임은 영미법의 불법행위법의 법리로 사고나 피해가 발생하였을 때 가해자의 과실에 근거해 책임을 지우는 것이다. 여기서 과실은 고의가 결여되어 있고 합리적인 사람 기준에서 부주의가 있는 것으로 고의 또는 과실로 인한 가해행위에 대해서만 손해배상 책임을 지게 하는 주의를 말한다.

이 사례에서 A가 가맹사업을 영위하면서 제3자인 C에 대하여 과실책임을 부담하기 위해서는 C의 손해발생, 그 손해와의 인과관계의 존재, 주의의무의 위반의 세 가지 요건을 모두 충족되어야 한다. 이에 대하여 검토해 보면 C의 손해발생이 인정되고, A는 B의 가맹본부로서 상당한 통제를 하여야 한다는 인과관계에 성립하며, 주기적인 점검을 실시하여 주의를 다하였더라면 이러한 피해가 발생하지 않을 것인데, 주의를 다하지 못하여 제3자인 C가 손해를 입은 경우에 해당하므로, C는 A에 대하여 가맹본부로서 가맹점사업자를 제대로 관리하지 않은 과실책임을 청구할 수도 있다.

4) A의 명의대여자책임

상법 제24조에 따라 타인에게 자기의 성명 또는 상호를 사용하여 영업을 할 것을 허락한 자는 자기를 영업주로 오인하여 거래한 제3자에 대하여 그 타인과 연대하여 변제할 책임이 있다는 명의대여자의 책임을 규정하고 있다.

명의대여자의 책임을 인정하기 위한 요건으로는 명의차용자가 명의대여자의 성명 또는 상호를 사용한 외관이 있어야 하고, 명의대여자가 자신의 명의를 사용하도록 명의차용자에게 허락한 사실이 있어야 하며, 명의차용자와 거래한 제3자가 명의대여자를 영업주로 오인하여야 한다.

이 사례의 경우 C는 B가 A의 상호를 사용하고 있기 때문에 A의 영업이라고 오인한 경우에 A의 명의대여자 책임을 인정할 수 있겠으나, 대부분의 소비자는 가맹점사업자는 가맹본부와 독립된 사업자라는 알고 있다는 점에서, C가 이러한 사실을 모른 것에 대한 과실이나 중대한 과실이 있음을 증명하기가 쉽다고 볼 수 있으므로, C는 A에 대하여 명의대여자 책임을 청구하기가 어렵다고 볼 수 있다.

라. 민사법과 징벌적 손해배상책임 관련 Q&A

[Q 1] 가맹본부가 가맹계약 체결과정에서 예상매출액과 관련하여 허위·과장된 정보를 제공함에 따라 피해를 입고 있는 경우 이에 대한 보상방법에 대하여?

[A 1] 가맹사업법 제9조 제1항에서는 가맹본부가 가맹희망자 또는 가맹점사업자에게 객관적 근거 없이 예상수익을 과장하여 제공하는 행위를 금지하고 있다. 따라서 가맹본부가 객관적 근거 없이 가맹희망자에게 예상매출액에 대하 허위·과장된 정보를 제공한 사실이 입증되어 법 위반으로 결정되는 경우 공정거래위원회는 해당 가맹본부에 대하여 시정명령 및 과징금 부과처분 등의 제재를 할 수 있다. 이와 관련하여 가맹본부는 법을 위반하여 가맹점사업자에게 손해를 입힌 경우에 가맹점사업자에 대하여 발생한 손해의 3배를 넘지 아니하는 범위에서 배상책임을 지도록 규정하고 있다. 이는 가맹점사업자가 별도로 민사법원에 민사소송을 청구하여 승소하였을 경우에 손해배상금액을 보상받을 수 있다.

[Q 2] 甲 등은 빙수류 및 디저트류의 판매에 관한 가맹사업을 운영하는 A주식회사로(가맹본부)부터 예상매출액이 부풀려 기재된 예상매출액 산정서를 교부받은 다음 이를 믿고 가맹점사업자로서 A회사의 영업표지를 사용하여 가맹점을 운영하기로 하는 내용의 가맹계약을 A회사와 체결하고 가맹점을 운영하다가 손해가 누적되어 폐업하였다. 그 후 甲 등은 A가맹본부에 대해 손해의 배상을 받을 수 있는가?

[A 2] 예상매출액 산정서에 예상매출액을 허위로 부풀려 기재하였다면 甲 등은 민사소송을 통해 승소하는 경우에 A로부터 손해배상을 받을 수 있다. 즉, A회사가 작성하여 甲 등에게 교부한 예상매출액 산정서에 기재된 '인근 가맹점의 직전사업연도 매출환산액 범위'는 甲 등의 점포

의 면적과 인근 가맹점들의 개별 점포 면적의 차이를 고려하지 않았고, 최고 매출의 경우 직전사업연도 일평균매출액이 아닌 가맹계약 체결 무렵의 일평균매출액을 기준으로 산정되었고 최저 매출의 경우 인근 가맹점들이 아닌 전국 가맹점들의 일평균매출액을 기준으로 산정되었다면, 예상매출액 산정서에 기재된 '인근 가맹점의 직전사업연도 매출환산액 범위'는 허위 정보에 해당한다.

또한 A회사가 甲 등에게 설명한 예상매출액도 甲 등의 점포와 인근 가맹점들 사이의 면적, 입지 등에 관한 비교·분석 없이 막연히 산출된 것으로 보인다면 A회사가 중요 사항이 누락되거나 허위로 또는 과장되어 기재된 예상매출액 산정서를 甲 등에게 교부한 것으로 볼 수 있고, 이는 가맹사업거래의 공정화에 관한 법률 제9조 제1항 제1호를 위반한 불법행위에 해당한다. 따라서 A회사는 이에 따른 손해배상책임을 부담한다. 아울러 허위정보제공행위는 형사처벌 대상행위이기도 하다.

다만 유의할 점은 위와 같은 A회사의 불법행위는 가맹계약 체결 과정에서의 불법행위이므로, 위 불법행위로 인하여 甲 등이 입은 통상의 손해는, 甲 등이 예상매출액 산정서의 기재가 주요 내용에 대한 허위나 과장 또는 누락 없이 사실 그대로라고 믿고서 가맹계약을 체결하고 점포를 개설하기 위하여 지출한 비용으로 한정될 뿐이지, 가맹계약이 체결된 이후 가맹점을 운영하는 과정에서 발생한 비용이나 손실은 위와 같은 A회사의 불법행위로 인한 것이라고 보기 어렵다.[42]

8. 공정거래위원회의 고발과 벌칙

가. 벌칙 대상 위반행위

가맹사업법을 위반한 모든 행위에 대하여 형사처벌 조항이 있는 것이 아니라, 8개의 법 위반행위에 대하여만 형사처벌 조항을 두고 있다. 이 가운데 벌금형만 부과 가능한 경우는 1개(법 제41조 제4항)이고, 나머지 7개는 징역형 또는 벌금형의 부과가 가능하다.[43] 유형별로 보면 아래와 같다.

---

42) 서울중앙지방법원 2019. 9. 26. 선고 2017가합548157 판결.

43) 정성무, "온주 가맹사업거래의공정화에관한법률 제41조", 로앤비(2020. 12. 11), §1.

1) 5년 이하의 징역 또는 3억 원 이하의 벌금 대상

가맹사업법 제9조 제1항의 규정에 위반하여 허위·과장된 정보제공행위나 기만적인 정보제공행위를 한 자

2) 3년 이하의 징역 또는 1억 원 이하의 벌금 대상

① 법 제12조의5를 위반하여 가맹점사업자에게 불이익을 주는 행위를 하거나 다른 사업자로 하여금 이를 행하도록 한 자

② 법 제33조 제1항에 따른 시정조치의 명령에 따르지 아니한 자

③ 법 제37조 제4항의 규정에 의하여 준용되는 공정거래법 제62조(비밀엄수의 의무)의 규정에 위반한 자

3) 2년 이하의 징역 또는 5천만 원 이하의 벌금 대상

① 법 제6조의5 제1항을 위반하여 가맹점사업자로부터 예치가맹금을 직접 수령한 자

② 법 제7조 제3항을 위반하여 가맹금을 수령하거나 가맹계약을 체결한 자

③ 법 제15조의2 제6항을 위반하여 가맹점사업자피해보상보험계약 등을 체결하였다는 사실을 나타내는 표지 또는 이와 유사한 표지를 제작하거나 사용한 자

4) 예치가맹금의 2배에 상당하는 금액 이하의 벌금 대상

법 제6조의5 제4항을 위반하여 거짓이나 그 밖의 부정한 방법으로 예치가맹금의 지급을 요청한 자

나. 공정거래위원회의 고발지침

1) 고발대상 및 기준 원칙

공정거래위원회는 벌칙대상 가맹사업법 위반행위에 참여한 사업자 또는 사업자단체의 대표자, 대리인, 사용인 그 밖의 종업원 또는 특수관계인으로서 다음과 같은 어느 하나에 해당하는 자는 원칙적으로 검찰총장에게 고발하여야 한다(법 제44조 제2항).[44] 다만 위반행위의 자진시정 여부, 과거 법 위반전력 유무, 생명·건강 등 안전에의 영향과 무관한지 여부, 조사협조 여부 등 행위의 중대성에 영향을 미치는 여러 사항을 종합적

44) 법 제41조 제1항, 제2항 제1호·제2호 및 제3항의 죄는 공정거래위원회의 고발이 있어야 검사가 공소를 제기할 수 있는데, 이를 전속고발제도라 한다(법 제44조 제1항).

으로 고려하여 고발여부를 달리 결정할 수 있다.

① 상기 벌칙 대상 「가맹사업법 위반사업자에 대한 과징금기준에 관한 고시」의 세부평가 기준표에 따라 산출한 법 위반점수가 1.8점 이상 이상인 경우

② 아래 개인의 법 위반행위 세부평가기준에 의하여 산출한 법 위반점수가 2.2점 이상인 경우 및 이에 해당하는 자

③ 공정거래위원회의 조사 시 폭언·폭행이나 고의적인 현장진입 저지·지연 등을 통해 조사를 거부·방해 또는 기피한 경우 및 이에 해당하는 자

④ 공정거래위원회의 조사 시 자료의 은닉·폐기, 접근거부 또는 위조·변조 등을 통하여 조사를 거부·방해 또는 기피한 한 경우 및 이에 해당하는 자

⑤ 자신이 속한 사업자 또는 사업자단체가 특별한 사유 없이 공정거래위원회의 시정조치나 금지명령에 응하지 않은 경우 및 그 시정조치나 금지명령을 이행할 실질적 책임이 있는 자

〈표 21〉 개인의 법 위반행위 세부평가기준[45)]

참작사항 (부과수준)	비중	상(3점)	중(2점)	하(1점)
의사결정 주도여부	0.3	지시·결재·사후승인·단독실행 등의 과정을 통해 의사를 확정시킨 경우(사후보고를 받은 후 묵시적으로 의사를 확정시킨 경우를 포함한다)	지시전달·중간결재·방안마련 등을 통해 의사결정을 보조하거나 의사를 구체화한 경우	의사 결정 과정에 미친 영향이 미미한 경우
위법성 인식정도	0.3	위법행위임을 확정적으로 인식한 경우	위법행위임을 개괄적으로 인식한 경우	행위의 위법 가능성을 인식한 경우
실행의 적극성 및 가담정도	0.3	위법행위의 실행을 주도하거나 적극 가담한 경우	위법행위의 실행에 단순가담한 경우	위법행위의 실행에 가담한 정도가 경미한 경우
위반행위 가담기간	0.1	2년 이상	1년 이상 2년 미만	1년 미만

45) 출처: 「독점규제 및 공정거래에 관한 법률 등의 위반행위의 고발에 관한 공정거래위원회의 지침」 참조.

⑥ 과거 5년간[46] 가맹사업법 위반으로 각각 경고이상 조치를 3회 이상 받고 가맹사업법 위반사업자에 대한 과징금기준에 관한 고시에 따른 누적벌점이 6점 이상의 경우[47]

2) 타 기관의 고발요청과 공정거래위원회의 고발

검찰총장은 벌칙대상 가맹사업법 위반행위가 고발요건에 해당하는 사실이 있음을 공정거래위원회에 통보하여 고발을 요청할 수 있으며, 감사원장, 중소벤처기업부장관은 공정거래위원회가 벌칙대상 법 위반행위가 고발요건에 해당하지 아니한다고 결정하더라도 사회적 파급효과, 가맹희망자나 가맹점사업자에게 미친 피해 정도 등 다른 사정을 이유로 공정거래위원회에 고발을 요청할 수 있다(법 제44조 제3항 및 제4항). 공정거래위원회 위원장은 검찰총장, 감사원장, 중소벤처기업부장관으로부터 고발요청이 있는 때에는 검찰총장에게 고발하여야 한다(법 제44조 제5항).

다. 전속고발제도

전속고발제도란 법률 위반행위가 있다 하더라도 특정 행정기관에 의한 고발이 있어야 소추할 수 있는 제도를 말한다. 가맹사업법도 행정기관의 고발을 소추요건으로 하고 있는바, 고발대상이 되는 가맹본부의 가맹사업법 위반행위의 죄는 공정거래위원회의 고발이 있어야 공소를 제기할 수 있다(법 제44조 제1항). 공정거래위원회는 공소가 제기된 후에는 고발을 취소하지 못한다(법 제44조 제6항).

라. 전속고발제에 따른 고발과 벌칙 관련 Q&A

[Q 1] 공정거래위원회가 가맹본부의 가맹사업법 위반행위에 대하여 시정명령으로 제재를 하였으나, 이후 중소벤처기업부장관이 이미 공정거래위원회로부터 제재를 받은 동일한 법 위반행위에 대하여 고발 요청을 한 경우 이를 다시 고발하여야 하나?

[A 1] 공정거래위원회가 가맹사업법 위반행위에 대하여 행정처분만 하였다 하더라도, 이후 중소벤처기업부장관이 고발을 요청한 경우라면 공정거래위원회는 검찰총장에 고발하여야 한다.

---

46) 신고사건의 경우에는 신고접수일을, 직권조사 또는 자진신고 사건의 경우는 자료제출 요청일, 이해관계자 등 출석요청일, 현장조사일 중 가장 빠른 날을 기준으로 한다.

47) 무효 또는 취소판결이 확정된 건을 제외한다.

가맹사업법 제44조 제1항에 따라 법 위반행위 중 벌칙에 해당하는 죄는 공정거래위원회의 고발이 있어야 공소를 제기할 수 있다. 공정거래위원회는 가맹본부의 고발 대상 법 위반행위에 대하여 제2항의 고발요건과 「독점규제 및 공정거래에 관한 법률 등의 위반행위의 고발에 관한 공정거래위원회의 지침」에 따라 고발 여부를 결정한다.

그러나 법 제44조 제4항은 공정거래위원회가 고발요건에 해당하지 아니한다고 결정한 경우라도 감사원장이나 중소번체기업부장관이 사회적 파급효과, 가맹희망자나 가맹점사업자에게 미친 피해 정도 등 다른 사정을 이유로 공정거래위원장에게 고발을 요청하면 고발을 하여야 한다.

9. 과태료의 부과 및 기준

가. 과태료의 부과 주체 및 대상

가맹사업법은 의무확보수단으로 시정명령, 과징금, 형벌과 함께 과태료[48]를 규정하고 있는데, 과태료 부과 및 징수 주체는 공정거래위원회이다. 그리고 과태료 부과 대상은 가맹본부, 가맹본부의 임원 및 종업원, 가맹점사업자, 미등록 가맹거래사 등이다.

나. 과태료의 부과 대상 행위

1) 1억 원 이하 과태료 대상

① 법 제37조 제1항의 규정에 의하여 준용되는 공정거래법 제50조 제1항 제3호 또는 동조 제3항의 규정에 의한 보고 또는 필요한 자료나 물건의 제출을 정당한 사유없이 하지 아니하거나, 허위의 보고 또는 자료나 물건을 제출한 자

② 법 제37조 제1항의 규정에 의하여 준용되는 공정거래법 제50조 제2항의 규정에 의한 조사를 정당한 사유없이 거부·방해 또는 기피한 자

2) 5천만 원 이하 과태료 대상

① 법 제32조의2 제2항에 따른 자료를 제출하지 아니하거나 거짓의 자료를 제출한 자

48) 행정법상의 질서벌인 과태료의 부과처분과 형사처벌은 그 성질이나 목적을 달리하는 별개의 것이므로, 가맹사업법을 위반하여 과태료를 납부한 후에 공정거래위원회의 고발에 의해 형사처벌을 한다고 하더라도 일사부재리의 원칙에 반하는 것은 아니다(대법원 1996. 4. 12. 선고 96도158 판결).

② 법 제32조의2 제4항을 위반하여 가맹점사업자로 하여금 자료를 제출하지 아니하게 하거나 거짓의 자료를 제출한 자

③ 법 제37조 제1항의 규정에 의하여 준용되는 공정거래법 제50조 제1항 제1호의 규정에 위반하여 정당한 사유없이 2회 이상 출석하지 아니한 자

④ 가맹본부의 임원이 법 제43조 제1항 제3호에 해당하는 경우

⑤ 가맹본부의 종업원 또는 이에 준하는 법률상 이해관계에 있는 자가 법 제43조 제1항 제3호에 해당하는 경우

3) 1천만 원 이하의 과태료 대상

① 가맹본부의 임원이 법 제43조 제1항 제1호, 제1호의2 또는 제2호에 해당하는 경우

② 가맹본부의 종업원 또는 이에 준하는 법률상 이해관계에 있는 자가 법 제43조 제1항 제2호에 해당하는 경우

③ 법 제6조의2 제2항 본문을 위반하여 기한 내에 변경등록을 하지 아니하거나 거짓으로 변경등록을 한 자

④ 법 제9조 제3항을 위반하여 같은 항 각 호의 어느 하나에 해당하는 정보를 서면으로 제공하지 아니한 자

⑤ 법 제9조 제4항을 위반하여 근거자료를 비치하지 아니하거나 자료요구에 응하지 아니한 자

⑥ 법 제9조 제5항을 위반하여 예상매출액 산정서를 제공하지 아니한 자

⑦ 법 제9조 제6항을 위반하여 예상매출액 산정서를 보관하지 아니한 자

⑧ 법 제11조 제3항을 위반하여 가맹계약서를 보관하지 아니한 자

4) 500만 원 이하의 과태료 대상

가맹본부의 종업원 또는 이에 준하는 법률상 이해관계에 있는 자가 법 제43조 제1항 제1호 또는 제1호의2에 해당하는 경우

5) 300만 원 이하의 과태료 대상

① 법 제6조의2 제2항 단서를 위반하여 신고를 하지 아니하거나 거짓으로 신고한 자

② 법 제29조 제3항을 위반하여 가맹거래사임을 표시하거나 유사한 용어를 사용한 자

6) 100만 원 이하의 과태료 대상

법 제37조 제1항의 규정에 의하여 준용되는 공정거래법 제43조의2의 규정에 의한 질서유지명령에 응하지 아니한 자

다. 과태료의 부과기준

1) 일반기준

① 위반행위의 횟수에 따른 과태료의 가중된 부과기준은 최근 3년간(법 제43조 제6항 및 제7항에 따른 과태료의 경우에는 최근 1년간으로 한다) 같은 위반행위로 과태료 부과처분을 받은 경우에 적용한다. 이 경우 기간의 계산은 위반행위에 대하여 과태료 부과처분을 받은 날과 그 처분 후 다시 같은 위반행위를 하여 적발된 날을 기준으로 한다(법 시행령 [별표 5]).

② ①에 따라 가중된 부과처분을 하는 경우 가중처분의 적용 차수는 그 위반행위 전 부과처분 차수(가목에 따른 기간 내에 과태료 부과처분이 둘 이상 있었던 경우에는 높은 차수를 말한다)의 다음 차수로 한다.

③ 공정거래위원회는 다음의 어느 하나에 해당하는 경우에는 아래 2)의 개별기준에 따른 과태료 금액의 2분의 1의 범위에서 그 금액을 줄일 수 있다. 다만 과태료를 체납하고 있는 위반행위자에 대해서는 그렇지 않다.

ⓐ 위반행위자가 「질서위반행위 규제법 시행령」 제2조의2 제1항 각 호의 어느 하나에 해당하는 경우

ⓑ 위반행위자가 「중소기업기본법」 제2조에 따른 중소기업자인 경우

ⓒ 위반행위가 사소한 부주의나 오류로 인한 것으로 인정되는 경우

ⓓ 위반행위자가 법 위반상태를 시정하거나 해소하기 위하여 노력한 것이 인정되는 경우

ⓔ 그 밖에 위반행위의 정도, 위반행위의 동기와 그 결과 등을 고려하여 줄일 필요가 있다고 인정되는 경우

④ 공정거래위원회는 다음의 어느 하나에 해당하는 경우에는 아래 2)의 개별기준에 따른 과태료 금액의 2분의 1의 범위에서 그 금액을 늘릴 수 있다. 다만, 법 제43조에 따른 과태료 금액의 상한을 넘을 수 없다.

ⓐ 위반의 내용·정도가 중대하여 가맹점사업자 등에게 미치는 피해가 크다고 인

정되는 경우

ⓑ 법 위반상태의 기간이 6개월 이상인 경우

ⓒ 그 밖에 위반행위의 정도, 위반행위의 동기와 그 결과 등을 고려하여 가중할 필요가 있다고 인정되는 경우

2) 개별기준

〈표 22〉 가맹사업법 위반 과태료 부과 개별기준[49] (단위: 만 원)

위반행위	근거 법조문	과태료 금액		
		1차 위반	2차 위반	3차 이상 위반
가. 법 제6조의2 제2항 본문을 위반하여 기한 내에 변경등록을 하지 않거나 거짓으로 변경등록을 한 경우	법 제43조 제6항 제1호	200	500	1,000
나. 법 제6조의2 제2항 단서를 위반하여 신고를 하지 않거나 거짓으로 신고한 경우	법 제43조 제7항 제1호	60	150	300
다. 법 제9조 제3항을 위반하여 같은 항 각 호의 어느 하나에 해당하는 정보를 서면으로 제공하지 않은 경우	법 제43조 제6항 제2호	500	700	1,000
라. 법 제9조 제4항을 위반하여 근거자료를 비치하지 않거나 자료요구에 응하지 않은 경우	법 제43조 제6항 제3호	500	700	1,000
마. 법 제9조 제5항을 위반하여 예상매출액 산정서를 제공하지 않은 경우	법 제43조 제6항 제4호	500	700	1,000
바. 법 제9조 제6항을 위반하여 예상매출액 산정서를 보관하지 않은 경우	법 제43조 제6항 제5호	500	700	1,000
사. 법 제11조 제3항을 위반하여 가맹계약서를 보관하지 않은 경우	법 제43조 제6항 제6호	140	350	700
아. 법 제29조 제3항을 위반하여 가맹거래사임을 표시하거나 유사한 용어를 사용한 경우	법 제43조 제7항 제2호	60	150	300

49) 출처: 가맹사업법 시행령 제37조 [별표 5]의 개별기준 참조.

자. 법 제32조의2 제2항에 따른 자료를 제출하지 않거나 거짓의 자료를 제출한 경우	법 제43조 제1항 제1호, 같은 조 제3항 및 제4항			
1) 가맹본부		250	500	1,000
2) 가맹본부의 임원		50	100	200
3) 가맹본부의 종업원 또는 이에 준하는 법률상 이해관계에 있는 자		25	50	100
차. 법 제32조의2 제4항을 위반하여 가맹점사업자로 하여금 자료를 제출하지 않게 하거나 거짓 자료를 제출하도록 요구한 경우	법 제43조 제1항 제1호의2, 같은 조 제3항 및 제4항			
1) 가맹본부		250	500	1,000
2) 가맹본부의 임원		50	100	200
3) 가맹본부의 종업원 또는 이에 준하는 법률상 이해관계에 있는 자		25	50	100
카. 법 제37조 제1항의 규정에 의하여 준용되는 공정거래법 제43조의2의 규정에 의한 질서유지명령에 응하지 않은 경우	법 제43조 제5항	50	75	100
타. 법 제37조 제1항의 규정에 의하여 준용되는 공정거래법 제50조 제1항 제1호의 규정에 위반하여 정당한 사유 없이 2회 이상 출석하지 않은 경우	법 제43조 제1항 제2호, 같은 조 제3항 및 제4항			
1) 가맹본부		1,000	2,500	5,000
2) 가맹본부의 임원		200	500	1,000
3) 가맹본부의 종업원 또는 이에 준하는 법률상 이해관계에 있는 자		200	500	1,000
파. 법 제37조 제1항의 규정에 의하여 준용되는 공정거래법 제50조 제1항 제3호 또는 같은 조 제3항의 규정에 의한 보고 또는 필요한 자료나 물건의 제출을 정당한 사유없이 하지 않거나, 허위의 보고 또는 자료나 물건을 제출한 경우	법 제43조 제1항 제3호, 같은 조 제3항 및 제4항			
1) 가맹본부		2,000	5,000	10,000
2) 가맹본부의 임원		1,000	2,500	5,000
3) 가맹본부의 종업원 또는 이에 준하는 법률상 이해관계에 있는 자		1,000	2,500	5,000
하. 법 제37조 제1항의 규정에 의하여 준용되는 공정거래법 제50조 제2항의 규정에 의한 조사를 정당한 사유없이 거부·방해 또는 기피한 경우	법 제43조 제1항 제4호	5,000	7,500	10,000

라. 과태료 부과 및 기준 관련 Q&A

[Q 1] 가맹본부가 공정거래위원회로부터 가맹사업법 위반행위로 과태료를 부과 통지를 받았다. 이에 대해 이의신청을 하고자 하는데 어떻게 하여야 하나?

[A 1] 가맹본부가 공정거래위원회로부터 가맹사업법 위반행위로 과태료 부과 통지를 받은 경우에는 「질서행위위반 규제법」 제20조에 따라 과태료 부과 통지를 받은 날부터 60일 이내에 해당 행정청(공정거래위원회)에 서면으로 이의제기를 할 수 있다.

과태료 부과 통지를 받은 자의 이의제기가 있는 경우에는 행정청의 과태료 부과처분은 그 효력을 상실한다. 이때 당사자는 행정청으로부터 행정청이 법원에 통보하거나 통보하지 아니하였다는 사실을 통지를 받기 전까지는 행정청에 대하여 서면으로 이의제기를 철회할 수 있다.

[Q 2] 과태료 부과 통지에 대하여 이의신청을 한 경우 그 처리 절차는?

[A 2] 행정청은 당사자의 이의신청이 적법한 것으로 판단되는 경우 우선 그 과태료 부과가 유지되는 것이 타당한지 여부를 심사하여 과태료 부과가 잘못된 것으로 판단되는 경우에는 법원에 통지하지 아니하는 것으로 처리하고, 이의제기가 부적법한 경우에는 이의제기를 받은 날부터 14일 이내에 이에 대한 의견 및 증빙서류를 첨부하여 관할 법원에 통보하여야 한다.

과태료 부과에 대한 이의신청을 받은 법원은 과태료 재판을 함에 있어 「비송사건 절차법」을 준용한다. 과태료 재판은 민사소송에서의 결정과 마찬가지로 고지함으로써 효력이 생긴다. 고지는 당사자와 검사가 결정 내용을 알 수 있는 상태에 놓아두는 것을 의미하므로 당사자와 검사가 현실적으로 내용을 알았을 것까지는 요하지 않으나, 객관적으로 보아 내용을 알 수 있는 상태에 있을 것을 요한다. 따라서 예컨대 우편의 경우에 발송된 것만으로는 부족하고, 피고지자에게 도달될 것을 요한다.

[Q 3] 가맹본부가 공정거래위원회로부터 과태료 부과 통지를 받고 이의신청을 하였다면 부과된 과태료는 언제 납부하여야 하나?

[A 3] 법원에서의 재판은 과태료 부과처분에 대한 정당성을 다투는 것이 아니라 과태료를 부과하여야 하는지, 부과한다면 과태료 금액을 얼마로 조정하여 부과하여야 하는 것인지 등 과태료에 대한 판단을 법원이 하는 것이다.

따라서 질서유지법 제20조 제2항에 따라 당사자가 이의를 제기하는 경우에는 공정거래위원회의 과태료 부과 처분의 효력을 상실하게 되므로, 이의신청의 결과가 통지되기까지는 과태료를 납부하지 않아도 된다. 만약 이의신청이 있는 경우에도 그 효력이 있게 된다면 행정행위의 공정력이 발생하므로 과태료 납부자에게 가산금 등의 불이익이 발생할 수도 있기 때문이다.

[Q 4] 과태료 재판에 대하여도 항고할 수 있는가?

[A 4] 당사자와 검사는 법원 재판의 고지가 있는 날부터 1주일 이내에 과태료 재판에 대하여 즉시항고를 할 수 있다. 행정청은 즉시 항고권자가 될 수 없으나, 질서행위위반 규제법 제38조 제2항은 검사가 즉시 항고 여부를 결정함에 있어서 필요한 경우 과태료를 부과하였던 행정청의 의견을 참작하도록 규정하여 행정청이 과태료 재판에 참여할 수도 있게 된다. 참고로 즉시항고가 있는 경우에는 집행정지의 효력이 있다.

10. 신고포상금제도

가. 신고포상금 지급대상자

포상금은 가맹사업법 제33조 제1항에 따른 시정조치의 대상이 되는 위반행위를 신고하거나 제보하고, 이를 입증할 수 있는 증거자료를 최초로 제출한 자에게 지급한다(법 제15조의5 제1항). 다만 해당 위반행위를 한 가맹본부 및 그 가맹본부의 임직원으로서 해당 위반행위에 관여한 사람은 제외하며(법 시행령 제17조 제1항), 신고인의 신원을 확인할 수 없는 예외적인 무기명 신고 등의 경우에는 공정거래위원회의 의결 또는 재결일로부터 6개월 이내에 포상금 지급신청서를 공정거래위원회에 제출한 경우에 한해 포상금을 지급한다(공정거래법 등 포상금 지급 규정 제2조 제1항).[50)]

제보자가 증거자료 제출과 관련하여 직접 제출하는 외에 증거자료를 보유하고 있는 사람 또는 증거자료가 있는 장소를 구체적으로 특정하여 제보하고, 사후 공정거래위원회의 조사 결과 제보된 사람 또는 장소로부터 제보된 증거가 발견된 경우에는 제보자가 그 사람 또는 장소를 제보한 때에 그 증거자료를 제출한 것으로 본다. 다만 증거자료가 있는 회사 또는 부서만을 특정한 경우에는 그러하지 아니하다(공정거래법 등 포상

50) 신고포상금 제도는 사인의 집행상 도움을 촉진하기 위해서 경제적 유인을 제공하여 사회적 감시망을 확대하고 이를 통해 법률의 집행을 강화하고 위반행위를 억제하려는 측면에서 도입된 것으로, 연혁적으로는 공정거래법에 도입된 제도를 벤치마킹한 것이라고 볼 수 있다(박정원, "온주 가맹사업거래의공정화에관한법률 제15조의5", 로앤비(2020. 12. 11), §1).

금 지급 규정 제2조 제2항).

동일한 사업자의 동일한 위반행위에 대하여 복수의 신고 또는 제보가 있는 경우에는 해당 위반행위 입증에 필요한 증거자료를 최초로 제출한 자를 포상금 지급대상자로 한다. 복수의 신고자가 개별적으로는 충분한 입증자료를 제출하지 못했으나 복수의 신고자가 제출한 입증자료를 종합하면 해당 위법행위의 입증에 충분한 증거자료가 되는 경우에는 해당 신고 사건에 대한 포상금을 복수의 신고자들에 대하여 균등 비율로 분할하여 지급한다(공정거래법 등 포상금 지급 규정 제2조 제3항, 제4항).

나. 신고포상금의 지급기준

포상금은 신고인이 제보한 증거 또는 정보의 수준, 법 위반의 중대성 등을 감안하여 지급 결정이 있는 당해 연도 포상금 예산의 범위에서 지급한다. 포상금 지급대상 위반행위 유형별 포상금액의 산정기준은 다음과 같으며, 해당 기준으로 포상금의 지급으로 당해 연도의 예산이 부족할 것으로 예상되는 경우에는 산정된 지급액의 75/100의 범위에서 포상금을 지급할 수 있다(공정거래법 등 포상금 지급 규정 제3조 제1항~제3항).

〈표 23〉 가맹사업법 위반행위 신고포상금 지급액 산정기준[51)]

가. 신고된 가맹사업법 위반행위에 대해 과징금 납부명령이 부과된 경우, 1차로 다음 기준에 따라 산정된 금액을 포상금 지급기본액으로 하여 신고인이 제출한 증거나 정보의 수준을 감안한 아래 나.의 기준을 적용하여 최종 포상금 지급액을 결정한다.

1) 과징금 총액이 5억 원 이하인 경우 과징금액의 5/100에 해당하는 금액을 지급기본액으로 한다.
2) 과징금 총액이 5억 원을 초과하고 50억 원 이하인 경우, 해당 과징금액 중 5억 원에 대해 위 1)의 규정에 의해 산출된 금액과 5억 원을 초과하는 과징금액의 3/100에 해당하는 금액을 합산한 금액을 지급기본액으로 한다.
3) 과징금 총액이 50억 원을 초과하는 경우, 해당 과징금액 중 50억 원에 대해 위 2)의 규정에 의해 산출된 금액과 50억 원을 초과하는 과징금액의 1/100에 해당하는 금액을 합산한 금액을 지급기본액으로 한다.

나. 제보된 증거 또는 정보의 수준은 최상, 상, 중, 하, 네 단계로 구분하고 위 가.에 따라 산정된 지급기본액에 다음의 단계별 포상률을 반영한다.

51) 공정거래법 등 위반행위 신고자에 대한 포상금 지급에 관한 규정 [별표 1] 참조.

1) 제보된 증거 또는 정보가 "최상"으로 판정된 경우는 위 가.에 의해 산출된 지급기본액의 100%를 지급한다.
2) 제보된 증거 또는 정보가 "상"으로 판정된 경우는 위 가.에 의해 산출된 지급기본액의 80%를 지급한다.
3) 제보된 증거 또는 정보가 "중"으로 판정된 경우는 위 가.에 의해 산출된 지급기본액의 50%를 지급한다.
4) 제보된 증거 또는 정보가 "하"로 판정된 경우는 위 가.에 의해 산출된 지급기본액의 30%를 지급한다.

다. 제보된 증거 또는 정보의 수준을 판단함에 있어서는 다음의 기준을 고려한다.
1) 제보된 증거 또는 정보가 가맹사업법 위반행위의 입증에 필요한 구체적이고 충분한 증거에 해당하여 증거확보를 위한 추가적인 조사의 필요성이 거의 없는 경우에는 증거수준 "최상"을 적용한다.
2) 제보된 증거 또는 정보가 가맹사업법 위반행위의 입증에 필요한 상당한 수준의 증거에 해당하나, 증거의 구체성 또는 일부 증거의 부족으로 증거 확보를 위한 추가적인 조사가 일부 필요한 경우에는 증거수준 "상"을 적용한다.
3) 제보된 증거 또는 정보가 가맹사업법 위반행위의 입증에 필요한 부분적인 증거에 불과하여 증거확보를 위한 추가 조사의 필요성이 큰 경우에는 증거수준 "중"을 적용한다.
4) 제보된 증거 또는 정보가 구체성 등 측면에서 그 수준을 "중"으로는 볼 수 없으나, 해당 가맹사업법 위반행위의 적발에 중요한 단서에 해당한 경우에는 증거수준 "하"를 적용한다.

라. 위 가. 및 나.의 규정에 의한 포상금의 지급한도는 5억 원으로 하고 최저 지급기본액은 500만 원으로 한다.

마. 과징금이 부과되지 않은 법 위반 행위의 경우에는 제출된 제보 또는 증거와 관련된 법 위반 행위사실 1개당 100만 원(경고의 경우 50만 원)을 지급기본액으로 하여 위 나.의 기준을 적용하여 최종 포상금 지급액을 결정한다. 단, 이 경우 과징금이 부과되지 않은 동일 사업자의 다수의 법 위반 행위사실을 신고함에 따른 포상금 지급한도는 500만 원으로 한다.

다. 신고포상금의 결정 및 지급절차

공정거래위원회는 신고 또는 제보된 사건의 의결 또는 재결이 있는 날로부터 3월 이내에 신고포상금심의위원회의 포상금 지급에 대한 심의를 거쳐 포상금을 지급한다(공정거래법 등 포상금 지급 규정 제4조 제1항). 공정거래위원회는 당해 포상금 지급대상자에게 포상금 수령의사를 확인한 경우 그 날로부터 10일 이내에 포상금 지급대상자에게 포상금을 지급한다. 다만 포상금 지급대상자가 포상금의 수령을 거부하는 경우에는 포상금을 지급하지 아니한다(공정거래법 등 포상금 지급 규정 제5조 제1항).

라. 신고포상금 제도 관련 Q&A

[Q 1] 신고포상금 절차 및 가맹본부의 불공정거래행위 신고는 어떻게 하나?

[A 1] 신고포상금 지급대상은 위법행위를 신고하거나 제보하고 해당 신고 또는 제보의 입증에 필요한 증거자료를 제출한 자이다. 법 위반 행위에 대한 신고는 신고서(공정거래위원회 홈페이지 - 민원참여 - 서식 - 불공정거래행위 신청서)를 구체적으로 작성하고, 이에 대한 증빙자료(가맹계약서 등)를 첨부하여 피신고인의 사업자 소재지를 담당하는 각 지방공정거래사무소에 우편으로 제출하거나 국민신문고를 통해 신고할 수 있다. 공정거래위원회는 신고 또는 제보는 사건의 의결 또는 재결이 있는 날로부터 3월 이내에 신고포상금심의위원회의 포상금 지급에 대한 심의를 거쳐 포상금을 지급하고 있다.

※ 공정거래지방사무소별 담당지역

- ○ 서울사무소 [경기도 과천시 관문로 47 정부과천청사 (우: 13809)]
  ⇒ 서울, 경기, 인천, 강원지역
- ○ 부산사무소 [부산시 중구 중앙대로 63 부산우체국 8층 (우: 48931)]
  ⇒ 부산, 경남지역
- ○ 광주사무소 [광주시 북구 첨단과기로208길 정부광주지방합동청사 7층 (우: 61011)]
  ⇒ 광주, 전남북, 제주지역
- ○ 대전사무소 [대전시 서구 청사로 189 정부대전청사 3동 1705호 (우: 35208)]
  ⇒ 대전, 세종, 충남북지역
- ○ 대구사무소 [대구시 달서구 화암로 301 정부대구지방합동청사 3층 (우: 42768)]
  ⇒ 대구, 경북지역

11. 공정거래법 준용 및 적용 제외

가. 공정거래법 준용 규정

1) 준용대상 사건절차 내용

가맹사업법은 가맹본부의 법 위반행위에 대한 제재를 공정거래위원회 소관 다른 법률과 동일한 방식의 집행기준을 맞추기 위하여 사건절차 일부에 대하여 공정거래법의 규정을 준용하고 있다. 그 준용대상 사건절차 내용은 공정거래위원회의 조사·심의·의결 및 시정권고에 관한 사항, 과징금의 부과·징수에 관한 사항, 가맹사업법에 의한 이의신청, 소의 제기 및 불복의 소의 전속관할에 관한 사항 및 가맹사업법에 의한 직무에 종사하거나 종사하였던 공정거래위원회의 위원, 공무원 또는 조정협의회에서 가맹사업거래에 관한 분쟁의 조정업무를 담당하거나 담당하였던 자에 대한 사항에 관한 업무처리 기준이다(법 제37조 제1항~제4항).

2) 공정거래법 준용대상 규정

가맹사업법이 사건절차에 대하여 준용하는 공정거래법 규정은 제42조, 제43조, 제43조의2, 제44조, 제45조, 제50조 제1항 내지 제4항, 제52조, 제52조의2, 제53조, 제53조의2, 제54조, 제55조, 제55조의2, 제55조의4부터 제55조의8 및 제62조이다.

나. 공정거래법 적용 제외 취지

그동안 가맹사업의 급성장 과정에서 선량한 피해자의 양산 등 다양한 법률문제가 생겨, 당사자 간은 물론이고 사회적 문제로 인식되기에 이르렀다.[52] 이에 공정거래위원회는 이러한 문제를 해결하기 위하여 1997. 2. 1. 공정거래법 제23조 제1항에서 금지하고 있는 불공정거래행위를 가맹사업에 적용하여 불공정거래 여부를 판단하기 위한 목적으로 ‘가맹고시’를 제정하여 운용하였다. 가맹고시는 2002. 5. 13. 가맹사업법이 제정되면서 주요내용이 법 제12조 제1항 및 시행령 제13조 제1항에 따른 [별표 2] “불공정거래행위의 유형 또는 기준”에 편입됨으로써 폐지되었다.

---

52) 우리나라의 경우 가맹사업은 특히 1990년대 말 국제통화기금(IMF)의 구제 금융으로 외환위기를 겪으면서 조기퇴직자들의 창업 붐에 힘입어 급격한 성장을 하였으나, 일부 가맹본부가 허위·과장 광고 등 기만적인 방법으로 가맹점을 모집한 후 가맹금만 챙기고 도주 등의 사기 피해로 인한 불신이 가속되는 문제가 나타났다.

가맹사업법은 공정거래법의 특별법에 해당할 뿐만 아니라 가맹본부의 불공정거래 행위에 대한 포섭이 가능한 규제 조항을 별도로 두고 있다. 그러므로 가맹사업법의 적용대상인 가맹본부가 일반법인 공정거래법 제23조 제1항에서 규정하고 있는 불공정거래행위에 대해서도 동시에 규제대상이 되는 경우 이중처벌금지의 원칙에 반하는 문제가 발생하기 때문에 적용 제외 규정을 두고 있다.

다. 공정거래법 적용 제외 대상 규정

가맹사업거래에 관하여 이 법의 적용을 받는 사항에 대하여는 공정거래법 제23조 제1항 제1호[53]·제3호[54]·제4호[55]·제5호[56] 및 동법 제29조[57] 제1항의 규정을 적용하지 아니한다(법 제38조).[58]

라. 공정거래법 적용 제외 관련 Q&A

[Q 1] 가맹본부가 공정거래법을 적용 받는 것보다 가맹사업법을 적용받기 위하여 대리점 형태의 유통업을 영위하면서도 정보공개서를 등록하고 가맹계약서로 변경하여 계약을 체결한 경우에도 공정거래법 적용 제외 대상에 해당하나?

[A 1] 해당 사업자는 가맹본부로 볼 수 있어 공정거래법 적용 배제 대상이 될 수 있다. 가맹사업 방식과 대리점 방식은 유통산업에서 유사하지만 상당한 통제 여부와 가맹금 지급에 있어서 큰 차이를 보인다고 할 수 있다. 그러나 대리점 방식으로 유통업을 하는 사업자가 가맹사업 성립요건에 맞도록 통제를 강화하고 가맹금을 수령하는 방식으로 전환한 후 등록한 정보공개서를 가맹희망자에게 제공하고 가맹계약서를 작성하여 가맹계약을 체결한 경우라면 가맹사업으로 보는 것이 타당하다고 할 수 있다. 그러므로 해당 사업자를 가맹사업법상 가맹본부로 볼 수 있으므로 공정거래법 적용 배제 대상에 해당한다고 볼 수 있다.

---

53) 부당하게 거래를 거절하는 행위에 한한다.
54) 부당하게 경쟁자의 고객을 자기와 거래하도록 유인하는 행위에 한한다.
55) 자기의 거래상의 지위를 부당하게 이용하여 상대방과 거래하는 행위에 한한다.
56) 거래의 상대방의 사업활동을 부당하게 구속하는 조건으로 거래하는 행위에 한한다.
57) 재판매가격유지행위의 제한을 말한다.
58) 공정거래법 개정조항은 제45조 제1항 제1호·제4호·제6호·제7호 및 같은 법 제46조를 적용하지 않게 된다(개정 가맹사업법 제38조).

제4편
가맹사업의 운영 과정상 실무지식

1. 가맹점운영권의 양도·양수 계약

가. 가맹점운영권 양도 관련 규정 사항

가맹사업법은 가맹점운영권 양도에 관해 규정하고 있다. 즉, ① 가맹점사업자는 '가맹본부의 동의를 얻지 아니한 경우 사업자의 위치변경 또는 가맹점운영권의 양도 금지'라는 가맹점사업자의 준수사항 규정(법 제6조 제9호)과 ② 가맹본부는 가맹계약서에 '영업의 양도에 관한 사항'을 필수적으로 기재하여야 한다는 규정(법 제11조 제2항 제7호)이 그것이다.

앞의 ①의 규정은 계약 당사자의 신의성실의 구체적인 표현에 불과하므로 가맹점사업자의 법 위반에 따른 처벌사항이 없기 때문에, 대부분 가맹계약서에 해당 사항을 구체적으로 명시한 후 이를 위반하는 경우 가맹계약 해지사유로 두고 있는 것이 일반적이다. 그러나 ②의 규정은 법령의 규제사항에 해당하기 때문에, 만일 가맹계약서에 영업의 양도에 관한 사항이 없는 경우 가맹본부의 법 위반행위에 해당하여 시정명령과 과징금 부과 처분 대상이 될 수 있다.

나. 가맹점운영권의 양도 절차

1) 가맹점사업자의 유의사항

가맹점사업자가 가맹점운영권을 양도하고자 하는 경우 가맹점사업자는 가맹계약서의 내용에 따라 가맹본부에 양도 승인을 요청하여야 한다. 실무상 가맹계약서에 "가맹점사업자는 영업양도일 ○○일 전에 가맹본부에 대하여 서면으로 영업양도 승인을 요청하여야 한다"는 형식이 기재되는 것이 일반적인데, 이때 가맹본부가 ○○일까지 승인거절에 대한 답변이 없을 경우 이를 어떻게 볼 것인가가 문제될 수 있으므로, 가맹계약서에 정해진 날까지 답변이 없을 경우 승인한 것으로 본다는 내용을 동시에 명기하여야 할 것이다.

2) 가맹본부의 유의사항

가맹본부는 영업양도를 승인하는 과정에서 가맹점운영권 양도와 관련된 분쟁을 예방하기 위하여 승인 전후를 불문하고 양도의 투자비 내역, 영업 현황 등의 자료를 양수희망자 또는 양수인에게 제공할 수 있고, 양수받고자 하는 대상자에 대한 심사를 할 수 있다. 또한 가맹본부는 가맹점사업자로부터 영업양도 승인을 요청받은 날로부터 ○○일 이내에 그 사유를 명시하여 서면으로 승인 또는 거절의 의사를 표시하여야 한다. 만일 가맹계약서에 정해진 날까지 답변이 없을 경우 승인한 것으로 본다는 내용이 기재되어 있고, 가맹본부가 이 기간 중에 승인의 가부를 통지하지 아니한 경우에는 가맹점운영권의 양도를 승인한 것으로 보아야 한다.

다. 가맹점운영권 양수인의 권리와 의무

1) 가맹점운영권 승계방식

양도인의 잔여 계약기간을 승계하는 방식에 있어서 최초 가맹금 지급의무가 있는지가 문제될 수 있다. 가맹점운영권 승계방식의 경우 영업양수인은 양도인의 잔여 기간 동안 양도인의 가맹본부에 대한 권리와 의무를 승계하므로, 최초 가맹계약을 체결하는 가맹희망자가 가맹본부에게 지급하는 가입비 등 최초 가맹금의 지급의무가 면제된다고 보는 타당하다. 다만 가맹점영업권 양도·양수에 따라 가맹본부에게 초래된 행정적 실비 및 소정의 교육비, 계약이행보증금은 면제되지 아니하는 것으로 보아야 할 것이다.

또한 가맹계약갱신요구권의 기산도 문제된다. 승계방식의 경우에는 가맹점운영권 양수인의 최초 가맹계약일은 양도인이 가맹본부와 최초로 가맹계약을 체결한 날을 승계하는 것이기 때문에, 가맹계약갱신요구권의 계약기간에 대한 계산은 양도인의 최초 가맹계약일부터 계산하여야 할 것이다.

2) 신규 가맹계약방식

가맹본부는 영업양수인이 요청하는 경우에는 양도인의 잔여 계약기간을 승계하는 것이 아니라, 신규 가맹계약방식을 택할 수 있다. 즉, 가맹본부가 양수인에게 양도·양수가 이루어진 날을 최초 계약일로 하여 가맹계약을 체결하는 것이다. 이 경우에는 가맹본부가 일반적인 신규 가맹희망자에 대하여 신규계약을 체결하는 것과 동일하기 때문에 승계방식과 달리 가맹본부는 양수인으로부터 초기가맹금 등을 수령할 수 있다.

라. 가맹점운영권 양수·양도 계약 관련 Q&A

[Q 1] A가맹본부와 가맹점계약을 체결하고 가맹점을 운영하던 甲은 자신의 가맹점운영권을 B에게 양도하고자 한다. 그런데 A가맹본부는 계약기간이 2년 이내의 매장에 대해서는 잔여계약

기간으로 영업양수도를 진행하고, 2년이 경과한 매장에 대해서는 신규계약으로 영업양수도를 진행하는 것을 원칙으로 하고 있어, 2년이 경과한 甲 매장에 대해 신규 계약방식으로 하고자 하는데 가맹사업법상 문제가 없는가?

[A 1] 가맹사업법에는 가맹점 영업양수도에 대한 방법에 대하여 별도의 규정이 없으므로, 이에 대해서는 가맹본부의 가맹계약서를 우선 적용하는 것이 타당하며, 표준가맹계약서에는 승계계약을 권장하고 있다. 가맹사업법은 가맹점 영업양수도와 관련하여 가맹본부가 양수인과 승계계약을 체결하여야 하는지, 신규계약을 체결해야 하는지 여부에 관하여 별도로 규정하고 있지 아니하다. 실제로 법 제11조 제2항 제7호에 따른 영업의 양도에 관한 사항은 가맹계약서의 필수기재사항일 뿐 구체적으로 어떠한 내용을 포함하여 작성해야 하는지에 대해 규율하고 있는 것은 아니다. 다만 「가맹사업거래 정보공개서 표준양식에 관한 고시」 Ⅴ. 6. 2) 가맹점운영권의 양도 및 표준가맹계약서(도소매업종) 제33조 제4항 내지 제6항에 따르면 가맹점 양도·양수 계약은 승계계약을 원칙으로 하되, 양수인이 요청하는 경우에는 신규계약을 체결할 수 있는 것으로 규정하고 있다.

이와 같이 가맹점 영업양수도와 관련하여 가맹본부가 양수인과 승계계약을 체결하여야 하는지, 신규계약을 체결해야 하는지 여부에 관하여 법에서는 별도로 규율하지 있지 않으므로, 「가맹사업거래 정보공개서 표준양식에 관한 고시」 및 표준가맹계약서 등의 내용을 준용하여 가맹본부가 각각의 사정에 따라 가맹점운영권 양도·양수인과 합의하여 처리하는 것이 합리적이라고 판단된다.

한편 가맹본부가 가맹점운영권의 양도·양수 계약을 체결하는 과정에서 양도하는 가맹점사업자의 잔여계약기간으로 진행하지 아니하고 무조건 신규 가맹희망자로 보아 가맹금을 전부를 납부하도록 강제한 경우에는 불공정거래행위의 금지규정에 위반되어 시정조치 등의 제재를 받을 수도 있으므로 유의하여야 한다.

[Q 2] 가맹점사업자가 자신의 가맹점운영권을 양도한 경우 이를 양수한 가맹점사업자가 가맹본부에게 지급하는 교육비는 예치가맹금에 해당하나?

[A 2] 가맹점운영권 영업 양수도 시 지급하는 교육비는 가맹영업이 중단되는 경우에 한하여 예치가맹금에 해당한다. 가맹사업법 제6조의5 제1항은 가맹금 중 법 제2조 제6호 가목 및 나목에 해당하는 가맹금을 예치하도록 규정하고 있다. 법 제2조 제6호 가목은 가입비, 입회비, 가맹비, 교육비 또는 계약금 등 가맹점사업자가 영업표지의 사용허락 등 가맹점운영권이나 영

업활동에 대한 지원, 교육 등을 받기 위하여 가맹본부에 지급하는 대가이며, 나목은 가맹점사업자가 가맹본부로부터 공급받는 상품의 대금 등에 관한 채무액이나 손해배상액의 지급을 담보하기 위하여 가맹본부에 지급하는 대가라고 규정하고 있다. 따라서 교육비는 예치가맹금에 해당한다.

가맹금 예치제의 목적은 영업 개시 전에 가맹금을 납부하였으나, 가맹본부가 영업 개시에 필요한 지원을 하지 않는 문제를 방지하기 위한 제도이다. 그러므로 가맹점운영권 양도·양수 시에도 가맹사업이 중단되는 경우에는 가맹금 예치가 이루어져야 하며, 그 대상은 법 제2조 제6호 가목 및 나목에 해당하는 가맹금에 해당한다. 즉, 교육비라고 하여 가입비, 입회비, 계약금 등 다른 가맹금과 달리 볼 것은 아니며, 양도·양수 시 영업이 중단된 경우라면 양수인의 영업개시 전까지는 이를 예치하여야 한다.

[Q 3] 가맹본부가 기존의 가맹점사업자와의 가맹계약기간 내 잔여 계약기간을 한도로 양수인 가맹점사업자와 변경 계약을 체결하는 경우, 해당 가맹점사업자에게 인근점포 현황문서를 제공하여야 하나?

[A 3] 사례의 경우 승계방식에 해당하기 때문에 제공할 의무가 없다. 가맹사업법 제7조 제1항 및 제2항에 따라 가맹본부가 가맹희망자에게 정보공개서를 제공하는 경우, 인근가맹점 현황문서를 제공하도록 규정하고 있으며, 법 제2조 제6호에 가맹희망자란 가맹계약을 체결하기 위하여 가맹본부와 협의하는 자로 규정하고 있다. 법 해석상 현재 가맹계약이 체결된 상황에서 계약 잔여기간에 대해 새로운 계약을 체결하여 변경되는 가맹점사업자는 법에서 규정하는 가맹희망자에 해당된다고 볼 수 없으므로, 가맹본부는 양수인인 가맹점사업자에게 인근점포 현황문서를 제공할 의무가 발생하지 아니한다.

[Q 4] 가맹본부가 가맹점사업자에게 가맹사업운영권을 타인에게 양도하기 전에 자신으로부터 서면승인을 받도록 하는 것이 가맹사업법 위반에 해당하나?

[A 4] 원칙적으로 위반으로 보기는 어렵다. 가맹점운영권은 기본적으로 가맹점사업자가 가진 권리이나, 가맹사업의 핵심은 브랜드의 통일성 유지라는 점을 감안할 때, 가맹본부가 가맹점운영권 양도·양수 과정에서 양수인에게 일정한 조건을 붙여 요구할 필요성도 일부 인정될 수 있다.

따라서 가맹본부가 가맹점사업권 양수인에 대하여 그러한 조건을 만족하는지 확인하기 위해 사전 승인 절차를 두는 것 자체로 가맹사업법 위반이라고 볼 수 있는 근거는 없다. 그러나 그 조건을 합리적 사유 없이 지나치게 엄격하게 설정하여 기존 가맹점사업자의 재산권을 부당하게 침해하는 정도에 이르는 경우, 이는 불이익제공행위에 해당할 소지도 있다.

[Q 5] 기존의 가맹점사업자로부터 가맹점운영권을 양도받았는데 가맹본부가 별도로 정보공개서를 제공하지 아니하는 것이 가맹사업법 위반에 해당하나?

[A 5] 가맹계약 내용에 따라 다르다. 가맹사업법 제7조 제3항에 따라 정보공개서 제공의무를 규정하고 있다. 따라서 가맹점운영권이 양도되는 경우에는 가맹본부와 양수인이 체결하는 계약의 성격에 따라 정보공개서 제공의무가 달라진다.

만일 기존 가맹계약의 잔여 계약기간에 대해서만 가맹점운영권을 부여받고, 별도의 가입비를 지불하지 않은 등 단순히 기존 계약을 양수하였다고 볼 수 있다면, 가맹본부는 정보공개서를 제공하지 않아도 된다. 다만 통상의 신규 가맹계약과 동일한 계약기간을 새로이 설정받고 별도의 가입비 등의 가맹금을 지불하게 함으로써 이를 신규 가맹계약으로 볼 수 있다면 가맹본부는 정보공개서 제공의무가 있다.

한편 가맹본부가 개인사업자에서 동일한 영업표지를 사용하면서 단지 법인으로 변경하는 경우에는 새로이 정보공개서를 제공할 필요는 없기 때문에, 양도·양수 계약 시에도 이를 동일하게 적용하여야 할 것이다.

[Q 6] 가맹점사업자의 부득이한 사정에 따라 가맹사업운영권을 기타 지인에게 양도·양수하는 계약을 체결하고자 하는데, 이는 가능한가?

[A 6] 가맹계약의 양도·양수의 문제는 기본적으로 가맹사업당사자 간 합의로 기존 가맹점사업자의 권리·의무를 타인에게 양도하는 것으로서 가맹계약서의 내용에 따라 하는 경우 가능하다. 가맹사업법은 명시적으로 가맹점운영권 양도·양수에 대한 절차 등을 규정하고 있지 아니하다.

다만 기존 가맹점사업자의 권리·의무를 양수받는 사업자가 가맹본부와 계약기간, 거래조건 등을 달리하여 새로이 계약을 맺는 형태의 양수도계약이라면, 가맹본부는 양수인인 가맹희망자에게 법 제6조의5, 제7조, 제9조 및 제11조 등에 대한 사항을 준수하여야 한다.

[Q 7] 가맹본부가 직영점을 양도·양수하는 계약을 체결할 때 가맹계약기간 설정과 예상매출액 관련 자료를 반드시 제공하여야 하나?

[A 7] 제공의무가 있다. 가맹본부가 기존 운영 중인 직영점을 양도·양수할 때 가맹희망자에게 예상매출액 관련 자료를 제공하여야 하는지 여부는 가맹사업법 제9조 제3항에 따라 가맹본부가 가맹희망자에게 예상매출액 등의 정보를 제공하는 경우에는 반드시 서면으로 제공하여야 할 것을 규정하고 있다. 또한 법 제9조 제5항에 따라 가맹본부는 가맹계약을 체결할 때 가맹희망자에게 예상매출액의 범위 및 그 산출근거를 서면으로 제공하여야 한다고 규정하고 있다. 따라서 영업 양도·양수계약이라고 하더라도 이는 기존 가맹점사업자가 아닌 가맹본부가 영업양도인이 되고 영업양수인은 신규 계약에 해당하므로 가맹본부는 영업양수인인 가맹희망자에게 반드시 예상매출액의 범위 및 그 산출근거를 서면으로 제공하여야 한다.

2. 가맹본부의 가맹사업 양도계약

가. 가맹본부의 가맹사업 양도 관련 규정

가맹사업법은 가맹본부의 가맹사업 양도에 관해서 '가맹본부가 다른 사업자에게 가맹사업을 양도하는 경우에는 종전 가맹점사업자와의 계약에 관한 사항'을 가맹계약서에 반드시 기재하도록 명문으로 규정하고 있다(법 시행령 제12조 제8호). 이러한 규정을 둔 이유는 가맹점사업자를 보호하기 위해서라 할 것이다. 즉, 가맹사업은 가맹점사업자들이 가맹본부에게 전적으로 의존하는 영업구조의 특성을 지니고 있기 때문에, 만약 가맹본부가 자신의 가맹사업에 대한 영업권을 무단으로 이전하는 경우 기존의 가맹점사업자들은 갑자기 가맹사업에 필요한 영업지원 등을 받을 수 없게 되어 곤란한 지경에 빠지게 될 수 있으므로 이를 사전에 예방하기 위한 것으로 볼 수 있다.

가맹본부가 가맹계약서에 "가맹사업 양도에 관한 사항"을 기재하지 아니한 경우에는 법 위반행위에 해당하여 시정명령과 과징금을 부과 받을 수 있다. 그러나 가맹사업 당사자 간의 구체적인 권리와 의무에 대한 사항은 법에 규정하고 있지 않으므로 가맹계약서에 기재된 내용에 따라 커다란 차이가 있을 수 있다. 따라서 가맹계약체결에 앞서 가맹계약서를 세밀히 검토한 후 가맹계약을 체결하여야 할 것이다.

나. 가맹사업 양도 시 권리와 의무

가맹본부가 가맹사업을 타인에게 양도하는 경우 가맹점사업자는 가맹사업 양수인과 기존의 계약내용대로 가맹점을 운영하거나 기존의 계약내용을 준수하는 범위에서 가맹계약을 종료하고 계약관계에서 탈퇴할 수도 있다.

가맹점사업자가 기존 가맹계약을 종료하고 가맹사업을 탈퇴한 경우 가맹본부는 계약기간 내에 가맹점사업자의 귀책사유 없는 계약 해지이므로, 영업표지 사용료, 영업시스템의 계속적 이용료 등과 같이 전체 계약기간에 대한 선급금의 성질을 갖는 가맹금 중 미경과 잔여계약기간의 비율에 해당하는 금액을 가맹점사업자의 청구를 받아 반납하여야 한다. 다만 이는 손해배상의 청구에 영향을 미치지 아니한다.

다. 가맹본부의 가맹사업 양도 계약 관련 Q&A

[Q 1] ① A가맹본부와 B주식회사 사이에 영업양도·양수가 이루어진 경우 기존 가맹점사업자 甲은 B와 신규 계약을 체결해야 하나? ② 그리고 영업을 양수한 신규 가맹본부 B는 가맹희망자에게 변경된 정보공개서를 제공하고 14일 후에 가맹계약을 체결하여야 하나?

[A 1] ① A와 B 사이의 영업양도·양수계약의 내용에 따라 판단할 문제이기는 하지만, B가 A의 기존 사업내용을 포괄적으로 동일하게 양수받았다면, 甲은 종래 A와 맺은 계약내용을 B에게도 동일하게 주장할 수 있다.

가맹사업법은 가맹본부의 영업양도·양수와 관련하여 가맹본부가 기존 가맹점사업자와 신규계약을 체결해야 하는지 여부에 관하여 별도로 규정하고 있지는 않다. 다만 가맹본부의 영업양도·양수가 기존 가맹점사업자와의 가맹계약의 내용 등의 변경이 없이 포괄적인 승계조건으로 진행되었고, 기존 가맹점사업자들에게 가맹본부의 영업양도·양수 사실을 서면 등으로 알린 경우라면 기존 가맹계약 내용대로 유지되는 것으로 볼 수 있으므로, 신규 계약을 체결하지 않아도 될 것으로 보인다. 그러나 A와 B 사이의 가맹본부의 영업양도·양수가 포괄적인 승계조건이 아니고, 기존 가맹계약 내용의 변경 등이 이루어졌다면 甲과 같은 기존 가맹점사업자들은 B와 신규로 가맹계약을 체결하여야 할 것으로 보인다. 이로 인해 甲 등이 손해를 입었다면 甲 등은 A에게 손해배상을 청구할 수 있다.

② 가맹본부의 영업양도·양수와 관련하여 정보공개서의 변경사항이 발생하여 변경등록 심사 중에 있다면, 변경등록 심사가 모두 완료된 정보공개서를 가맹희망자에게 제공하여야 하며, 정보공개서를 제공한 날부터 14일이 지나지 아니한 경우에는 가맹계약을 체결할 수 없다. 따라서 계약내용에 계약 종료 후의 경업금지 조항이 포함되어 있는지 꼼꼼히 살펴보아야 한다.

[Q 2] A가맹본부가 B가맹본부를 포괄적으로 영업양도·양수하는 경우 양수인 A가맹본부가 가맹사업법에 따라 준수하여야 할 절차는?

[A 2] 가맹사업법 제6조의2 제1항에 따라 가맹본부는 가맹희망자에게 제공할 정보공개서를 공정거래위원회(정보공개서 등록기관)에 등록하여야 하며, 같은 조 제2항에 따라 공정거래위원회에 등록한 정보공개서의 기재사항을 변경하려는 경우에는 법정 기한 이내에 공정거래위원회에 기재사항의 변경등록을 하여야 한다.

A가맹본부가 고려중인 영업양도·양수 계약 형태가 양도인의 권리 및 의무를 포괄적으로 승계하는 포괄양수도인 경우에는 B가맹본부의 가맹사업이 그대로 양수인인 A가맹본부에 이전된다고 볼 수 있으므로, A가맹본부는 법 제6조의2 제2항에 따라 정보공개서 기재사항의 변경 유형별로 기한 내에 변경등록을 하여야 한다. 정보공개서의 변경사항 및 변경 기한은 법 시행령 [별표 1의2]에 기재되어 있으므로 이를 참고하면 된다.

3. 가맹중개인을 통한 가맹점사업자의 모집

가. 가맹중개인의 정의 및 지위

가맹중개인이란 가맹본부 또는 가맹지역본부로부터 가맹점사업자를 모집하거나 가맹계약을 준비 또는 체결하는 업무를 위탁받은 자를 말한다(법 제2조 제8호). 가맹사업법 상 가맹중개인은 가맹본부 또는 가맹지역본부와 위탁계약을 체결하고 가맹점사업자를 모집하거나 가맹계약을 준비 또는 체결하는 업무(이하 "가맹중개업무"라고 한다)를 수행하는 것으로 되어 있다.[1] 그런데 가맹중개인의 법적 지위 등에 대해서는 가맹사업법에 규정하고 있지 않고 있고, 가맹중개인이라는 용어가 정의 규정 이외에 사용되지도 않고 있어 그 기능과 권한 등을 놓고 논란이 생길 수 있다.

가맹중개인은 가맹거래사와 달리 가맹사업법에 어떠한 자격을 제한하는 규정도 없기 때문에, 누구나 가맹본부 또는 가맹지역본부와 위탁계약만 맺으면 가맹중개업무를 수행할 수 있다고 보아야 할 것이다. 중개인에 대한 일반 규정을 두고 있는 상법은 중

1) 이와 같이 가맹사업법은 "가맹계약을 준비 또는 체결하는 업무"를 수행할 수 있는 것으로 규정하고 있어 체약대리권이 존재하는가에 대해 해석상 논란이 있을 수 있다.

개인을 타인 간의 상행위의 '중개'를 영업으로 하는 자를 말한다고 규정하고 있는데(상법 제93조), 중개란 타인 간의 계약의 체결을 '매개하는 사실행위'를 말한다. 따라서 가맹중개인은 거래의 주체가 되는 가맹본부·가맹지역본부의 가맹중개업무라는 사실행위만을 하는 것이지, 가맹본부를 대리하여 가맹점계약을 체결하는 것과 같은 체약대리행위까지는 할 수 없다고 보아야 할 것이다.

나. 가맹중개인의 책임

가맹사업법 상 가맹중개인에 대한 의무나 책임을 규정하고 있지는 않다. 다만 가맹중개인은 가맹본부 등과 위탁계약을 통해 가맹중개업무를 수행하는 수탁자에 해당한다. 따라서 가맹중개인의 과실로 가맹희망자 또는 가맹점사업자에게 손해가 발생한 경우에는 위탁자인 가맹본부 등도 책임을 부담하여야 하는가의 문제가 있다.

원칙적으로 중개인은 중개라는 사실행위를 할 수 있을 뿐, 특약 등이 없는 한 계약을 체결할 수 있는 대리권은 없다. 그러나 위탁자인 가맹본부는 위탁계약을 통해 가맹중개업무를 수행할 수 있도록 했기 때문에, 수탁자인 가맹중개인의 행위에 대하여 위탁자로서 책임을 져야 할 것이다. 특히 가맹중개인의 책임 있는 사유로 피해가 발생한 경우 가맹본부는 민법 제756조에 따라 사용자책임(대위책임)을 부담하고, 가맹중개인은 민법 제750조에 따라 불법행위책임을 부담하게 된다.

여기서 사용자책임은 '부진정연대채무'이므로 손해를 입은 가맹점사업자 등은 가맹본부 등이나 가맹중개인 중 선택하여 손해배상을 청구할 수 있다. 이 경우 가맹본부 등은 가맹중개인의 선임 및 감독에 대하여 상당한 주의를 다했음을 입증하지 못한다면 책임을 져야한다. 가맹중개인의 고의·과실로 가맹희망자나 가맹점사업자 등에게 손해를 입혀 가맹본부 등이 이를 배상한 때에는 가맹본부 등은 가맹중개인에게 구상권을 행사할 수 있다.

다. 가맹거래사를 통한 가맹중개업무의 수행

프랜차이즈 사업은 가맹점사업자가 특별한 영업기술이나 방법이 없는 무경험자라 할지라도 가맹본부로부터 지원, 영업비밀이나 방법에 대한 전수를 통하여 사업을 영위할 수 있는 장점을 가지고 있다. 그런데 가맹본부는 해당 가맹사업거래를 구축한 뒤 가맹점사업자를 모집하는 방법으로 가맹사업을 영위하기 때문에 가맹점사업자에 비하여 정보력이나 경제력 등에 있어서 절대적인 우위를 점하고 있다. 따라서 이러한 경우 전문가에 의한 가맹사업거래에 관한 상담·지도 등을 통하여 해당 가맹사업에 대한 검토나 대등한 가맹계약의 체결 등에 대한 조력을 받을 수 있게 하기 위하여 도입된 것이 가맹거래사제도이다.[2)]

가맹사업법은 가맹중개인에 대한 개념과 업무에 대하여 정의하고 있지만, 가맹중개인의 자격이나 사업자로서의 지위 등에 대해서는 아무런 규정이 없기 때문에 가맹중개인을 통한 가맹점사업자 모집 등에 한계가 있다. 이러한 문제점이 있으므로 향후 법 개정을 통해 개선이 이루어질 필요가 있다고 본다. 다만, 가맹본부 등은 법 개정 전이라도 가맹거래사와 가맹중개업무 위탁계약을 체결하여, 가맹거래사에게 가맹중개업무를 수행하게 한다면 가맹사업에 대한 전문가의 조력을 받을 수 있는 등 가맹희망자 모집 등에 안정적인 조력을 받을 수 있게 될 것이다.

가맹거래사는 가맹사업의 사업성에 관한 검토, 가맹점사업자의 부담, 가맹사업 영업활동의 조건 등에 관한 자문 등에 대한 업무를 수행할 수 있는 가맹사업 분야 전문가라 할 것이다. 따라서 가맹본부 등과 가맹점사업자 간의 가맹계약을 체결하는 과정에서 가맹사업의 사업성, 정보공개서, 가맹계약서, 가맹점사업자의 부담 및 영업활동 조건 등에 대한 검토와 분석이 가능하고, 이러한 분석 자료를 토대로 가맹중개업무를 할 수 있는 적격자에 가장 근접한 국가공인자격증소자자라고 볼 수 있다.

공인중개사법은 중개시장의 난립을 막고 부동산중개업을 건전하게 육성시키기 위해 공인중개사가 부동산 중개업무를 수행하도록 함으로써 그 전문성을 제고한 것과 같이, 가맹사업법에 따른 가맹거래사가 가맹중개인의 업무를 적극적으로 수행하도록 일정한 자격과 지위를 부여하여 가맹사업중개업이 법 제도 안에서 건전하게 육성될 필요가 있다고 본다.

라. 가맹중개인을 통한 가맹점사업자 모집 관련 Q&A

[Q 1] 가맹희망자 甲은 A가맹본부의 B가맹중개인의 소개를 받아 A가맹본부와 가맹계약을 체결하는 과정에서 부풀려진 정보제공을 그대로 믿고 계약한 결과 금전적 손해를 입게 되었다. 이 손해에 대해 甲은 B가맹중개인 이외에 A가맹본부에게 손해배상을 청구할 수 있는가?

---

2) 염규석, "온주 가맹사업거래의공정화에관한법률 제27조", 로앤비(2020. 12. 11), §1.

[A 1] 甲은 A가맹본부에 대해 손해배상을 청구할 수 있다. 가맹중개인은 가맹본부 또는 가맹지역본부로부터 가맹점사업자를 모집하거나 가맹계약을 준비 또는 체결하는 업무를 위탁받은 자이다. 그러므로 수탁자는 자신의 이름으로 거래를 하지만, 위탁자인 가맹본부 또는 가맹지역본부의 계산으로 수탁업무를 수행하는 자이기 때문에, 위탁자에 대하여 손해배상을 청구할 수 있다고 본다.

[Q 2] 가맹희망자가 가맹중개인을 통해 가맹계약을 체결하려고 할 때 무엇을 확인하여야 하나?

[A 2] 가맹희망자가 가맹중개인을 통하여 가맹본부와 가맹계약을 체결하고자 할 때는 반드시 해당 가맹중개인이 자신이 계약하고자 하는 가맹본부로부터 가맹모집 및 가맹계약 체결업무에 대하여 위탁계약을 체결하였는지를 먼저 확인하여야 한다. 그리고 가맹중개인이 계약하고자 하는 가맹본부의 영업 현황에 대하여 실질적으로 잘 알고 설명하고 있는지와 현재의 다른 가맹점의 매출액과 영업이익, 법적 분쟁 현황, 최근 가맹점의 신규가입 건수와 폐점 건수, 초기가맹금, 현재 해당 가맹본부의 기업성장단계(창업단계, 성장단계, 성숙단계, 안정성장/구조조정단계 등)를 반드시 확인하여야 한다.

4. 중재계약을 통한 자체 분쟁 해결

가. 가맹사업의 분쟁 발생 원인

가맹사업은 가맹본부와 가맹점사업자 간의 정보비대칭 현상이 심하고, 거래상 지위에 있어서도 가맹본부가 가맹점사업자보다 경제적·법적으로 우위에 있다는 점에서 가맹본부의 불공정거래행위로 인한 법적 분쟁이 발생하기 쉬운 특성을 지니고 있다. 이에 정부는 가맹사업 관련 시장에서의 기울어진 운동장을 바로 세우기 위하여 가맹사업법을 제정·운용하면서 촘촘한 규제를 하고 있다.

그럼에도 가맹본부는 거래상 지위를 이용한 불공정거래행위 등을 하거나 계열회사를 통해 가맹사업과 유사한 유통업에 진출하여 기존 가맹점에서 판매하는 유사한 상품을 판매함에 따라 가맹점사업자의 매출액을 감소시키는 등 새로운 형태의 불공정거래행위를 지속적으로 야기하고 있다. 이러한 가맹본부의 행위는 가맹사업법으로 해결함에 있어 법 적용대상으로 포섭하기가 어려운 경우도 많기 때문에 가맹사업에서의 당사자 간의 법적 분쟁이 계속적으로 증가되는 원인으로 작용하고 있기도 하다. 따라서 가맹계약체결에 앞서 분쟁에 대한 해결 방안도 미리 모색해 둘 필요가 있다.

나. 사전중재약정 및 분쟁해결의 유효성

가맹사업관계에서 법적 분쟁이 생긴 경우 가맹점사업자는 생업이 달려 있는 문제일 뿐만 아니라, 분쟁이 장기적으로 지속될 때는 생존의 문제와 직결될 수 있어 신속하고 공정한 분쟁해결은 매우 중요한 과제이다. 이러한 방법으로 앞에서 살펴본 분쟁조정과 같은 대체적 분쟁해결(Alternative Disputes Resolution: ADR) 제도가 좋은 대안이 될 수 있다. 대체적 분쟁해결제도는 소송과 달리 당사자의 자율적인 의사에 의하여 자주적이고, 신속하며, 저렴하고, 공정한 절차에 의해 분쟁을 해결하는 방법으로 인식되고 있다.[3] 나아가 거래의 전문화에 따라 해당 분야의 전문가에 의한 분쟁해결의 필요성이 부각되고 있다.

특히 중재는 당사자의 합의에 의하여 선정된 중재인의 중재판정에 의하여 당사자 간의 분쟁을 해결하는 절차로, 양 당사자의 타협이나 조정 등과 달리, 법적 쟁점의 옳고 그름에 대하여 해당 분야 전문가나 법률가에 의해 명확한 판단을 받을 수 있다는 장점이 있다. 그렇기 때문에 가맹사업 관계에서 분쟁이 생긴 경우 중재제도를 적극적으로 활용하는 것은 분쟁당사자 모두에게 이익이 될 수 있다.[4]

이와 같은 중재제도를 활용하기 위해서 당사자는 사전에 중재합의를 하여야 한다. "중재합의"란 계약상의 분쟁인지 여부에 관계없이 일정한 법률관계에 관하여 당사자 간에 이미 발생하였거나 앞으로 발생할 수 있는 분쟁의 전부 또는 일부를 중재에 의하여 해결하도록 하는 당사자 간의 합의를 말한다(중재법 제3조 제2호).[5] 중재합의는 일반적으로 '중재약정(Arbitration agreement)'과 '중재조항(Arbitration clause)'의 방식으로 체결하게 된다. 이때 중재약정은 거래계약을 체결에 관한 사항인지 여부를 불문하고 체결되는 중재합의를 말한다. 이러한 중재약정은 당사자 간에 해당 중재약정의 의미에 대하여 정

---

3) 소송과 대비된다는 측면에서 '재판 외 분쟁처리제도'라고도 표현한다(김홍규, 「민사소송법」, 삼영사, 2002, 10면).

4) 성준호, "프랜차이즈 분쟁계약상 사전중재합의에 관한 법리적 검토", 「중재연구」 제29권 제1호(한국중재학회, 2019), 4~5면.

5) 대법원 2017. 12. 22. 선고 2017다238837 판결(중재절차는 원칙적으로 당사자의 자치 및 합의(parties' autonomy and agreement)로 형성되나, 당사자 합의가 없는 경우에는 보충적으로 해당 중재에 적용되는 임의규정에 따라 이루어진다).

확히 이해하고 이를 바탕으로 약정을 하는 것으로 볼 수 있다. 따라서 이러한 중재약정은 성립상의 흠결이 없는 유효한 것으로 다루어지게 된다.[6)]

다. 사전중재약정의 필요성과 방법

가맹사업을 영위하는 과정에서는 가맹본부와 가맹점사업자 등의 사이에서 가맹사업법 위반과 관련된 사항, 가맹계약서상의 이행과 관련된 사항 및 기타 민사 분쟁으로 인한 손해배상책임과 관련된 사항 등 법적 분쟁이 빈번하게 발생할 수 있고, 가맹점사업자의 수가 많아질수록 법적 분쟁의 빈도도 증가하게 될 것이다. 그런데 법적 분쟁이 발생할 때마다 가맹사업법에 규정된 내용대로 바로 조정원 등의 각 조정협의회에 조정(법 제22조 제1항)을 의뢰하거나 공정거래위원회에 신고(법 제32조의3 제1항)를 하게 된다면 분쟁 당사자 간에 감정 대립이 심화되고, 분쟁이 종결되기까지 오랜 시간과 비용이 소요되는 등의 문제가 생기게 된다.

이러한 문제는 가맹본부에게만 불리한 것이 아니고 가맹점사업자에게도 불리하게 작용하여 경제적, 법적으로 불안정한 상황에서 거래관계를 계속 유지해야 하기 때문에, 기업의 목표인 매출액과 영업이익의 증대에 배치될 뿐만 아니라, 당사자 입장에서 보아도 비용의 증가와 감정의 대립 등 불합리한 방법으로 문제를 해결하는 것으로 볼 수 있다. 따라서 분쟁이 생기기 전에 미연에 장차 발생할 법적 분쟁을 신속히 해결할 수 있는 중재와 같은 방법을 정해놓는 것은 가맹사업의 경영에 있어서 중요한 요소라 할 것이다.

중재는 당사자 간의 합의로 재산권상의 분쟁 및 당사자가 화해에 의하여 해결할 수 있는 비재산권상의 분쟁을 법원의 재판에 의하지 아니하고 중재인의 판정에 의하여 합리적으로 해결하는 절차이다. 다른 유통업에 비하여 가맹사업에서는 가맹사업당사자 간에 법적 분쟁이 많이 발생할 수 있는 특성이 있으므로, 당사자가 중재를 통해 신속하게 법적 분쟁을 해결하려고 한다면 사전 중재약정이 필요하다.

중재약정은 별개의 계약서로 중재에 관한 사항을 사전에 약정하는 방법과, 가맹계약서에 중재 조항을 두는 중재조항 약정으로 하는 방법이 있다.[7)] 가맹본부는 가맹사업

---

6) 성준호, 앞의 논문, 7면.

7) 즉, 중재합의는 독립된 합의 또는 계약에 중재조항을 포함하는 형식으로 할 수 있고, 중재합의는 서면으로 하여야 하며, 계약이 중재조항을 포함한 문서를 인용하고 있는 경우에는 중재합의가 있는 것으로 본다(중재법 제8조).

법 제5조 제7호에 따라 준수할 사항으로 가맹점사업자와의 대화와 협상을 통한 분쟁해결에 노력을 하여야 하고, 시행령 제12조 제7호에 따라 가맹점사업자 사이의 분쟁 해결절차에 관한 사항을 가맹계약서에 필수적으로 기재하여야 하므로, 분쟁해결을 위한 방법으로 사전 중재조항을 삽입해 두고 당사자가 계약체결 시에 약정을 하면 된다.

라. 중재판정부의 구성

가맹본부는 가맹사업자와의 가맹계약기간 동안 법적 분쟁이 발생하는 경우 우선 자율적인 중재로 해결하기 위하여 자체 중재판정부를 구성·운영한다는 사항을 가맹계약서에 중재조항의 규정을 두어 근거를 마련하고, 정보공개서에 해당 사실을 기재한다. 그리고 가맹희망자 또는 가맹점사업자와 가맹계약을 체결할 때 법적 분쟁 발생 시 우선 자체 중재판정부에서 중재를 통해 해결한다는 사실을 알려야 할 것이다.

가맹본부는 정보공개서와 가맹계약서에 근거하여 자체 중재판정부 운영 규정을 「중재법」에 부합하도록 작성한다. 중재인의 수는 당사자 간의 합의로 정하지만, 합의가 없으면 중재인의 수는 3명으로 한다(중재법 제11조). 그리고 중재판정부를 이루는 중재인의 선정절차는 당사자 간의 합의로 정한다(중재법 제12조 제2항). 이 중재판정부 운영 규정을 제정·개정할 때에는 가맹본부와 가맹점사업자 대표위원과 상호 합의하여 결정함으로서 불공정한 요소를 사전에 차단하고, 향후 중재내용에 합의하는 비율이 최대한 높아지도록 하여야 한다.

중재판정부 위원 구성은 가맹사업 분야 전문가와 법률 전문가로 하되, 3인 이상으로 구성하는 경우에는 가맹본부를 대표하는 위원, 가맹점사업자를 대표하는 위원 및 공익을 대표하는 위원을 각각 동수로 선임하여 중재판정부의 중재판정 결과가 공정하게 나올 수 있도록 하여야 한다.[8] 중재절차에 있어서 양쪽 당사자는 동등한 대우를 받아야 하고, 자신의 사안(事案)에 대하여 변론할 수 있는 충분한 기회를 가져야 하기 때문에(중재법 제19조), 가맹본부에 일방적으로 진행되어서는 아니 된다.[9]

---

8) 가맹사업법 제19조 제1항 조정협의회 소회의 구성 방식을 참조하였다.

9) 중재절차의 공정을 기하기 위해 중재인이 되어 달라고 요청받은 사람 또는 중재인으로 선정된 사람은 자신의 공정성이나 독립성에 관하여 의심을 살 만한 사유가 있을 때에는 지체 없이 이를 당사자들에게 고지(告知)하도록 하는 등 기피절차를 두고 있다(중재법 제13조).

마. 중재판정의 결과 효력

자체 중재판정부는 미리 정보공개서와 가맹계약서에 명시된 근거를 토대로 운영하게 되므로, 중재판정부의 중재판정은 양쪽 당사자 간에 법원의 확정판결과 동일한 효력을 가지지만, 대한민국에서 내려진 중재판정이 승인 또는 집행이 거절되는 경우에는 그러하지 아니하다(중재법 제35조). 아울러 중재판정에 대한 불복은 법원에 중재판정 취소의 소를 제기하는 방법으로만 할 수 있다(중재법 제36조).[10]

바. 사전중재약정 관련 Q&A

[Q 1] 가맹본부에서 자체 중재제도를 운영하고 경우에도 가맹점사업자는 바로 공정거래위원회에 가맹본부의 불공정거래행위에 대하여 신고를 할 수 있는가?

[A 1] 가맹사업당사자 간에 체결한 가맹계약서에 계약기간 중에 분쟁이 발생하는 경우 자체 조정위원회를 통한 분쟁해결을 우선하기로 약정하였다면 계약내용대로 사전에 중재합의를 통해 해결하는 것이 신속하게 처리할 뿐만 아니라 비용절감에도 많이 유리한 점에서 바람직하다고 사료된다.

그러나 이를 원하지 않은 경우에는 공정거래위원회에 바로 신고하는 것도 가능하다. 왜냐하면 가맹사업법 제32조의3 제1항에 따라 누구든지 이 법에 위반되는 사실이 있다고 인정할 때에는 그 사실을 공정거래위원회에 신고할 수 있다고 규정하고 있기 때문이다.

5. 개인사업자와 법인사업자의 비교

가. 사업자등록 등 절차상의 차이

법인이건 자연인(개인)이건 프랜차이즈사업을 영위할 수 있는데, 이러한 영업을 하

10) 대법원 2018. 12. 13 선고 2018다240387 판결(중재법 제36조 제2항 제1호 (라)목은 중재판정의 취소사유 중 하나로 '중재판정부의 구성 또는 중재절차가 이 법의 강행규정에 반하지 않는 당사자 간의 합의에 따르지 않았거나 그러한 합의가 없는 경우에는 이 법에 따르지 않았다는 사실'을 정하고 있다. 이는 중재절차의 계약적 성격에서 비롯된 것으로, 중재절차는 원칙적으로 당사자의 자치와 합의로 형성되지만, 당사자 간의 합의가 없는 경우에는 보충적으로 해당중재에 적용되는 임의규정에 따라 이루어진다는 취지이다. 위 규정에서 정한 중재판정 취소사유에 해당하려면 단순히 당사자 간의 합의나 임의규정을 위반하였다는 것만으로는 부족하고, 해당 중재절차에 의한 당사자의 절차적 권리에 대한 침해 정도가 현저하여 용인할 수 없는 경우라야 한다).

는 자를 사업자라 한다. “사업자”란 부가가치세법 제2조 제3호에 따라 사업 목적이 영리이든 비영리이든 관계없이 사업상 독립적으로 재화 또는 용역을 공급하는 자를 말한다. 사업자는 사업장마다 사업 개시일부터 20일 이내에 사업장 세무서장에게 사업자등록을 신청하여야 한다.[11] 다만 신규로 사업을 시작하려는 자는 사업 개시일 이전이라도 사업자등록을 신청할 수 있다.

법적 실체로 볼 때 개인사업자의 경우에는 개인사업자와 대표자가 동일하기 때문에 아무런 비용 없이 관할 세무서에 등록하면 되는 반면에, 법인사업자는 법인과 대표자가 별개이기 때문에 먼저 법인격을 부여받기 위하여 법인설립등기를 한 후 사업자등록을 하여야 하므로 등기비용, 등록면허세와 추가로 등록대행수수료가 필요하다.

나. 법률상 책임과 운영상의 차이

1) 개인사업자

개인사업자의 사업운영에 있어서 대표자는 그 개인이다. 따라서 사업관계상 책임은 사업자등록자와 대표자가 동일하므로, 사업으로 발생한 모든 채무를 개인사업자가 전부 변제할 의무를 부담하여야 하는 무한책임의무를 진다. 그리고 사업운영을 위한 의사결정은 자기 마음대로 자유롭게 할 수 있기 때문에 신속하게 업무를 처리할 수 있다.

사업운영으로 발생한 수입은 대표자가 전부를 독점하여 사용할 수 있고, 자금조달은 개인인 대표자가 전액출자해야 한다. 개인사업자의 경우 금융회사 등에서 법인사업자보다 신용도를 낮게 평가하기 때문에 자금을 조달하는 데 어려움이 있고, 사업을 양도할 때에도 유가증권(주식 등) 형태로 자산평가를 할 수 없어 영업권 형태로 거래를 한다.

개인사업자는 법인사업자에 비해 폐업하기가 용이하다. 관할 세무서에 폐업신고를 한 후 다음달 25일까지 부가가치세 신고를 하고, 종합소득세는 사업소득에 대하여 다음 연도 5월에 관할 세무서에 신고를 하면 된다. 그리고 4대 보험은 폐업시 공단에 4대 보험 상실 신고하여야 한다.

2) 법인사업자

법인사업자(회사)의 사업운영에 있어서 대표자의 책임은 등록법인과 대표자가 서로 다른 실체이므로, 사업으로 발생한 채무는 법인의 형태에 따라 다르다. 법인의 형태가

11) 사업자등록 신청절차 등에 대해서는 국세청 홈페이지 참조(https://www.hometax.go.kr/websquare/websquare.wq?w2xPath=/ui/pp/index_pp.xml).

주식회사·유한회사·유한책임회사인 경우에는 출자자는 출자의무만 부담할 뿐 회사의 채무에 대해 변제할 책임이 없다. 반면에 법인의 형태가 합명회사·합자회사[12]인 경우에는 무한책임사원으로 등기되어 있는 사원이 개인사업자와 같이 회사의 채무에 대한 전적인 책임을 진다.

법인사업자의 대표적 유형인 주식회사의 경우, 사업운영을 위한 의사결정은 대표자에게 위임된 사항이 아니면 상법상 이사회나 주주총회를 통해 결정하기 때문에 다소 지연될 수도 있다. 사업운영으로 발생한 수입의 이윤분배는 출자자(주주)의 지분에 의해 배당 형태로 배분하고, 대표자의 보수는 근로자로서 위임계약서에 약정한대로 지급한다. 주식회사는 일반적으로 회계가 투명하고 축적된 신뢰도가 개인사업자에 비하여 높기 때문에 금융회사 등에서 자금조달을 할 때 유리하며, 사업양도 시에도 주식양도 형태로 이루어지기 때문에 평가가 편리하고, 가업승계 등이 용이한 장점이 있다.

법인사업자의 사업자등록 폐업은 개인사업자 폐업과 유사하다. 폐업신고 다음달 25일까지 부가가치세 신고를 하고, 3달 후까지 법인세 신고를 한 후 2달 후까지 지급명세서를 제출하여야 세무신고가 종료되고, 법인청산등기를 할 때에는 잉여금에 대한 소득세, 누진세, 근로소득세, 배당소득세 등이 부과될 수 있다.

다. 세법상 의무와 세금 부담의 차이

1) 개인사업자

대표자의 자금인출은 보통 개인이 자신의 통장에서 자유롭게 입출금을 하는 것과 동일하므로 세법상 아무런 문제가 발생하지 않는다. 대표자가 받는 보수와 퇴직금은 세법상 비용으로 인정되지 아니하며, 소득금액에 따른 세율은 2021년 기준 과세표준 상 6%~42%이므로, 개인사업자의 소득세는 소득금액에 따라 세부담액 차이가 크게 된다.

세금신고방식은 장부기장 등에 있어서 상대적으로 덜 엄격하지만, 성실신고확인제도[13] 대상자[14]에 해당하면 엄격한 세금신고방식으로 하여야 한다.

---

12) 합자회사의 유한책임사원은 그 출자가액에서 이미 이행한 부분을 공제한 가액을 한도로 하여 회사채무를 변제할 책임이 있다(상법 제279조).

13) 이 제도는 수입금액이 업종별로 일정규모 이상인 개인사업자가 종합소득세를 신고할 때 장부기장 내용의 정확성 여부를 세무사 등에게 확인받은 후 신고하게 함으로써 개인사업자의 성실한 신고를 유도하기 위해 도입되었다.

14) 해당년도 수입금액을 세 가지 유형으로 구분하는데, 도·소매업 15억 원 이상, 제조업 등 7억 5천만 원 이상, 서비스업 5억 원 이상이다.

2) 법인사업자

법인사업자의 경우 대표자의 자금인출은 원칙적으로 급여, 배당으로만 가능하다, 급여와 배당이 아님에도 인출하는 금액은 가지급금이라고 하는데, 가지급금 인출이 있는 경우에는 법인세와 대표자의 근로소득세의 부담이 증가하는 결과가 초래되어 세부담액을 증가시킨다. 법인의 대표자가 가지급금을 개인사업자와 같이 자기 돈처럼 사용하는 경우 배임으로 인한 형사처벌 대상[15]이 될 수도 있으므로 엄격한 주의가 필요하다.

대표자의 급여와 퇴직금은 개인사업자와는 달리 비용으로 인정이 되고, 세금은 법인세 과세표준상 법인세율 10%~25%와 대표자의 근로소득세가 부과된다. 세금신고방식은 반드시 복식부기에 의한 장부기장 등의 엄격성이 요구된다.

3) 세금부담 차이 예시

구 분	개인사업자 소득세	법인사업자 법인세	법인대표자 근로소득세
○ 사업수익이 10,000,000원 경우			
사업수익	10,000,000	10,000,000	7,000,000
근로소득공제			−4,300,000
대표자급여	0	7,000,000	
과세표준	10,000,000	3,000,000	2,700,000
세율	6%	10%	6%
산출세액	600,000	300,000	162,000
합계	**600,000**		**462,000**
○ 사업수익이 60,000,000원 경우			
이익	60,000,000	60,000,000	42,000,000
근로소득공제			−11,550,000
대표자급여	−	42,000,000	

15) 배임죄는 타인의 사무를 처리하는 자가 그 임무에 위배하는 행위로써 재산상의 이익을 취득하거나 제3자로 하여금 이를 취득하게 하여 본인에게 손해를 가한 때에 성립하는 범죄이다(형법 제355조 제2항). 이와 같이 배임죄는 타인의 사무를 처리하는 자가 그 임무에 위배하는 행위로써 재산상의 이익을 취득하거나 제3자로 하여금 이를 취득하게 하여 사무의 주체인 타인에게 손해를 가할 때 성립하는 것이므로 범죄의 주체는 타인의 사무를 처리하는 지위에 있어야 한다(대법원 2020. 2. 20. 선고 2019도9756 전원합의체 판결).

과세표준	60,000,000	18,000,000	30,450,000
세율	24%	10%	15%
세액공제	−5,220,000		−1,080,000
산출세액	9,180,000	1,800,000	3,487,500
합계	**9,180,000**		**5,287,500**
○ **사업수익이 100,000,000원 경우**			
이익	100,000,000	100,000,000	70,000,000
근로소득공제			−13,250,000
대표자급여	−	70,000,000	
과세표준	100,000,000	30,000,000	56,250,000
세율	35%	10%	24%
세액공제	−14,900,000		−5,220,000
산출세액	20,100,000	3,000,000	8,280,000
합계	**20,100,000**		**11,280,000**

라. 개인사업자 VS 법인사업자 선택기준

가맹본부가 사업자의 형태를 개인사업자와 법인사업자 중 어느 것이 유리한지 검토할 때, 세무전문가들은 다음 세 가지를 고려하여 신중하게 선택하여야 한다고 조언하고 있다.

1) 1억 원 이상 사업수익으로 절세를 위한 선택

개인사업자와 법인사업자의 세율은 사업수익에 따라 차이가 있지만, 최고세율이 개인사업자의 경우 42%인 반면에 법인사업자의 경우 25%인 점을 감안하면 사업수익이 증가하는 것과 법인으로 전환하는 것은 밀접한 상관관계가 있는 것으로 분석되고 있다. 세무전문가들은 개인사업자의 사업수익이 1억 원 이상인 경우 앞의 세금부담 차이에서 살펴본 바와 같이 납부할 세금이 거의 2배 정도 차이가 나기 때문에, 이때에는 사업수익에 대한 고액의 세금을 낮추기를 원한다면 법인사업자로 전환할 것인지 여부를 고려할 시점이라고 한다. 그러나 법인으로 전환하는 경우에는 세금은 덜 낼 수 있지만, 세무신고를 할 때 엄격한 자료를 요청함에 따라 세무기장 비용이 추가되고, 국세청의 세무조사 대상에 포함될 확률이 높아지며, 특히 가지급금 관리를 제대로 하지 못할 경우 오히려 세금이 늘어날 수 있을 뿐만 아니라, 배임[16]이나 횡령[17]으로 고소, 고발되는 경우 형사처벌을 받을 수도 있으므로, 가지급금에 대한 관리능력이 있는가를 사전에 충분히 검토하여야 한다.

2) 성실신고확인대상 사업자에 따른 선택

사업자가 처음에는 개인사업자로 시작하였으나 사업능력이 뛰어나서 매출액이 업종별 성실신고확인대상에 해당하는 경우 국세청에서 요구하는 세무신고 기준이 엄격한 수준으로 전환된다. 또한 앞에서 검토한 세금납부액도 동시에 많이 늘어나기 때문에 세무전문가는 법인사업자로 전환을 검토할 때라고 조언을 한다.

그렇지만 일부 개인사업자의 경우 이러한 이유 때문에 법인으로 전환하였지만, 여러 가지 법적 규제를 준수하기가 어려워 다시 개인사업자로 회귀하는 경우도 있다. 따라서 성실신고확인대상 사업자라 하더라도 개인사업자로 사업을 영위하는 경우도 많이 있다는 사실을 감안하여, 어느 형태가 자신에게 맞는지 현명하게 판단하여야 한다.

3) 정부지원정책자금과 금융회사 등의 자금조달을 위한 선택

정부는 중소기업을 지원함에 있어 자격요건을 법인사업자로 한정하는 경우가 많은데, 이러한 혜택을 받기 위해서는 개인사업자에서 법인사업자로 전환하는 것이 필수적이다. 또한 개인사업자는 금융회사의 대출받을 자격이 미달되는 경우도 많지만, 법인사업자가 되면 신용도가 올라가서 대출대상자가 되기 때문에 자금을 조달하는데 훨씬 편하고 용이하게 처리할 수 있는 장점도 있다.

---

16) 업무상배임죄에서 재산상의 손해를 가한 때란 총체적으로 보아 본인의 재산 상태에 손해를 가하는 경우를 말하고, 현실적인 손해를 가한 경우뿐만 아니라 재산상 손해발생의 위험을 초래한 경우도 포함된다. 그리고 재산상 손해의 유무에 관한 판단은 법률적 판단에 의하지 아니하고 경제적 관점에서 실질적으로 판단되어야 하고, 일단 손해의 위험을 발생시킨 이상 나중에 피해가 회복되었다고 하여도 배임죄의 성립에 영향을 주는 것은 아니다(대법원 2015. 11. 26. 선고 2014도17180 판결).

17) 횡령죄는 타인의 재물을 보관하는 자가 그 재물을 횡령하거나 그 반환을 거부함으로써 성립하는 죄를 말한다(형법 제355조 제1항). 따라서 횡령죄의 객체가 타인의 재물에 속하는 이상 구체적으로 누구의 소유인지는 횡령죄의 성립 여부에 영향이 없는바, 주식회사는 주주와 독립된 별개의 권리주체로서 그 이해가 반드시 일치하는 것은 아니므로, 주주나 대표이사 또는 그에 준하여 회사 자금의 보관이나 운용에 관한 사실상의 사무를 처리하는 자가 회사 소유의 재산을 사적인 용도로 함부로 처분하였다면 횡령죄가 성립한다(대법원 2019. 12. 24. 선고 2019도9773 판결).

〈표 24〉 성실신고확인대상자 신고서 작성사례[18]

1. 성실신고확인대상자 신고서 작성사례
– 성실신고확인대상자인 제조업자

자료 1 기본사항

주 소 : 서울특별시 종로구 종로5길 ** 성 명: 최 공 정

자료2 사업소득 내역

① 상호: 세종상사 업종: 제조업/신발 개업일: 2011. 5. 1.
2019년 총수입금액 1,500,000,000원, 필요경비 1,400,000,000원
※ 수도권 안에서 소기업을 영위하는 사업장임
(조세특례제한법 제7조에 의한 중소기업특별세액감면 요건 충족함)
② 신고유형: 성실신고확인

자료3 가족사항 등

구 분	생년월일	소득금액	비 고
본 인	71. 2. 3	100,000,000원	
배 우 자	72. 4. 5	없 음	
모	49. 3. 6	〃	만 70세
자 녀	98. 2. 7	〃	만 21세
자 녀	00. 8. 9	〃	만 19세

① 모 의료비 지출액: 8,000,000원(수령한 실손의료보험금은 없음)
② 자녀의 대학교 등록금 지출액: 각각 5,000,000원, 6,000,000원

자료4 기타자료

① 중간예납 4,000,000원
② 중소기업협동조합법 제115조에 따른 소기업·소상공인공제에 가입하여 연간 3,000,000원 납부하였음
③ 성실신고확인비용: 2,000,000원
④ 소득세법상 복식부기의무자이며 성실사업자 요건을 충족함

18) 국세청 홈페이지 참조(https://www.nts.go.kr/nts/na/ntt/selectNttInfo.do?mi=2241&nttSn=1221474).

주식회사의 경우에는 주식을 발행하여 투자자를 유치하거나 채권을 발행하여 합법적으로 자금을 조달할 수 있게 된다. 좋은 사업 아이템이 있으나 현재 가지고 있는 창업비용이 없는 경우 법인을 설립하여 창업하는 벤처기업이 대표적인 사례에 해당한다고 할 수 있다.

제5편

가맹사업의 경영과 마케팅 실무지식

1. 가맹점의 매출액 증대원칙과 방법

가맹사업은 가맹본부가 가맹점사업자에게 상품 또는 용역을 공급하여 판매하는 특성을 지니고 있다. 즉 가맹본부는 가맹점사업자에게 상품 또는 용역에 대한 일정한 품질이나 영업방식을 개발하여 지원하면, 자신의 매출액은 판매업무를 담당하는 가맹점사업자의 영업활동에 따라 비례하여 나타난다고 볼 수 있다. 그러므로 가맹본부는 자신의 매출액을 증대시키려면 고객에게 직접 판매활동을 담당하는 가맹점사업자의 매출액을 높이는 경영방침을 세우고 영업을 수행하여야 한다. 이에 가맹본부가 가맹점사업자의 매출액을 증대시키기 위한 원칙과 방법에 대하여 살펴본다.

가. 과학적인 가맹점사업자의 영업지역 설정

가맹본부는 가맹사업의 경영 및 영업계획을 수립할 때 사업특성을 반영하여 상권분석을 실시한 후 장기적인 관점에서 가맹점사업자의 영업지역을 설정하여야 한다. 사업시작 초기에는 가맹점의 수가 적어 영업지역의 중복으로 인한 분쟁이 발생하지 않지만, 사업이 확장되어 가맹점의 수가 많아지면 대도시의 도심을 중심으로 영업지역이 중복되어, 기존의 가맹점사업자와 분쟁이 발생하거나 해당 지역에 가맹점을 확장하지 못하여 매출액을 증대시키는 데 장애요인으로 작용하는 문제가 발생할 수 있다. 그러므로 가맹본부는 사업초기부터 가맹점의 영업지역을 설정할 때 국가나 지방자치단체에서 도시계획을 수립하는 기준에 따라 상업지역과 주거지역의 용적률을 다르게 설정하는 것과 같이 지역마다 면적의 차이를 두어야 한다는 원칙을 세워야 한다.[1)]

영업지역 설정은 상권분석을 어떻게 하느냐에 따라 커다란 차이가 나타날 수 있으므로 정확한 데이터와 경제전망, 소비자의 소비 트렌드, 대도시의 도심과 중소도시의 유통인구의 차이 등을 분석하여 면적보다는 매출액을 기준으로 하는 것이 타당하다. 상권분석은 축척된 경험과 전문 사이트(소상공인진흥공단→상권정보시스템, KB부동산리브온→상권분석) 등을 방문하여 객관적인 자료를 합산하여 구체적으로 면적과 예상 매출액을 산정하는 과학적인 방식으로 하여야 한다.

---

1) 「국토의 계획 및 이용에 관한 법률」 제2조 제15호에 따른 "용도지역"이란 토지의 이용 및 건축물의 용도, 건폐율, 용적률, 높이 등을 제한함으로써 토지를 경제적·효율적으로 이용하는 제도를 말한다. 이에 따라 상업지역과 주거지역의 용적률은 각각 900~1,500%, 100~500%로 차이를 두고 있음을 알 수 있다.

나. 정기적인 메뉴 변경을 통한 고객의 감동 유지

가맹점이 성공하기 위해서는 단골고객을 만드는 것이 가장 중요하지만 더 중요한 것은 처음 방문한 손님이 재방문할 수 있도록 그 가맹점만의 매력이 있어야 한다. 그 매력에는 여러 가지 요소가 있을 수 있겠으나 여기서는 메뉴(상품)에 대하여 살펴본다.

가맹점에서 판매하는 메뉴는 손님을 유인하는 가장 중요한 자산이다. 가맹사업에서의 메뉴는 가맹본부가 전적으로 책임지고 가맹점사업자에게 제공하여야 할 의무이다. 가맹본부는 상품이나 용역의 품질관리와 판매기법의 개발을 위한 계속적인 노력을 통해 메뉴의 구성을 새롭게 하여 고객에게 신선한 감동이 유지되도록 하여야 한다. 가장 좋은 방법은 소비자 누구나 선호하는 대중성과 경쟁자와 다르거나 소비자가 쉽게 경험하기 어려운 차별성을 지닌 신메뉴를 주기적으로 출시하는 것이다.

이렇게 하기 위해서는 경쟁자가 사용하지 않은 것이나 스스로 생산한 재료, 지역특산물, 전통적인 재료 및 글로벌화로 인식된 재료 등을 통해 누구나 좋아하는 다양성과 남이 흉내 낼 수 없는 차별성이 있어야 한다. 아울러 계절의 특색을 반영하여 주기적으로 기본적인 메뉴 구성에 변화를 주는 방법으로 정기적인 계절 메뉴를 출시하여 고객에게 신선한 감동을 주어 만족도를 높이는데 힘써야 한다.

다. 매뉴얼 및 우수사례를 통한 서비스 표준화

가맹사업의 장점은 창업경험이 없어도 가맹본부의 노하우와 매뉴얼을 전수받아 영업을 영위할 수 있는 것이다. 모든 가맹점이 균일하게 최고의 매출액을 올리게 하려면, 가맹본부는 가맹점사업자가 쉽게 따라 할 수 있도록 표준화된 매뉴얼을 개발하여 주기적으로 배포하여야 한다.

표준화된 매뉴얼 개발을 위해서는 자기만의 영업방식을 꾸준히 연구하고 축적하여 한 번 작성한 매뉴얼을 내부임직원, 가맹점임직원, 고객의 요구를 반영하여 주기적으로 업그레이드하여야 한다. 이때 우수 가맹본부의 장점을 벤치마킹하거나 해외 우수 가맹점의 매뉴얼을 통해서 매출액을 올리기 위한 자료를 발굴함으로써 선진화된 가맹점운영 전략을 제시하고 실천하는 것도 중요하다.

가맹점사업자 중에는 영업능력과 고객응대방식이 우수하여 다른 가맹점보다 매출액을 많이 올리는 귀감이 되는 곳이 반드시 있게 마련이다. 이와 같이 가맹본부의 동일한 브랜드의 영업표지와 상품 또는 용역을 가지고 영업을 함에도 매출액에 있어 큰 차이를 보이는 것은 자신만의 특별한 고객응대 영업노하우를 가지고 있기 때문이다.

가맹본부는 이러한 가맹점의 우수사례를 공모를 통해 정기적으로 발굴하여 시상과 인센티브를 제공하고 모든 가맹점사업자들에게 발표함으로써 가맹점 간의 경쟁의식을 높여 주어야 한다. 이를 위해 가맹본부는 가맹점의 우수사례에 대한 책자를 만들어 모든 가맹점에 배포하여 공유함으로써 다른 가맹점이 벤치마킹을 통해 영업방식을 한 단계 업그레이드하도록 지원하여 모든 가맹점이 최고의 매출액을 올리는 효과를 스스로 체험하도록 함으로써 사업역량을 계속 키울 수 있도록 지원하여야 한다.

라. 가성비 있는 원·부자재 공급을 통한 영업이익 증대

가맹사업은 대량의 공동구매를 통해 원·부자재 구입단가를 낮게 협상을 할 수 있는 바게닝 파워(bargaining power)의 장점이 있기 때문에, 경쟁하는 일반사업자의 단일 매장보다는 질 좋은 재료를 싸게 구입해서 공급하는 것이 가능하다. 가맹본부가 가맹점사업자에게 공급하는 원·부재료의 단가를 낮게 공급하면 그만큼 가맹점사업자는 영업활동에서 매출액 대비 영업이익률을 높일 수 있는 구조의 장점을 지니게 된다.

가맹본부가 가맹점사업자에게 가성비 있는 원·부자재를 공급하기 위해서는 유통단계를 최대한 줄일 수 있는 구매선을 선택할 필요가 있다. 4계절 동일한 가격으로 공급하기 위해서는 냉동 창고를 설치하여 제철 출하기에 대량의 원·부자재를 저렴하게 구입·보관하는 등의 유통방식을 개선하는 것도 하나의 방법이다. 예컨대 꽃게를 재료로 사용하는 가맹본부가 성어기에 산지에서 대량의 꽃게를 구입하여 냉동 창고에 보관하여 다음 해까지 동일한 가격으로 가맹점사업자에게 공급하는 방법이다.

또한 가맹본부는 수익의 원천을 원·부자재 판매의 마진으로 하기보다는 매출액의 일정비율에 따라 받는 로열티 개념을 도입하여 원·부자재의 단가를 가맹사업당사자 간에 합의하여 결정하는 방식으로 전환한다면 가맹점사업자와의 신뢰도가 증진되어 상생하는 계기가 마련될 수 있을 것이다.[2)]

---

2) "프랜차이즈協, '가맹계약 요구기간 폐지' 등 자정안 발표", 머니투데이, 2017.10.27(https://news.mt.co.kr/mtview.php?no=2017102708572428004&outlink=1&ref=%3A%2F%2F).

마. 정기적인 교육 및 만족도 평가

1) 정기적인 교육

가맹본부는 매뉴얼을 통해 전국 어느 가맹점이나 동일한 서비스와 상품을 고객에게 판매하도록 활동지침을 끊임없이 가맹점사업자에게 제공해 주어야 한다. 교육은 이러한 활동지침을 올바르게 이행할 수 있도록 하는 제도이며, 이는 구체적인 계획과 원칙을 세워 규정대로 진행해야 성과를 얻을 수 있다. 그러므로 이러한 사항은 정보공개서와 가맹계약서에 명확히 명시하여 가맹점사업자로 하여금 교육에 필수적으로 참석하도록 함으로써, 가맹점사업자가 매뉴얼대로 가맹점을 운영할 수 있도록 하여야 한다.

가맹점을 창업하기 전 가맹희망자에 대한 예비교육은 무에서 유를 만드는 과정이므로 가능한 교육기간을 길게 하여 가맹본부의 경영정책을 이해시키고 운영 매뉴얼 준수를 통한 가맹점에서 발생할 수 있는 모든 도발상황에 대비할 수 있도록 맞춤형 프로그램으로 진행한다. 그리하여 창업예비 교육을 수료한 가맹희망자들이 가맹본부에서 중점적으로 요구하는 것이 무엇인지 충분히 알 수 있어야 한다.

가맹계약을 체결 이후 영업기간 중에는 정기 및 특별교육으로 구분하여 실시하는 것이 효과적이다. 정기교육은 필수적으로 연 1회 이상 실시하여 변경된 가맹점 운영 시스템과 우수 가맹점의 성공사례 발표 및 주요 메뉴 실습 등을 실시한다. 특별교육은 연 1회나 2회 신메뉴를 출시할 때 실시하는 것이 효과적이다. 가맹점사업자는 교육 참석을 꺼리거나 필요 없다고 인식하는 경우가 많으므로, 가맹점사업자들이 교육을 통하여 새로운 지식과 영업노하우를 체험할 수 있도록 프로그램의 질을 높게 개발하여 교육의 필요성을 느끼고 다음에도 꼭 참석하겠다는 생각을 갖도록 교육비용 대비 교육만족도를 높여야 한다.[3)]

2) 만족도 평가

계획과 정책은 목표달성을 위한 제도, 즉 시스템을 구축하여 단계적인 과정을 통하여 이행하고 추진한다. 가맹사업 역시 가맹본부는 사업 아이템을 토대로 창업하여 사업계획을 수립하고 이를 추진할 경영정책을 설정하여 기업의 기틀을 마련한다. 가맹본부가 가맹사업의 성공을 위한 사업구상으로 어떤 계획과 정책을 추진하기 위한 제도를

---

3) 프랜차이즈(외식업) 표준계약서 제19조 참조.

마련하였다면, 반드시 그 제도에 대한 만족도 평가를 실시하여 잘된 것은 확산 보급하고 잘못된 것은 제도개선을 통해 문제점을 보완해야 한다.

제도에 대한 만족도 평가는 가맹본부 내부 직원의 만족도, 가맹점사업자와 그 종업원 만족도, 상품을 구매 또는 이용하는 고객만족도 등의 사람과 관련부분과 상품 또는 용역에 대한 만족도, 유통과 관련된 물류시스템에 대한 만족도, 매장관리 및 운영 시스템에 대한 만족도, 사업경영 이념이나 계획에 대한 만족도, POS, ERP 등 전산시스템에 대한 만족도 등 제도나 정책과 관련 부분을 다각적으로 정의하여 실시한다.

이러한 평가는 가맹본부 내부 평가요원이 직접 하는 경우와 외부 전문 평가업체를 선정하여 실시하는 경우로 구분할 수 있다. 내부 평가요원이 직접 할 때에는 인적구성 내용, 추진하는 사업내용, 상품정보, 기타 제도에 대한 이해도가 높기 때문에 적은 비용과 마찰이 줄어들 수 있는 장점이 있는 반면에 문제점에 대한 해결방안 제시 능력이 떨어지는 단점도 나타날 수 있다. 외부 전문 업체가 평가할 때는 객관적인 입장에서 문제점을 찾아내고 해결방안을 제시할 수 있는 장점이 있는 반면, 평가기간이 길어지고 평가과정에서 마찰이 발생할 가능성이 있으며, 많은 비용이 소요되는 단점이 있다.

바. 양질의 제품 무료 제공 홍보

사업자가 자신의 제품을 소비자에게 알리는 가장 보편적인 방법은 광고이다. 광고는 희소정보나 생산지향형 경제에서 소득의 평준화에 의한 가처분 소득의 증가로 마케팅지향형 경제로 이전함에 따른 경제적 분리를 해소하기 위한 정보를 제공한다는 점에서 필요하다. 광고는 신문, 잡지, 라디오, 텔레비전 등의 전통적인 매체와 IT시대에 부합한 온라인 매체를 통해 소비자에게 전달하여야 하는 특성이 있다. 그러므로 사업자가 광고를 하기 위해서는 기업이나 제품에 대한 광고물 작성과 광고매체에 광고를 요청하기 위하여 광고비를 지급하여야 한다. 광고비는 즉시적인 판매증대를 가져오게 하려는 비용이 아니라, 장기적·지속적인 판매증대를 가져오는 투자로 볼 수 있다. 따라서 광고효과가 바로 나타나는 경우도 있겠지만, 대부분 기업의 브랜드 가치 상승과 제품의 효능을 알리는 역할을 하므로 서서히 나타난다고 볼 수 있다.

그런데 백화점과 대규모소매업점에서 실시하는 무료 시식코너의 제품 홍보 효과는 그 자리에서 바로 나타나는 특성이 있다. 무료시식행사는 소비자의 입장에서는 제품의 맛을 사전 검증하고 구입할 수 있으며, 유통업체에서는 고객에게 신뢰감을 심어주는 동

시에 신제품 등의 매출을 증대할 수 있다는 점에서 일석이조의 효과도 있다.[4)]

사업자가 제품을 무료 제공하는 홍보행사를 하기 위해서는 반드시 주의해야 할 점이 있다. 바로 무료 대상 제품과 해당 제품을 받을 고객을 신중하게 선택하여야 그 효과를 볼 수 있다. 이를 잘못하여 낮은 품질의 제품을 무료로 제공하게 되면 도리어 반감을 사게 되는 경우도 있을 수 있다. 그러므로 무료 제공 제품은 받을 고객과 연계하여 각각의 수준에 맞는 가격으로 정하여야 하고, 반드시 좋은 원료를 사용하여 받는 사람들이 원인불명의 이미지를 갖지 않도록 하여야 하며, 사용해보니 다시 사고 싶은 마음과 남들에게 소개해 주고 싶은 제품으로 선택한다면 광고보다 더 큰 바이럴 마케팅(Viral Marketing)에 따른 홍보효과가 나타날 수 있다.

사. 가맹점매출액 증대원칙과 방법 관련 Q&A

[Q 1] 가맹본부가 가맹계약서에 가맹점사업자의 교육과 관련하여 정기교육과 수시교육을 3회 이상 무단으로 참석하지 않을 경우 계약해지 사유로 하는 것에 대하여?

[A 1] 가맹사업법 제2조 제1호에 따른 가맹사업의 성립요건은 상당한 통제를 요건으로 하고 있는데, 가맹본부가 가맹사업을 영위하기 위하여 가맹점사업자를 대상으로 실시하는 교육을 정당한 사유 없이 무단으로 참석을 하지 아니하는 경우 가맹계약의 해지 사유로 두는 것도 가능할 수 있다. 다만 해당 사유로 가맹점사업자와 가맹계약을 해지하고자 하려고 할 때는 구체적으로 정기교육 1회, 수시교육 2회 등에 대하여 명확히 기재하고, 해지절차는 법 제14조 제1항에 따라 하여야 할 것이다.

2. 가맹사업 컨설팅 기법 및 효과

가. 가맹사업 컨설팅의 개념

일반적으로 경영 컨설팅이란 어떤 사업 분야의 전문가가 고객을 상대로 상세하게 상담하고 도와주는 조언을 하는 것을 말한다. 컨설팅에서 조언을 한다는 것은 고객이 요구하는 것에 대한 문제를 파악하고, 이에 대한 해결방안을 제시해주는 것이다. 가맹

4) "집에서 시식" … 코로나로 늘어나는 '온라인 샘플링', 국민일보, 2020. 10. 18(http://news.kmib.co.kr/article/view.asp?arcid=0924160564&code=11151400&cp=du).

사업 컨설팅이란 가맹사업 분야의 전문가들이 지식과 경험을 활용하여 가맹본부 또는 가맹점사업자로부터 정보를 이끌어내고 고유의 도구와 기법을 활용하여 기업의 당면한 문제들을 연구, 분석하여 적절한 해결책을 효과적으로 제시하고 이를 수행할 수 있도록 돕는 것이다.

나. 가맹사업 컨설팅의 필요성

일반사업은 임직원이 경영계획과 사업목표를 세워 이를 실행하는 방식으로 운영하면 되는데 비하여, 가맹사업은 그 운영방식이 가맹본부에서 세운 계획과 목표를 직접 실행하고 달성하는 것이 아니라, 다른 독립된 사업자인 가맹점사업자가 가맹점 운영을 통해 달성한 실적을 합산하여 그 결과를 평가한다는 점에서 큰 차이가 있다. 그러므로 가맹사업은 그 분야의 전문가가 가맹본부나 가맹점을 운영하는 경우를 제외하고, 아이템만 가지고 창업한 경우라면 창업 시뿐만 아니라 개업 후 주기적으로 가맹사업의 전문가로부터 경영, 운영, 영업, 마케팅, 법률 및 기타 필요한 분야에 대한 컨설팅을 할 필요가 있다. 이러한 과정을 통해 현재 상태의 사업운영상 문제와 그 원인을 찾아내고, 이에 대한 해결방안을 제시받아 이른 시일 내에 한 단계 더 도약할 수 있는 방법을 찾을 수 있게 된다는 점에서, 가맹사업은 컨설팅이 필요한 사업 분야에 해당한다고 볼 수 있다.

1) 가맹본부 창업컨설팅

사업자가 좋은 아이템을 가지고 이를 가맹사업으로 전환하여 가맹본부로서 창업을 하려면 여러 과정을 거쳐야 한다. 우선 아이템에 대한 상품 매뉴얼이 정립되어야 한다. 그리고 개업하기까지는 브랜드인 영업표지 등에 대한 상표등록, 가맹점 모집을 위한 홈페이지 제작, 운영 사무실 계약 및 개업, 직원 채용, 정보공개서와 가맹계약서 작성 후 정보공개서의 등록 등 여러 가지 사항을 준비하여야 한다.

창업하는 가맹본부가 이러한 모든 업무를 자체적으로 수행할 수도 있지만, 보다 신속하고 효율적으로 하기 위해서는 이에 특화된 창업컨설팅업체를 통해 필요 부분을 계약하여 처리하는 것도 합리적인 업무처리 방식이라 할 수 있다. 특히 일정 규모 이상의 가맹본부는 정보공개서 등록 및 가맹계약서 작성에 있어서 가맹사업법령에서 요구하는 사항을 준수하여야 하므로, 가맹거래사 등의 전문가에게 컨설팅을 의뢰하여 해당 업무를 처리하는 것이 시간과 비용 측면에서 효율적일 수 있다.

2) 가맹점사업자 컨설팅

대부분의 가맹점사업자는 가맹본부와 가맹계약을 체결한 소상공인 자영업자에 해당한다. 가맹점사업자는 가맹본부가 제공하는 운영매뉴얼과 슈퍼바이저의 지원을 받으며 가맹점을 운영하게 된다. 그러므로 가맹점사업자는 매출액 증대를 위한 컨설팅을 받을 때 자신이 그 비용을 전액 부담하는 경우는 많지 않을 것이다.

그리고 가맹점사업자는 다음에 소개하는 소상공인시장진흥공단에서 지원하는 프랜차이즈 분야 컨설팅프로그램을 신청하여 사업운영에 대한 컨설팅을 받을 수 있다. 이를 통해 가맹점 운영상 현재의 문제점을 찾아내고 이에 대한 해결방안을 제시받아 시간 투입 대비 보다 높은 매출액 및 영업이익을 올릴 수 있는 사업운영 노하우를 전수받을 수 있게 될 것이다.

3) 소상공인시장진흥공단 컨설팅 사업지원의 소개

① 지원업종 및 지원 분야

정부의 투자·출자 또는 정부의 재정지원 등으로 설립·운영되고 있는 소상공인시장진흥공단은 지원 사업으로 컨설팅 제도를 운영하고 있다. 컨설팅은 소상공인 컨설팅, 창업경영 컨설팅, 무료법률구조 지원으로 구분하여 운영하고, 여기서는 2020년 기준 소상공인 컨설팅에 대하여 소개하고자 한다.

〈표 25〉 소상공인시장진흥공단 컨설팅 지원업종 및 지원 분야5)

구 분	지원 대상		지원 일수
지원 업종	음식업, 도소매, 서비스, 기타		–
지원 분야	마케팅 및 영업홍보	SNS, 블로그 마케팅 및 호보, 거래처 발굴, 인테리어, VMD(상품진열 등)	4일 (1일 4시간 이상)
	경영관리	직원관리, 재고관리, 고객관리, 재무관리, 손익계산, 자금지원 활용, 업종전환 등	
	프랜차이즈	프랜차이즈 본사 및 가맹점 창업	
	기술전수	상품 및 메뉴개발, 비법전수	
	사업지원서비스	세무, 노무, 특허, 법률 등	

5) 출처: 소상공인시장진흥공단 홈페이지(www.semas.or.kr) 참조.

② 지원 대상

지원을 받을 수 있는 소상인공인은 일정한 요건에 해당해야 한다. 즉, 지원 대상 소상인공인은 「소상공인 보호 및 지원에 관한 법률」 제2조에 따라 ⓐ 주된 사업에 종사하는 상시 근로자 수가 광업·제조업·건설업 및 운수업은 10명 미만, 그 밖의 업종은 5명 미만 사업자이고, ⓑ 주된 업종별 평균매출액 등이 소기업 규모 기준에 해당하는 기업이어야 한다.[6)]

③ 신청 방법 및 지원 절차

컨설팅 신청은 상기 지원대상자가 소상공인시장진흥공단에서 지원하는 관련 컨설팅 프로그램을 확인하고, 소상공인시장진흥공단의 소상공인마당 홈페이지(www.sbiz.or.kr)나 창업지원소상공공컨설팅 홈페이지(www.sbiz.or.kr/cot/main.do)에서 로그인 또는 회원가입 신청서를 작성한 후 온라인으로 신청·접수한다. 소상공인시장진흥공단의 컨설팅 지원 절차는 ⓐ 신청접수(소상공인) → ⓑ 사전진단(공단) → ⓒ 컨설팅 수행(소상공인) → ⓓ 컨설팅 수행(컨설턴트) → ⓔ 컨설팅 결과보고(컨설턴트) → 컨설팅 비용지급(공단) 순으로 진행된다.

다. 가맹사업 컨설팅의 개요

가맹사업에 대한 컨설팅은 컨설턴트와 컨설팅 기법에 따라 차이가 있는데, 컨설팅을 받은 사업자에 대하여 조사·분석하여 보고서를 작성한다고 볼 수 있다. 그러므로 컨설팅에는 어떤 정규적인 형식보다는 컨설턴트에 따라 다양한 형태로 진행하고 그 결과보고서도 여러 가지 방식으로 제출된다고 볼 수 있다.

가맹사업 컨설팅은 ① 현재 상태인 현황 파악, ② 현황에 따라 나타나는 문제 분석, ③ 문제에 대한 문제점(원인) 파악, ④ 문제점에 대한 개선방안 도출, ⑤ 개선방안에 대한 단기 및 중장기 실행계획 및 실행방법, ⑥ 소요 예산 및 관계인 확보, ⑦ 평가 및 기대효과 순으로 이루어지고, 이에 기해 최종적으로 컨설팅 결과보고서가 작성된다.

이와 관련하여 실제 소상공인시장진흥공단에서 사용하는 컨설팅 결과보고서 작성 예시를 통하여 기본적인 컨설팅 보고서 작성 방법을 살펴본다.

---

6) 예비창업자의 경우에는 임대차계약서 또는 등기사항전부증명서(자가 건물 소유) 소지자이거나 사업개시일 이전 사업자등록증 소지자를 포함한다.

〈표 26〉 소상공인시장진흥공단 컨설팅 보고서 작성 예시[7)]

ㅁ **현황분석**

1. 외부환경분석
   ⇒ 사업자가 처한 외부환경(상권, 입지조건 등)에 대한 분석 내용 및 주요 발견 사항

2. 내부환경분석
   ⇒ 사업자가 처한 내부환경(경영상황, 역량 등)에 대한 분석 내용 및 주요 발견 사항

3. 전략(개선)방향 및 전략(개선)과제 도출
   ⇒ 외/내부 환경 분석 결과에 따른 전략(개선)방향 수립, 전략(개선)방향별 과제 도출 및 우선순위 선정(과제 평가를 통한 장/단기 과제 선정, 우선실행과제 선정 등)
   ※ SWOT분석, 전략옵션 평가, 시나리오기법, 대안도출기법 등 활용

ㅁ **전략(개선방안) 수립 및 권고사항 제시**

1. 도출된 과제에 대한 목표 및 추진방안 수립
   ⇒ 문제점 및 보완이 필요한 부분을 찾고 어떤 방식으로 컨설팅을 추진할 것인가에 대한 계획/목표 등 설정

2. 도출된 과제에 대한 실행방안(권고사항) 제시
   ⇒ 구체적인 실행방안, 실행 완료된 내용, 향후 진행해야 할 권고사항 등 제시, 기타 정보 제공 및 자문 내용 기재
   ⇒ 수행일별 컨설팅 지도 과정과 내용을 기입하고 해당 증빙자료가 있는 경우 첨부

ㅁ **컨설팅 성과**

⇒ 컨설팅을 통해 기대되는 정성적/정량적 효과, 목표/실적 비교(수행계획서상에 제시된 핵심성과지표(KPI) 목표치의 달성 정도), 컨설팅 전/후 비교 등

1. 정성적 성과
   ○
2. 정량적 성과
   ○
3. 기대효과

ㅁ **사후관리 방안**

○ ⇒ 컨설팅 완료 후 구체적인 사후관리 방안(점검방법 등) 제시

라. 전략 유형 및 과제 도출 기법

1) 전략의 유형

전략적 계획의 수립은 기업조직 전체를 대상으로 장기적인 계획을 수립하는 것이며, 전략은 장기적인 목표를 달성하기 위한 광범위하고 일반적인 계획이라고 할 수 있다. 전략의 유형은 성장전략, 축소전략, 안정전략 및 결합전략 등으로 구분할 수 있다.

① 성장전략

성장전략은 현재의 운영규모를 확장하는 전략이다. 성장은 기업의 장기적인 존속을 위해 필요한 전략으로, 조직의 특성을 변경하지 않고 성장을 추구하는 전략(내적 성장전략 또는 집약적 성장전략)과 다른 기업의 취득 또는 새로운 사업단위의 신설 등을 통해 조직의 특성을 변경시키면서 성장을 추구하는 전략(외적 성장전략 또는 통합적 성장전략과 다각화 성장전략)이 있다.[8)]

집약적 성장전략은 특정의 단일 제품이나 서비스, 기술 및 시장에 초점을 맞추고 동일한 사업영역 내에서 경영노력을 집중하는 전략이다. 이는 제품 및 시장과 관련된 기회를 충분히 활용하고 있지 못하는 경우에 유용한 전략으로, 기업은 이러한 전략을 통해 전문성을 확보하고 견고한 명성을 통해 지속적인 성장을 도모할 수 있다.

이를 실행하기 위해 시장침투 전략, 시장개척 전략, 제품개발 전략 등을 활용할 수 있다. 시장침투 전략은 기존의 제품이나 서비스를 가지고 기존의 시장에 접근하는 전략이고, 시장개척 전략은 기존의 제품이나 서비스의 결점만을 보완하면서 기존제품이나 서비스에 대한 마케팅 강화 등을 통해 새로운 시장에서의 판매를 추구하는 전략이며, 제품개발 전략은 연구개발 등을 통해 기존제품이나 서비스를 변형하거나 새로 개발하고 기존의 사업영역 내에서 기존고객에 대한 판매를 늘리거나 새로운 고객을 끌어들이는 전략을 말한다.[9)]

통합적 성장전략은 수평적 통합 전략과 수직적 통합 전략 등이 있다. 수평적 통합 전략은 경쟁업체와 같은 동일산업 내의 동일수준에 있는 다른 기업조직을 흡수함으로써 기업을 확장하려는 전략이다. 반면에 수직적 통합 전략은 그 기업조직에 자원을 공

7) 출처: 소상공인시장진흥공단의 소상공인 컨설팅 결과보고서 작성 양식 참조.
8) 김귀곤·김솔·이주헌·조남신, 앞의 책, 161면 참조.
9) 김귀곤·김솔·이주헌·조남신, 앞의 책, 162면 참조.

급하고 있는 공급업체를 취득(후방M&A)하거나 자사제품을 공급하고 있는 유통업체를 취득(전방M&A)함으로써 기업경영활동의 불확실성을 극복하려는 전략이다.

다각화 성장전략은 새로운 제품을 가지고 새로운 시장에 진출하는 전략으로, 자사제품과의 관련성 여부에 따라 집중적 다각화전략과 복합적 다각화전략 두 가지로 구분된다. 먼저 집중적 다각화전략은 자사제품과 관련이 있는 제품이나 서비스를 취급하는 기존의 사업체를 취득하거나 생산·판매할 수 있는 새로운 사업체를 창설하여 영업활동을 확장하려는 전략이다(예: 맥주회사가 소주회사를 M&A). 다음으로 복합적(conglomerate) 다각화전략은 자사제품과 전혀 관련성이 업는 제품이나 서비스를 생산·판매하는 사업체를 취득하거나 생산·판매할 수 있는 새로운 사업체를 창설하여 경영활동을 확장하려는 전략이다(예: 건설회사가 항공사를 M&A).[10)]

② 축소전략

축소전략은 경영상에 심각한 문제가 발생하거나 환경이 갑작스럽게 변화하는 등 정상적인 경영이 어려운 경우에 운영상의 능률을 통한 업적 개선을 위하여 조업을 단축하거나 생산을 축소하는 경영전략을 말한다. 이는 방향전환, 부분매각, 해산 또는 청산전략으로 나누어 볼 수 있다.[11)]

방향전환 전략은 경영상의 문제점을 해결하고 운영상의 능률을 제고하기 위해 인건비와 그 밖의 경비를 절감하거나 조직을 재편성하는 것으로 특히 비용절감과 영업효율성 제고를 기대하고 조직규모를 줄이는 리스트럭처링(restructuring)을 다운사이징(downsizing)이라고 한다. 이 유형은 기능의 통폐합, 조직단위의 통합 등을 통한 인원감축 유형, 총체적인 조직문화 및 경영혁신운동을 통한 업무재설계 유형 및 조직문화의 현상유지적인 사고를 통한 체계적 접근 유형이 있다.

부분매각 전략은 비용을 절감하고 운영상의 능률을 개선하며 핵심사업에 노력을 집중할 목적으로 내부조직을 일부 떼어내어 분리설립하거나 독립적인 영업부분을 매각하는 전략을 말한다(예컨대 회사분할 또는 분할합병 등). 이는 구조조정이란 말로 대신할 수 있으며, 한 기업이 여러 사업부를 가지고 있을 때 또는 한 기업이 여러 기업을 보유하고 있을 때 미래의 변화를 바탕으로 어떤 사업을 주력사업으로 할 것인지, 또 다른 사

10) 김귀곤·김솔·이주헌·조남신, 앞의 책, 163~164면.
11) 김귀곤·김솔·이주헌·조남신, 앞의 책, 165면.

업은 줄이거나 철수하며 어떤 사업에는 새로이 진출하고 또 중복되는 사업은 통합하는 등의 전면적인 사업구조를 재편하는 것이다.[12)]

해산(청산) 전략은 기업조직의 자산을 완전매각하거나 파산선언을 통하여 경영활동 자체를 중단하는 전략이다. 해산이란 법인이 본래의 적극적인 경영활동을 그만두고 청산절차를 밟는 것을 말하고, 청산이란 채권자에 대한 변제 등 청산목적의 범위 내에서 종전의 인격을 보유하고 활동하는 절차를 말하는데, 청산종결로 소멸되므로 청산종결 등기가 이루어지면 회사의 법인격도 완전히 소멸하게 된다.

③ 안정전략

안정전략은 현재의 경영활동을 그대로 유지하려는 전략으로, 현상유지전략이라고도 한다. 이 전략은 기업조직이 현재의 경영환경 속에서 이미 성과를 올리고 있거나 새로운 사업진출로 인한 위험부담의 회비, 또는 축소전략으로 인한 내부반발을 야기하기 않기 위하여 활동되는 전략이다. 따라서 안정전략은 성장전략이나 축소전략 등 새로운 전략의 시행 이전에 적응을 위한 시간이 필요할 때 활용할 수 있는 비교적 단기성 전략이라고 할 수 있다.[13)]

④ 결합전략

결합전략은 하나 이상의 다른 전략을 동시에 채용하는 전략이다. 일반적으로 결합전략은 기업조직 내의 각 사업부가 각기 다른 전략을 채용하고 있는 경우에 활용할 수 있다. 예컨대 어떤 사업부는 성장전략을, 다른 사업부는 안전전략을, 또는 다른 사업부는 축소전략을 활용하고 있는 경우를 말한다.[14)]

2) 경영전략 분석기법

① 포트폴리오 분석

제품포트폴리오 분석기법은 1970년대 미국의 보스턴컨설팅그룹(BCG)에 의해 개발된 것으로 BCG매트릭스라고도 한다. 이 기법은 특정 사업 분야의 매출액(상대적 시장점유율), 그 사업이 속한 시장의 성장률, 그리고 그 사업의 추진으로 인한 현금의 유입과 유출, 이 세 가지 요인에 의해 사업이나 제품의 다각화 순서와 정도를 결정하고, 때에

12) 김귀곤 · 김솔 · 이주헌 · 조남신, 앞의 책, 166면 참조.
13) 김귀곤 · 김솔 · 이주헌 · 조남신, 앞의 책, 169~170면.
14) 김귀곤 · 김솔 · 이주헌 · 조남신, 앞의 책, 170면.

〈표 27〉 BCG매트릭스의 특징과 전략[15]

상 태	구 분	세부 상황과 특징 및 전략
스타 (☆)	상황	– 높은 시장성장률, 높은 상대적 시장점유율 – 물음표 부분의 지속적인 투자가 성공을 거두어 상당한 시장지배력이 확보된 결과
	특징	– 시장의 지배적인 기반 형성으로 상당한 수익(현금유입), 반면에 시장 자체의 팽창으로 시장점유율 유지를 위한 상당한 투자소요(현금유출): 현금유입≒현금유출 – 제품수명주기의 성장기
	전략	– 육성/성장(build) 전략 – 유지(hold) 전략
물음표 (?) 또는 문제아	상황	– 높은 시장성장률, 낮은 상대적 시장점유율 – 미래의 성장가능성이 높은 사업에 후발업체로 참여하는 경우
	특징	– 시장 자체의 지속적인 성장으로 상당한 투자의 매력, 후발업체의 취약성을 극복하기 위해서는 막대한 투자소요: 현금유입<현금유출 – 제품수명주기의 도입기
	전략	육성/성장(build) 전략, – 수확(harvest) 또는 철수(divest) 전략
캐시 카우 (₩)	상황	– 낮은 시장점유율, 높은 상대적 시장점유율 – 지속적인 투자결과로 관련시장에서 시장지배적인 위치를 구축하고 있으나 시장 전체의 성장률 또는 성장가능성이 낮은 경우
	특징	– 상대적 시장점유율은 높아 상당한 규모의 수익, 반면에 시장성장률 둔화 및 저하로 새로운 투자를 위한 자금유출은 크게 필요하지 않음: 현금유입>현금유출
	전략	– 유지(hold)전략 – 수확(harvest)전략 – 여기에서 나오는 자금으로 별이나 물음표에 투자
개 (×)	상황	– 낮은 시장성장률, 낮은 상대적 시장점유율
	특징	– 시장의 성장가능성이 극히 낮고 시장점유율도 낮아 적은 금액의 현금유입이나 유출: 현금유입≒현금유출
	전략	– 수확(harvest) 또는 철수(divest)전략

15) 김귀곤·김솔·이주헌·조남신, 앞의 책, 172면.

따라서는 자금을 필요로 하거나 자금창출능력이 있는 상이한 사업부서 간의 균형을 유지할 목적으로 사용되기도 한다. 따라서 이 기법은 사업 활동이 다각화되어 있거나 제품계열이 다각화되어 있는 경우에 유용한 경영전략모형이다.[16]

② 산업구조 분석

산업구조분석(경쟁구조분석)기법은 외부환경 중 특히 현재 또는 미래의 잠재적인 경쟁업체에 초점을 맞추고 기업조직의 수익성 또는 기업조직이 속한 산업의 매력도를 결정짓는 다섯 가지 요인을 말한다. 5개의 경쟁요인별 산업구조의 구성요인을 살펴보면 다음과 같다.[17]

첫째, 기존경쟁업체 간 경쟁(철수장벽)의 구성요인은 산업성장률, 고정비용, 초과설비, 제품차별화, 브랜드 인지도, 교체비용, 다른 사업부와의 관련성 등이다. 둘째, 잠재경쟁자 진입가능성(진입장벽)의 구성요인은 절대적 원가우위, 제품차별화, 브랜드 인지도, 교체비용, 소요자본량, 경로에의 접근성, 기존기업의 보복, 정부정책 등이다. 셋째, 대체재 위협의 구성요인은 대체품의 상대적 가격, 교체비용, 대체품에 대한 구매자 성향 등이다. 넷째, 공급자 교섭력의 구성요인은 공급량(비중), 차별화 정도, 교체비용, 대체재 존재 여부, 전방통합 가능성 등이다. 다섯째, 구매자 교섭력의 구성요인은 구매량(비중), 차별화 정도, 교체비용, 대체재 존재 여부, 구매자 정보력, 후방통합 가능성 등이다. 이러한 요소는 산업경쟁 상태에 큰 영향을 미치게 되므로 효과적인 전략형성을 위해서는 관련 요소를 적절히 고려하여야 할 것이다.[18]

③ SWOT 분석

SWOT 분석법은 조직 내부의 강점(Strength: S)과 약점(Weakness: W)을 조직 외부의 기회(Opportunity: O) 요인과 위협(Threats: T) 요인을 대응시켜 조직의 미래 발전방향을 모색하는 전략개발기법을 말한다. SWOT 분석에서 중요한 것은 외부환경의 기회와 위협요인의 파악, 그리고 기업 내부환경의 강점과 약점을 정확하게 파악하는 일이다. 예컨대 외부환경요인의 경우 경제의 호황, 새로운 기술의 등장, 시장의 지속적 성장, 경쟁자의 도태, 새로운 시장의 발견 등은 기회요인이라고 판단할 수 있지만, 반면에 자원의

---

16) 김귀곤·김솔·이주헌·조남신, 앞의 책, 171면.
17) 김귀곤·김솔·이주헌·조남신, 앞의 책, 173면.
18) 김귀곤·김솔·이주헌·조남신, 앞의 책, 174면 참조.

〈표 28〉 SWOT 분석과 대응전략[19]

내부요인 / 외부요인	S	W
O	SO전략(Maxi－Maxi): 성장전략	WO전략(Mini－Maxi): 우회전략
T	ST전략(Maxi－Mini): 안정전략	WT전략(Mini－Mini): 해산(청산)전략

고갈, 정부나 공공기관의 새로운 규제, 소비자 기호의 변화, 우수한 대체재의 등장, 그리고 강력한 경쟁자의 등장 등은 위협요인이라고 볼 수 있다.

또한 내부 환경요인의 경우에는 우수한 제조기술, 높은 생산효율성, 숙련된 노동자, 높은 시장점유율과 우수한 마케팅 조직, 자금조달의 원활 및 금융기관과의 원만한 관계유지 등은 경쟁사에 비하여 내부적으로 강점이 될 수 있는 반면, 무능한 경영자 및 관리자, 경쟁력 업는 기획팀, 뒤떨어진 기술, 낮은 연구개발비용 투자, 낙후된 시설, 그리고 높은 이직률 등은 경쟁사에 비하여 내부적으로 약점이 있다고 판단할 수 있다. 이러한 외부 환경과 내부 환경에 대한 분석을 토대로 매트릭스를 만들 수 있으며 각 셀에는 대안적 전략들이 제시되어 있다.[20]

④ 사업부 수준의 경영전략: 본원적 경쟁우위전략

SWOT 분석이 조직의 내부 환경의 분석부터 시작되어야 한다는 주장이 있다. 즉, 기업조직의 전략은 먼저 조직 내부의 경쟁요인분석을 통해 조직의 강점과 약점을 파악한 후에 어떤 전략이 경쟁업체에 비해 상대적으로 경쟁적 우위를 제공하는가에 따라 선택되어야 한다는 것이며, 다음과 같은 세 가지 전략 유형이 제시된다.[21]

첫째, 차별화 전략에서의 차별화 우위는 기업조직의 제품이나 서비스가 경쟁업체의 그것들과 확연히 구분될 수 있도록 고객이 독특하다고 지각할 수 있는 요인을 제공함으로써 그 조직 제품의 독특성을 만들어가자는 전략이다. 이 전략은 그 조직의 제품에 충성도가 강한 소비자집단을 개발하는 데 목적이 있으며, 이를 통해 기업조직은 가

---

19) 김귀곤·김솔·이주헌·조남신, 앞의 책, 175면 참조.
20) 김귀곤·김솔·이주헌·조남신, 앞의 책, 174~175면.
21) 김귀곤·김솔·이주헌·조남신, 앞의 책, 179면~182면 참조.

격프리미엄을 얻을 수 있고 잠재적 경쟁자들에게는 진입장벽으로 활용할 수 있으나, 다품종소량생산에 따른 원가가 높기 때문에 원가우위기업에 비해 가격경쟁력이 떨어지는 점을 해결하여야 한다.

둘째, 원가우위전략은 생산, 유통 및 그 밖의 조직시스템상의 능률향상을 통해 경쟁업체들보다 제품의 가격을 저렴하게 함으로써 경쟁력을 확보하려는 전략이다. 이 전략의 목적은 규모의 경제, 학습효과, 투입요소 비용의 통제, 단순한 제품설계, 전문화된 생산 공정 등을 통해 원가상의 우위를 확보하고 산업평균 이상의 이익을 올릴 수 있는 기반을 확보하자는 데 있다.

셋째, 집중화전략은 자원이 제한된 기업조직이 한정된 특수시장(소비자집단, 지역시장, 제품계열 등)에 집중하여 원가우위전략(원가중심 집중화 전략)이나 차별화 전략(차별화중심 집중화 전략)을 집중적으로 전개하는 것을 의미한다. 이 전략의 목적은 조직의 자원과 전문성의 집중적인 투입을 통해 표적시장에 더 나은 서비스를 제공하자는 데 있다. 즉 시장규모는 크지만 실체파악이 어려운 전체시장을 대상으로 하는 것보다 시장규모는 작지만 대상이 분명한 특정시장만을 대상으로 전략을 수립하고 시행하는 것이 경쟁력이 있다는 기본인식이 깔려 있는 전략이다.

⑤ 전략옵션평가

전략옵션평가는 수익성, 경쟁우위, 실현 가능성, 불확실성의 4가지 평가기준 중에서 필요에 따라서 어느 한 가지에 중점을 두면 되고, 전략 유효기간을 명확히 이미지화할 필요가 있다. 이에 대한 평가항목 및 평가기준은 다음과 같다.[22)]

〈표 29〉 전략옵션평가 평가기준 및 평가항목

평가기준	평가항목	평가방법
1. 수익성	Cash Flow	일정 기간 안에 어느 정도 수익을 예상할 수 있나?
	투자수익률	일정 기간 안에 투자액에 대한 회수율은 어느 정도 예상할 수 있나?
	※ 지표를 현금 기준으로 하고, 기간을 명확히 한다.	

22) 김흔수, "전략옵션의 4가지 평가기준"을 참조하여 작성하였다(https://blog.naver.com/npl12345/220737915044) 참조.

<table>
<tr><td rowspan="3">2. 경쟁우위</td><td>비교우위</td><td>고객요구를 만족시키면서 타사와 비교 우위에 있는가?</td></tr>
<tr><td>차별우위</td><td>경쟁회사가 따라올 수 없는 차별성을 갖고 있는가? 고객은 그 차별성을 이익으로 생각하는가?</td></tr>
<tr><td colspan="2">※ 고객의 니즈를 만족시키며 이익을 제공한다는 시점이 기본이 되어야 한다.</td></tr>
<tr><td rowspan="3">3. 실현 가능성</td><td>자사의 유형자산</td><td>설비, 기계, 입지조건, 투자 가능한 내부유보 등 자사 경영자원을 어느 정도 활용할 수 있는가?</td></tr>
<tr><td>자사의 무형자산</td><td>브랜드, 판매채널에 대한 영향력, 프로모션의 노하우 등은 얼마나 유효하게 작동하는가?</td></tr>
<tr><td colspan="2">※ 실현 가능성을 결정하는 가장 중요한 요소는 전략 추진에 활용 가능한 경영자원의 보유량이다.</td></tr>
<tr><td rowspan="3">4. 불확실성</td><td>환경의 변화</td><td>전략 추진기간 동안 기술혁신, 법 규제완화, 신규 진입업자 등장 등의 환경 변화에 대한 사전 파악 곤란</td></tr>
<tr><td>시장의 반응</td><td>자사 전략에 대해 시장이 어떤 반응을 보일지 사전 파악 곤란</td></tr>
<tr><td colspan="2">※ 미래는 항상 불확실성이 있기 때문에 사전에 이를 감한한 대응시스템을 구축해 놓은 것이 중요하다.</td></tr>
</table>

⑥ **시나리오 기법**

시나리오란 어떤 사건에서 일어날 수 있는 여러 가지 가상적인 결과나 그 구체적인 과정을 말한다. 이를 기반으로 한 시나리오기법을 미래의 종합적인 모습을 제시하기 위해 여러 가지 변수에 관한 동향과 사건의 상호작용을 분석·제시하며, 일련의 예측자료의 일관성 및 체계성을 검토하여 가능성 있는 미래의 상황을 묘사하는 방법을 말한다. 즉 미래에 일어날 수 있는 우발적 상황 및 이에 대한 대응 방안 등에 대하여 사전에 시나리오 형태로 작성하여 대비하는 방법인데, 이러한 기법의 활용을 검토할 필요가 있을 것이다.23)

마. 중소가맹기업의 컨설팅 효과

가맹사업을 영위하는 사업자는 대부분 중소기업에 해당하지만, 가맹본부만을 대상

23) 임현·한종민·정민진, "미래예측을 위한 시나리오 분석 및 시스템 구축방안", 한국과학술기술평가원, 2009, 3면.

으로 컨설팅에 대한 효과는 공표된 것이 없다. 참고로 중소기업진흥공단에서 컨설팅을 실시하고 그 효과를 발표한 내용이 있어 소개한다. 중소기업 컨설팅지원사업은 중소기업의 경영·기술 전반의 문제점에 대한 해결방안 제시로 기업 경쟁력 강화, 컨설팅 산업 발전 기반 조성 및 활성화에 목적을 두고 사업을 추진하고 있다.[24)]

중소기업진흥공단이 시행하는 경영·수출 컨설팅을 받은 중소기업은 연평균 매출액이 18% 증가하는 등 경영진단 이후 실적이 크게 개선된 것으로 조사됐다. 중소기업진흥공단은 2014년 중소기업 컨설팅지원사업 참여기업 411곳을 대상으로 2014~2016년 3년간 성과 변화를 측정한 결과이다. 컨설팅 지원사업은 중소기업의 문제점을 종합적으로 진단해 경영·기술·수출 등 전 분야에 걸쳐 개선 방향을 제시하는 사업이다.

컨설팅 사업에 참여했던 기업의 3년간 경영성과를 추적한 결과, 연평균 매출액과 영업이익이 각각 18.0%, 24.7% 늘었으며 수출액도 85.0% 증가했다. 노동생산성은 연평균 10.9%, 고용인원은 7.8% 각각 증가하는 등 매출과 고용, 수출 모든 면에서 컨설팅 이후 개선 효과가 나타난 것으로 조사됐다. 중소기업진흥공단은 2005년 컨설팅 지원사업을 시작해 지난해까지 총 2만 981개 과제를 수행하는 등 컨설팅 사업에 참여한 기업이 일반 중소제조기업보다 경영성과가 훨씬 높게 나타나는 등 기업 경쟁력 제고에 효과적인 것으로 분석하였다.[25)]

3. 재료 등의 적정가격 공급역량 개발

가. 가맹사업에 있어서 재료 등의 개념

가맹본부는 가맹점사업자에게 부동산·용역·설비·상품·원재료 또는 부재료(이하 "재료 등"이라 한다)를 공급하고 그 대가의 매출 수입으로 가맹사업을 영위하는 구조이다. 재료 등은 가맹본부가 가맹점사업자에게 대부분 구속조건부 거래의 예외 요건의 형태로 공급하기 때문에 가맹점을 운영하는 가맹점사업자에게는 매출액 및 영업이익 증대와 직결되는 중요한 요소에 해당한다.

---

24) 중소기업진흥공단, 「2017년 중진공 연차보고서」, 2018, 78면 이하 참조(http://www.kosmes.or.kr/sbc/SH/IFS/SHIFS017F0.do?seqNo=665).

25) "중소기업 컨설팅 효과 있네, 매출 18%↑, 수출 85%↑", 「연합뉴스」, 2018. 4. 3. 참조(https://www.yna.co.kr/view/AKR20180402142600030?input=1179m).

가맹점사업자는 재료 등을 시중에서 구입할 수 있는 가격보다 저렴하게 구입하기를 희망하는 반면, 가맹본부는 재료 등을 판매하여 영업이익을 달성하여야 하기 때문에, 재료 등은 가맹사업거래 과정에서 상호 마찰로 인한 분쟁과 민원이 제기되는 요소로 작용된다는 점에서 신뢰관계를 확인할 수 있는 지표라고 할 수 있다. 그러므로 가맹본부는 재료 등을 저렴하게 공급하는 역량을 개발하여 가맹점사업자에게 합리적이고 저렴한 가격으로 공급할 수 있도록 항상 노력함으로써, 가맹점사업자가 해당 재료 등을 가맹본부로부터 구입하면서 시중에서 구입하는 가격보다 싸다는 인식을 가질 수 있도록 함으로써 상생을 실천하는 계기로 삼아야 한다.

나. 적정가격 공급역량의 개발

소비자는 전국 어느 가맹점에서나 판매하는 상품 또는 용역의 가격이 동일하다는 인식을 갖고 있다. 가맹본부는 이러한 소비자의 욕구를 맞추기 위하여 가맹점사업자에게 연중 균일한 적정가격으로 재료 등을 공급할 수 있는 사업역량을 높이는 것이 가맹사업을 성장시킬 수 있는 핵심 요소라고 할 수 있다.

우리나라는 4계절이 뚜렷한 특징을 지니고 있어 그 계절마다 산지에서 거래되는 재료 등의 가격이 크게 차이가 있으며, 최근에는 가축질병이나 기상이변에 따라 재료 등의 출하량의 변동 폭이 크기 때문에 가격 또한 이에 비례하여 큰 폭으로 차이가 있게 마련이다. 그렇다면 두 가지 사례를 통해 어떠한 가맹본부가 가맹점사업자로부터 신뢰를 받고 성장하는데 유리한지 살펴보고자 한다.

첫째는 재료 등의 산지 가격이 변하면 가맹점사업자에게 판매하는 가격도 비례하여 연동하는 사례이다. 이는 외견상으로 보면 합리적인 거래 형태로 장점이 있다는 점에서 가맹본부는 이를 권장하여 영업할 수도 있겠으나, 가맹점사업자의 입장에서 보면 재료 등의 단가가 균일하지 아니하여 매출액 대비 영업이익을 예정하기가 상당히 어려운 단점을 극복하기 위하여 전국의 가맹점마다 판매가격이 달라질 수도 있다는 점에서 가맹사업의 특성이 변질되는 장애요인으로 작용할 수 있게 된다.

둘째는 재료 등의 산지 가격이 변하더라도 가맹점사업자에게 판매하는 가격은 가능하면 균일하게 하는 사례이다. 이는 외견상으로 보면 비합리적인 거래 형태로 단점이 있다는 점에서 가맹본부에서는 이를 권장하지 않을 수 있겠으나, 가맹점사업자의 입장에서 보면 원재료의 단가가 균일하여 매출액 대비 영업이익을 예정하기 상당히 쉽다는 장점이 크기 때문에 전국 어디서나 동일한 가격으로 판매한다는 가맹사업의 특성이 잘 나타날 수 있으므로 사업성장에 긍정적인 요소로 작용할 수 있게 된다.

가맹본부는 가맹사업에서 가맹점사업자에게 재료 등을 공급하는 책임을 지고 있기 때문에 가능한 둘째 사례와 같이 사업을 영위한다는 자세로 신뢰를 쌓아야 한다. 그러기 위해서는 가맹본부는 연간 시뮬레이션에 따라 재료 등의 공급 대책을 수립함으로써 특수한 사정에 따라 찾아오는 가격변화에 대한 대처할 수 있는 사업역량을 키우는 방식으로 가맹본부의 책임을 다하여야 한다.

다. 투명한 공급시스템 구축

가맹사업당사자 사이에서 재료 등의 공급 가격과 관련한 마찰이 심하여 법적 분쟁으로 비화되는 경우가 많다. 가맹본부는 가맹사업의 특성에 따라 재료 등을 공급하여 매출액 및 영업이익을 증대하여야 한다고 주장하는 반면, 가맹점사업자는 재료 등이 시중에서 개별적으로 구입하는 것보다 너무 비싸다고 상반된 주장을 하기 때문이다.

공정거래위원회는 이러한 갈등문제를 해결하기 위하여 2018년 4월 3일 가맹사업법 시행령을 개정하여 가맹본부가 직전 사업연도의 가맹점당 평균 차액가맹금 지급금액과 직전 사업연도의 가맹점당 매출액 대비 차액가맹금 지급금액의 비율을 정보공개서에 기재하도록 의무화 하였다. 이에 따라 2018년 3월 가맹본부 업계는 위와 같은 시행령 개정이 위헌이라 주장하며 헌법 소원과 함께 시행령에 대한 집행정지 가처분 신청을 제기한 바 있다. 또한 이와 같은 내용이 정보공개서에 기재되면 가맹본부 고유의 영업비밀을 공개하는 것과 같고, 특히 차액가맹금 지급 규모 공개는 사실상 가맹본부 업체의 제조원가를 공개하는 것이므로, 마케팅비, 운영비, 관리비 등이 포함된 차액가맹금이 가맹점사업자 입장에서는 단순히 순수익으로 오해할 수 있게 된다고 주장한다.[26) 그런데 이러한 가맹본부의 주장이 맞는다고 가정하더라도 가맹본부는 자신이 가맹점사업자에게 공급하는 재료 등의 가격에 대하여 투명하게 정보를 제공하는 시스템을 구축하여 먼저 공개하는 모범을 보인다면 거래에 대한 신뢰가 쌓여 상생에 큰 도움이 될 것으로 보인다.

가맹사업의 운영형태에 있어서 미국의 경우 90% 이상의 가맹본부가 로열티를 부

---

26) "차액가맹금 공개 가처분 신청, 적법요건 심사 통과. '인용결정 서둘러야'", 데일리안, 2019. 4. 19 (https://light.dailian.co.kr/news/view/789155).

과하고 있지만, 우리나라의 경우에는 10%에도 못 미치는 것으로 추정되고 있다.[27] 산업통상자원부가 2019년 4월에 발표한 「2018년 프랜차이즈산업 실태조사 결과」에 따른 가맹본부의 주요 수입원은 물류마진 81%, 로열티 11%로 나타나고 있으며, 가맹점사업자의 주요 비용은 가맹본부에 물류비용(원재료 포함) 및 로열티 등으로 납입하는 비중이 29%로 가장 높게 나타났다.[28] 이는 대부분 가맹본부의 영업이익은 로열티 형태가 아닌 가맹점사업자가 필수품목에 대하여 가맹본부에 지급하는 대가 중 적정한 도매가격을 넘는 대가인 차액가맹금을 통해 이루어진다고 보는 것이 타당할 것이다. 이와 같이 가맹본부는 가맹점사업자와 거래하는 기간 동안 차액가맹금을 계속하여 징수하고 있는데, 가맹점사업자의 알권리를 보장해 준다는 측면에서 차액가맹금에 대한 투명한 공급 시스템을 구축·운영하는 것이 장기적으로는 가맹본부의 성장에 도움이 될 수 있다고 본다.

라. 고객만족도 제고를 위한 공급시스템 개발

선진국에 진입한 우리나라의 소비자는 저렴한 가격의 상품을 선호하는 것보다 가격이 비싸더라도 명품으로 입소문이 난 매장에 찾아가서 구매하는 등의 질 좋은 상품에 대해 만족하는 고객이 많아졌다. 가맹본부는 고객 만족도를 높이기 위하여 항상 소비자의 구매 트렌드를 신속하게 파악하여 그에 부합하는 신상품을 개발하고, 질 좋은 재료 등을 공급할 수 있는 영업 전략을 수립하여 유의미한 성장을 거듭하여야 할 것이다.

고객이 원하는 상품을 개발하고 만족도를 높이기 위해서 가장 중요한 것은 가맹점사업자에게 공급하는 재료 등에 그 비밀이 다 포함되어 있어야 한다는 점이다. 성장을 거듭하는 가맹본부는 그 비밀을 잘 만들기 위하여 소비자 트렌드를 파악하는데 힘쓰고, 가성비를 높이기 위하여 원가를 절감하는데 투자하며, 질 좋은 재료 등을 찾기 위해 국내 산지는 물론 외국의 산지까지 직접 방문·선점하는 구매계약을 체결하여 가맹점사업자에게 연간 균일하게 공급하는 시스템을 구축해야 한다.

소비자 트렌드를 파악하기 위해서는 중심 상권에 직영점을 두고 신메뉴를 출시하여 고객의 반응을 평가하는 방법과 전문가들이 제시하는 사항을 상품에 반영하여 현재의 메뉴를 지속적으로 업그레이드함은 물론, 고객 취향을 미리 파악하여 신메뉴를 개발

---

27) 임영균·김주영, "로열티 제도 정착을 통한 국내 가맹본부의 수익구조 개선방안에 관한 연구", 「유통연구」 제23권 제3호(한국유통학회, 2018), 54면.

28) 산업통상자원부 홈페이지(https://www.motie.go.kr/motie/ne/presse/press2/bbs/bbsView.do?bbs_seq_n=161520&bbs_cd_n=81) 참조.

하는 노력이 이어져야 한다.

원가절감은 모든 기업에서 이루어져야 하는 가장 기본적인 명제이다. 원가절감요소는 사업 전반에 내재되어 있으므로 어느 부문을 대상으로 할 것인지는 기업 내부에서 결정·실행하여야 한다. 원가절감을 통해 상품의 가치를 상승시켜 고객이 지불하는 가치보다 더 높은 상품을 구입한다는 인식을 갖게 되면 구매수량이 늘어남에 따라 매출액 증대 효과를 가져오게 될 것이다.

가맹사업에서의 재료 등의 공급역량은 가맹본부가 성공적으로 사업을 운영하면서 가맹점을 지속적으로 확보할 수 있는지를 예견할 수 있는 중요한 변수라고 할 수 있다. 그러므로 가맹본부의 경영자는 이 과제를 해결하기 위하여 재료 등이 생산되는 현지를 수시로 방문하는 등의 방식으로 업무를 수행할 필요가 있고, 자신이 경영하고 있는 업종에 관련된 전문서적 등을 통해 새로운 지식을 연마하여 재료 등의 공급능력 계발에 힘써야 한다.

4. 슈퍼바이저의 역할과 보고

가. 가맹사업과 슈퍼바이저의 필요성

가맹사업에 있어서 슈퍼바이저(Supervisor)는 브랜드 관리자로, 가맹사업의 근본 목적인 수익구조의 배분, 영업환경의 간소화 및 전략화, 매출의 극대화를 실천할 수 있도록 감독하고 점검하는 역할을 담당하는 자라고 할 수 있다. 가맹사업은 가맹본부의 브랜드인 영업표지를 사용하여 각자 독립된 사업자가 전국 각지에서 가맹본부에서 제공하는 상품 또는 서비스를 동일하게 판매하여야 한다는 특성을 지니고 있다. 이러한 품질의 동일성을 유지하기 위해서는 가맹본부가 요구하는 기준과 지침을 점검하는 자가 반드시 필요한 구조이다. 이와 같이 기업이 가맹사업을 영위하기 위해서는 가맹점을 점검할 사람이 있어야 하는데, 이러한 역할의 업무를 수행하는 자가 슈퍼바이저이다. 체계적인 슈퍼바이저 제도를 운용하는 가맹본부만이 가맹사업을 성공적으로 확장시킬 수 있다고 본다.

나. 슈퍼바이저의 역할 및 기능

1) 슈퍼바이저의 역할

슈퍼바이저는 자신이 담당하는 가맹점에 대하여 가맹본부 대표를 대신하여 가맹점과 가맹본부와의 원활한 관계 형성을 위한 다음과 같은 교량적 역할을 수행해야 한다.

① 가맹본부가 가맹점의 통일적인 업무수행을 위해 마련한 여러 가지 매뉴얼을 가맹점사업자들이 잘 지키고 있는지 점검을 하고, 이를 준수하지 아니할 때는 직접 상황에 맞는 교육을 통해 가맹점사업자들이 익숙하게 이행할 수 있도록 지원한다.

② 가맹점의 경쟁상황, 고객관리, 매출분석 등 시장 환경을 조사하여 문제점을 발굴하여 해결 방안을 제시함으로써 매출액이 증대되도록 지원한다.

③ 가맹점에서 발생하는 일은 가급적이면 스스로 해결할 수 있는 능력을 키워서 가맹점사업자들로부터 신뢰를 얻음으로써 다른 어려운 지시사항을 전달할 때에도 믿고 따를 수 있도록 소통 전문가의 역할을 수행한다.

④ 지역 현장에서 발생하는 가맹점의 중대한 현안에 대하여 가맹점사업자로부터 보고를 받고 그 사실을 가맹본부에게도 잘 보고하여 해결방안을 지시받음으로써, 당면한 문제를 가능한 빠른 시일 내로 시정함으로써 가맹점이 원활하게 운영되도록 한다.

⑤ 가맹점사업자 및 가맹점 직원이 가맹점 운영과 관련하여 제기하는 불만 사항을 접수할 수 있는 시스템을 구축하여 가맹본부에 전달하는 중재자 역할을 수행한다.

⑥ 가맹점별로 판매의 촉진에 대한 컨설팅을 통해 문제점에 대한 각종 맞춤형 지원 계획을 수립하여 실행함으로써 실질적으로 매출액이 증대되도록 지원한다.

2) 슈퍼바이저의 기능

슈퍼바이저는 가맹본부가 가맹점사업자에게 부여한 계약상의 의무와 책임을 가맹점사업자들이 잘 이행하고 있는가 감독 관리 기능, 교육 지도 기능, 운영 개선 기능 등을 담당한다.

① 감독 관리 기능은 외견상 슈퍼바이저의 가장 중요한 업무라고 볼 수 있다. 왜냐하면 가맹본부가 슈퍼바이저 제도를 운영하는 근본적인 목적일 수 있기 때문이다. 그러므로 슈퍼바이저는 가맹점이 가맹본부의 정책을 제대로 준수하고 있는가?를 체크리스트를 통해 점검함으로써 가맹점의 실적을 사실대로 평가하고, 미달하는 사항에 대해서는 원칙대로 교육 및 감점을 부여하는 방식으로 개선하도록 유도하여 가맹본부에서 요

구하는 정책이 빠짐없이 실천되도록 힘써야 한다.

② 가맹사업에서 교육은 무엇보다도 중요한 사항이다. 왜냐하면 본래 가맹점사업자는 가맹본부의 상품 또는 용역에 대한 아무런 지식이 없다고 볼 수 있기 때문에, 반복적인 교육을 실시함으로써 가맹본부에서 요구하는 제품의 수준에 도달할 수 있게 되기 때문이다. 그러나 대부분의 가맹점사업자는 교육받은 레시피를 무시하고 자기방식으로 제품을 제조하는 습성을 지니고 있다는 점에서 항상 점검을 통해 부족한 부분에 대한 교육을 상시적으로 진행하여 주어야 한다.

③ 슈퍼바이저는 담당하는 가맹점에서 요구하는 사항이나 경쟁사에 비해 개선할 사항에 대한 가맹사업 운영과 관련된 사항을 개선하는 기능을 수행한다. 가맹점의 애로사항과 예측 불가능한 시장 변화 상황에 대하여 가맹본부의 운영부서에 전달하여, 이에 대한 해결방안을 제시받아 가맹점 운영이 개선되도록 함으로써 가맹점의 수익이 증대되는 경우 가맹점사업자는 가맹본부의 능력을 믿고 따르게 되어 우호적인 관계를 증진할 수 있게 된다.

다. 슈퍼바이저의 교육과 양성

가맹사업에서 슈퍼바이저의 중요성이 크기 때문에 슈퍼바이저에 대한 교육은 가맹본부가 자체적으로 실시할 수도 있지만, 슈퍼바이저 전문가 과정을 개설하고 있는 외부 전문 교육기관에 위탁하여 전문지식과 능력을 갖춘 슈퍼바이저를 양성할 수 있다. 대기업이나 중견기업 형태의 가맹본부의 경우에는 자체적으로 체계적인 슈퍼바이저 교육과정을 운영하여, 현직 슈퍼바이저와 슈퍼바이저를 희망하는 직원들을 대상으로 교육하는 것이 직원관리 및 인재를 양성하는 데 효과적이라고 할 수 있다. 자체교육이 어려운 가맹본부의 경우에는 슈퍼바이저 양성 전문교육기관에 위탁하여 주기적으로 교육을 이수하도록 하여야 할 것이다. 이를 통해 가맹점 관리는 과거 선배들로부터 구전으로 배운 것을 토대로 하는 것이 아니라, 교육과정에서 배운 전문적인 지식을 바탕으로 가맹점사업자들을 지도, 지원, 자문할 수 있는 역할과 능력을 키워주어야 한다.

교육의 내용은 가맹사업의 특성 이해, 정보공개서 및 가맹계약서 작성과 제공방법 등, 가맹점에 대한 매출분석을 통한 해결방법을 제시하는 컨설팅 능력, 가맹사업과 관련 마케팅 전략, 가맹점의 품질향상 및 서비스 향상 전략, 가맹사업법과 분쟁해결 능력 등에 대한 이론 교육이 중요하다. 나아가 우수 사례 등의 실무 교육을 통하여 실제 가맹점을 관리할 때 우수 사례를 벤치마킹하도록 하고, 다양한 과제를 부여·해결하도록 하는 문제해결능력과 함께 현장에서 발생하는 문제를 스스로 해결하여 가맹점의 애로사항을 발굴·개선할 수 있는 능력도 배양시킬 필요가 있다.

라. 슈퍼바이저의 보고 방법 학습

슈퍼바이저의 업무는 보고를 받거나 보고를 하여야 하므로, 보고 능력이 있어야 그 업무를 원만하게 수행할 수 있다. 즉 주요 업무가 처음 의사를 표시한 내용을 전달받아 이를 다른 사람에게 전할 때 그 내용을 정확히 전달하여, 표의자가 말한 것과 상대방이 들은 것이 일치하도록 함으로써 당사자 간 소통의 중간자 역할을 수행하여야 한다.

슈퍼바이저가 소통능력을 키우기 위해서는 보고 방식에 대한 전문가의 이론·지식을 학습하고 이를 실천하여야 한다. 그렇지 않고 자신의 주관적인 생각이나 방식대로 하는 경우 소통에 차질이 생길 뿐만 아니라, 표의자의 의사가 상대방에게 일치하지 않은 불통의 결과를 초래하게 되어 그동안 쌓아온 경영능력이 반감될 수도 있다.

참고로 이토 요이치(伊藤洋一)는 '전달력' 훈련의 핵심으로 아이드마(AIDMA)[29]방법을 제시하기도 한다. 즉, 직장생활에서 실제 활용할 수 있는 보고 방법과 관련하여 이론과 다양한 사례를 소개하고 있는데,[30] 누구나 보고와 관련된 책 등을 통해 반복적인 학습을 한다면 보고능력을 향상시킬 수 있게 될 것이다.

1) 구두보고 방법

상대방에게 보고를 잘 하려면 보고 전에 반드시 연습해야 한다. 이는 유명한 가수들도 실제 공연하기 전에 리허설을 반드시 하는 것과 같다. 실제 경험한 바로는 보고 전에 발표할 내용을 녹음하면서 리허설을 하는 것이 효과적이다. 자기가 처음 녹음한 내용을 들어보면 다음과 같은 여러 가지 점검 부분을 찾아낼 수 있게 된다.

첫째, 보고내용이 상대방을 고려하지 않고 자기중심으로 되어 있는가 하는 점이다. 보고는 보고받는 자가 어떠한 것에 관심을 가지고 있는지, 수준은 어느 정도인지 등을 파악하고 원고를 작성해야 보고의 목적을 달성하고 상대방의 승인을 얻을 수 있게 된다.

---

29) AIDMA이란 Attention(주의 집중: 군더더기를 없애는 싸움), Interest(관심: 결론+근거+예시(좌뇌자극)), Desire(욕구: 이미지 연상(우뇌자극)), Memory(기억: 짧고 강한 문장), Action(행동: 에너지 전달)의 머리글자의 약자이다.

30) 이토 요이치(伊藤洋一) 저/노경아 역, 「1분 전달력」, 움직이는 서재, 2018, 11~12면.

둘째, 전달내용이 스토리텔링화되어 있는지 하는 점이다. 내용이 상대방에게 잘 전달되게 하려면 시작부터 끝까지 연결되어 있어서 흥미를 유발할 수 있도록 보고 패턴을 정형화하는 연습을 하여야 한다. 예컨대 보고시간이 짧은 경우에는 두괄식으로 "결론은 이렇습니다. 그 이유는 ~~이며, ~~한 방법으로 수행하면, ~~효과를 얻을 수 있습니다"라는 형식으로 한다. 보고시간이 길고 상황이 복잡하면 "추진배경, 현황에 따라 나타나는 문제, 문제의 원인, 비전 및 목표, 개선대책(단기, 중장기), 세부추진계획, 장애요인 및 극복방안, 기대효과, 결론 및 건의사항" 순으로 정형화하여 상대방이 현재 무슨 문제 때문에 보고하는지, 원인분석과 해결방안으로 제시된 것이 적합한지 여부를 바로 보고받는 자로부터 지시받을 수 있으므로 빠르게 문제를 해결하는 장점이 있다.

셋째, 보고시간을 체크할 수 있다는 점이다. 일반적으로 처음 녹음한 것은 대부분 시간이 너무 늘어지는 경향이 있다. 상대방이 보고를 받을 수 있는 시간이 한정되어 있다는 사실을 명심하고, 그 시간에 맞춰 보고를 끝내기 위해서는 불필요한 것을 줄이는 연습을 해야 한다. 녹음을 들어보면 간결하지 않은 말들을 많이 찾아낼 수 있으므로, 여러 번 연습을 통해 스스로 잘 다듬어진 내용으로 수정하는 능력을 향상시킨다면 갈수록 자신 있게 에너지를 전달하는 보고를 할 수 있게 된다.

넷째, 세련된 말을 구사하고 있는지 등을 확인할 수 있다. 보고는 목적이 있는 내용을 상대방에게 전달함으로써 명확하게 소통하는 것이다. 그러므로 보고자는 상대방을 배려하는 말을 선택하여 또박또박 잘 될 때까지 반복·연습하여 나쁜 언어 습관을 고침으로써 상대방이 이해하기 쉬운 간결하고 세련된 말로 보고할 수 있게 된다.

2) 서면보고서 작성 방식

서면보고서는 구두보고와 다르게 대부분 문서형태로 작성하여 보존하기 때문에 정확해야 한다. 보고서의 작성은 각 기업에서 요구하는 양식에 따라 서로 다르겠지만, 그 내용은 다음의 5단계의 과정을 유의하여 작성하면 좋은 보고서가 될 수 있다.[31]

① 자료 수집·조사

보고서는 닥쳐온 문제를 현재 없는 대안을 찾아서 해결방안을 제시하는 문서이다. 그러므로 현안 문제와 관련된 자료를 빠짐없이 수집하는 것이 중요하며, 수집된 자료를

31) 한철수, 「보고서 쓰는 요령 60가지」, 공정거래위원회, 2014, 353~373면 참조.

작성자 및 보고받는 자가 필요한 방향으로 조사하는 단계이다.

② 분석 단계

①단계에서 취합된 사실을 근거로 핵심 쟁점사항을 정확하게 구체화하여야 글 쓰는 목적에 맞는 좋은 보고서가 나올 수 있다. 아울러 확인된 쟁점사항에 대하여 전달할 메시지를 분명히 하는 단계이다.

③ 조직단계

집을 지을 때 설계도가 필요하듯이, 보고서를 작성할 때에도 여러 가지 형태의 패턴이 필요하며, 어떻게 하면 상대방을 움직일 수 있을까 하고 생각하여 글의 내용, 문체, 구체성의 정도, 분량 등을 달리 결정하는 단계이다.

④ 1차 초안 작성

②단계의 전달할 메시지와 ③단계의 상대방에 맞는 보고서 패턴을 결정하였다면 쓰기 쉬운 부분부터 시작해야 원하는 시간에 마무리를 할 수 있다. 예컨대 현황, 문제, 원인, 해결방안, 기대효과 순으로 조직을 하였다면 1차 초안을 작성할 때는 조직 순서에 구애받지 말고 집중하여 쓰기 시작하면 안 쓴 부분은 자연적으로 머리에서 내용이 생성되는 것을 경험하면서 골격을 완성하는 단계이다.

⑤ 재작성·수정

재작성은 보고서 작성에서 가장 중요한 과정이다. 건축물로 볼 때 ④단계까지 오면서 집의 뼈대를 완성하였으니, 이제부터는 내부 미장과 외부 도색 등을 하는 마지막 완성단계이다. 첫 번째 재수정을 할 때는 건축가의 입장에서 부분을 점검하고, 전체적으로 당초 목적하였던 메시지를 전달하고 있는지 살펴보아야 한다. 두 번째 이상 재수정할 때는 입주자 입장에서 원하는 부분이 빠진 것은 없는지, 불필요한 중복된 것은 없는지 점검하는 단계이다. 이때 지적된 것이 있으면 설계변경을 하듯이 해당 부분에 대하여 수정을 통하여 최종 결론이 보고서 작성 목적과 부합하도록 완성하는 단계이다.

5. 상생협력관계를 위한 경영목표

가. 가맹본부 잘못과 가맹점 매출 감소의 관계

가맹사업은 가맹본부의 영향을 그대로 받는 특성을 지니고 있다. 가맹본부가 선한 영향력을 끼친 경우에는 가맹점의 매출도 덩달아 올라가지만 그와 반대로 나쁜 소식이 전파되면 무의식적인 소비자의 불매운동이 일어나 아무런 잘못이 없는 가맹점의 매출액이 급감하는 현상을 언론 보도 등을 통해 확인할 수 있다.[32]

예컨대 가맹본부의 대표가 불미스러운 행동을 하였다는 보도가 방송과 신문을 통해 알려지자 바로 해당 가맹점의 매출이 감소되는 결과를 초래하였고, 가맹본부의 창업주가 사업을 운영하는 과정에서 불법·탈법 등의 행위로 수사를 받게 됨에 따라 해당 가맹본부의 가맹점에 대한 소비자들의 불매 운동으로 이어져 애꿎은 가맹점사업자의 매출이 급격히 떨어져 피해를 입었다는 사실을 많은 언론에서 보도한 바 있다.[33] 이와 같이 가맹사업은 가맹본부에서 잘못한 경우에도 가맹점까지 영향을 받고, 이와 반대로 어느 한 가맹점에서 불미스러운 행위가 일어나면 가맹본부는 물론 다른 가맹점까지도 영향을 받는 특수한 관계의 사업형태이다.

나. 선한 가치 추구

공공기관 경영평가에는 사회적 가치 구현 항목이 있다. 이에 현재 기업사회는 공기업과 민간기업을 막론하고 사회공헌에서 한 걸음 더 나아간 사회적 가치 실현을 위해 움직이고 있다. 최근에는 소비자 사이에서 착한 소비라고 불리는 윤리적 소비가 트렌드처럼 번져가고 있다. 가격 대비 성능을 중요시하던 소비성향은 이제 자신의 소비를 통해 공공의 이익과 발전에 도움이 된다면 조금 비싸더라도 기꺼이 그 값을 지불하는 형태로 변화하는 추세이다. 뿐만 아니라 소비자는 기업의 불공정행위 이슈나 비위행위에 불매운동 등의 방식으로 자신의 윤리의식을 단호하게 표출한다.[34]

이는 기업의 경제적인 목적인 이윤창출을 추구하여 최대의 이윤을 획득하는 것과

---

32) “브랜드에 먹칠한 본부 임원, 가맹점에 손해배상”, 연합뉴스, 2017. 7. 18(https://www.yna.co.kr/view/AKR20170717196500002?input=1179m) 참조.

33) “‘매출 절반으로 줄었어요’ … 가맹점만 타격”, 연합뉴스, 2017. 7. 31.(https://www.yna.co.kr/view/MYH20170623016100038) 참조.

34) 손하연, “공정을 열망하는 사회”, 이노크루 윤리준법연구소, 2020. 1. 28(https://blog.naver.com/innocrew01/221787518715) 참조.

더불어 비경제적인 목적인 기업의 사회적 책임이라는 또 다른 목적을 가진다는 것을 의미한다. 소비자가 소비활동을 함에 있어 착한 소비를 통한 선한 영향력을 추구하기 위한 노력을 하고 있다는 점에서, 이제는 기업의 경영 목표도 최고의 제품과 서비스를 창출하여 인류 사회에 기여함으로써 사회적으로 선한 가치를 실현해야 한다. 특히 가맹사업은 그 사업모델이 가맹본부와 가맹점사업자가 상대방을 통하여 자신의 단점을 보완하고 장점을 살려나가는 상호의존적인 면이 강한 사업방식으로 공동의 이해관계를 추구하는 특수성이 있다. 이를 감안할 때 가맹사업당사자 간 거래는 우리 사회에서 자주 발생하는 불공정거래행위를 개선하고 상생을 통한 공정사회 실현을 위하여 선한 가치 추구의 경영목적이 필요한 사업 분야라고 할 수 있다.

다. 공정한 계약문화 정착

사람 간 거래나 기업 간 거래는 모두다 계약에 해당하지만 관련 법률에서 서면계약서 교부의무를 규제하기 전까지는 대부분 구두계약으로 진행하였다. 그러나 구두계약은 위탁자인 갑과 수탁자인 을과의 거래기간 중에 분쟁이 발생하는 경우 구체적인 계약내용을 입증하기 곤란하여 거래상 우월적 지위를 가진 자가 그렇지 않은 자에게 불공정하고 불평등한 요구를 하는 것이 당연한 권리로 여겨지는 문제가 발생하였다.

이러한 불공정한 계약문화를 바로잡기 위하여 가맹사업법 등 갑을관계거래의 공정화를 위한 법률은 갑에 해당하는 위탁자에게 불명확한 거래조건을 구체적으로 명확히 기재하도록 한 서면계약서를 발급하도록 의무화하고 있으며, 이를 위반한 자에 대해서는 행정처분을 부과 받게 하는 방법으로 제재하고 있다.

이러한 법률에서 규정하고 있는 서면계약서 발급의무는 계약당사자 간의 권리·의무관계를 명백히 하고, 계약기간 동안에 분쟁이 발생하는 경우 계약내용해석의 중요한 지침이 될 뿐만 아니라 장래에 발생할 수 있는 분쟁을 사전에 예방하는 중요한 역할을 한다고 볼 수 있다.[35] 아울러 공정한 계약문화 정착을 통한 권리가 보장되기 위해서는 수탁자인 을에게만 과도한 책임이나 희생을 강요하지 아니하고, 위탁자인 갑이 선한가치를 추구하는 경영의 일환으로 당사자 거래조건을 균등하게 부담하는 계약내용을 제시하는 것이 중요하다.

---

35) 오승돈, 「하도급법」, 지식과감성, 2017, 76면 참조.

라. 상생협력 협약절차기준과 바람직한 가치 추구 경영

공정거래위원회는 가맹본부와 가맹점사업자가 상생협력을 약속하는 협약을 자율적으로 체결하고, 이를 지원하는 공정거래 및 상생협력방안이 원활하게 정착될 수 있도록 하기 위해 필요한 제반의 기준, 절차, 방법 등을 정한 「가맹본부·가맹점사업자간 공정거래 및 상생협력 협약 절차·지원 등에 관한 기준」을 운용하고 있다.[36)]

이 협약절차기준에 의한 협약은 가맹사업당사자가 가맹사업법령 및 「대·중소기업간 상생협력 촉진에 관한 법령」 등의 법규에 대한 자율적인 준수와 상호간의 상생협력 및 지원을 스스로 다짐하는 약속이며, 협약의 당사자는 가맹본부 및 그 가맹본부와 거래 중에 있는 모든 가맹점사업자가 되며, 주요 내용을 요약하면 다음과 같다.[37)]

1) 협약의 내용

가맹사업 분야의 공정거래 및 상생협력협약에 반영하여야 할 주요 내용은 ① 영업지역 설정·조정, 상권정보 제공 및 영업시간 단축 등 기준 설정, ② 광고·판촉행사 등의 충분한 사전협의 및 공정한 비용부담 추진, ③ 점포환경개선에 대한 충분한 사전협의 및 공정한 비용부담 추진, ④ 가맹점사업자로부터 취득하는 금전에 대한 명확한 기준 및 그 금액의 조정기준, ⑤ 불공정한 거래행위의 사전예방 및 감시시스템 구축, ⑥ 계약해지, 점포 폐점 및 양수도 기준 설정, ⑦ 가맹점사업자에 대한 지원 정의 및 기준 설정, ⑧ 위약금 등에 관한 기준 설정, ⑨ 가맹본부에 대한 정보 제공, ⑩ 협약의 내용에 관해 가맹점사업자와 협의할 기준의 반영 여부, ⑪ 신의성실의 원칙에 입각한 협약 내용의 이행 등이다(협약절차기준 제4조 제1항~제11항).

이러한 협약의 내용은 가맹본부가 가맹점사업자와 거래를 함에 있어 자발적으로 상생협력을 통한 선한가치를 추구하는 경영을 하도록 정부에서 기준을 마련하여 이행을 할 수 있게 유도하고 지원하는 사항들이다.

---

36) 산업통상자원부가 실시한 「2018년도 프랜차이즈산업 실태조사」에 따르면, '신뢰관계'에서 가맹본부는 '강하게 형성'에 68.5%, 가맹점사업자는 '보통'에 59.9%로 답변하였으며, '소통수준'에서도 가맹본부는 '원활'함에 77.3%, 가맹점사업자는 '보통'에 55.3%로 답변한 것으로 볼 때, 가맹사업당사자 간에 평가하는 상생협력 인식에서 명확한 입장 차이가 있음을 확인할 수 있다.

37) 협약절차기준은 공정거래위원회 예규(제320호. 2019. 5. 16. 일부개정)이며, 이는 제1장 총칙, 제2장 협약의 내용, 제3장 협약 절차, 제4장 이행평가 및 인센티브, 제5장 보칙과 [별표 1] 가맹분야 협약평가 항목별 점수 배분 기준, [별표 2] 가맹사업 공정거래 및 상생협력 협약 신청서, [별표 3] 가맹본부·가맹점사업자간 공정거래 및 상생협력 표준 협약 문안으로 되어 있다.

2) 협약 절차 및 공정거래위원회 지원 사항

협약기간은 원칙적으로 1년으로 하고, 만료 시 상호 합의에 의해 협약기간을 1년 단위로 연장할 수 있다. 공정거래위원회는 가맹사업당사자의 협약참여를 유도하고 협약 당사자가 협약내용을 성실히 이행할 수 있도록 협약체결 절차·방법, 협약내용, 평가 및 인센티브 제공 및 협약이행 평가결과에 따른 컨설팅 등을 지원한다(협약절차기준 제5조, 제6항).

가맹본부가 상생협약을 체결하고자 하려면 협약체결 전에 협약서(안)와 협약체결 신청서를 공정거래위원회에 제출하여야 하고, 공정거래위원회는 가맹사업법령에 위배되는지의 여부 등을 검토하여 수정을 요청할 수 있으며, 가맹본부는 특별한 사정이 없는 한 이에 응하여야 한다. 이러한 절차에 따라 실제 협약을 체결한 경우 협약체결일로부터 20일 이내에 협약서 사본과 협약내용에 대한 구체적인 세부 이행계획을 공정거래위원회에 제출하여야 한다(협약절차기준 제7조 제1항~제3항).

3) 이행평가 및 인센티브

가맹본부는 협약을 체결한 날로부터 1년이 경과한 후에는 1년 경과일로부터 30일 이내(동반성자 지수 대상기업의 경우 1. 31.까지)에 공정거래위원회에 협약내용의 이행평가를 요청하여야 하며, 이때 협약내용의 이행실적 자료를 첨부하여야 한다(협약절차기준 제8조 제1항).

공정거래위원회는 가맹본부로부터 협약이행평가를 요청 받은 때에는 가맹분야 협약평가 항목별 점수 배분 기준에 따라 ① 계약내용의 공정성(10점), ② 계약이행과정의 공정성(50점), ③ 상생협력 정도(25점), ④ 자율준수 노력(15점+8점), ⑤ 법 위반 등에 따른 감점(1회당 최대 △25점, 1건당 △10점), ⑥ 만족도 조사(10점) 등을 각각 세부평가 항목별로 배점 비율을 달리하여 수치화하여 평가한다(협약절차기준 제8조 제4항).

공정거래위원회는 협약이행 평가결과 점수에 따라 최우수(95점 이상), 우수(90점 이상), 양호(85점 이상) 등급을 구분하여 인센티브를 제공한다. 인센티브 제공 내용은 최우수 등급에는 직권조사 2년간 면제, 시정명령 시 공표의무 면제(1년 1회, 이하 같다), 법인, 개인 위원장 이상 표창을 수여하고, 우수 등급에는 직권조사 1년간 면제, 시정명령 시 공표의무 면제, 법인 대상 위원장 이상 표창을 수여하며, 양호 등급에는 시정명령 시 공표 크기 및 매체수 1단계 하향 조정 및 공표기간 단축, 법인 대상 위원장 표창을 수

여한다(협약절차기준 제13조 제1항, 제2항). 공정거래위원회는 협약평가위원회 심의 후 평가를 받은 가맹본부에 잠정적인 평가등급을 통지할 수 있으며, 해당 가맹본부는 1주일 이내에 이의신청을 할 수 있다(협약절차기준 제13조 제3항).

6. 가맹사업의 활성화를 위한 마케팅 전략

가. 의의 및 내용

기업은 제품이나 서비스가 생산되면 다수의 소비자가 그 제품이나 서비스를 통해 보다 더 큰 소비후생을 누릴 수 있도록 촉진 활동을 수행하게 된다. 이 과정에서 기업은 소비자가 손쉽게 구매할 수 있도록 적절한 장소에 입지하고 있는 판매점을 선정하여 판매경로를 형성하고, 상품의 경우에는 이를 실제로 보관·운송·하역 등을 통해 소비자에게 전달하는 물적 유통활동을 수행하게 되는데, 이러한 일련의 행동을 마케팅 활동이라고 한다.

미국 마케팅협회(American Marketing Association: AMA)는 마케팅을 개별 소비자와 조직 소비자의 목적을 만족시키기 위한 교환을 창조하기 위해 아이디어와 제품·서비스의 개념, 가격, 촉진, 그리고 유통 등을 계획하고 집행하는 일련의 과정이라고 정의하고 있다. 마케팅 활동은 제품의 생산활동, 가격의 설정활동, 경로의 관리활동, 물적유통활동 및 촉진활동이 있다. 경로 및 물적유통은 장소의 개념이며, 촉진활동은 다시 인적판매, 광고, 판매촉진, 홍보로 구분하고 있다.[38]

나. 마케팅의 중요성

고객의 욕구를 파악하고 고객에게 만족을 주기 위해 가치를 창조하고 이를 대상 고객에게 전달하는 일련의 과정을 통해 성장을 도모하는 것이 현대마케팅의 핵심이다. 이러한 마케팅은 왜 중요할까에 대한 해답은 일상생활에서 마케팅이 가지는 의미, 기업 조직 내에서의 마케팅의 역할 및 사회에서의 마케팅의 역할 등에 관하여 간략하게 살펴봄으로써 확인할 수 있다.[39]

---

38) 김귀곤·김솔·이주헌·조남신, 앞의 책, 277면.
39) 김귀곤·김솔·이주헌·조남신, 앞의 책, 277~288면 참조.

1) 소비자에 대한 마케팅의 의미: 마케팅은 효용을 창출한다

마케팅의 일차적인 기능은 원하는 고객이 원하는 제품형태를 원하는 시간에 원하는 장소에서 소비하거나 소유할 수 있도록 도와준다는 것이다.

2) 일상생활의 마케팅 역할: 마케팅은 일상생활의 일부를 형성하고 있다

현대인의 일상생활은 경쟁자들보다 조금이라도 더 소비자의 관심과 주머니를 끌어당기기 위해 행하는 각종 마케팅활동의 구체적인 형태인 광고, 브랜드, 상점, 제품 등에 포위되어 있다. 제품에 대한 지식은 주로 대중매체를 통한 광고를 통해 이루어지고 있으며, 각 소비자들이 가지고 있는 제품을 통해 그 사람의 사회적 지위를 추론하곤 한다. 소비자들은 글로벌시장의 한 구성원으로서 일상생활 속에서 국내외 유명기업들과 밀접한 관계를 맺고 있다.

3) 기업 내 마케팅 역할: 마케팅은 시장의 기회와 위협을 파악하는 신경체계이다

마케팅은 기업의 부서 중 고객 혹은 시장에 가장 가까이 다가가 있다. 오늘날 기업의 성장과 발전은 시장에서의 기회와 위협을 경쟁자보다 빠르고 정확하게 파악하여 기업의 핵심역량을 구축하고 활용함으로써 가능한데, 시장에서의 기회와 위협은 고객에 관한 이해 없이는 불가능하다. 따라서 기업 내 마케팅의 일차적 기능은 이러한 고객들의 욕구변화에 근거를 둔 시장에서의 위협과 기회를 파악하는 신경체계로서의 역할을 수행한다.

4) 사회에서 마케팅의 역할: 마케팅은 사회의 복지향상에 기여한다

사회적 마케팅 콘셉트하에서는 기업이 장기적인 성장을 도모하기 위해서는 사회에 긍정적인 공헌을 해야 한다는 점에 공감한다. 나아가 오늘날 기업들은 윤리적·사회적 비난에 적극적으로 대처해야 한다는 신념을 가지고 마케팅활동을 수행해야 한다.

다. 마케팅 전략

마케팅 전략이란 마케팅 목표를 달성하기 위해 다양한 마케팅 활동을 통합하여 최적의 실행방안을 수립하는 것을 말한다. ICT의 발달 등에 의해 사회환경이 급변하고 있고, 이에 따라 소비자의 구매행동도 다양해졌다. 그러므로 기업이 모든 소비자를 만족시킬 수 있는 제품과 서비스를 제공하는 것은 매우 어렵고, 어느 특정 기업이 소비자들의 다양한 요구를 완벽하게 이해하고 관리한다는 것도 불가능하다. 이에 미국의 켈로그(Kellogg) 경영대학원 석좌교수 필립 코틀러(Philip Kotler)는 성공적인 마케팅 전략의 핵심을 시장세분화, 표적시장선정, 포지셔닝으로 구분하고 그에 맞는 전략계획의 수립 등을 강조했는데, 이를 STP전략이라고도 한다.[40]

1) 시장의 세분화(Market Segmentation)

어느 집단을 일정 기준에 의해 비슷한 욕구와 서비스를 필요로 하는 집단으로 나누고, 이를 기초로 자사의 마케팅 대상을 좁혀가는 방식으로 시장을 효율적·효과적으로 선점할 수 있는데, 이를 시장세분화라 한다. 시장은 다양한 연령, 직업, 수입, 가치관, 태도, 행동 등을 가진 다수의 소비자로 구성되어 있기 때문에, 기업은 시장 전체를 고객으로 한 획일적인 제품개발보다는 자사 제품을 보다 강하게 원하는 고객층을 선별하여 이를 대상으로 마케팅을 집중하는 것이 보다 합리적일 수 있다. 즉, 시장세분화를 통해 소비자의 만족을 극대화할 수 있는 것이다. 시장을 세분화하는 기준으로는 ① 인구통계학적 구분,[41] ② 지리적 구분,[42] ③ 심리분석적 구분,[43] ④ 행위적 구분[44] 등이 있다.

2) 시장의 특정(Market Targeting)

시장특정이란 시장의 대상 집단을 특정하는 것을 의미하는데, 마케팅 전략에 있어서는 시장의 목표를 미리 결정할 필요가 있다. 즉 시장을 세분화하여 명확히 획정된 부분 시장 중에서 특정시장을 선별한 후 그곳을 집중 대상으로 마케팅 활동을 전개하는 방식이다. 이러한 타깃 마케팅은 시장에 대한 접근 방법에 따라 비차별화 전략, 차별화 전략, 집중화 전략으로 구분할 수 있다. 즉, ① 비차별화 전략은 각 세분된 시장의 차이를 무시하고 하나의 제품으로 전체 시장을 공략하는 방법을 말한다. 이러한 방식의 마케팅은 제품표준화, 대량생산, 대량유통, 대량판매, 대량광고 등으로 인한 규모의 경제

40) 원지성, "행동경제학에 기초한 포지셔닝 개념의 분석", 「상품학연구」 제32권 제6호(한국상품학회, 2014), 157면 이하 참조; 정철현·최미연, "공공정책마케팅 사례연구", 「사회과학논집」 제42집 제1호(연세대학교 사회과학연구소, 2011), 70면 이하 등 참조.

41) 연령, 성별, 수입, 가족 구성원 수, 교육과정, 취업, 인종 등을 말한다.

42) 지역, 도시, 지방, 인구밀도, 도시규모, 기후 등을 말한다.

43) 개성, 동기, 라이프스타일 등을 말한다.

44) 사용여부, 사용률, 사용양상, 편익, 태도, 상표충성도 등을 말한다.

를 달성할 수 있어 비용을 절감할 수 있다는 장점이 있다. ② 차별화 전략은 이질적인 전체시장을 세분화하여 시장을 특정한 후 이들 시장의 상이한 욕구에 대응할 수 있는 마케팅 기법을 개발·적용함으로써 마케팅 목표를 달성하는 방법이다. 이러한 방식의 마케팅은 기본적으로 전체시장에 개입하게 되므로 특정 시장에서 실패하더라도 기업에 미치는 영향이 크지 않다는 장점이 있다. ③ 집중화 전략은 시장을 세분화한 후 그 세분시장 중에서 어느 특정 세분시장만을 목표로 삼아 마케팅을 집중하는 전략을 말한다. 이에 따라 특정 세분시장에 마케팅을 집중시킬 수 있어 비용을 절감할 수 있는 등의 장점이 있다.

3) 시장 포지셔닝(Market Positioning)

포지셔닝이란 고객에게 경쟁제품과 관련하여 자사의 특정제품콘셉트를 개발하고 유지시키는 일련의 과정을 의미한다. 즉, 포지셔닝이란 시장에서 경쟁자와 차별화된 자신만의 독특한 위치를 차지하는 것이며, 자사 브랜드가 경쟁 우위를 가질 수 있는 시장을 찾아내어 이를 선점하는 것이다. 마케팅의 본질을 자사의 제품 혹은 경쟁적 위상(포지션)을 고객들의 머릿속에 인식시키고, 나아가 고객을 만족시키기보다는 경쟁사보다 우위에 서는 것을 중시하는 입장에서 강조되는 개념이다. 기업이 제품 포지셔닝 전략을 수립하기 이해서는 우선 자사제품과 경쟁사 제품들이 시장에서 각각 어떻게 포지션되어 있는지를 파악하는 일이 필요한데, 이를 위해 주로 사용되는 방법 중 하나가 포지셔닝맵인 지각도이다. 지각도란 여러 제품들에 대한 소비자들의 인식에 바탕을 두고 2차원 또는 3차원의 도면 위에 신제품이나 기존 제품을 위치화시키는 것을 말한다.

라. 가맹사업의 마케팅 방법 및 효과

가맹사업은 일반유통보다 여러 가지의 방법을 동원한 마케팅에 심혈을 기울이는 것이 일반적이고, 마케팅에 대한 효과도 크다고 볼 수 있다. 그 이유는 다른 업종에 비하여 신메뉴를 더 많이 출시할 뿐만 아니라, 가맹본부가 마케팅을 주관하지만 그 비용은 가맹점사업자와 공동으로 집행하는 경우가 많기 때문이다. 그러므로 마케팅 담당자는 마케팅 비용 대비 효과를 극대화할 수 있는 방안을 찾아 보다 적극적인 마케팅을 실시하여야 한다. 가맹본부에서 자주 활용하는 3가지 마케팅 방법에 대하여 살펴본다.

첫째, ICT를 이용하는 방식이다. 소비자는 자기가 원하는 것을 찾을 때 가장 먼저 활용하는 것이 인터넷을 통해 기업에서 제공하는 마케팅을 검색한 후 소비 대상을 물색하는 것이 일반적이다. 그러므로 가맹본부는 브랜드 또는 제품에 대한 마케팅 및 홍보 활동을 함에 있어 온라인상의 여러 매체에 자주 노출되도록 하여야 한다. 페이스북, 네이버, 인스타그램, 유튜브, 트위터, 뉴스화면 하단에 우리 동네 맛집이나 블로그 등 다양한 방식이 활용된다. 그중에서도 소비자는 이용 후기에 좋은 평가를 받은 곳에서 구매하는 성향이 있으므로, 이용 후기를 남길 수 있는 시스템을 갖추어야 한다. 예컨대 이용자가 자신의 블로그에 올리는 방식을 활성화하는 것도 효과가 크다고 볼 수 있다. 아울러 인터넷 마케팅에 대한 통계를 분석하여 향후 마케팅 및 홍보 계획을 수립할 때 활용할 필요가 있다.

둘째, 가맹본부가 주관하는 미디어 광고 마케팅을 하는 방식이다. 이 방식은 소비자의 참여보다는 광고주가 방송매체 등을 이용하여 일방적으로 실시하므로, 주로 브랜드 가치를 알려 소비자의 브랜드에 대한 인지도를 높임으로써 구매까지 이루어지도록 하는데 효과적이다. 예컨대 '지페어코리아 2019' 방송광고 안내 세미나에서 발표된 자료에 따르면, 모든 매체를 대상으로 조사한 결과 지상파 TV와 모바일 인터넷의 매체접촉률이 가장 높은 것으로 나타났다.[45] 그러나 TV광고를 하려면 시청자 중 어느 부류가 타깃인지를 정하고 타깃 시청자의 시청패턴을 분석해야 할 것이다. 아울러 지상파 TV와 케이블 방송과의 광고비용 대비 효과를 분석하여 집행하여야 하는데, 중소기업의 경우에는 광고영상이 없어도 할 수 있는 PPL 광고가 효과적일 수 있다. PPL 광고는 가상광고와 간접광고로 나뉜다. 가상광고는 프로그램이 시작하거나 끝날 때 화면에 컴퓨터 그래픽으로 브랜드를 노출하는 방식이고, 간접광고는 프로그램 중간에 제품이나 브랜드가 직접 촬영되어 노출되는 유형이다.

셋째, 가맹점 맞춤형 'LSM(Local Store Marketing) 프로그램' 운영이다. 이는 각 지역 가맹점에 다양한 이벤트를 제공하여 가맹점사업자를 지원하는 방식이다. 가맹본부는 가맹점이 속한 지역의 상권을 분석하여 대도시와 중소도시 간의 영업 특성의 차이점을 파악하고, 이에 접합한 마케팅 계획을 수립하여 실행하는 것이 비용 대비 효과를 거둘 수 있다. 가맹점 맞춤형 프로그램에 대한 분석과 실행은 가맹본부가 주관·실행하여야 제대로 작동할 수 있으므로, 마케팅 담당자는 이에 대한 지식을 쌓기 위한 체계적인 학

---

45) "광고매체 다양, 그래도 TV 광고효과 무시 못해", 중기이코노미, 2019.12.2.(http://www.junggi.co.kr/article/articleView.html?no=24347) 참조.

습과 전문가 강의 과정 등의 이수가 필수적이라 할 것이다. 가맹본부는 가맹점 맞춤형 프로그램을 실행하는 방법으로 자신의 SNS 채널 등을 통해 소비자와 지속적으로 소통하는 것도 중요하다. 그리고 이를 통해 가맹본부는 고객의 요구사항 등의 실질적인 데이터를 지속적으로 확보하여 이를 제품과 서비스 향상에 반영함으로써, 고객만족도를 높이는 긍정적인 효과를 거두도록 하여야 할 것이다.

찾아보기

[저자 약력]

맹 수 석(孟守錫)

현, 충남대학교 법학전문대학원 교수(상법, 경제법 담당)
법무부 법무자문위원회 위원
중소벤처기업부 감사자문위원회 위원
중앙노동위원회 심판담당 공익위원
금융감독원 제재심의위원회 위원
소비자분쟁조정위원회 전문위원
한국상사법학회, 한국경제법학회, 한국소비자법학회, 한국신탁학회 부회장
충남대학교 대학원 법학과 졸업(법학박사)
일본 동경대학 법학부 방문학자(Visiting Scholar)
충남대학교 법학전문대학원장, 법과대학장
한국기업법학회 및 한국금융소비자학회 회장
법무부 상법 개정 특별분과위원회 위원
공정거래위원회 공정거래민간심사위원회 위원
금융감독원 금융분쟁조정위원회 위원
코스닥협회 자문위원회 위원
변호사시험, 사법시험, 입법고시, 공인회계사시험 출제위원

[연구업적]

『가맹사업법』(저서, 공저, 로앤비)
『신용정보법』(저서, 공저, 로앤비)
『뉴스타일 상법』(저서, 공저, 형설출판사)
『주식회사법대계』(저서, 공저, 법문사)
『주석 상법[보험 I]』(저서, 공저, 한국사법행정학회)
『상법판례백선』(저서, 공저, 법문사)
『공정거래법』(저서, 공저, 충남대학교 출판문화원) 외 다수
「대·중소기업 상생협력촉진제도의 쟁점과 개선방안」(논문)
「가맹사업거래의 법적 분쟁과 효율적 규제 방안」(논문, 공저)
「중소벤처기업에 적합한 회사법제의 입법 필요성 검토」(논문)
「공정거래법상 일감몰아주기에 관한 연구」(논문) 외 130여 편

E-mail: mssdream@cnu.ac.kr

정 영 교(鄭榮敎)

현, 홍익 프랜차이즈·행정구제·공인중개자문센터 대표
충남대학교 대학원 법학과 졸업(법학박사)
고려대학교 법무대학원 공정거래법학과 졸업(법학석사)
공정거래위원회 유통정책관실 가맹거래조사팀장(과장급)
공정거래위원회 운영지원과 인사팀장, 업무지원팀장(서기관)
공정거래위원회 규제개혁작업단 규제개혁팀장(서기관)
경제·인문사회연구회 국가정책연구실적 평가위원

[연구업적]

『가맹사업법상 불공정거래행위 규제체계의 개선방안』(박사학위 논문)
『가맹사업법상 정보공개제도의 제도개선 방안 연구』(석사학위 논문)
「가맹사업거래의 법적 분쟁과 효율적 규제 방안」(논문, 공저)

[수상 및 국가공인자격증]

녹조근정훈장(대한민국, 2020년)
표창장(국무총리, 2014년)
심결사례연구발표회 최우수상(공정거래위원회, 2001년)
표창장(사단법인 대한가맹거래사협회, 2015년)
공인중개사 자격증(2016년)
가맹거래사 자격증(2015년)
행정사 자격증(2014년)
경영지도사(재무관리)(2001년)

E-mail: hongik2523@naver.com

쉽게 풀어쓴 프랜차이즈 법령과 실무

초판발행 2021년 2월 28일

지은이 맹수석 · 정영교
펴낸이 박노일

총괄기획 김중용 · 최준규
편 집 심성보 · 김인숙

펴낸곳 pnc publishing and culture 피앤씨미디어
경기도 고양시 일산동구 강송로 153 310-1501
등록 제396-2012-000203호
전 화 070)7550-3758 팩 스 02)718-8554
홈페이지 www.pncmedia.co.kr 이메일 pnc@pncmedia.co.kr
ISBN 979-11-5730-763-0 93360

정 가 28,000원